中小银行智能金融服务

梁洪军　张志瑜　编著

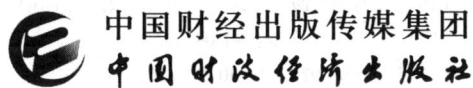

中国财经出版传媒集团
中国财政经济出版社

图书在版编目（CIP）数据

中小银行智能金融服务 / 梁洪军，张志瑜编著. —北京：中国财政经济出版社，2018.5

ISBN 978-7-5095-8204-6

Ⅰ.①中… Ⅱ.①梁… ②张… Ⅲ.①商业银行-金融-商业服务-研究-中国 F830.33 Ⅳ.①F832.33

中国版本图书馆 CIP 数据核字（2018）第 074254 号

责任编辑：郁东敏　　　　　　责任校对：张　凡

中国财政经济出版社 出版

URL：http：//www.cfeph.cn
E-mail：cfeph@cfeph.cn

（版权所有　翻印必究）

社址：北京市海淀区阜成路甲 28 号　邮政编码：100142
营销中心电话：010-88191537　北京财经书店电话：64033436　84041336
北京中兴印刷有限公司印刷　各地新华书店经销
787×1092 毫米　16 开　26.5 印张　357 000 字
2018 年 5 月第 1 版　2018 年 5 月北京第 1 次印刷
定价：80.00 元
ISBN 978-7-5095-8204-6
（图书出现印装问题，本社负责调换）
本社质量投诉电话：010-88190744
打击盗版举报热线：010-88191661　QQ：2242791300

互联网金融潮起潮落　　智能金融风起云涌

2013年是"中国互联网金融的元年",至2018年,5年时间互联网金融的信息流和资金流两个基本要素流动的闭环构成了完整的互联网金融服务生态,由用户需求和平台业务双向驱动,为培育新用户需求创造了价值,并助推了实体经济的发展。但同时,互联网金融的风险也逐步加大,如法律风险、信用风险、营运风险、操作风险、系统风险、兑付风险等逐渐浮出水面。2013年到2014年,互联网金融监管起步,"一行三会"开始出台各项政策对互联网金融进行监管,内容囊括理财业务的资格准入、投资方向、风险管理、操作规范等各个方面,监管要求和规范也根据实际业务需要不断更新调整。2015年到2016年,互联网金融监管爆发,陆续出台了互联网金融整治方案、网贷监管细则、资金存管指引等系列法规。2017年互联网金融监管持续收紧,力度较以往有所加大,整改所涉及的范围也更加广泛。监管层对于互联网金融行业存在的种种问题始终保持"零容忍",其监管路径与导向也愈发明确与清晰。而随着互联网金融领域监管的不断深入,监管体系逐步完善,在全方位、多层次的政策引导下,互联网金融逐渐纳入正规监管体系。

2018年互联网金融牌照化管理将成为常态,互联网金融纳入正规监管体系后,随着监管政策逐步细化落地,互联网金融发展进入深水区。互联网金融已从"烧钱圈地"的规模与流量之战转变为合规和品牌之战。在这场战争中，合规成本过高正在成为部分互联网金融平台不得不退出市场的原因，行业正迎来加速淘汰时代，风控逐渐成为决定互联网金融平台生死的关键要素。平台大规模烧钱营销已不复存在，风控管控成为新的运营重点。完善的风控导向低逾期坏账和良好的客户体验，而这是决定平台生存与未来发展坚实的根基。强互联网金融监管时代，促使互联网金融由无序走向规范。

2017年人工智能被提升到国家战略发展层面，从政策到应用，再到与金融行业的快速融合，AI技术逐渐成为金融业顶尖公司的"标配"设施。以人工智能、大数据等为核心要素，"BAT"等互联网巨头公司全面携手银行、保险、基金等金融机构，不断提升金融服务效率，拓展金融服务的广度和深度。2018年将开启"中国智能金融的元年"，那些在人工智能领域布局较早、具有核心能力的互联网企业和金融机构，将可能成为这一轮竞争的赢家。对于深处现代服务业价值链高端的金融，这无疑将带来深刻影响。无论是在前端、中端还是后端，人工智能技术都可以发挥重要作用：在前端，人工智能技术可以用于提升客户体验，使服务更加人性化；在中端，人工智能技术可以支持各类金融交易和分析中的决策，使决策更加智能化；在后端，人工智能技术可以用于风险识别和防控，使管理更加精细化。

2018年，常态化的互联网金融强监管迫使高风险外溢性的互联网金融企业逐渐转型或出清，拥有或拥抱以大数据、云计算、人工智能等为代表的新技术，并切实融入实际业务流程和场景，使得那些风险识别与防范、运营成本和效率、产品创新以及客户体验等方面得到明显改善的相关主体将获得竞争优势。首先，人工智能技术有助于拓展金融服务边界。其次，人工智能技术有助于降低金融服务成本。再次，人工智能技术有助于加强金融风险防控。但人才是人工智能尤其是智能金融的核心要素，对未来发展至关重要。不久前，国务院印发的《新一代人工智能发展规划》明确提出建设人工智能学科，鼓励产学研合作，开展高素质人才培养。下一步，金融机构和互联网公司要进一步深化合作，联合培养一批懂技术、懂金融的人才，补齐我国在人工智能领域的人才短板，为我国智能金融产业的腾飞提供强大的智力支持。

随着"严监管"政策的深入实施，2018年我国金融业将迎来一轮全面而深刻的变化。在金融科技浪潮下，人工智能与金融的深度融合催生智能金融，而智能金融将成为金融业的下一个风口。2018年作为我国智能金融的元年，那些在人工智能领域布局较早、具有核心能力的互联网企业和金融机构，将可能成为这一轮竞争的赢家，推动智能金融加快发展。

"帮你盈"紧紧抓住中小银行人才与技术的短板，紧跟监管的脚步和时代趋势，全力推进中小银行智能金融运营服务，协助中小银行做好平台金融、智能融资、智能基金、智慧金融和数字化直销银行的开发、部署、运营、营销等工作，为致力于成为中小银行智能金融运营服务专家而努力奋斗！

"帮你盈"创始人兼 CEO

梁洪军

2018 年春节

目录 Contents

引言 / 1

    0.1 中小银行的发展情况 / 1

    0.2 中小银行的机遇与挑战 / 5

    0.3 中小银行转型：智能金融服务 / 10

第1章 构建智能金融服务生态 / 16

    1.1 互联网大潮下的传统金融 / 16

    1.2 智能金融服务生态建设 / 24

第2章 互联网平台+智能金融服务 / 46

    2.1 互联网平台金融的诞生 / 46

    2.2 互联网平台金融的重要性 / 54

    2.3 互联网平台金融的崛起对传统银行的影响 / 60

    2.4 互联网平台金融的构建与推广 / 66

    2.5 互联网平台金融服务案例介绍 / 75

第3章 智能财富管理 / 79

    3.1 智能财富管理时代已经开启 / 79

3.2　智能投顾 / 82

3.3　智能基金的风控核心是智能投顾 / 90

3.4　中小银行智能基金和智能投顾系统建设 / 94

第 4 章　智能供应链金融 / 96

4.1　供应链金融的起源 / 96

4.2　如何有效构建供应链金融服务 / 109

4.3　供应链金融的三种类型 / 120

4.4　智能供应链金融的崛起 / 127

4.5　中小银行供应链金融系统建设 / 128

第 5 章　智能消费金融 / 131

5.1　互联网与消费金融 / 131

5.2　消费金融的场景 / 137

5.3　消费金融的发展趋势 / 143

5.4　智能消费金融风险管理 / 153

5.5　中小银行智能消费金融发展要点 / 165

5.6　智能消费金融服务案例介绍 / 174

第 6 章　大数据与机器学习 / 179

6.1　商业银行数据的变革 / 179

6.2　大数据与风控管理 / 185

6.3　从大数据到机器学习 / 195

6.4　机器学习在银行业应用 / 209

6.5　中小银行大数据活动思考 / 213

6.6 中小银行如何建设大数据系统 / 220

6.7 中小银行如何运营大数据服务 / 230

第 7 章　云计算与云服务 / 236

7.1 智能金融与云计算 / 236

7.2 智能金融与云服务 / 243

7.3 中小银行如何用好云 / 249

7.4 中小银行云计算外包风险的应对策略 / 253

第 8 章　智能营销 / 255

8.1 智能营销从何而来 / 255

8.2 数据海洋之上的智能营销 / 268

8.3 中小银行智能营销服务 / 274

第 9 章　智能支付 / 278

9.1 互联网支付 / 278

9.2 智能支付 / 283

9.3 二维码支付 / 294

9.4 聚合支付 / 298

9.5 生物识别支付 / 305

9.6 数字货币——无现金的社会 / 311

9.7 中小银行智能支付服务 / 316

第 10 章　数字化直销银行 / 320

10.1 直销银行发展现状 / 320

10.2 直销银行发展困境 / 327

10.3 直销银行发展机遇 / 333

10.4 直销银行发展模式 / 336

10.5 直销银行的未来模式 / 339

10.6 中小银行直销银行建设 / 340

第 11 章 智能网点 / 343

11.1 传统网点的现状 / 343

11.2 智能网点的优势 / 346

11.3 智能网点的发展趋势 / 356

11.4 中小银行智能网点发展定位 / 368

第 12 章 智能客服 / 372

12.1 智能客服时代 / 372

12.2 智能推客服务 / 379

12.3 中小银行智能客服搭建 / 384

第 13 章 智能金融 引领未来 / 398

13.1 智能金融服务带来的挑战 / 398

13.2 智能金融服务的机遇 / 400

13.3 智能金融服务的未来 / 402

结束语 / 413

引 言

0.1 中小银行的发展情况

0.1.1 城市商业银行

1995年7月,国务院发布了《关于组建城市合作银行的通知》,开始在全国各城市组建城市商业银行;1998年3月,城市合作银行统一更名为"城市商业银行"。截至2016年末,全国城市商业银行共计162家,总资产达到28.24万亿元。城市商业银行在整个行业中的市场占比达到12.5%。其中,江苏银行、贵阳银行、杭州银行、上海银行于2016年先后登陆A股市场。据统计,全球前1 000家银行按一级资本排名,入围城市商业银行已达73家,占我国商业银行上榜总数的61.3%。城市商业银行营业网点达1.4万个,县域机构覆盖率63%,从业人员37万人。

随着银行业息差收窄带来的盈利压力越来越大,2016年城市商业银行积极拓展非息收入的中间业务收入,并持续保持快速增长,收入结构得到改善。手续费及佣金收入已成为城市商业银行利润增长的重要来源。

2016年,受经济下行带来的信用风险持续暴露、利率市场化导致的利差不断收窄,以及货币市场波动引发的流动性趋紧等因素影响,我国银行业的资产扩张势头放缓,净利润增速明显下滑,大型银行净利润更是逼近零增长。然而,城市商业银行仍保持了较快的资产扩张势头,净利润增速明显快于大型银行。

因为城市商业银行本身受到政策及地域经营的影响，为了突破经营地域的限制和满足多元化金融需求，综合化经营成为城市商业银行发展的一大亮点，多家城市商业银行发起设立金融租赁公司和消费金融公司，希望通过该类模式突破地域限制并拓展经营领域，利用互联网，将更多地区的更多客户通过这种模式吸引过来。根据统计显示，这两类机构2016年的数量已达到18家。从发起主体来看，2016年前开展该类业务的多集中于大型城市商业银行，2016年开始转向中小规模城市商业银行；同时，资产规模不再是监管机构给予资格准入的主要条件。从发起子公司类型看，设立金融租赁公司的数量明显高于消费金融公司，很大程度是因为商业银行自身也可从事消费金融业务。同时，零售金融也成为城市商业银行的发展战略重点。城市商业银行通过体制改革和运作模式创新，提升了零售金融的市场竞争力。一是调整组织架构，整合内部资源，提高内部协同。二是创新运作模式，从分散操作到批量运作，通过与外部机构合作，实现批量获客。三是开发线上消费信贷产品，提高运作效率。

0.1.2 农村商业银行

农村金融机构是我国起步最早的金融机构之一，可追溯至1923年6月国内成立的第一家农村信用合作社（以下简称"农信社"）。长期以来，农村金融机构在弥补乡村金融服务空白、支持农民生产生活方面，可谓功勋卓著，但其管理、监管政策却几经周折，致使行业发展走了些弯路，直至2000年以后，开始组建符合现代企业制度的农村商业银行。2001年，随着国内首家农村商业银行张家港农村商业银行成立，农信社的商业化改革拉开序幕。自2011年起，随着相关政策的支持及经济发展需要，农村商业银行进入快速增长阶段，每年平均新增100家以上。据统计，截至2016年底，全国农村商业银行共计1 055家，资产规模达20.2万亿元，占银行业总资产（232.3万亿元）的8.7%。平均每家农村商业银行资产规模为191.45亿元。

不过，1 055家农村商业银行资产规模分布不均，资产规模最大的农村商业银行为重庆农村商业银行，最小的农村商业银行为黑龙江呼玛农村商业银行。据不完全统计，重庆农村商业银行截至2016年底，资产总额7 870.5亿元；黑龙江呼玛农村商业银行资产总额仅为11.2亿元。各家农村商业银行之间的规模相差较大，跟各自所处的地理位置与本地区经济发展有重要关联。江苏、广东、山东三个省份的农村商业银行资产规模位居全国前三位。目前，全国农村商业银行有5家已在A股上市，这5家农村商业银行均出自江苏省，从已上市的这5家农村商业银行来看，它们在当地的存贷款市场中占据极高份额，排名领先。其中，存款市场份额普遍达到20%以上，贷款市场份额也多在15%以上。即使近几年其他股份制商业银行、城市商业银行进入当地市场，它们的份额有所下降，但降幅并不大。较高市场份额体现出的是农村商业银行对本土企业、个人客户的服务。农村商业银行往往在当地网点众多，通常遍及至镇，因此渠道优势突出，办理业务便捷；而在个人业务上，处理灵活，相关个人客户的活动较多，能吸引本地较大的储蓄，因此个人客户资源雄厚。同时调研发现，由于本土原因，农村商业银行与本土的政府合作较为深入，且与本土企业均建有业务合作关系。因此，农村商业银行在当地发展要超过当地全国性商业银行。

在发展迅速的形势下，农村商业银行的资产质量问题严重也是农村商业银行较为普遍的现象。据统计，截至2017年3月末，农村商业银行不良贷款余额达到2 237亿元，农村商业银行的不良率为2.55%，高于整体商业银行业的1.74%；相比之下，城市商业银行不良贷款余额仅为1 420亿元，不良贷款率仅为1.49%。而且，农村商业银行的拨备覆盖率下降迅速，219.98%降至185.51%，但仍在175%的行业平均以上。

0.1.3 村镇银行

村镇银行是指经原中国银行业监督管理委员会（简称"原中国银监会"）依据有关法律、法规批准，由境内外金融机构、境内非金融机构企业法人、境内自然人出资，在农村地区设立的主要为当地农民、农业和农村经济发展提供金融服务的银行业金融机构。

2006年12月，原中国银监会出台《关于调整放宽农村地区银行业金融机构准入政策，更好支持社会主义新农村建设的若干意见》，以四川、吉林等6个省（区）为试点，调整和放宽农村地区银行业金融机构准入政策，其中包括鼓励各类资本到农村地区新设主要为当地农户提供金融服务的村镇银行，实现了我国农村金融政策的重大突破。此后，原中国银监会于2007年先后发布《村镇银行管理暂行规定》《村镇银行组建审批工作指引》，为村镇银行的发起设立和经营管理提供制度保障，同时试点也扩大到全国31个省份。2007年3月，全国第一家村镇银行在四川仪陇正式挂牌成立，至今已经走过了11年。

截至2016年末，全国已组建村镇银行1 519家，中西部共组建村镇银行980家，占村镇银行总数的64.5%。资产规模已突破万亿元，达到12 377亿元；各项贷款余额7 021亿元，农户及小微企业贷款合计6 526亿元，占各项贷款余额的93%，500万元以下贷款占比80%，户均贷款41万元，"支农支小"特色显著。主要监管指标持续符合监管要求，风险总体可控。引进民间资本815亿元，占资本总额的72%，成为民间资本投资银行业的重要渠道之一。村镇银行整体发展质量良好，在激活农村金融市场、健全农村金融体系、发展普惠金融和支持农村社会经济发展等方面发挥了重要作用。

目前，村镇银行在农村金融市场上的地位稳步上升。首先，村镇银行业务品种创新较多，除吸收公众存款、发放短中长期贷款、结算、贴现等银行金融机构的传统业务外，各地村镇银行可以根据实际情况开展相关业务，如土地流转质押贷款、林权质押贷款、应收账款质押贷款等业务品种。其次，村镇银行运营效率较高，由于村镇银行层级简单，决策链条短，使得村镇银行提供贷款程序便捷、时间短，帮助村镇银行逐步建立了坚实的客户基础。

受村镇银行所处经营地域的限制，村镇银行整体员工队伍偏年轻，员工普遍缺乏银行从业经验，且培训体系不配套，对员工的培训内容仅限于一般职业技能的掌握，大大制约了员工整体素质的提升；同时，人员流失较严重，优秀的从业人员均流向大城市及股份制银行。员工队伍的不稳定一方面容易增加人力资源管理成本，降低工作效率和组织凝聚力；另一方面，也容易导致操作风险和道德风险。

由于农村市场的特殊性及客户群体的局限性，以及村镇银行因为其出身的特殊性，村镇银行目前的主要业务以向农户和微小企业发放小额贷款为主。部分村镇银行存款数量和开卡数量少得惊人，而贷款数额却又居高不下。目前村镇银行发放的贷款额度一般为 2 万~10 万元，其中 2 万元以下的小额农户贷款无需实物抵押担保，只需根据农户的信用状况来决定是否贷款，且贷款的期限较灵活，利率也可以在国家基准利率的基础上略作上浮自行商议决定，通常较低。这种小额贷款，一方面帮助村镇银行比较容易获客，另一方面也限制了村镇银行的盈利能力。而且，与一般贷款业务不同，小额贷款业务考察的并非商业信用而是个人信用，所以贷款的风险难以量化评估，导致其风险大，成本高，严重制约了村镇银行的盈利水平。

0.2 中小银行的机遇与挑战

0.2.1 城市商业银行

前文提及目前已有四家城市商业银行上市 A 股市场，目前已有部分银行在排队等待上市中。城市商业银行近几年的业绩发展要强于大型银行，一是受利于国家政策；二是受利于互联网的发展；三是城市商业银行自身相对比较灵活的机制更适合于需求不断更新的金融市场。

城市商业银行由于自身实力有限，往往通过专注区域和行业，打造特色品牌，以实现差异化经营。同时，在互联网技术大力发展的今天，城市商业银行也借助互联网技术突破传统的经营区域的限制，大大拓展了经营区域。比如规模较大的城市商业银行先后相继推出的直销银行、微信银行等移动客户端服务。该类服务帮助城市商业银行将其业务通过互联网拓展到非本行经营区域，并利用新颖的产品获取他行优质客户。

城市商业银行由于其本身的特性，一直致力于服务"三农"，一些城市商业银行近年来在小微领域精耕细作，在服务小微企业方面占据优势。比如在贷款产品方面流程相对简单，同时贷款利率相对较低。据统计，截止到2016年末，城市商业银行小微企业贷款余额超过了3.9万亿元，银行业金融机构小微企业贷款余额的16.88%，已经超过了股份制商业银行。

但是近两年，由于互联网的发展，随之而来的互联网金融大潮席卷整个中国金融市场，传统银行业受到了前所未有的打击，互联网金融以其独特的产品优势及客户体验开始大量获客。城市商业银行的业绩也随之下滑，客户大多流失向互联网金融企业，城市商业银行承受着资产质量与客户流失的双重压力。城市商业银行之所以承受双重压力，一方面，城市商业银行的盈利对传统存贷款业务的依赖度更高，互联网金融贷款产品优势明显，导致传统的存贷款业务受到打击；另一方面，城市商业银行产品过于单一、传统，难以满足不断更新的市场及客户需求。

面临互联网金融的冲击，城市商业银行唯有改革，紧跟互联网金融的步伐，才能保证不掉队，跟上时代步伐。但是，很大一部分城市商业银行因其规模有限，在人力、物力、财力上很难与大型商业银行媲美，因此要发展互联网金融困难重重。首先,是否需要自主开发,也是目前绝大部分城市商业银行面临着的抉择。自主开发,将面临无经验、投入巨大、成效未知的困难。其次,互联网金融要开展起来容易,但是如何运营,如何营销,如何保证客户不流失,才是互联网金融的重点。

同时,由于之前的快速发展,不良风险随之而来。近年来,城市商业银行的风险形势明显恶化。一方面,长期以来,城市商业银行偏重于信用风险管理,忽视操作风险和市场风险管理,导致信用风险持续暴露,不良贷款持续反弹,同时,新增不良贷款呈现加速增长的态势;另一方面,操作风险案件明显增多,目前已曝出多起大案,涉及骗贷、违规出售理财以及内外勾结转移客户存款。如何在大胆发展业务进行获客的同时做好风险防控,将是城市商业银行未来研究的主要课题之一。

0.2.2　农村商业银行

农村商业银行与城市商业银行面临的处境基本相同,受到互联网金融的冲击,自身条件难以开展互联网金融相关业务。但是农村商业银行又因为自身的一些特殊性,又面临不一样的挑战与机遇。

首先,农村商业银行最明显的特点是业务种类单一,以传统存贷款为主。一方面,受制于牌照限制,有些农村商业银行并不具备获取开展其他业务的资质,比如基金代销业务、保险的代销业务等;另一方面,由客户需求决定,本土中小微企业和个人是农村商业银行的主要客户群体,其所需的金融服务也较单一,主要以传统的存贷款和结算为主,导致农村商业银行存贷款业务占比较高。

伴随着"新经济"的发展,农村商业银行所处的经济环境正发生着变化。目前,我国经济保持中高速增长,经济结构不断优化,经济增长动力逐渐转换,因此农村商业银行正面临着良好的发展机遇和最好的发展时机。一是农村商业银行仍然应以立足本地区域经济发展为根基,加大业务拓展空间。二是创业类创新金融需求不断增加。农村商业银行可以不断优化金融服务渠道，围绕不同创业客户提供金融服务和产品创新，满足客户多方面、多样性的金融需求。三是扩大内需政策带动，消费金融快速发展。"新经济"下消费在经济增长中的基础作用不断增强，农村商业银行可以开辟新的消费金融业务模式，利用互联网，在消费相关的每个环节提供全面的金融服务。

同时，农村商业银行也面临着不小的挑战。一是传统经营模式不能适应环境转变。农村商业银行在组织架构、经营机制、考核激励等方面还不能适应经济环境变化，零售产品单一，与零售社区银行的市场定位不匹配。二是获利水平进入下行通道。随着利率市场化，农村商业银行低成本负债的获取越来越困难，同时优质资产变得越来越稀缺，资产收益率难以获得显著提升。三是在经济下行、净息差收窄、经营成本增高、同业竞争加剧的压力下，农村商业银行本身采用的粗放式管理已不再适合，因此将倒逼农村商业银行转向精细化管理。四是目前资产管理行业发展势猛，资产管理要求银行自身需要不断调整资产负债结构及表内外业务结构，过去重资本经营模式已不再适合快速发展的要求。同时，客户对于资产管理产品的要求越来越高，农村商业银行过去的传统产品模式，已难以满足客户需求。五是在客户体验上，传统农村商业银行的主要客户服务模式仍然为网点柜台式服务，互联网端服务较少。绝大部分农村商业银行的手机银行采用联盟统一的手机银行，在产品与客户体验上很难做到个性化服务，且服务渠道相互孤立，协同效应较弱。目前的服务模式难以满足客户的互联网体验需求，难以做到线上与线下的无缝对接。难以做到优化客户体验，提高客户忠诚度，获取竞争优势。

0.2.3 村镇银行

与其他类型的商业银行相比，村镇银行最基本的特质就是最接近底层经济，对增加农村金融供给、促进了农村金融市场竞争多元化、支持农村经济发展产生了积极的作用。村镇银行是农村金融服务的一个空白补充，从县级经济方面来看，村镇银行也是支持当地经济发展的一个主力军，村镇银行能够更好地帮助农村实现现代化，而且也能够更好地帮助农村发展金融经济，所以目前国家政策也正在大力推进村镇银行的制度创新。

同时，随着经济的发展，农村经济及农民生活条件越来越好，农村对于金融类服务的品种与质量的要求也逐步提高。原本农村金融类服务需求相当简单，可能只是存款获取固定利息、贷款获得额度进行企业经营，现在简单的金融类服务已无法满足客户需求。随着互联网的发展，如果客户的需求无法在原来的金融机构获取，必将转向金融类服务品种齐全的互联网领域，因此，村镇银行也将面临农村客户流失的威胁。

根据相关数据分析可以发现，截至2016年末，村镇银行存贷比是74%，处于所有县域银行业金融机构的首位，其中部分村镇银行的存贷比已经超过75%。与其他类型的商业银行相比，村镇银行目前的资产负债率水平并不高。这就意味着，一方面，村镇银行在吸收存款方面还有很大空间。监管部门规定存贷比上限不得超过75%，而目前大多数村镇银行显然已经超出这个上限。虽然国家相关规定要求村镇银行可以逐步符合这个上限规定，但是如果村镇银行一直无法吸收足够的存款，那么未来贷款业务将无法开展。另一方面，从村镇银行业目前资产负债率水平总体偏低的现状来看，村镇银行现有的资本金水平可以支撑更多的资产和负债业务。因此，村镇银行应该在吸收存款方面多下功夫，通过存款业务的增加来带动整个经营活动。

村镇银行如何快速有效地开展存款业务，将是未来面临的主要难题之一，村镇银行因为立足于本地经济，服务与"三农"，主要为广大县域农村提供服务。存款业务如何开展？广撒人力去拉存款，但居高不下的人力成本，显然已经不再适合现在的市场；而且本地市场毕竟有限。即便痛下血本，成效可能也不会太理想。那么将客户目标转向非本地区外的客户，就成为下一步发展的关键所在。互联网金融的崛起给村镇银行提供了一个绝佳的发展机会，利用互联网模式，既不打破不允许跨区经营的监管要求，又可以获取其他地区的客户。村镇银行因为其特殊的法人构造，在很多业务上的灵活度上要远超过其他类型的银行，这个特性很符合互联网金融发展的重要特点。因此在互联网金融业务上，村镇银行是有开展的优势的。

我们知道，村镇银行过往依赖的传统贷款模式，大多是依赖纯人工模式，成本高，且因为服务于"三农"经济的政策，贷款利息往往比其他银行要低，因此贷款利润相对较低。在互联网金融崛起的时代，村镇银行在贷款之路上可以不再单纯地进行传统贷款，而是借助互联网技术，结合本地特色经济，做出贷款类产品的创新，如现金贷、消费金融类的贷款。村镇银行可以挑选当地优秀的小微企业或小微商户，联合推出消费分期类似的产品，一方面可以促进银行贷款类业务的增长；另一方面可以为客户提供个性化服务，增加获客量及客户对银行的黏性。当然类似的创新产品还有很多，村镇银行的创新之路充满着挑战与机遇，也充满着无限可能。

当然，村镇银行同样面临着农村商业银行一样的困境，甚至有过之而无不及。即村镇银行无论是人力、物力、财力都很难支持一套完整的互联网金融发展方案。村镇银行如何调动现有资源，进行资源优化，快速开展互联网金融业务，将是村镇银行面临的巨大挑战与难题。

0.3 中小银行转型：智能金融服务

综上所述，不难看出，互联网金融是包括城市商业银行、农村商业银行、村镇银行在内的所有中小银行的必选项和首选项。传统中小银行外部面临激烈的市场竞争，包括来自各大商业银行的竞争，更包括来自互联网金融行业的竞争；同时传统中小银行内部面临流程再造，需要充分利用互联网金融技术完成从网点模式向场景模式的转变。未来三到五年，互联网智能金融的发展将会炉火纯青，传统银行将面临巨大的阵痛与变革，如有形的将会被无形的所替代：二维码支付替代 POS 机、数字货币替代 ATM 机、二类电子账户规模超越一类银行卡账户、消费场景金融替代信用卡发卡、银行实体网点数量逐渐减少和裁员、大数据金融将大行其道。未来五到八年，传统银行的已有业务形态将有 50% 会消逝、有 20% 的传统银行因无法获取新增客户而消失。这种形势下，不改革就意味着死亡。

互联网智能金融具有双重属性：一是金融属性，即风控要第一，这个需要时间来验证金融的安全；二是互联网属性，即速度要第一，这个需要市场来验证份额占比 50% 以上。当下互联网智能金融和 FINTECH 发展如火如荼，但都没有取得绝对的胜算和优势，还需要三到五年的时间来验证。这里我们不讲互联网金融和智能金融的企业，只讲开展互联网金融和智能金融的银行业。目前的银行互联网智能金融发展态势是走两个极端：一是烀大饼式的全覆盖做法，押上全部人员（几百人、上千人、上万人的规模）、全部资金（几亿元、几十亿元、上百亿元的资金投入），高举高打，看似场面很大，实际上效果却不然；二是头痛医头、脚痛医脚的诊所做法，因为研制了这个药，开始强调这个药的疗效，不注重整体的关联与发展。这两种不同的模式，其实都并未获得市场大众的认可，客户的接受与使用便是最好的验证方法。

市场上开展互联网金融或智能金融业务的银行有的还没开始就草草结束；有的如同鸡肋，嚼之无味，弃之又可惜，于是我们看到的便是无限期的"敬请期待"；有的如同昙花一现，用较高的收益获客之后，便再无亮点产品，客户体验完产品后，因为缺乏后续有力的产品与服务，便出现了大量的沉寂户，不能为银行带来效益，反而增加了银行的管理成本。当然，上述这些情况多出现在较大的商业银行发展之路上。因为更多的银行，尤其是中小银行，至今仍未涉足互联网金融和智能金融领域，一是因为自身条件的原因，难以开展互联网金融和智能金融业务；二是因为把握不准市场方向，又因为投入较大，不知如何下手。

我们认为，互联网要采取降维打击市场才有效，而互联网金融和智能金融要升维打击市场才有效。互联网市场，通俗点说就是血拼，拼价格，直到在千军万马之中闯出一条路，客户最终选择留下的那家。而互联网金融或智能金融市场要做的则是：如何做到个性化服务，如何能满足客户多样化的需求，如何保证客户不流失，如何增加客户活跃度，如何帮助客户实现资产增值。我们称之为升维打击。那么如何做到这些呢？这就是我们出这本书的初衷，即搭建互联网智能金融服务生态，互联网智能金融要构建开放、互联、共享的金融服务生态才能持续稳步健康的发展。

截至目前，中国有 143 家城市商业银行、1 055 家农村商业银行、1 519 家村镇银行。城市商业银行和极少部分农村商业银行的核心系统相对独立和完善，发展互联网金融相对比较容易实施，但是互联网金融做得好的城市商业银行少之又少。大部分农村商业银行受自身条件和省联社的制约，独立自主的发展互联网金融困难重重。村镇银行受自身条件和发起行的制约，独立自主的发展互联网金融几乎是不可能的。但是在互联网金融倒逼的市场模式下，城市商业银行、农村商业银行、村镇银行，对互联网金融又是极其迫切的需求，一是降低服务成本，二是提高服务效率。因此，互联网金融之路是必走之路。而互联网金融之路要想走得稳，走得远，使其真正发挥出互联网智能金融的魅力。互联网智能金融服务生态是必由之路。

互联网智能金融服务生态是将互联网＋金融＋场景＋大数据＋机器学习相结合形成的一个生态闭环。互联网是工具，金融是本质，场景是帮助实现客户与资金落地的重要介质，三者缺一不可。那么传统银行应该如何发展互联网智能金融服务生态？我们认为，传统银行进军互联网金融服务生态需要兵分两路：一路以"To C"客户为目标的场景下的消费金融服务生态，一路以"To B"客户为目标的场景下的供应链金融服务生态。城市商业银行、农村商业银行、村镇银行根据自身的实际情况以及发展需求，选择是走以"To C"客户为目标的生态之路，还是走以"To B"客户为目标的生态之路。或者如果自身条件足够的话，可以两条路一起发展，互相辅助，那么互联网智能金融服务生态之路将会走得更宽、更快。

互联网智能金融服务生态建设将是一场场景革命，谁的场景多，谁的场景更贴合客户的需要，谁的场景更全面满足客户各方面需求，谁将获得这场革命的胜利。那么在场景金融的革命形势下，中小银行如何做好互联网智能金融服务生态的发展规划？

城市商业银行、农村商业银行、村镇银行自身条件相对优越一点的，可以选择自主开发的模式或者和金融科技类公司合作开发的模式。如果自身条件相对较弱的银行，可以选择与金融科技类公司联合运营的模式。在这种模式下，银行可以快速上线互联网智能金融业务，且因为采用联合运营的模式，效率会更高。在后续的产品更新迭代中，也可以快速应对、跟上互联网智能金融的大潮。

互联网智能金融服务生态该如何搭建呢？一是以获取增量客户为目标。搭建理财层，通过产品优势先吸引客户；提供连贯性的理财服务和优质的资产管理服务，如定期理财、智能基金、智能投顾、资产配置服务等，帮助客户不会被其他市面上理财服务所吸引；提供品种多样的融资类服务，如现金贷、消费分期等，满足客户多样化的融资需求；搭配以生活类的增值服务，如代发工资、话费缴纳、流量充值、水电燃气缴费、O2O服务，来增加客户对本行的黏性，尽可能减少客户流失。

二是城市商业银行、农村商业银行可以利用自身优势，进行多渠道合作，开展相关的平台金融类业务，比如资金存管类服务。根据目前的监管趋势，P2P资金存管已明确要求存管，相信很快消费金融、现金贷、互联网资金存管也将被列入存管行列，接入资金存管类服务。在这种模式下，银行可批量获取客户，且客户质量较高。后续可搭配以特定产品推送，实现客户的转换，从而将渠道客户转换成本行真正的优质客户。因此，资金存管类服务必将是各大银行必争之地。

三是对本行存量客户二次开发。利用大数据技术，城市商业银行、农村商业银行可对本行的沉淀、休眠客户进行分类，根据分类标签进行个性化营销。通过二次营销，可以让该部分客户再次活跃。搭配以前面我们说的各种金融类服务，使得客户长期保持活跃与黏性。

四是根据自身实际情况开展对B端的服务，比如供应链金融服务生态，将互联网金融与供应链金融结合起来，形成新的模式；供应链金融借助网络技术，实现双方或多方同时交易，信息充分透明，定价方式公平，因此效率较高。供应链金融基于电子账户支付，利用互联网进行金融资产的支付、转移、清算；同时，供应链金融利用大数据和云计算，进行供需信息的组织和标准化处理；在此基础上对资金需求方进行风险定价。这里面不仅涉及金融创新，更涉及产业重构。

"帮你盈"以服务中小银行为宗旨，致力于成为中小银行互联网金融运营服务专家，通过帮助中小银行建立互联网金融服务生态，完成场景金融的革命！"帮你盈"对互联网金融服务生态有着深刻的理解与实践经验，已经帮助不少银行搭建互联网智能金融服务生态。互联网智能金融服务生态可以分为七维空间：电子账户核心、场景信息、金融交易、大数据、云计算、精准营销、运营管理。阿里的电商金融服务生态、腾讯的社交金融服务生态、京东的电商金融服务生态、百度的智能金融服务生态都已初具规模。目前还没有看到哪家银行形成绝对的优势，所以，机会与机遇都还在。

最后，希望本书能为正在开展互联网金融和智能金融业务的中小银行以及准备开展互联网金融和智能金融业务的中小银行提供一点有用的参考。本书中如有不足与错误之处，希望各位给予宝贵的指导意见。

第 1 章　构建智能金融服务生态

1.1　互联网大潮下的传统金融

1.1.1　互联网革命时代的来临

互联网，英文名 Internet，又称网际网络、因特网、英特网。互联网始于 1969 年美国的阿帕网。关于互联网定义，百度百科上是这么解释的：互联网是网络与网络之间串联形成的庞大网络，这些网络以一组通用的协议相连，形成逻辑上的单一巨大国际网络。这种将计算机网络互相连接在一起的方法称作"网络互联"，在这基础上发展出覆盖全世界的全球性互联网络称互联网，即互相连接一起的网络结构。联系到日常生活中，互联网有更简单、更通俗的解释，即互联网就是互连、联通、网络，通过网络将不在身边的人、事、物联系在一起，完成那些需要见面才可以完成的事情。

中国互联网产生比较晚，但是起步晚并不代表发展慢，更不代表没有市场。从 1994 年 NCFG 正式连入 Internet 至今，中国互联网经过 24 年的发展，从门户网站、Web2.0 到社会化网络时代，目前移动互联网已经进入稳健发展期，行业整体向内容品质化、平台一体化和模式创新化方向发展。截至 2017 年 6 月，我国网民规模已达到 7.51 亿人，互联网普及率为 54.3%（见图 1－1）。同时，截至 2017 年 6 月，我国手机网民规模达 7.24 亿人，网民中使用手机上网的比例为 96.3%（见图 1－2）。互联网在我国的传播之快，应用之广可见一斑。

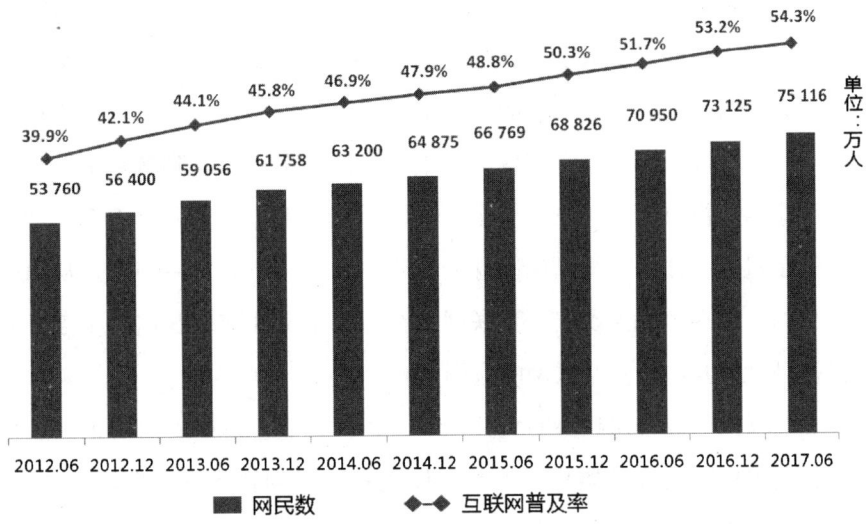

图1-1 中国网民规模和互联网普及率

数据来源：中国互联网络信息中心CNNIC。

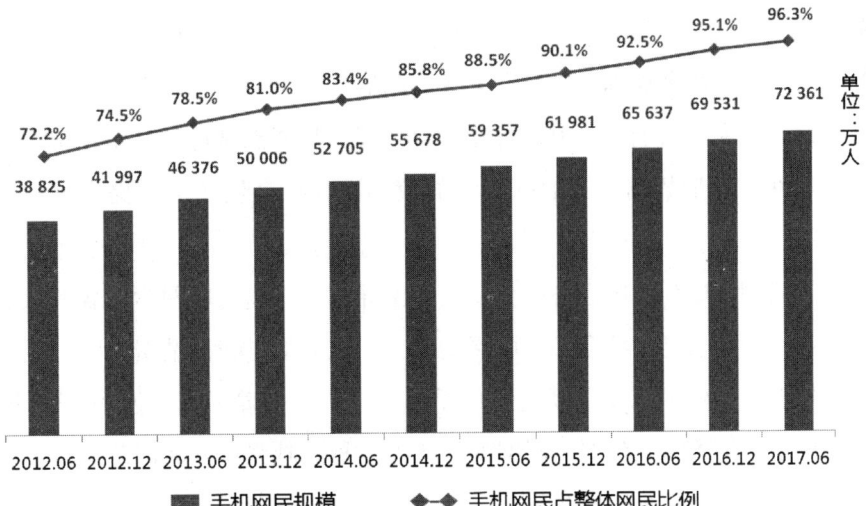

图1-2 中国手机网民规模及其占网民比例

数据来源：中国互联网络信息中心CNNIC。

近五年，互联网的应用已经逐渐渗透到生活的方方面面，包括衣食住行。生活中各种事情，用一部手机或者一台电脑都可以轻松完成。比如，以前互通书信的时代变成了现在的 24 小时保持联络；路途遥远很难见面变成了现在随时可以在手机上视频；一部手机、一台电脑便可以远程完成工作、远程召开会议；不用奔波各个店铺，就能足不出户吃到各种美食、买到各种东西；没有雨伞、没有单车，拿出手机就可以使用共享雨伞、共享单车；手机摇一摇，就可以认识身边的陌生人……所有这一切都是从前想象不到的，现在却成为现实，互联网正在不知不觉改变着我们的生活，实现的基础就是互联网及互联网的应用。

在互联网已成普遍趋势的大环境下，各行各业也发生着前所未有的变化，行业整体向内容品质化、平台一体化和模式创新化方向发展。首先，各移动应用平台进一步深化内容品质提升，专注细分，寻求差异化竞争优势；其次，各类综合应用不断融合金融服务、社交、信息服务、交通出行及民生服务等功能，打造一体化服务平台，力求打造生态服务圈，扩大服务范围和影响力，如京东、阿里、腾讯等，从衣食住行、投资等各方面不断渗入，已经逐渐展现出了生态服务圈的雏形；最后，移动互联网行业从业务改造转向模式创新，引领智能社会发展，从智能制造到共享经济，移动互联网的海量数据及大数据技术的应用，为社会生产优化提供了更多可能。

互联网已成为我国经济社会发展的主导力量，以互联网为代表的数字技术正在加速与经济社会各领域深度融合，成为促进我国消费升级、经济社会转型、构建国家竞争新优势的重要推动力。随着人们对便利、快捷、高效的不断追求，人们对互联网的依赖性也越来越强，互联网革命将会爆发得更加猛烈，更加彻底！

1.1.2　传统金融的颠覆与重塑

传统金融，从时间上划分，最初主要是指具备存款、贷款和结算三大传统业务的金融活动。随着金融行业的不断发展，传统金融除了存款、贷款、结算外，增加了财富管理、私人银行等资金增值类服务；水电燃气、电话费缴费、购物消费等在内的生活增值类服务。因此，传统金融可以归纳为货币流通和信用活动以及与之相联系的经济活动的总称。

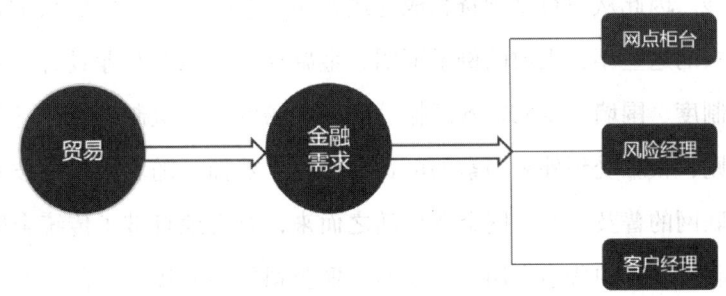

图1-3 传统金融服务形式

传统金融模式下，通过贸易产生的金融需求，90%均为纯线下模式，不区分场景来源，直接推送给柜台、风险经理、客户经理等进行业务处理。这种模式下，业务处理效率低、人工成本高，且很难提供对口的专业化服务。传统模式下的服务显然已经不能适应需求越来越旺盛的金融市场。

十年前，老百姓的钱存在银行当储蓄，金融机构有理财产品，但普通老百姓是很难接触到的，一是因为信息的不流通，二是因为产品门槛较高，收益较高的、好的理财产品动辄上百万起步。银行、信托公司之类的传统金融机构大多设有私人银行部，专门服务于有需要的客户。私人银行有着稀缺投资机会的金融产品，很多在银行柜台上普通客户压根看不到的产品，如各类高收益的信托产品、房地产基金、私募股权投资基金、顶尖的阳光私募、对冲基金、海外并购基金等等，往往都是为大客户服务，而不会对普通客户开放。

企业需要贷款时，传统金融行业，尤其是银行，只愿意把资金借给那些有足够资产（尤其是高价值的固定资产）、知名度高、规模较大的大型企业或者国有企业。而数以千万计的小微企业既没有资产、又没有名气、更没有规模，有的甚至没有任何可资抵押的东西，对于银行而言，这些企业在合规资质上就完全不合格，并且属于风险极大的"高危群体"，当然不会借钱。因此从银行拿到贷款成为绝大部分中小企业遥不可及的奢望。

过去的这些年，无数的例子证明，金融这个特殊的行业具有壁垒森严的准入制度、围墙高企的资本门槛、固若金汤的运营机制以及严丝合缝的游戏规则，很难受到外来因素的颠覆与影响。然而，随着互联网技术的发展、互联网的普及，互联网金融也随之而来，有力地打破了传统金融的局限。电脑和手机的普遍应用，互联网金融公司的不断爆发，仅仅两三年时间，襁褓之中的互联网金融就已经搅得传统金融业风声鹤唳、如临大敌，甚至有的银行第一次出现了存款负增长的现象。

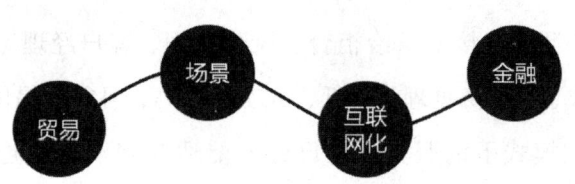

图1-4 互联网金融服务形式

互联网金融模式下，需要理财的客户可以随时随地通过互联网充分了解投资项目的背景情况、投资项目的风险评估、风险控制和增信措施，项目基金经理/运营管理团队的专业背景等。同时，在大数据的支持下，系统会给出相应的资产配置建议，客户考虑后即可投资。与传统金融机构相比较，该类理财门槛低，投资收益高，并且无需柜台办理。互联网金融的资金借贷门槛相比银行大幅降低，需要资金的、符合要求的中小企业都可以通过互联网金融（主要是P2P和众筹）快速借到资金来发展企业，而不再需要等待银行冗长而又无望的贷款。

互联网金融把金融投资从精英参与变为草根全民参与，把高山流水的金融产品变成了下里巴人的互联网产品，改变了金融业的成本结构和业务模式。一时间，互联网金融如火山爆发般势不可挡，又如星火燎原之势遍地开花。传统金融被彻底颠覆，传统金融机构的资金与客户流失成为行业普遍现状。

在互联网金融的重重包围下，传统金融机构已然察觉到，互联网金融将是不可抵挡的潮流，更是一块不可忽视的市场。已经输在了起跑线上的传统金融，如果再不改变将是穷途末路。因此，传统金融机构已经开始尝试改变与重塑，从民生银行的直销银行开始，各家银行开始探索自己的互联网金融之路。从客户资源、资金来源与社会影响力来看，传统金融机构似乎有着与互联网金融机构难以企及的优势，但是近两年来，互联网金融领域却很难见到有银行系的崛起，传统金融机构的颠覆之路并不好走。

1.1.3　互联网金融的现状与未来

互联网金融行业发展到现在，已经成为社会经济结构中的重要一环。小到用第三方支付软件购买摊上的水果，大到金融网络中亿万规模的资金流动，互联网金融行业正在逐步展示着其重要地位和不可忽视的影响力。

那么，什么是互联网金融呢？根据中国人民银行等十部委发布的《关于促进互联网金融健康发展的指导意见》，互联网金融是指传统金融机构与互联网企业利用互联网技术和信息通信技术实现资金融通、支付、投资和信息中介服务的新型金融业务模式。其中包括第三方支付、P2P网贷、互联网理财、众筹等多种形式。

2011年以前，互联网金融不被众人熟知，整体市场冷淡。直至2011年，互联网金融交易规模开始迅速增长，2013年增速达到了峰值223%。根据国家互联网金融风险分析技术平台的监测数据，截至2017年7月，我国互联网金融平台一共有1.9万多家。从行业上看，现有互联网金融一共有21类，包括网络借贷、互联网资产管理、网络众筹等。从活跃度上看，最近3个月的活跃用户有5.3亿人，互联网金融用户人数为世界第一。网络借贷、网络众筹、互联网支付的累计交易额达到70万亿元。高增速和庞大的人口基数，使得中国互联网金融产业深受资本市场的青睐。数据显示，在全球27家估值不低于10亿美元的金融科技独角兽中，中国企业占据了8家，融资额高达94亿美元。在这一背景下，国内金融科技创业公司、创新业务模式与解决方案不断涌现，依托"互联网+"，不断重塑着每个人的生活方式。

然而，事物都有两面性，互联网金融疯狂成长的同时又是一把"双刃剑"，因为监管机制不完善，互联网金融业背后乱象丛生，违规企业比比皆是，违规现象更是层出不穷。根据国家互联网金融分析技术平台的监测数据，我国累计违规平台已超3200家，目前仍有违规平台1800余家在活动，其中没有备案的83家，金融数据在境外的816家，实行诱导性宣传的668家，收益率过高的66家，违规开展业务的190家。此外，监测还发现涉及传销的虚拟货币有400多种，其中60%以上的传销币网站服务器部署在境外，传销币日活跃用户达到10万人次。e租宝、招财宝、快鹿案、校园裸条等风险事件频发，一次次将互联网金融推向了风口浪尖。

不断涌现的违规企业及违规现象，直接导致2016年下半年国家开始在政策层面对互联网金融进行收紧：8月推出《网络借贷信息中介机构业务活动暂行管理办法》；10月国务院办公厅颁布《互联网金融风险专项整治工作实施方案》，同时中国人民银行、中国银监会、中国证监会、中国保监会等相关机构分别印发《非银行支付机构风险专项整治工作实施方案》《P2P网络借贷风险专项整治工作实施方案》《股权众筹风险专项整治工作实施方案》等针对不同方向业务整改的公文。相关政策的出台，使得互联网金融行业步入困难时期。

另一方面，互联网金融领域各条业务线也被重新定义。随着《征信业务管理办法（草案）》《条码支付业务规范（征求意见稿）》《网络借贷信息中介机构业务活动管理暂行办法》等政策文件出台，互联网金融子业务范围也已经全面收缩。在风控和资金管理方面，无论是网络借贷还是第三方支付，政策都开始转而以小额、微量为导向。如《网络借贷信息中介机构业务活动管理暂行办法》规定，同一自然人在同一网络借贷信息中介机构平台的借款余额上限不超过人民币20万元。政府对互联网金融行业的态度逐渐明确，总结可以为：不合规企业坚决清除，提高资质门槛，分散并严控风险。

从政府的态度逐渐明朗可以看出，决策层希望看到的是以提供辅助性、普惠消费类的创新金融服务，同时也希望放慢整个行业的扩张速度，这就意味着互联网金融的野蛮发展时代彻底画上了句号。但不难看出，由于国内普惠金融业务的长期缺位，大量小微客户对于投融资的需求仍然远未得到满足，中国互联网金融潜在市场规模依旧巨大。因此，互联网金融并不会因政策环境的变化而消失或者灭亡，预计未来几年，转型、重配、合法、合规也将成为互联网金融行业的必由之路。互联网金融市场将逐步变得正规及完善，最终规范化发展，合规的互联网金融企业也将在行业中获得一席之地。

同时，金融科技的崛起和快速发展在给传统金融机构带来了巨大冲击和挑战的同时，也从各方面影响着互联网金融，促使互联网金融一步步向智能金融迈进。在金融科技的快速发展下，一方面互联网金融利用金融科技高技术的特点，为客户提供了创新性的银行服务和客户体验；另一方面，互联网金融和科技相结合，演变升级成的智能金融，将会从全面化、智能化、高效化等各维度全面完善互联网金融发展过程中所遇到的痛点与难点。未来，智能金融将重塑整个行业生态，银行也将开启智能化时代。

1.2 智能金融服务生态建设

1.2.1 智能金融服务生态解析

互联网金融的发展势不可挡，如火如荼。和金融科技相融合，未来的智能金融之路前途似乎一片光明。无数商机涌现，不断有科技公司、传统金融机构奋不顾身地加入互联网金融大潮里，只为分得一杯羹。然而，市场似乎在有意无意地忽略那些曾经昙花一现的互联网金融平台，还有无数停滞不前的平台。从"e 租宝"的关闭，到各家银行的直销银行如鸡肋一样停滞不前，再到越来越雷同、收益不断攀高的互联网金融平台，互联网金融真的是传统金融的一条改革之路吗？

很明显，随着互联网技术的进步，传统金融要发展，要抛弃现有的无数壁垒与痼疾，要与市场上此起彼伏的互联网金融机构一较高下，互联网金融是目前唯一一条可以走也必须走的路。但是，国内的互联网金融市场纷繁复杂，如何抽丝剥茧？如何继续保持互联网金融的创新发展动力？如何解决互联网金融的安全问题？如何完善互联网金融发展环境？如何抵挡同业竞争保证客户不流失？如何将社会组织、外围服务、资金、人才等要素更好地融合？这些都是互联网金融的共性问题。不解决这些问题，传统金融的互联网金融之路就无法走得更远。

互联网市场以及其他很多行业，依靠的是降维打击获取市场和客户，然而智能金融与过去所熟悉的其他行业有所不同，智能金融要做的是升维打击，来获取进一步的持续发展，这就需要构建一个良好的智能金融服务生态圈，不断完善智能金融行业生态体系，通过结合日新月异的智能科技，提高互联网金融的智能化，做到全面且个性化发展（见图 1-5）。只有这样，才能持续保持智能金融的创新发展动力，保证智能金融服务生态圈的良好健康发展，智能金融才能走得更好、更远！

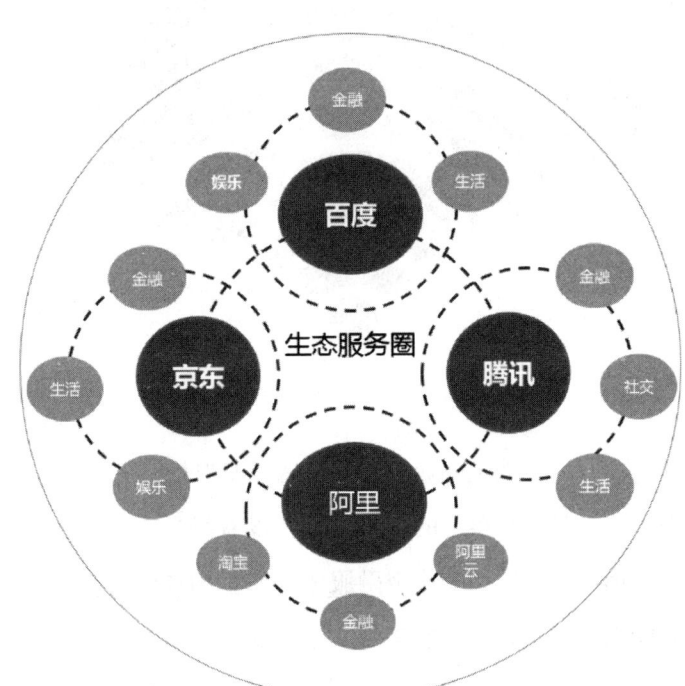

图1-5 国内部分生态服务圈

纵观国内市场，目前已经有几家企业初具服务生态规模，如京东、阿里、腾讯、百度。这三大企业的市值与市场占有额就不用做更多普及了。而对于生态的价值，可以用数字做简单的类比。如传统金融以产品为主，市值可以做到10亿元，那做成平台，市值可以做到100亿元，而如果搭建智能金融生态，市值可以做到1 000亿元，这就是生态的威力。生态最重要的价值与作用就是构成了服务的闭环，最大限度地减少了客户的流失与睡眠。

这里简单进行一些智能金融服务生态的解析。智能金融服务生态可以分为七维空间，由底层到外围，依次分为：电子账户层、场景层、金融交易层、大数据层、云计算层、运营层和营销层（见图1-6）。

电子账户是整个智能金融服务生态的核心基础层，帮助实现客户资金

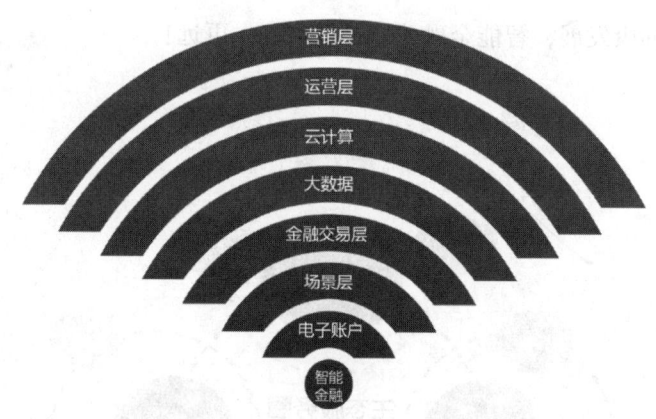

图1-6 智能金融服务生态空间

落地。因此,要开展智能金融业务,拥有电子账户是前提条件。

场景即场所,是客户落地的必备条件,没有场景支撑的智能金融就像漏斗一样,永远都是过客。智能金融服务生态里的场景有很多,如智能财富管理、智能供应链金融、智能消费金融、交易资金存管等等,这些场景的搭建与存在为整个服务生态提供了可持续发展的条件。

金融交易是智能金融的本质,从储蓄到投资到贷款,都是传统金融机构的最终目标。

大数据是一门新技术,传统的金融机构绝大部分只是储存客户的交易数据,缺少进一步的加工,忽略了数据本身的魅力与无限可能。大数据技术可以通过整合现有数据,由机器进行学习分析,对客户进行智能化的标签分类、智能推客等一系列精准服务,有效帮助银行等金融机构进行存量提升和发展增量客户。

云计算是智能金融战胜传统金融的一个核心技术,是互联网时代金融机构高效的技术后台,在数据分析层面和大数据相辅相成。

运营层为智能金融服务生态提供全套的产品运营。拥有成熟高效的产品运营团队及运营经验,才可以在行业里处于领先地位,不被超越。

营销层提供存量客户的唤醒，新增客户的获取。智能金融服务生态的营销不同于传统的营销，智能金融的客户可以来自网络上任意一个角落，但与普通传统营销最大的不同是，传统金融的营销更多依靠人力，智能金融服务生态的营销要做的是减少人力成本，进行智能化营销、精准化营销。

智能金融服务生态的七维空间每一维度都不可或缺，且相互依托、互为前提，都是构成智能金融生态的必要条件。

1.2.2 智能金融服务生态的"种子"是电子账户

中国人民银行在 2016 年 11 月 25 日深夜下发 302 号特急文件《关于落实个人银行账户分类管理制度的通知》，重申关于银行个人账户分类管理的相关要求，并对分类进行了补充和完善。根据央行要求，个人银行账户实行分类管理，分为Ⅰ类、Ⅱ类、Ⅲ类账户，不同类别的账户有不同的功能和权限（见表 1-1）。个人在银行开立账户，每人在同一家银行只能开立一个Ⅰ类户，如果已经有Ⅰ类账户的，再开户时只能是Ⅱ类、Ⅲ类账户。不难看出，个人账户分级管理的制度，是通过为资金设立防火墙，避免互联网支付便捷伴生的风险，最大限度地保护持卡人的财富。

表 1-1   个人银行账户分类

	Ⅰ类账户	Ⅱ类账户	Ⅲ类账户
主要功能	全功能	储蓄存款及投资理财	消费（缴费）支付
		消费（缴费）支付	绑定支付账户
		绑定支付账户	
账户余额	无限制	无限制	账户余额≤1 000 元
使用期限	无限额	储蓄存款及投资理财无限额	消费（缴费）支付日累计限额 5 000 元
		消费（缴费）支付日累计限额 10 000 元	
账户形式	借记卡及储蓄存折	电子账户	电子账户

近两年，随着移动互联网、智能手机的普及，随着先进技术的应用，互联网金融开始崛起，搭建智能金融服务生态将是互联网金融长远发展的必由之路。智能金融服务生态，简单概括就是实现信息流和资金流的闭环，最终使得客户不流失。互联网金融要实现信息流和资金流的闭环，资金就必须要落地。那么资金落在哪儿，或者说资金停留在哪儿才可以保证资金的融通呢？这时就需要有一个账户可以保证资金落地并且不影响后续资金的流通，因此电子账户便是将这个闭环联系起来的核心基础，更准确地说，电子账户是智能金融服务生态的种子。

首先，电子账户是互联网金融平台的核心支撑，为平台提供了一个核心账户的基础性支撑，弥补网点覆盖的渠道缺失，借助互联网有效拓展客户群体，并与之建立刚性的业务关系；其次，电子账户是互联网银行服务模式的基础性介质，也是应对利率市场化的有力工具；最后，资金如何进、如何出、如何沉淀下来、如何变成本行的存量客户、存量资金，这些都是通过电子账户解决的，也是电子账户的核心作用。

电子账户是互联网智能金融生态服务能搭建起来的决定性功能（见图1-7）。电子账户的功能包括以下几种：

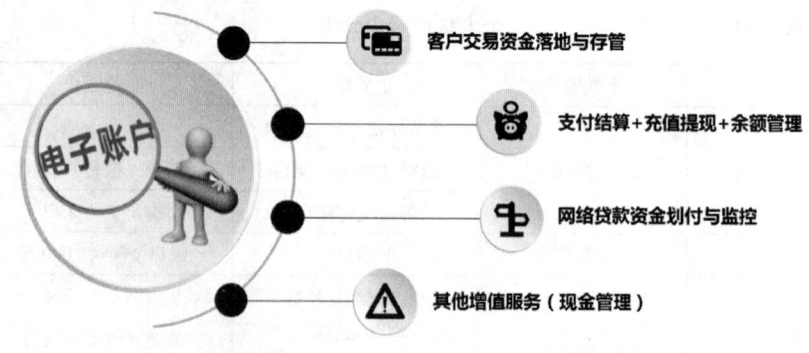

图1-7 电子账户功能

（1）账户的充值与提现：客户开立电子账户后，可利用本行卡或者他行卡进行电子账户的充值,也可将资金提现到本行卡或他行卡中。实现资金的流通,帮助银行进行揽储。

(2)支付结算:电子账户可替代银行卡的大部分功能,客户可利用电子账户进行借款、还款的支付结算;也可以利用电子账户进行理财产品的购买、生活类的缴费服务等增值类服务。

(3)余额管理:电子账户内的余额,可以进行现金管理,在不影响正常的支付结算功能下,将余额充分发挥最大收益。

(4)其他服务:电子账户可以作为其他服务的账务基础或信用基础,如信贷服务。

因此,要做互联网金融,首先必须要搭建电子账户核心系统。目前大部分传统金融机构都有一套自己的老核心账户系统。然而,在互联网环境下,用户对于快捷便利、多样性、快速迭代等业务与体验的诉求,使得银行很难用现有的账户体系支撑整个互联网金融业务体系、应用场景以及构建整个银行互联网服务体系。所以,搭建一套新的电子账户系统就成为银行全面进军互联网智能金融的首要前提。

从科技角度而言,一套完整的电子账户系统从人力、物力、财力的投入上以及系统的功能建设上,都需要巨大的成本投入,并且对于技术要求也是巨大挑战。从前期的调研研究到开发到测试到上线,整体周期大约需要6~8个月。资金充足、有能力的银行可以选择自主开发;中小银行则建议选择外援,比如金融科技类的公司。该类公司技术成熟、业务熟悉、专业人员配备齐全,在后续的互联网金融业务上也有着丰富的经验,可以帮助银行少走一些弯路。这样,电子账户整体建设周期可控,开发风险比较低,业务发展也能够更灵活支持,更能帮助中小银行快速上线电子账户系统,快速开展互联网金融业务。

"帮你盈"电子账户系统是根据中国人民银行发布的302号文指导意

见,进行设计与开发的,符合 302 号文对于电子账户的要求。目前电子账户系统已开发完成,且已经帮助包括上饶银行在内的多家银行成功上线电子账户系统。

"帮你盈"电子账户系统可以帮助银行快速部署并上线个人电子账户、企业电子账户。在业务记账方面上,电子账户系统采取复式会计记账,方便业务统计;在账户模式上,采取大账户下虚拟子账户的虚实结合模式;在记账方法上,采取多种方式往来记账,同时支持人工、自动处理往来账目;在安全认证方面,采取实名绑卡进行安全认证,确保客户接入真实性;在计息管理上,电子账户系统可对客户账户进行计息,同时,年、季、月结息,采取积数处理;在分润管理上,电子账户系统可依据接入渠道及平台请求对科目账户进行分润处理;在支付配置上,提供渠道支付通道动态配置。相关图示见图 1-8。

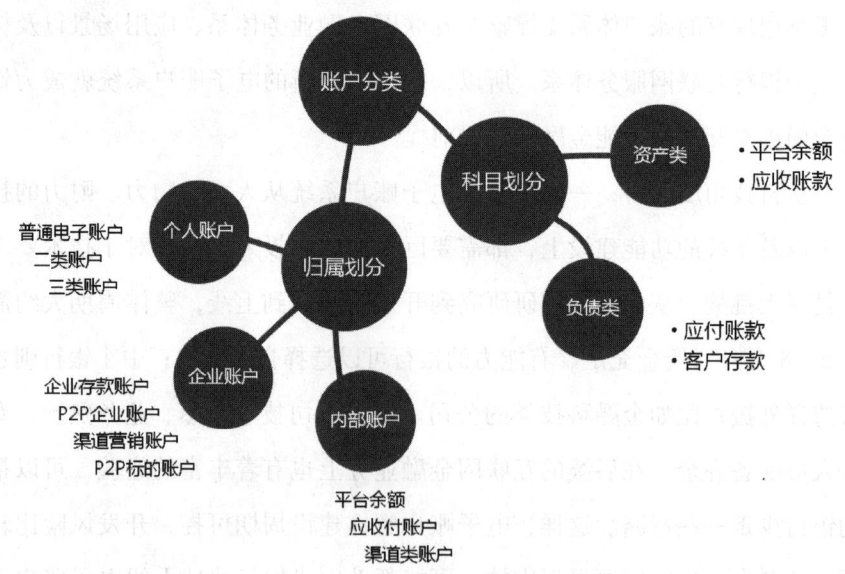

图 1-8 电子账户系统图示

在成本方面,系统集成成本低,方便对接三方支付通道、核心记账等系统，同时系统框架基于主流开源框架，快速迭代、持续集成成本低；在安全性方面，网关支付安全，API 联机访问安全；在灵活性方面，日终灵活，日终步骤可根据不同需求进行定制，且系统支持 DB2. ORACLE、MYSQL 等主流数据库，可针对平台各自数据库定制开发。

在未来发展上，电子账户结合最新的智能科技，如区块链技术，对不同业务线的成员进行身份验证，使用去中心化共识机制维护一个完整的、分布式的、不可篡改的账本数据库的技术，让区块链中的参与者在无需建立信任关系的前提下实现一个统一的账本系统。同时，对用户的各种交易行为进行持续认证和记录，确保交易真实性和记录的完整性，提升系统处理业务的速度与效率，使得电子账户的整体业务更透明、更安全。

1.2.3 智能金融服务生态的土壤是场景

电子账户是智能金融服务生态的种子，是种子就要生存，那么土壤在哪呢？智能金融服务生态赖以生存的土壤是什么呢？

互联网智能金融最早期的模式是将线下的金融产品搬到线上，称为搬运工并不为过。可以想象一下，客户与资金进来了，客户购买了一种理财，理财到期后，客户可能发现了别的更好的理财产品、理财模式，也可能是需要购买保险，又或者是需要缴纳生活费用等等。这些情况下，如果没有相关的应用场景服务配套，那么客户与资金必将会流失去其他平台。因此，绝大部分情况下，最后的结果就是客户与资金进来跑了一圈，然后流失。因为场景的不完善，造成客户的不可控性。这种流失是现在互联网金融最普遍的流失原因。究其原因，不难看出，这里面缺少的就是一些满足不同客户不同需求的场景。如果场景能满足不同客户的不同需求，就可以大大降低客户流失率，客户的流失也将变得可控。因此，场景就是智能金融服务生态的土壤。

智能金融服务之所以能构成生态、形成生态圈、保证客户与资金不会流转出去，场景起着非常关键的作用。有了场景，满足了客户的需求，客户与资金才能找到可以停留的土壤，并生根发芽，使得客户与资金不流失。

那么，哪些场景才可以满足客户的不流失呢？哪些场景才能构成服务生态圈呢？

简单来说，可以分为以下几种场景：支付、活期理财、定期理财、投资、贷款、保险、消费、生活服务、咨询类（见图1-9）。

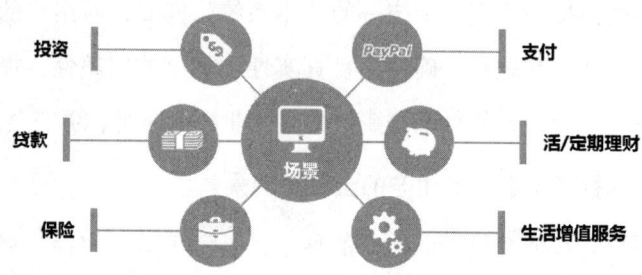

图1-9 场景列示

支付就不用再多解释，现在出门，一部手机就可以代替钱包、公交卡，轻松一扫，就解决了支付问题，这是互联网金融时代最大众的支付方式。除此之外支付方式还有很多种，随着智能科技的发展，智能支付已经登上了支付行业舞台，如指纹支付、人脸识别支付、静脉支付、声波支付等等，其使用的便捷性将决定其在未来占据支付方式的主要地位。

此外，用来支付的钱，放进电子账户里，在闲余的时候可以直接买入一些"宝宝"类的活期理财，获得活期理财收益，而该类理财支持直接用来支付消费。中信银行的"薪资宝"便是此类的典型代表。

有长期理财需求的客户可以选择购买定期理财；有投资需求的客户，可以选择进行一些有一定风险的投资，比如基金。有保障需求的客户，可以选择购买保险，意外险、账户险等都可以直接在线购买。有贷款需求的客户，也可以直接申请现金贷款，申请的贷款可以用来提现，也可以直接用来在场景内消费。有消费需求的客户，可以选择自己想要的商品进行消费，直接刷卡里的钱或者电子账户的资金。如果资金有限，还可以选择贷款进行消费，这就是我们说的消费分期。客户如果需要缴纳生活类的服务费用，比如水电煤缴费、话费充值、流量充值等，都可以直接进行缴费。当客户有任何需要人工支持及咨询的时候，通过即时咨询，便可联系专业的服务人员。

随着与智能科技的融合，智能金融时代来临，这些场景正在逐渐优化，变得更加智能化，我们称之为"智能财富管理"。系统会根据客户自身资产状况以及不同的需求，自动为客户推荐匹配度最高的产品，并且全程跟踪客户所购买的产品，及时给出最合适的建议，省去了客户挑选产品的繁琐过程，为客户实时了解产品动向并作出相关调整提供了依据。

试想一下，在这种模式下，客户流失的概率会有多大。当然，场景还有很多种，上面只是列举了最普遍的一些例子，每家银行可以根据地区的特性、本行客户的特性，搭建更多个性化的场景，来满足不同场景的不同需求。

智能金融服务生态，通过搭建各类场景，潜入人们的生活，在便利生活的同时，最终也帮助银行获客及提高客户留存率。

1.2.4 智能金融服务生态的水是金融交易

构建智能金融服务生态，形式上是传统金融的颠覆，但是最终目的却是与传统金融一致的，都是为了获客，并且促成客户交易，实现客户资金落地，最终获得收益。

智能金融服务生态里会有很多种交易，大致可以分为金融类交易、生活场景类交易两种。生活服务类交易是智能金融服务生态的增值服务，增加客户对平台的黏性，减少客户因为业务缺失而带来的流失。金融类交易则是智能金融服务生态的本质诉求,因为银行或者传统金融机构的最大特点及盈利点便是金融类的交易,包括存、贷、汇等业务。

互联网智能金融是运用了互联网思维和金融科技的智能化金融,形象点比喻,互联网是树,金融是藤,智能是枝叶,密不可分,只有三者紧密结合,才能形成真正的互联网智能金融。互联网智能金融是传统金融从线下走到线上的模式,虽然模式有了变化,但本质仍然是

图片来源:百度

金融。互联网变革的只是金融的服务方式,并没有创造出新的金融模式,银行借助这些媒介从事服务跟银行的传统服务没有本质的区别。同样,围绕互联网的创新也同样要遵守金融规律。

智能金融的产品及服务仍是以金融为主,智能金融在延续了传统金融原来的特点及产品外,在金融产品类型上进行了改革,增加了个性化产品,更能够吸引客户。如现在很多平台都有的宝宝类产品、定活通、智能投顾等产品。这些新产品出现的目的是吸引客户,帮助客户完成交易,最终达到吸收存款、发放贷款、资金融通的目的。而其他的一些服务,则是附加在金融上的增值类服务。

我们说互联网金融的本质是金融,而不是互联网。这一点是现在很多互联网金融平台容易搞混的。在产品开发的过程中,渐渐弱化了金融的本质,很多其他产品喧宾夺主,在平台成立之初或是遇到瓶颈的时候,可以找一两个点进行突破,但后期应快速转变,否则就相当于饮鸩解渴,后患无穷。因为除了金融交易类之外的增值类服务,以体验便捷为主,是很难撑起整个智能金融服务生态圈的。

金融交易是智能金融赖以生存的前提，正如水之于万物一样，金融交易是智能金融服务生态的"水"。

1.2.5 智能金融服务生态的阳光是大数据

大数据是时下最火热的 IT 行业的词汇，而数据仓库、数据安全、数据分析、数据挖掘等围绕大数据商业价值的利用逐渐成为行业聚焦的利润点。那么什么是大数据呢？在这里简单介绍一下，后面会有专门章节进行详细解释。

麦肯锡全球研究所认为，大数据是一种规模大到在获取、存储、管理、分析方面大大超出了传统数据库软件工具能力范围的数据集合，具有海量数据规模、快速数据流转、多样数据类型和价值密度低四大特征。

大数据的意义不在于掌握庞大的数据信息，而是大数据本身的技术及应用，因为数据本身是没有意义的。我们发现，很多包括金融机构在内的机构，都会保存客户的交易数据，但是这些数据保存下来的目的除了监管要求外，似乎再没有更多的应用，空有如山如海的数据，却束手无策。如何让这些数据变得有意义，能够为我们使用，创造出更大的经济价值呢？大数据便在这个时候发挥了至关重要的作用，大数据会对这些数据进行专业化处理，加工分析出我们想要的信息，根据这些有用的信息，制定下一步的营销或者产品计划。也就是说，通过大数据"加工"实现数据的"增值"。

目前，互联网金融经过近两年的发展与洗礼，已经从最开始的闷头自己干、自己占领自己的市场，发展到现在各平台之间开始争抢市场份额。随着新平台不断涌起，各个平台之间产品不断更新与完善，各类营销活动不断刷新着市场眼球，互联网金融也开始步入相互倾轧的竞争时代。智能金融服务生态的搭建本身就是一件非常困难的事情，在平台搭建完成后，如何面对竞争越来越激烈的市场，如何让平台开花结果，便是智能金融服务生态的重中之重。

平台的生存依靠的是客户，平台能够长远健康发展依靠的则是风险控制，那么如何获取新客户？如何服务存量客户？平台已有的庞大交易数据又该如何处理才更有意义，更能发挥作用？风险又应该如何控制？除了必备的营销服务与客户风险监控之外，大数据在这个时候便展现了其不可忽视的作用。

在营销新客户方面，大数据可以通过数据整合、分析、场景应用等，对客户进行人物画像，实现基于精准数据人群的跨媒体、跨终端、跨平台的智能精准投放，实现智能精准营销，不断地从各个平台进行客户导流，并且获得的有效用户信息更精准（见图1-10）。

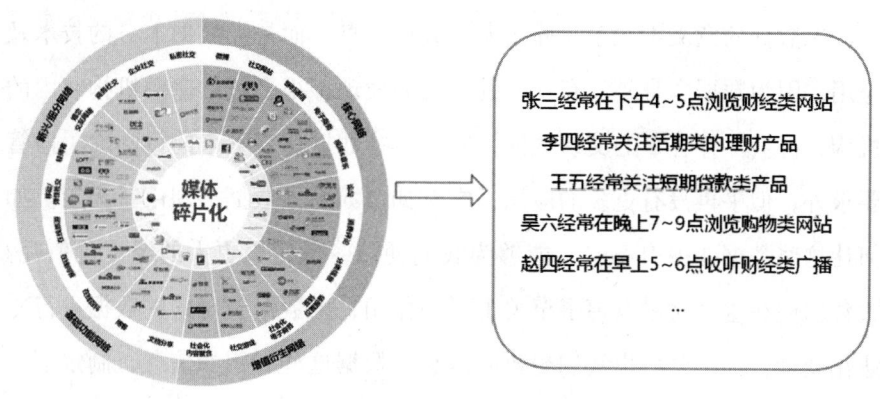

图1-10 数据的利用

在服务存量客户方面，大数据基于既有信息和外部获取数据进行画像，针对业务特征建立模型、产品客户业务标签库。将存量客户进行客群分类，以机器学习挖掘客户需求，最终通过可视化标签业务模式交付业务应用，通过营销引擎，引入销售流程，进行智能推客服务，从而让存量客户活跃起来，防止客户流失。

在风险控制方面，大数据更显得尤为重要，而且大数据正引领着传统风控向智能风控转变。一方面，智能风控依托于大数据的应用，帮助银行进行有效的风控，降低贷款坏账率；另一方面，智能风控实现一站式审批管理，帮助贷款审批部门快速进行贷款决策，降低风控成本。

在目前的互联网金融领域，很多新兴的企业，大多以做贷款或者金融衍生产品为主。其产品的主要卖点在于高收益、低手续费。但是在竞争日益加剧的市场环境下，很多企业为了市场份额及降低成本，在开展信贷业务的时候，忽视了风控，最终由于不能保证资金流稳定，又无法有效控制客户风险，倒闭或者跑路的企业不在少数。

中国互联网用户将近7.6亿人，有一半左右人在央行征信系统没有信用记录。在开展贷款业务时，平台对征信的需求显得尤为迫切。在信贷业务发生时，智能风控依托于大数据的应用，通过大数据、算力、算法的结合，搭建反欺诈、信用风险等模型，在传统风控的维度基础上，利用大数据技术从更多的维度去分析客户，比如用户的行为数据、社交数据等等，对借款方进行身份识别，反欺诈识别、信用识别等各种风控手段，确定客户的信用级别、风险识别，为最终是否放贷提供有力依据，同时帮助银行从海量的数据中最大程度地发现贷款过程中可能存在的风险，从而降低贷款坏账率。在已产生信贷业务时，在业务周期内，智能风控依托大数据实时跟踪客户行为，当借款方出现身份欺诈、逾期不还等行为时，大数据会及时做出风险预警，将可能出现的风险控制在最低。

此外，大数据在反洗钱领域也起着重要作用。传统的反洗钱工作，通过大额可疑信息报告制度完成，具体到可疑交易识别、预警、报告等过程，均需要大量金融机构的前台柜员来参与。这样不仅增加了信息搜集和报告的边际成本，而且还存在覆盖面窄、误报率高、时效性差等缺点。通过大数据技术，建立智能的反洗钱体系，在反洗钱工作中先利用数据智能化排查，待发现可疑交易后再进行人工甄别的方式，从而大大提高效率，也减小了误报率。

前面说到智能金融服务生态需要种子、土壤、水，那么大数据就是阳光，在大数据的保驾护航下，智能金融服务生态才会更健康地茁壮成长。

1.2.6 智能金融服务生态的云是人工智能

近两年，"人工智能"频频被提及，"智能"已渗透人们生活的方方面面，智能可穿戴设备、智能家居、百度的小度等等。如今在互联网金融领域，人工智能的应用因其重要性更是成为不可忽视的技术。

根据 2017 年 7 月 25 日易观咨询发布的中国首份《人工智能理财市场专题分析》报告，人工智能金融的应用在全球范围内已经被提到新高度。到 2020 年，预计中国人工智能理财规模将达到 5.22 万亿元。

2017 年 7 月 20 日，国务院官方网站发布了《国务院关于印发新一代人工智能发展规划的通知》，不难看出，人工智能必将对金融现有业务流程和要素带来极大改变。

那么到底什么是人工智能呢？人工智能在互联网金融领域的应用情况如何？人工智能又在智能金融服务生态中起着什么样的关键作用呢？

人工智能是基于大数据的深度挖掘系统，金融行业因为长时间的运作产生了海量的数据，包括各类金融交易、客户信息、风险控制、投资顾问等。在传统情况下，这些数据只是如同静物般存在，占据储存资源却无法被有效利用。而如今，通过大数据技术进行分析，做出客户精准的用户画像，然后就可以由人工智能系统形成个性化、智能化的投资方案。

目前在互联网金融领域，人工智能运用较为广泛的服务是智能投顾服务。智能投顾，作为一种新兴投资模式，近年来在美国市场快速崛起。世界知名咨询公司 A.T. Kearney 预测，美国智能投顾行业的资产管理规模将从2016年的3 000亿美元增长至2020年的2.2万亿美元,年均复合增长率将达到68%。智能投顾的发展史可以分为三阶段(见图1-11)。第一阶段,投顾公司使用在线投资分析工具,通过专业投顾人员及web服务的形式,为用户提供在线的投顾服务。第二阶段,使用机器学习的方式,通过专业投顾人员及web服务的形式提供机器人投顾服务。这个阶段的服务已经初具投资管理部分功能。第三阶段,通过人工智能和云计算技术,为大规模用户群提供人工智能投顾服务,该阶段已经形成投资管理全价值链。智能投顾的发展史就是一个人力需求逐步减少、机器智能逐步提高的过程。

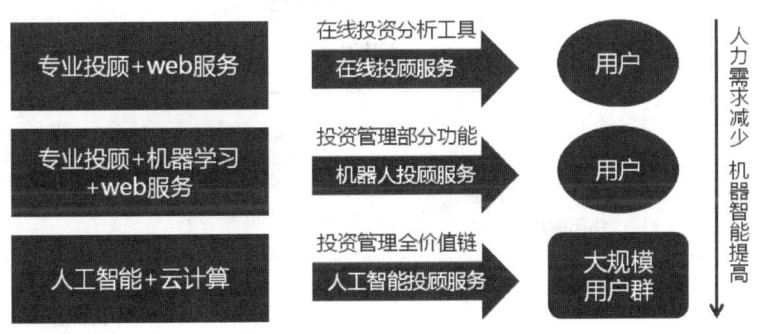

图1-11 智能投顾发展史

自2016年以来,国内智能投顾也快速发展。据不完全统计,目前已经拥有智能投顾服务的银行有:民生银行、招商银行、江苏银行、哈尔滨银行、徽商银行等。

智能投顾的模型有很多种,其中最普遍的便是:系统可以根据客户的预期收益、预期投资期限以及风险承受能力给出不同的投资建议及资产配置方案。资产配置方案的投资标的可以是国内的公募基金,也可以是海外资产。在客户投资成功后,系统会实施跟踪,并且根据市场情况,给出调仓策略,最终帮助客户实现预期收益目标。

智能投顾模式下，一方面，普通的投资者可以享受到专业的投资顾问服务；另一方面，通过采用人工智能技术，金融机构不再拼渠道、拼价格，而是通过感知每个人的具体需求，推出个性化的智能理财服务（见图1-12）。把用户从无边无际的投资品种里解放出来，用户只需要明确自己的实际需求，便可以得到最适合自己的投资方案及后续的跟踪服务。用户的投资行为如在云端般轻松自如。

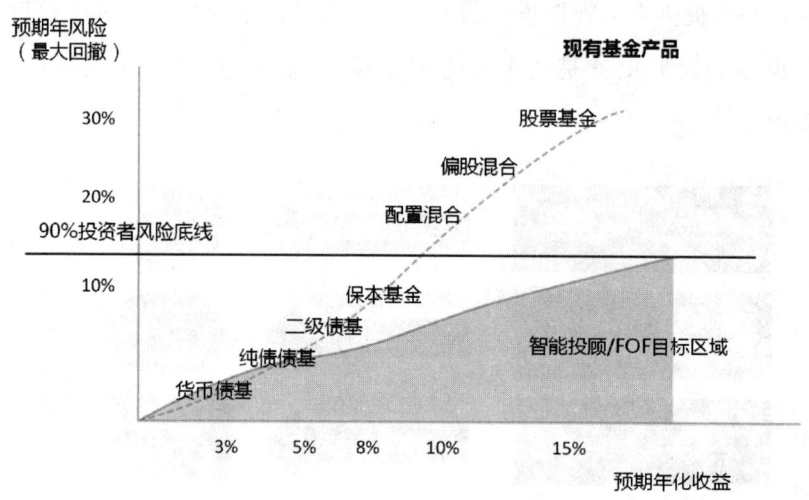

图1-12 智能理财服务

智能投顾优势很明显，但是就目前市场的运行状况来看，智能投顾的市场收益率及客户的反馈并不是很理想。分析其中原因，主要有三个方面：一是国内的投资工具受限，限制了智能投顾模型策略和收益表现。二是国内投资者缺乏稳健、长期的价值投资理念，有着一夜暴富心理的投资者不在少数，在这种情况下，智能投顾所倡导的稳健收益、一站式智能服务，很难得到投资者的认同。三是智能投顾模型的有效性有待完善。

纵然国内人工智能仍不成熟，存在着很多问题，但人工智能对智能金融的重要性是不容置疑的。智能金融领域竞争越来越激烈，没有"一技之长"的平台将难以存活。而那些在人工智能领域有了深入研究突破的企业，将会得到市场更多的拥护与信赖，能更好地走下去。

1.2.7 智能金融服务生态的人工是运营管理

各个互联网金融平台，智能金融服务生态的架构模型可能会是一样的，产品可能会模仿复制，技术可能会雷同，但是智能金融服务生态里有一样一定是各个平台各具特色的，那就是运营管理。运营管理依靠的是人工运营与管理。我们把一切围绕着产品进行的人工干预，统称为运营管理。

智能金融服务生态搭建完成后，产品是否满足了客户的需求，是否正常运作；各个系统是否正常工作；故障维修是否处理及时；售前、售中、售后服务是否全程跟踪；产品的迭代升级管理是否及时等一系列工作都属于运营管理范畴。因此，运营管理在智能金融服务生态中的地位同样非常重要，不可或缺。

目前大部分传统金融机构的运营管理仍停留在最基本的工作层面上，比如日常的清结算业务，而忽略了互联网智能金融的运营管理其实是一整套的运营管理工作。运营管理自始至终贯穿于智能金融服务生态。细分运营管理可以分为以下五块：市场运营管理、用户运营管理、内容运营管理、产品日常运营管理和系统运营管理。

市场运营是以 Marketing 为手段，通过各种方式，对产品进行一系列宣传、曝光、营销等行为，同时通过市场手段及时获取最真实的用户需求，保证所提供的产品能满足客户需求。当然，市场运营有的是花钱运营，有的是不花钱运营，其中的运营手段每个平台都不一样，也没有高低好坏之分，一切都以结果为导向。

用户运营管理是以人为中心的运营手段，常见于各种网上社区论坛、产品内论坛、即时通信服务、电话服务等，是以贴近用户、团结用户、引导用户为手段的运营方式。

内容运营管理是一种将高质量内容、时下热门新闻、一段搞笑的段子等等，通过编辑、整合、优化等方式进行加工，配合 App 推送、网页推送、微信公众号等渠道进行传播的运营手段。

日常运营管理是指产品日常运行中一切保证产品正常运行的工作，包括产品的线上线下、产品的运营、日常的清结算等等工作。系统运营管理包括日常的系统运维和紧急系统运维、紧急系统抢修，包括在任何情况下为保证系统正常运行，不影响客户体验及资料资金安全而采取的一切行为。

事实上，还有很多其他方面的运营管理，这里就不一一进行分析了。各种运营管理的最终目的都是一致的：系统上，保证系统运行正常；业务上，保证产品正常运行；市场目标上，对客户进行拉新、留存、促活。

在实际的运营管理中，平台需要根据各自产品类型以及未来的产品方向、营销方向来指定详细的运营管理条例，实际操作运行的部分由人工完成，因此在模式上，运营管理的手段可能千奇百态，智能金融应根据平台本身的实际情况制定符合自己特点的一整套运营管理模式。

1.2.8　智能金融服务生态的彩虹是营销服务

智能金融服务生态是满足客户需求、为客户提供服务、最终达到双方互赢的一种生态模式。因此，客户是智能金融服务生态的核心，也是验证智能金融服务生态是否为真生态的最真实的数据。客户的获取便至关重要，有的客户是平台自然增长，有的客户是通过口碑转介绍而来，有的客户则是通过一系列的营销服务而转化过来的。从效果和实际客户量来看，通过营销服务转变来的客户体量更大、效果更好。因此，我们把营销服务比喻成智能金融服务生态的彩虹，有了营销服务的智能金融服务生态前景将会更美，更灿烂。

营销服务是在满足客户需求的前提下，为充分满足客户需求，在营销过程中所采取的一系列活动。通过关注顾客，进而提供服务，最终实现有利的交换。

智能金融服务生态的营销服务可以分为线下营销和网络营销两个方向。线下营销的模式和传统行业的营销模式类似，而且在线下营销的模式下，产生过很多营销大师。这里就不做进一步的分析了。

在互联网发展如此之快的形势下，互联网技术发展越来越成熟，互联网成本的逐渐低廉，网络营销相比之下成为更适合智能金融服务生态的营销服务的模式。在这种模式下，客户定位更精准，转化率更高，会省去很多前期的引导工作（见图1-13）。

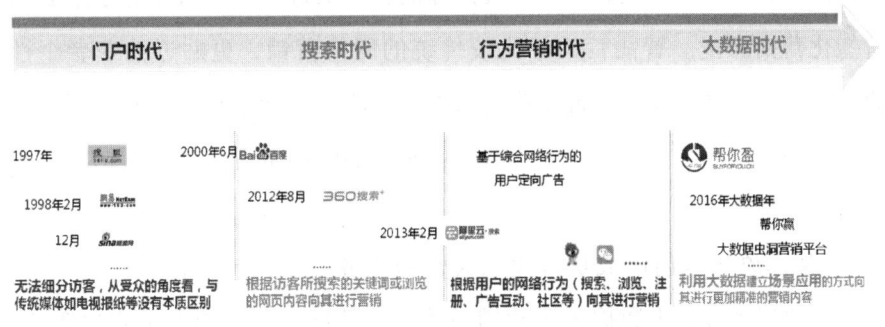

图1-13　互联网技术发展轨迹

网络营销服务（On – line Marketing Service 或 E – Marketing Service）是以国际互联网络为基础，利用数字化的信息和网络媒体的交互性来辅助营销目标实现的一种新型市场营销服务方式。简单地说，网络营销服务是以互联网为主要手段进行的，为达到一定营销目的而进行的一系列网络营销服务活动。网络营销因为自身的互联网特性，有着时域性、富媒体、交互式、个性化、成长性、整合性、超前性、高效性、经济性、技术性等特点。

现在互联网金融的网络营销模式大致相同，主要包括：交换链接、网络广告、个性化营销、会员制营销、网络视频营销、病毒式营销、网络图片营销、论坛营销、社会化媒体营销。

网络营销服务目标的实现需要通过一种或多种网络营销服务手段，方式大致相同。常用的网络营销服务方法主要有：搜索引擎整合营销、关键词搜索、网络广告、交换链接、信息发布、整合营销、邮件列表、个性化营销、会员制营销、病毒性营销、社会化媒体营销等等。其中，搜索引擎整合营销和网络广告，是按照点击付费的推广方式，通过点击获得流量。这两种模式下客户的精准度更高，在未来的网络营销中将占据主流。

而随着物联网、大数据以及云计算的突飞猛进，网络营销也正不断向智能化营销靠拢。智能营销相比较传统的网络营销，更贴近消费者个性化、碎片化的动态需求。智能营销以人为中心、以网络技术为基础、以创意为核心、以内容为依托、以营销为本质目的的消费者个性化营销，使客户营销更精准。

"帮你盈"目前已成功构建三大营销服务系统，包括客户经理系统、零售大数据系统、大数据虫洞营销系统，在帮助银行进行存量客户激活、二次营销及增量客户发展上有着丰富的行业经验，根据实际营销效果收取费用。三大营销服务系统的开发均遵循减少人力的无效投入，以智能化营销为主的宗旨（见图1-14）。

第 1 章 构建智能金融服务生态

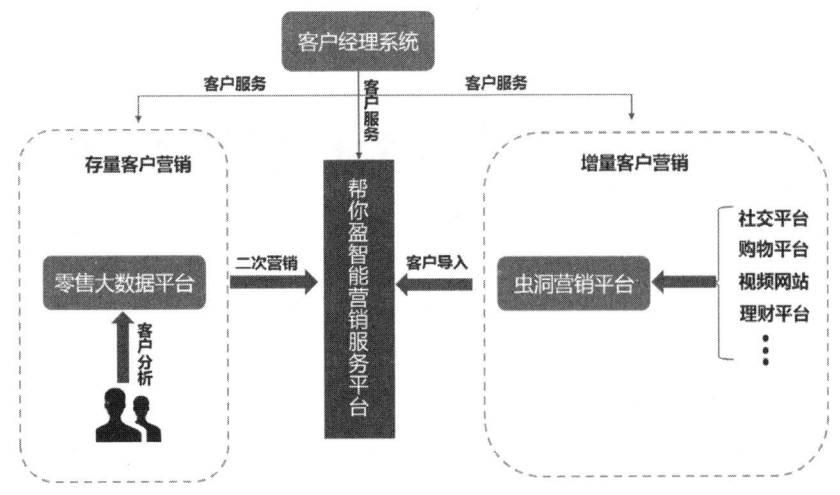

图 1-14 "帮你盈"智能营销服务平台

第 2 章　互联网平台 + 智能金融服务

2.1　互联网平台金融的诞生

互联网金融在我国产生有三大原因：一是互联网行业在中国的快速发展；二是政府对互联网金融发展的姿态；三是中国金融体系的制度性市场间隙。互联网金融是互联网技术、互联网思维和金融融合的产物。2013 年以来，中国互联网市场进入快速增长期，发展从"量变"到"质变"，形成了互联网金融快速发展的土壤。互联网金融具备互联网在经济社会中地位提升、与传统经济结合紧密、各类互联网应用对网民生活形态影响力度加深等特点。

随着互联网金融的逐渐成熟，大数据的兴起，人工智能的火热，慢慢地出现了智能金融的形态。依靠大数据、云计算、区块链等为核心技术要素，实现金融服务的智能化、个性化、定制化，全面提升金融机构的服务效率，拓展金融服务的广度和深度。

2.1.1　互联网平台金融的起源

其实早在 1996 年，互联网金融就已经走入人们的视线。当时，美国就有电子股票信息公司利用互联网为客户提供交易服务，并且越来越多的银行也开通了网上银行。在 20 世纪 90 年代中期，伴随着互联网技术（浏览器、加密算法、安全套层等）的突破，花旗、汇丰等国际领先银行纷纷推出了新的服务模式——电子银行。随后一些纯网络金融机构纷纷涌现，活跃于市场，如 Wizzit、SFNB 等机构。互联网技术的不断突破，以及在信息通讯技术的冲击下,证券业及保险业也加快了转型的步伐,向互联网靠拢,开拓新的营销方式和客户服务,至此互联网平台金融已初具模型。

2005年3月,英国首个基于互联网技术的P2P借贷模式的网站Zopa诞生,其以资金便利、快捷的方式得到更多中小企业的信赖及喜爱,迅速发展,并从英国走向了世界。比如:美国于2006年2月开始先后成立两家P2P借贷网站Prosper及Lending Club。在P2P借贷网站迅速的发展下,这种模式在2006年也在我国出现,宜信、拍拍贷等平台如雨后春笋般纷纷涌现。

受到P2P网络借贷模式的影响,2012年以来,我国互联网金融呈现"井喷式"发展,如消费分期、现金贷、供应链金融等衍生模式不断出现。这在一定程度上解决了小微企业融资难的问题,也对传统金融行业形成了较大的冲击。直至2016年开始,在相关政策具体落实的情况下,我国互联网平台金融发展趋于理性化、稳定化。

互联网平台金融的起源总结起来可以从两方面来讲:一是从经济驱动角度来看,实体经济中的大众个体和小微企业有着巨大的金融服务需求,市场广阔;而民间资本也需要更高效的投资方式和渠道,加之利率市场化,促进"互联网+"等各项政策及改革深入推进。二是互联网技术、大数据、云计算、平台建设等等新一代技术飞快发展,实现了应用场景一次又一次蜕变,使其去中心化的连接、开放、协作更为畅通,大大提升了金融服务的可获性、及时性、开放性、互动性及便利性。诸多因素促使我国金融业大胆寻求突破,在支付、融资、理财、投资、保险等方面陆续出现"微改变",并最终通过互联网的聚合效应促成了一定当量的"核裂变"。互联网金融是顺应潮流应运而生的信息产业形式。当然,伴随着新形式的出现,接踵而来的也会有更多挑战,无论是对互联网金融本身还是传统金融业亦或是传统银行来说均如此。在互联网平台金融发展的浪潮中,想要不被潮流淘汰,就要抓住机会找准方向，适时的调整才能在这个浪潮中站到最后。

2.1.2 互联网平台金融的定义

何为"互联网平台金融"，从字面的意思理解就是互联网与金融的结合，利用互联网技术和信息通信技术实现资金融通、支付、投资和信息中介服务的新型金融业务模式。互联网金融随着大数据、物联网、移动互联网等技术的不断创新发展，传统金融存贷、支付、结算等核心业务也随之改变，也就形成了互联网金融产业链，从此开启了新的格局。新格局的产生，伴随着互联网金融的标签就是公开、透明、平等、普惠、大数据等，这也是全球公认的特点。互联网已经深入渗透到金融行业，将彻底改变传统金融业务格局。

从本质上来说，传统金融的属性并没有因为互联网金融的产生而改变。首先，金融的核心功能没有发生变化，主要体现在金融契约的内涵，无论是传统金融业态还是互联网金融业态，金融契约不论以何种形态存在，它的核心功能都是一样的。其次，金融的风险内涵也未发生变化，主要体现在市场风险、信用风险、流动风险、操作风险、技术风险、法律合规风险等并没有随着互联网的加入而改变。总体上来说，互联网金融是传统金融在互联网技术上的延伸，但不是金融互联网化的简单替代，而是金融服务需求与互联网技术结合，从而降低了传统金融机构的成本，使得金融服务更加透明、开放、普惠。

互联网平台金融与传统金融有着显著区别。互联网金融的核心是脱媒、去核心化，其运用了互联网点对点信息交换思想，通过网格化的关系链接产生价值，也就是通过资源共享、信息交互、优势互补、数据挖掘、信息处理等方法为互联网金融服务，这是传统金融很难实现的。尽管互联网金融仍属于金融业范畴，具有金融内生的脆弱性和不稳定性，但是互联网金融和传统金融还是存在着巨大的差别。这种差别体现在互联网金融的四个本质特征上。

第一，去中介化特征。互联网精神的核心是平等、开放、共享、自由选择和去中心化。互联网金融不仅体现了互联网精神，还提高了客户的参与度，打破了传统金融业依靠中介机构完成交易的模式，为普通用户提供平台让交易双方自主完成。互联网金融不仅弱化了专业要求，也简化了交易和分工，降低了金融交易成本。

第二，信息有效特征性。传统金融业一直存在着信息不对称的问题，而互联网具有开放透明的特征，所以互联网金融能够降低信息不对称问题甚至是解决此问题。一方面，互联网金融具有很强的信息创造功能，可以通过云计算、大数据分析等各种算法提高金融信息的时效性；另一方面，互联网平台必须公开交易双方信息，对双方信息进行审核进行有效的信息披露才可完成交易，降低了信息的不对称程度。

第三，利基市场特征。所谓利基市场也被称为缝隙市场和针尖市场。传统金融行业还有一个弊端就是无法满足市场上的碎片化需求，而互联网金融的出现正好解决了这一问题。因此，互联网金融具有利基市场的长尾需求特征。

第四，可获得性特征。互联网金融弥补了传统金融的不足，拓展了传统金融模式下的市场边界。首先，互联网金融与传统金融相比较，互联网金融通过互联网平台节约了交易双方的信息成本、搜寻成本和合约成本，因此，互联网金融降低了金融消费者的综合成本和机构运营成本。其次，互联网金融没有复杂的机构设置，采用水平分工模式，决策灵活有效，从根本上克服了传统金融的低效率。

显然，那种简单把互联网金融看作是传统金融的网络化，或者说把互联网金融说成是互联网企业等都没有抓住互联网金融的本质。其实，互联网金融包括传统金融服务的互联网延伸、互联网金融居间服务及互联网金融服务三种服务形式。广义上的互联网金融即传统金融服务的互联网延伸，这种形式借助互联网本身的便捷，将传统金融服务从线下拓展到线上，也使得银行业务从时间和空间上得以向外延伸；从狭义层面，互联网平台金融只包括互联网金融居间服务和互联网金融服务。其实，互联网金融的内涵改变了传统金融业的技术架构、交易架构和服务方式，影响着金融行业的各个方面，改变着传统金融业的信用评价模式和风险控制模式，提升了金融服务的广度和深度，推动了银行体系和金融业体系的重构。

2.1.3 互联网平台金融的六大模式

为了对互联网金融模式作一个界定，北京软件和信息服务交易所互联网金融实验室经过长时间的企业调研，深度解析相关资讯等努力，最终梳理出了互联网金融的六大模式：第三方支付、P2P网贷、大数据金融、众筹、信息化金融机构、互联网金融门户（见图 2-1）。北京京北投资管理有限公司总裁罗明雄于 2013 年 4 月 21 日举办的"清华金融周互联网金融论坛"上首次提出这六大模式。

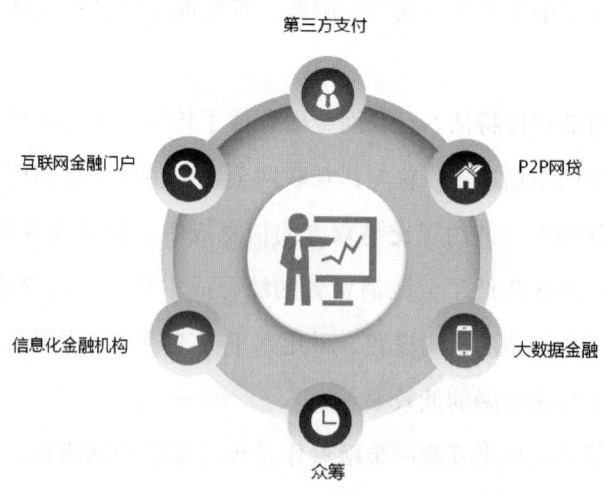

图 2-1 互联网金融六大模式

(1) 第三方支付

第三方支付是指具备一定实力和信誉保障的独立机构，采用与各大银行签约的方式，通过与银行支付结算系统接口对接而促成交易双方进行交易的网络支付模式。中国人民银行 2010 年在《非金融机构支付服务管理办法》中提出，非金融机构在收付款人之间作为中介机构提供下列部分或全部货币资金转移服务：网络支付、预付卡的发行与受理、银行卡收单、中国人民银行确定的其他支付服务。到目前为止，第三方支付已经不再仅限于网络支付，其已成为线上线下全面覆盖、应用场景丰富的支付工具。

随着第三方支付的兴起，第三方支付平台走向支付流的前端，并逐步涉及基金、保险等个人理财等金融业务，这也使得第三方支付平台与商业银行的关系由最初的完全合作转向了竞争与合作并存。以支付宝为代表的第三方支付机构通过技术创新和高效便捷优势，以支付业务为基础拓展至金融领域，引领了一波互联网金融浪潮；同时，更倒逼传统金融机构不得不变革。

(2) P2P 网贷平台

P2P 网贷即网络借贷，是指个体和个体之间通过互联网平台实现的直接借贷。P2P 平台的盈利主要是借款人服务费用以及向投资人收取评估和管理费用。贷款的利率，或者是由放贷人竞标确定，或者是由平台根据借款人的信誉情况和银行的利率水平提供参考利率。

随着互联网的火爆，P2P 网贷历经了起步期、"井喷式"成长期，到相关监管政策下达后的趋于成熟期。P2P 很好地解决了小微企业融资难的问题，并且伴随着 P2P 市场的稳定，越来越多新的网贷模式也不断出现，如消费信贷等。P2P 进一步冲击了传统金融机构和银行业务，迫使传统金融机构不得不变革。

(3) 大数据金融

大数据金融是指通过对集合海量非结构化的数据，用数据挖掘、信息处理等方式进行实时分析，可以为互联网金融机构提供客户全方位信息，能够让互联网金融机构掌握客户精准的交易和消费信息以及消费习惯，并能准确预测客户行为，为金融机构和金融服务平台在营销和风控方面有的放矢。

大数据金融分为平台金融和供应链金融两大模式。平台金融模式，是平台企业对其长期以来积累的大数据通过互联网、云计算等信息化方式对数据进行专业化的挖掘和分析。譬如现在众所周知的阿里金融以及未来可能进入这一领域的电信运营商等。供应链金融模式，是核心龙头企业依托自身的产业优势地位，通过其对上下游企业现金流、进销存、合同订单等信息的掌控，依托自己资金平台或者合作金融机构对上下游企业提供金融服务的模式，譬如京东金融平台、华胜天成供应链金融模式等。

大数据金融具有传统金融难以企及的优势，大数据能够通过海量数据的核查和评定，增加风险的可控性和管理力度，及时发现并解决可能出现的风险点，对于风险发生的规律性有精准的把握，将推动金融机构对数据更深入和透彻地分析需求。同时，大数据金融具有网络化、基于大数据的风险管理理念和工具、信息不对称性大大降低、高效率、金融企业服务边界扩大、产品的可控性及可受性等特征。

(4) 众筹

众筹是指通过互联网方式发布筹款项目并募集资金，以"团购+预购"的形式向网友募集项目资金的模式。相对于传统的融资方式，众筹更为开放，只要是网友喜欢的项目都可以通过众筹的方式获得项目启动的资金，而且能否获得资金的唯一标准也不再是项目的商业价值。其实，众筹是利用互联网传播的特性，为小企业、艺术家等提供了更多的展示他们创意的平台，进而获得所需要的资金援助。构成众筹的三要素：发起人、支持者、平台。

(5) 信息化金融机构

信息化金融机构，是指通过广泛运用互联网信息技术，对传统运营流程、服务产品进行改造或重构，实现运营、管理全面信息化的银行、证券和保险等金融机构。其通过互联网改变原来的金融服务模式，现在有线上银行、线上保险等多种理财模式，也大大节省了物理网点和各种资源的投入成本，提高了运行效率及核心竞争力。金融信息化是金融业发展趋势之一，而信息化金融机构是金融创新的产物。

信息化金融机构具有高效便捷、资源整合能力强、产品丰富等特点。从金融整个行业来看，银行的信息化建设一直处于业内领先水平，不仅具有国际领先的金融信息技术平台，建成了由自助银行、电话银行、手机银行和网上银行构成的电子银行立体服务体系，而且以信息化的大手笔——数据集中工程在业内独领风骚。

从运营模式上来说，信息化金融机构能够为银行节约成本、降低风险控制繁琐度以及缓解甚至解决信息不对称问题，增强了金融机构为实体经济服务的职能，形成了"网银+金融超市+电商"三位一体的互联网平台。

(6) 互联网金融门户

互联网金融门户，是指利用互联网进行金融产品的销售以及为金融产品销售提供第三方服务的平台。互联网金融门户最大的价值就在于它的渠道价值。互联网金融分流了银行业、信托业、保险业的客户，加剧了上述行业的竞争。互联网金融门户多元化创新发展，形成了提供高端理财投资服务和理财产品的第三方理财机构，提供保险产品咨询、比价、购买服务的保险门户网站等。

整体来说，互联网金融世界迭代发展瞬息万变，互联网平台金融的出现不仅仅是将信息技术嫁接到金融服务上，更是推动了金融业务格局和服务理念的变化，完善了整个社会的金融功能，大幅降低了融资成本而且更加贴近百姓和以人为本。现在由于互联网平台的冲击，金融行业正在进行一场革命，其具体形式也会不断具体和完善。

2.2 互联网平台金融的重要性

随着我国经济市场的飞速发展及我国金融体制改革的不断深化，互联网平台金融迅速发展，同时互联网金融技术不断创新更新。互联网平台金融已然成为我国互联网经济的一个重要部分，对我国金融市场的发展起到了很大的作用。伴随着互联网平台金融的崛起，银行业受到了一定的冲击，但也促进了银行业及金融业的改革，而且互联网金融能够改善小微企业融资环境，优化金融资源配置，提高金融体系包容性。其实，在当下互联网金融也在面临向智能金融转型，只有走在潮流的前端才能引领潮流，而互联网金融在过去及当前对我国金融起到了至关重要的作用。未来的市场是智能金融的，所以在稳固当下的同时也要着眼未来，让我们先来全面了解互联网平台金融的重要性。

2.2.1 平台对互联网金融的价值

一个好的平台无论在什么维度下都能起到非常重要的作用。其实我们都知道，无论是选择工作或者是网上消费等等一系列的活动，都想要选择一个好的平台。这说明了一个好的平台必然能够给用户带来价值，不论是使用价值还是心理价值。

在当今市场要想成功，必须具备两个要素：让人欲罢不能的产品以及一个有效的平台，这两个要素也可称为战略资产。互联网金融的出现，可以看作一个大的产品,这个产品的出现在我国金融领域也刮起了改革的旋风,已经发展成为让人欲罢不能的产品。其实不难看出互联网金融之所以发展得这么成功,依赖于其发展中出现的一个又一个有效的、好的平台。首先,一个好的平台必然会给客户带来认同感,也就是心理价值;其次对平台有了认同感后,用户对这个平台上的产品也会有很大的认同感,这就是我们需要迈出的第一步。

在互联网金融的发展中,我们需要一个好的平台作为基础,打造出互联网金融平台的品牌价值。互联网本身是一个快速的、充满不确定性的领域。互联网金融同样具有这样的特质,所以需要一个稳定的平台来运营和确定品牌价值。而品牌是实践过程中用户认知的梳理、取舍、固定之后的结果,这也是一个运营过程,而非"规划"出来的,如何能够更快更好更准确地得到这个结果,就需要一个平台来运营,最终确定平台的品牌价值,这也是平台对互联网金融的价值。

2.2.2 全面认识"互联网金融+"

互联网金融有两种属性,从字面上理解就是互联网和金融。其实互联网金融是"互联网+"下产生的新的社会形态或者说业态。而"互联网+"代表的就是一种新的社会形态,是互联网思维的进一步实践成果,即充分发挥互联网在社会资源配置中的优化和集成作用,将互联网的中心成果融入经济、社会等各个领域,提升全社会的创新力和生产力,形成更广泛的以互联网为基础设施和实现工具的经济发展新形态。实际上,我国出现"互联网金融"这一概念的时间并不长,主要是从互联网公司在发展电子商务和第三方支付之后,推出网上理财产品真正开始分流银行存款和客户起,社会才对互联网公司从事的金融业务、模式以及其对传统金融机构和金融市场产生的影响给予广泛的重视。此后,第三方支付、移动支付、网络借贷(P2P)、债权众筹、股权众筹、金融资产(保险、基金及理财产品等）网上销售和申购等业务发展如火如荼，甚至出现网络（数字）货币及其交易等。于是，"互联网金融"的概念才开始出现并被广泛接受，中国也成为全世界首创"互联网金融"概念的国家。因此，"互联网金融"从其产生开始就更多地指互联网公司发展的金融业务和模式，并与传统金融机构办理的金融业务和模式相对应。

推进"互联网+"对金融业具有重要意义。其一，金融业推进"互联网+"发展是贯彻落实国家战略部署的重要内容。金融业是现代经济的核心。金融业"互联网+"推行得好，能够为其他行业发展"互联网+"提供重要支撑，也能够加快金融业特别是传统金融业自身更好地发展。其二，金融业推进"互联网+"发展是适应现代生产力发展客观规律的必然要求。新一轮互联网创新浪潮的到来，为金融机构开展金融业务提供广阔前景和巨大潜力的同时，也对金融机构加快推进"互联网+"发展提出了更强的紧迫性。其三，金融业推进"互联网+"发展是互联网时代发展普惠金融的创新载体。近年来，我国金融业在服务小微企业、"三农"、社会弱势人群等方面进行了大量尝试，取得的成绩有目共睹。实践已经证明，互联网技术为更有效地提升金融服务的覆盖面和包容性提供了革命性的解决手段。

当金融与互联网相结合后，金融业"互联网+"也有了新的发展方向。其一是传统业务与新兴业务加速融合。金融机构和互联网企业优势互补，互联网时代社会和经济发展对金融服务提出了更新、更高的要求，将大大加速金融体系和模式的变革，提升金融体系服务实体经济的效率和质量。其二是线上业务与线下业务将加速融合。面对扑面而来的互联网金融创新竞争浪潮，许多金融机构已经认识到统筹规划线上业务与线下业务融合发展的重要性和紧迫性，需要加快构建"移动终端+物理网点"的全新服务模式。根据线上、线下业务发展，不断调整自身组织架构，强化线上、线下渠道统一管理，优化网络渠道和物理网点的资源分配，已经取得了较好成效。其三是监管思路和手段将加速实现互联化。通过运用大数据、云计算等互联网技术，更为全面、及时、敏锐地洞察我国金融业发展变化，充分运用信息化手段提升宏观调控和金融监管的效能，防范互联网金融新产品、新技术带来的风险。

综上所述可以看出，"互联网金融＋"是"互联网＋"的衍生概念，其本质是将互联网金融融入经济、社会的各个层面，由原来单一的金融业务模式向互联网靠拢、结合形成互联网金融，将互联网的特点优势吸纳来调整自身模式，优化产业结构，形成新的业务形态。

2.2.3　风控是互联网金融的生命线

首先，风控是互联网金融可持续发展的基石，掌握优质的资产端可以从源头上规避风险，而健全完善的风险控制体系则可以将风险降至更低。随着行业的不断发展，投资人选择平台已经不再是盲目地只看重收益而是更加关心平台整体运作实力和安全保障水平。在行业洗牌大背景下，谁能拥有更高的风险管控水平，谁才能在竞争中立于不败之地。

其实，风控可以衍生出风险管理和风险控制。下面来了解一下这两个概念。风险管理是指在一定的风险的环境里，如何把风险减至最低的管理过程；风险控制是指风险管理者采取各种措施和方法，消灭或降低风险事件发生的各种可能性，或者减少风险事件发生时造成的损失。所以，其实风险控制是风险管理中的一个环节。互联网金融行业风控的内涵其实非常宽泛，包含了对所有可能风险事件的控制，涉及人员操作风险、业务操作风险、技术操作风险和外部事件带来的风险。

为什么说风控是互联网金融的生命线。首先，风控在互联网金融行业的应用场景中不可替代。风控被运用于互联网金融的各个地方，主要包括信贷中的个人信贷与小微企业信贷、投资过程中的风险控制、平台资金安全、平台技术安全、用户资金安全、用户账户安全、推广运营活动等环节。通俗来说，风控用于还款能力、还款意愿的判断，反欺诈反作弊反"薅羊毛"，防止外部对内部系统的攻击，防范平台和用户的资金出现问题等等。从行业维度来看，风控运用于互联网金融行业中的消费金融、供应链金融、信用借贷、理财平台、P2P、大数据征信、第三方支付（第四方聚合支付）等各细分领域，同时还可用于电商、游戏、社交等"传统"互联网公司。甚至可以说，任何互联网公司都需要风控。

其次，风控是互联网金融的核心竞争力。目前互联网金融市场上多种模式共存（基金超市、第三方支付、P2P等），但是无论哪种模式都涉及风控。表现如下：

第一，风控水平影响公司/平台本身的收益。

第二，风控水平是该公司/平台区别于传统金融模式运营的中心，直接决定未来产品发展的潜力。

第三，风控管理水平直接影响公司/平台的品牌形象。

第四，风控是互联网金融的生存之本。互联网金融发展迅速，互联网理财平台更是如雨后春笋，市场现状交错复杂。《互联网金融指导意见》等政策规定的颁布使互联网金融市场逐步回归正轨，行业也开始了自律。那么，互联网金融行业应如何进一步加强安全规范？各大平台该如何实现长远盈利？究其根本，要想长远发展，就要遵循金融业的基本规律和内在要求，其核心就是风险管理和控制。

其实无论是互联网金融还是"互联网+金融"其本质都是金融，互联网只是一个工具，帮助金融运转效率更高，成本更低，但金融的核心是风控管理。所以说风控是互联网金融的生命线。

2.2.4 速度是互联网金融的成长史

速度是互联网金融的成长史可以体现在两方面。其一是互联网金融的发展史，当"互联网金融"这个概念在我国出现并到 2013 年左右，在我国呈现"井喷式"发展，发展速度不可谓不快，上文中都有提到。其二，速度可以理解成效率，而互联网金融正是解决提高传统金融效率问题。下面主要讲述第二个效率方面。

其实互联网金融在创新的过程中，金融的本质是不会被改变的，很多互联网思维及创新其实是在解决效率问题。互联网金融的出现有效地通过节约时间成本提高工作效率，同时以精准的云计算、大数据等技术提高了资源配置效率，这也正是互联网金融在金融市场上吸引客户的重要手段之一。

互联网金融的出现毫无疑问极大地提高了传统金融的效率。首先，在过去可能有 70% 甚至更多的用户是传统金融行业无法覆盖的，但是互联网金融具有开放、互动、共享等特征，从而使信息得到了更好的流通，在一定程度上提升了资源配置效率。其次，互联网金融大大降低了民间资本进入这个行业的门槛，一定程度上解决了小微企业融资难等问题，并提高了整个金融活动的效率。以往通过银行借款手续繁杂时间长，而通过互联网金融平台借款节约了大量时间成本，匹配度高，甚至几分钟就可以到账。互联网是一个自由经济，互联网在解决了支付体系不完善的情况下，在自由经济、自由贸易的虚拟世界中市场手段的配置效率是最强的，提升效率实际上是互联网金融的核心价值。

互联网金融在发展创新中经历了三个层次：第一层次是利用互联网技术为手段提高传统金融的效率，其中网银、第三方支付、网上基金属于这一范畴；第二层次是利用互联网的技术和思想改变交易结构，阿里金融、京东金融、P2P 等属于这一范畴；第三层次是利用互联网颠覆传统金融，虚拟货币如比特币属于这一范畴。

互联网金融的发展在当下无疑是迅速的，但是单单靠传统互联网技术并不能进一步提升金融服务的效率。速度与风控对于互联网金融来说都是其发展的首要条件，而随着数据、人工智能、云计算、区块链等高新技术的出现，互联网金融模式已经开始向智能金融模式进军，这无疑对金融甚至互联网金融的两大属性"速度"与"风控"都会有极大的帮助，同时也对现有的金融业务模式进行一个量与质的提升（见图2-2）。

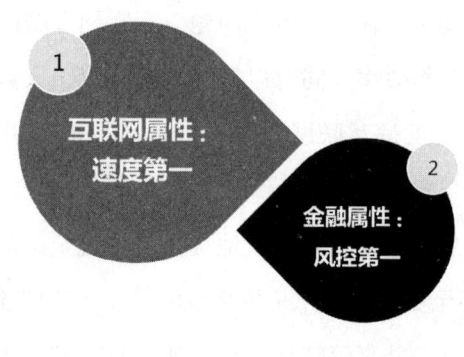

图 2-2

2.3　互联网平台金融的崛起对传统银行的影响

2014年被业界称为银行业"二次转型"的元年，在这一年，我国宏观经济进入了新常态，银行业也迎来了发展的新常态。伴随外在环境与内在条件的深刻变化以及多方竞争压力下，新的机遇也在新一轮改革中应运而生。而在这场改革中，银行要做的不只是要着手进入互联网金融时代，更应该把眼光放长远，观察发现未来的趋势；而未来是人工智能的主场，所以在银行进行战略布局时不只是要搞金融互联网化，也要为进入智能金融时代做好铺垫，甚至是要提前部署智能金融，才能保证在未来的竞争之中立于不败之地。

2.3.1　多方竞争压力下，银行战略转型迫在眉睫

近年来，传统银行面临的压力越来越大，银行的转型迫在眉睫。何谓

转型,其实概括来说就是银行的决策者根据外部变化,对银行自身的体制机制、运行模式和发展战略进行大范围的动态调整和创新,将旧的发展模式转变为符合未来发展要求的新模式。目前我国银行面临多方压力:外资银行加快本地化、互联网巨头布局金融业、民间资本筹建银行获批、传统金融加快互联网金融脚步等都对银行业务造成较大冲击,迫使银行进行战略转型。

(1)外资银行加快本地化发展,与中资银行竞争日趋激烈。

随着我国对外资银行政策的改变,外资银行在我国地域和客户限制逐渐取消,中国境内外资银行营业机构数也逐渐增加,外资银行逐步享有和中资银行同等的待遇。外资银行也开始开办衍生品交易、信用卡等业务,客户向本土化延伸,与中资银行竞争日趋激烈。

(2)互联网巨头布局金融业,对银行业务产生较大冲击。

金融离我们的生活并不遥远,相反它与我们的生活是息息相关的,无论是以前的传统金融还是现在的互联网金融,它都以不同的形式呈现在我们的生活中,也影响着我们的日常生活。正是因为如此,所以我们才会看到几乎所有的企业都会殊途同归地最后进入金融领域。当然这么多的互联网企业巨头在金融市场的布局,比如阿里成立蚂蚁金服集团,不断布局互联网金融领域,并在支付、理财、消费金融等领域快速崛起;腾讯以"连接一切"为终极战略目标,业务定位倾向于打造开放平台,发挥"连接器"作用,故其金融业务多为渠道、流量入口、平台等模式;京东金融现已建立七大业务板块,陆续推出服务B端的投融资、众筹等,在C端则推出白条、众筹、理财等。互联网巨头加快布局金融业,对银行业务产生了较大冲击。

虽然现阶段互联网金融的发展对银行业务造成了较大的冲击,但是二者由竞争走向竞合才是大势所趋。同传统金融行业相比,互联网金融更注重产品创新和产品升级，能够精确地把握用户的零碎性和个性化的需求，这也造就了互联网金融用户黏性较高的特点。同时，由于互联网金融是线上运营模式，所以其比传统金融运营成本低。但是，传统金融行业及银行在用户资源、线下渠道、风险控制等方面具有较大优势，而且部分优势是互联网金融行业短期内难以补上的短板。因此可以看出二者由竞争走向竞合是大势所趋。

（3）民间资本筹建银行获批，银行业竞争者来势汹汹。

自民间资本进入银行的政策颁布以来，越来越多的民间资本筹建银行获批，银行业的竞争也越来越激烈汹涌。民营银行的建立打破了中国商业银行的国有垄断，实现了金融机构多样化。作为金融市场的重要组成部分，民营银行在传统的银行经营领域中没有任何优势，一开始就必须寻求差异化、特色化发展，打造出具有鲜明自身特色的金融产品，因此促成了民营银行具有机制活、效率高、专业性强等一系列优点。民营银行突出特色化业务、差异化经营的理念是对现有银行的有力补充，也为传统银行带来了新的竞争压力，迫使传统银行业加快改革转型的步伐。

（4）传统金融加快互联网金融脚步，互联网化水平不断提高。

随着互联网金融的崛起，传统金融的业务模式也在悄然发生改变。自2015年起，中国传统金融逐步进入一个加速向互联网模式转型运营的阶段，基金、保险、证券等公司不断向互联网渗透，传统证券业加快向互联网金融战略演进，银行机构经营压力不断增大。

传统金融加快互联网金融脚步，加强自身竞争力对传统银行也造成很大的压力，因此商业银行也要加快互联网金融脚步，提高自身互联网化水平。目前传统银行业务的互联网化转型已成为银行机构的优先战略选择，这在很大程度上实现了线上金融业务对传统银行业务的替代，是提高商业银行竞争能力和可持续发展的关键所在。

2.3.2 通过对互联网化道路的探索，银行加快转型脚步

互联网化，是指企业利用互联网（包含移动互联网）平台和技术从事

的内外部商务活动。互联网实现了资源整合与互动。互联网化有三重含义：一是替换，即是对传统商业流程中某环节的直接替换；二是优化，是再造商业流程本身，即简化、优化或重构；三是创新，是创造新的商业流程。同样，互联网化的三重含义在互联网金融当中也完美地展现出来了。

互联网金融的迅猛发展，使得国有银行也在加快互联网转型，同时科技型服务公司大举进军互联网金融业。在此背景下，以城市商业银行和农村商业银行为主体的中小商业银行应当加快互联网化战略转型。互联网金融对银行的经营管理模式、业务运行模式和客户服务模式都带来了巨大冲击，而现在以大数据、云计算等为代表的新一代信息技术也迅速向金融领域渗透，金融科技成为撬动新金融生态的支点，对银行业的产品服务、商业模式和经营理念带来深刻变革。

在互联网金融挑战下，传统银行也一直在互联网化道路上不断探索。首先是电子银行体系渐趋成熟，形成以网银支付为基础，移动支付为主力，电话支付、自助终端、微信银行等多种电子渠道为辅助的电子银行业务结构；其次是理财产品迅速扩大，形成一定规模；然后是商业银行布局网上商城，积极探索新型发展模式；最后是商业银行网贷平台迅速发展。但随着技术的不断革新，传统银行转型的步伐也越发加快。其实我们都知道，互联网支付模式的出现打破了银行对支付市场的垄断，银行单一信贷供给的地位也受到了挑战，互联网金融信贷业务凭借资金速度快、覆盖面广等特点迅速攻占了小微企业融资市场，改变了以往银行单一信贷供给的格局。

面对新的市场环境和挑战，国内多家银行纷纷尝试向智慧型银行转型，基于移动互联网、智能设备、人机交互技术等最新智能技术的运用，对网点布局、业务流程、管理模式及系统平台等进行全面变革，促使银行网点向以客户为中心的体验型网点升级，以便更好地提升网点服务效率，满足客户日益多元化、个性化的金融需求。

通过持续的创新和转型，也可以看出商业银行在不断拓宽自己的生存空间，也直接或间接地促使传统功能发生转变，而转变的核心在于从传统的资金中介向服务中介转型。业内人士认为，传统银行想要更加有效迅速地完成转型，需要认识到互联网模式下的竞争残酷"赢者通吃"的规则，以及银行本身在竞争中的后发劣势，真正从根本上重视起来；其次，商业银行要不断加大资源投入，其中包括对互联网业务的资源投入和线下业务的资源投入；最后，要合理安排专业人才比例，提高信息技术人才在银行建设中的话语权。随着"一带一路"建设和中国企业"走出去"的趋势，新的机遇和挑战也呈现在了我们的面前，所以商业银行应抓住机遇，不断深化互联网化，实现传统银行的加速转型。

2.3.3　银行互联网化是必由之路

我国经济发展进入新常态的背景下，传统银行在发展历程中面临很多新的挑战，比如当前的个性化、多样化的消费需求，日益高端化的出口需求，市场竞争向内涵化和差异化的转变。随着计算机多媒体技术、互联网技术、移动终端智能技术、大数据技术、云技术的发展，商业银行也发展为更互联网化的办公平台。在"互联网+"时代，在利率市场化、金融互联网化等金融加速变革的条件下，银行互联网化已经成为必由之路。

就目前中小银行互联网转型的现状来看，虽然商业银行互联网转型正在不断深化，但总体转型尚处在初期阶段。从互联网金融的认知、互联网金融的组织及互联网金融产品三个维度来看，互联网产品的发展与普及最快，特别是电子银行产品普及最广，互联网理财、信贷、商务等金融产品则普及率较低。在互联网金融时代，中小银行仍面临着前所未有的挑战。究其原因来看，主要在于中小银行在传统经营过程中形成了相对固化僵硬的信贷文化。在此背景下，中小银行应该从战略上以互联网思维变革发展模式，不断完善金融服务功能。当然，面对互联网金融的挑战，中小银行要做的就是看清自己，不要盲目跟风；其次，中小银行要立足自身优势，有所作为。面对互联网金融的挑战，中小银行还要坚守住区域经济、特色经营，将业务下沉。最后，中小银行需要线上线下相结合，将ATM、网银、手机银行、微信银行、电话银行等整合成一个虚拟的金融服务平台。通过互联网吸引客户的模式，来实现用户和操作者身份的合一。下面我们来展开说为什么银行互联网化是必由之路。

在金融互联网化的趋势发展下，我们不难看出，除了大型国有商业银行外，其他各类商业银行受到物理网点数量的限制，线下业务能力遭受瓶颈，但是互联网的快速发展及互联网金融的兴起，给银行的发展提供了新的思维方式。各银行的变化也是显而易见的。一方面，在线下端推出便捷银行社区服务网点来维系特定金融消费圈的特殊服务需求；另一方面，新增了微信银行。只限银行等网络服务渠道建立互联网用户的线上入口以满足用户的多种需求。商业银行也强化与互联网企业合作，在一定程度上可以拓宽商业银行金融信息资料以及客户来源，丰富商业银行的应用场景。商业银行可以有效利用资金、政策上的保障，与互联网金融企业共同建立起中小微企业的金融交易平台，形成综合的金融交易体系。

传统银行不但在理念上加快互联网化的步伐，同时也付诸行动，加快业务互联网化脚步。目前，商业银行将加快银行业务互联网化脚步列为银行互联网化的重要内容之一，可以从四个方面得出此结论：一是银行业务在新媒体广告投放上的变化；二是银行业务与电子商务的结合；三是个人银行业务的重视，提供定制化服务；四是中间业务的网络营销。虽然互联网金融的迅猛发展对传统银行冲击很大，但是商业银行在拥抱互联网的过程中有自己独到的优势：如实体网络的优势、资金实力的优势、现有客户基础等优势，这将在商业银行互联网化的道路上起到重要作用。

互联网技术日新月异，互联网金融兴起和发展，大数据时代也进入日常生活，商业银行面临支付脱媒、融资脱媒、信息脱媒等多种挑战，但也为商业银行的转型发展提供了机遇，商业银行应加快互联网金融的发展，构建数字化银行。其实这些年来，商业银行并没有停下追随信息技术革命的步伐，反而投入了大量人力和资金，推进银行信息化建设，并且取得了长足的进步和成就。但是当前经营环境的变化和技术快速的发展与运用对我国商业银行信息化建设带来了新的挑战和机遇：一是以云计算、智能移动终端等为代表的信息技术正在加速深入应用，极大地丰富和拓展了人的思维和行动空间，打破了银行传统的行业界限，促使金融生态变得更加开放互通；二是金融脱媒、利率市场化等外部环境变化，对银行的支付、融资等、存款等业务和信息资源等带来巨大冲击，商业银行必须加快向信息化银行转型，发挥自身资金雄厚、风控完善、信誉度高等优势，从流程、数据、平台和产品等层面系统推进信息化银行建设，从而构建面向未来的、可持续的发展模式，打造核心竞争力，在未来发展中保持可持续的战略优势。

通过上述内容我们知道，互联网时代由于银行起步较晚，在金融市场上是被迫转型；而在未来的智能金融时代，银行不能够再像以前一样坐以待毙，应主动出击，应结合银行自身业务和数据的优势，结合与智能金融的技术优势，打造属于自身的智能金融体系，这样才能够在未来的竞争中取得先手，重拳出击。

2.4 互联网平台金融的构建与推广

目前在我们的生活中，互联网金融平台如 P2P、众筹、第三方支付、大数据金融、信息化金融机构、金融门户等已经深入社会经济生活各个领域，深刻地改变或颠覆传统金融格局。但互联网金融发展初期，由于新兴金融业态监管法制滞后，长期游离于灰色地带，出现了诸如非法高息集资、P2P平台自建资金池进行自营投资导致资金断链跑路等现象，严重扰乱了金融秩序。随着监管政策相关法规的逐渐完善，互联网金融逐渐从病态中脱离出来，使得互联网金融发展真正步入了规范化、法治化轨道。所以，我们在构建及发展互联金融时，要精准把握构建平台的几大要素以及在发展中要树立正确观念。

2.4.1 "五要素"构建互联网平台金融（见图2-3）

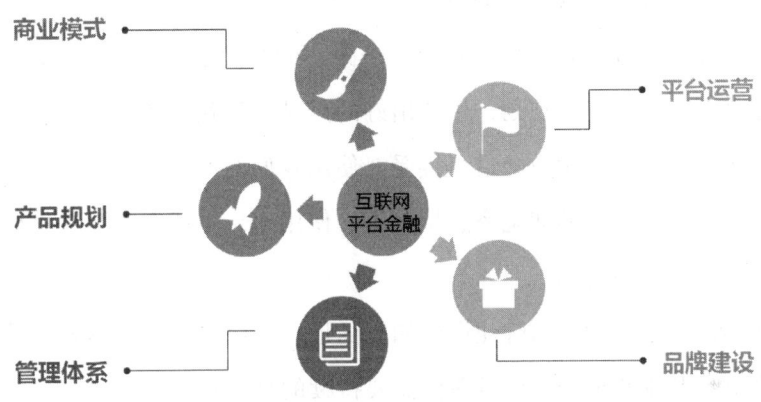

图2-3 互联网平台金融"五要素"

当今，信息技术高速更新，互联网金融蓬勃发展，想要在这个互联网金融时代的潮流中站稳，无论是新的互联网金融平台构建还是传统金融机构向互联网金融转型，都需要商业模式、产品规划、管理体系、平台运营、品牌建设这五个要素。所以我们要明确商业模式是构建平台或者转型的起点，产品规划是构建平台或转型的核心，平台运营是构建平台或转型的催化，品牌建设是构建平台或转型的升华，管理体系是构建平台转型的保障，五者相互影响、相互促进、共生共荣。

商业模式，是指企业与企业之间、企业的部门之间，乃至与顾客之间、与渠道之间都存在各种各样的交易关系和联结方式。同时，商业模式也是一种描述一家公司如何为顾客创造价值、传递价值，并从中捕捉价值的理论模型。因此，商业模式是构建平台或转型的起点。当确定商业模式后，就需要一个载体来承载商业模式，这个载体就是产品。

产品是平台向市场提供的引起注意、获取、使用或者消费来满足客户需求的东西，从根本上来说每一种产品实质上都是为解决问题而提供的服务。因此，营销人员向顾客销售任何产品，都必须具有反映顾客核心需求的基本效用或利益。这也就是说，没有好的产品就无法让客户满意，因此产品规划是构建平台或转型的核心。

当今时代已经不是"好酒不怕巷子深"的时代了，所以当我们确定了商业模式，做好了产品规划，生产出好的产品后，就需要平台运营来加速产品的推广营销，让用户知道、接受、使用我们的产品；不断通过平台运营的催化，提高产品的知晓率、接受率、使用率，不断为客户提供更好的服务、提高市场占有率。

平台运营过程中，品牌建设也如影随形，平台运营直接影响着品牌建设，两者是相辅相成的，而且我们需要持续的品牌建设打造成为一个知名品牌，当知名品牌建设成功之时也就是互联网金融平台构建或者传统金融机构转型成功之时。

当平台建设成功后，还需要建立科学有效的管理体系，只有持续地建立、优化管理体系，才能给予商业模式、产品规划、平台运营、品牌建设四个要素更好地支撑，才能使平台工作更加高效地开展和实施。

其实，当确定好商业模式时也就决定了产品的选择，进而对产品的规划也产生了影响，产品规划又进一步影响着平台运营，然而产品规划是为商业模式的落地服务的，平台运营是为产品和品牌建设服务的，品牌建设是为商业模式及产品服务的。当然，我们可以看出，这五个要素相互影响、共生共荣，并不是相互独立、毫无影响的。所以说，当确定商业模式后，就有了决定产品的选择，而产品运营也不是可以随心所欲的，它要根据商业模式及产品规划的不同，选择不同的平台运营内容、措施、工具。平台运营会影响着产品规划，可以通过平台运营不断发现产品的不足并不断优化产品。当一个商业模式形成后其实并不是完美的，需要在产品规划的落地及平台运营的实施的同时发现商业模式的漏洞，从而不能进行商业模式的优化完善，也可能通过活动运营等增值服务衍生出新的商业模式。品牌建设也影响着平台运营和产品规划，高档次品牌的定位意味着高档次的产品，高档次的产品意味着高档次的体验和服务，意味着高水平的平台运营。但是，以上所有工作的开展，都离不开管理体系的支撑。没有科学有效的管理体系，以上所述这些工作都将混乱不堪、缺乏效率与效益。同时，商业模式、产品规划、平台运营、品牌建设影响着管理体系的建设，管理体系的建设也是为这四项工作服务的，需要与之匹配和适应才能更好地发挥作用。

2.4.2 如何推动互联网平台金融发展

当前，每个互联网金融平台成立都伴随着大量的推广，主要是分为线上线下两种形式。线上主要是 SEO/SEM、问答平台、社交媒体营销、活动推广等；线下主要是线下地推和异业合作。异业合作是指比如影院合作，看电影送投资券，跟餐厅合作，扫码关注或下载 App 打折等。然而伴随着相关政策的发布，2017 年，网络借贷和银行理财却相继迎来了史上最残酷的监管冰期，高收益率背后的安全隐患无形中正在阻碍着互联网金融行业稳健的发展步伐。

近年来，互联网技术、信息通信技术不断取得突破，推动互联网与金融快速融合，促进了金融创新，提高了金融资源配置效率。互联网金融以其低成本、非抵押和便捷的融资模式，丰富了金融市场的层次和产品，有助于破解小微企业融资难问题，助推大众创业、万众创新，提高金融服务的普惠性。然而，我们也要看到，互联网金融在带来便捷和效率的同时，也蕴含着更为复杂多变的风险,对金融体系的稳定运行和健康发展带来了挑战。因此,应充分认识互联网金融面临的主要风险,强化监管,防范风险,促进我国互联网金融健康发展。

在未来几年,中国互联网金融行业将从一个多方混战的"战国时代"进入整合期。现有的互联网金融业态将被逐渐纳入监管体系而进入更有序的增长阶段,而新的技术与应用将不断涌现。未来5年内,有六大机遇值得重点关注:一是移动支付和理财;二是线上消费金融和小微信贷;三是B2B互联网金融;四是金融云和基础设施;五是大数据应用;六是以区块链为代表的颠覆式技术。

那么如何能够推动互联网金融平台健康发展呢?发展互联网金融的过程中需要树立五种发展理念:树立遵纪守规理念,培育合规经营意识;树立差异竞争理念,培育普惠经营意识;树立风险防范理念,培育内控经营意识;树立诚信立行理念,培育担当经营意识;树立国际接轨理念,培育领先经营意识。

第一,"树立遵纪守规理念,培育合规经营意识",就是说互联网金融机构要贯彻监管当局颁布的有关禁令,时刻贯穿经营管理的每一个环节,立足信息中介本位,不能将自身办成吸收存款和放贷的金融机构。

第二,"树立差异竞争理念,培育普惠经营意识",就是说互联网金融机构要将经营方向瞄准正规的、大的金融机构忽略或存在空白的环节,将社会金融弱势群体、小微企业金融信息不对接列为重点经营目标,充分展现自己便捷、普惠的金融本色,赢得全社会的广泛赞誉,使网贷平台日益深入人心。

第三,"树立风险防范理念,培育内控经营意识",就是说互联网金融平台应确立业务风险防范优先理念,针对业务发展特点和要求,研究风险控制和防范措施,建立一整套业务风险控制制度,做到防控风险成竹在胸、处乱不惊。

第四，"树立诚信立行理念，培育担当经营意识"，就是说将资金撮合可能存在的风险如实提示或告知，让双方自愿合作；同时，按照监管要求将资金存管，接受业务监督做到客户资金与自有资金分账管理，避免风险交叉传染，坚决遏制原来资金断链跑路的丑恶现象再发生。

第五，"树立国际接轨理念，培育领先经营意识"，既要开掘国内市场，又要积极与国际接轨，同时追随"一带一路"倡议，主动走出去，向国外拓展业务，参与全球经济金融竞争，成为真正具有现代金融渗透能力的网络金融组织。

在做好互联网金融的平台建设和推广同时，要把更多的注意力放在智能金融这个新兴的概念身上。人工智能在未来无论在哪个行业都是必不可少的，对于金融来说更是绕不过去，所以现有金融平台应该结合自身的模式以及优势，就智能金融展开布局，尽早迈入智能金融时代，提升平台的影响力和服务质量。

2.4.3 互联网平台金融与传统银行服务的对接

当一件事情发生时，只有了解到这件事情对我们自身的影响及冲击才能找到解决的办法。互联网金融以其方便快捷的特性，代替了众多银行类金融机构的支付功能，还向用户提供了理财服务，且不设门槛。互联网金融的快速兴起对于传统银行服务产生了一定的冲击作用，所以我们要对互联网金融对传统银行或者传统金融业有哪些影响进行分析，从而理清思路实现互联网平台金融与传统银行服务的对接。

首先来谈一下互联网金融对传统银行及传统金融业的影响。

第一，传统银行及传统金融行业部分功能的替代作用。对于特定的一家银行来说，由于用户资金需求的多样性，一家银行并不能完全满足客户的所有需求，而互联网金融平台，如第三方支付平台却能够与不同银行、不同地域的金融机构对接，为消费者提供更加多样、便捷的服务。另一方面，互联网金融消除了大部分传统银行理财产品的最低额度门槛，它通过数据挖掘的优势，拥有直接向供应链、小微企业信贷等融资领域扩张的实力，同传统商业银行竞争客户资源。

第二，价格发现，推动利率市场化。互联网金融作为一个交易平台，借贷双方可根据流动性、风险等实际因素偏好来选择交易对象，借贷双方按照协议的价格成交，使得交易完全市场化。那么何谓利率市场化呢，即指以央行的基准利率为根基，根据整个金融市场的资金流动状况及动向来决策，自助调整利率，以金融市场的利率为媒介，根据市场的供求情况来决定金融机构存贷款利率的金融利率体系。那么，随着竞争越来越广泛，金融市场会力求资源配置的合理化，利率市场化最本质的意义就是体现供求双方关系的平衡。

第三，加速金融机构脱媒进程。互联网金融为资金的供求双方提供了一个金融数据搜索的信息平台，充当金融信息互换的中介，交易过程由协议双方自己完成，而传统的商业银行总是在金融服务中充当中介的角色，但是互联网金融加快了传统金融服务的脱媒化，使得商业银行的金融中介功能慢慢边缘化。

互联网金融是借助互联网技术和移动通信技术实现资金融通、支付和信息中介功能的金融模式。从发展历程上看，互联网金融的发展离不开大数据、云计算、社交网络、搜索引擎等互联网技术的突破和运用。互联网金融的快速发展虽然对传统银行有很大的冲击，但是互联网金融与传统银行的本质还是存在差异的，当然这对两者来说也都有挑战存在。

一方面是传统银行的本质特征与挑战。传统银行是工业时代的产物，其特征就是：依靠本部中心制指挥运营；依靠信息不对称和特殊渠道建立的"差异化"竞争优势与垄断壁垒；依靠金融媒介与中间环节获取利润空间。随着信息碎片化、媒介透明化、需求个性化的大数据时代到来,传统银行现存的挑战也越来越险峻,主要体现在:第一,从负债业务上看,在金融改革市场化与投资渠道多元化的背景中,金融脱媒的趋势不可逆转并加速推进。商业银行将面临越来越大的资金来源压力,而利差收窄则意味着传统银行的可持续盈利能力不断下降。第二,从资产业务上看,银行原先行之有效的风险控制能力不断弱化,乃至失效。第三,从盈利能力看,传统银行存款利率与理财收益远远低于互联网金融收益率,在市场化的竞争中越来越缺乏竞争力。

另一方面,是互联网金融的本质特征与风险担忧。与传统银行截然相反,互联网金融脱胎于信息化革命与大数据时代,"开放、平等、互动、合作"成为互联网金融的核心价值观,互联网金融的本质是"去中介、去中心""扁平化、轻资产",互联网金融追求极致的用户体验,强调数据驱动运营,但是作为新兴产物,互联网金融一直伴随着声誉风险、监管风险、投机风险、信息与安全风险等"成长的烦恼"。

经过上述分析说明,其实互联网金融对传统银行并不是简单的颠覆,对传统银行虽然有冲击但是也有挑战和机遇。传统银行应加快转型拥抱互联网金融,实现与互联网平台金融的对接,这也是银行应该重点思考的方向。在大数据和云计算的时代背景下,互联网金融与传统银行的对接融合,将可能极大地改变传统银行的模式,改变途径包括长尾效应、迭代效应和社区效应。长尾效应是指传统银行强调大客户、大众市场、主流业务和蓝海战略,互联网金融运用云计算、大数据技术,以其开放、互动的特性使海量的中小微企业与细分消费群体成为银行的主要客户成为可能。通过精准营销,个性化有效客户群的迅速增加将是长尾效应最直接的体现。迭代效应是互联网金融改变传统银行的另一路径。社区效应是指在大数据时代下,银行的发展将越来越依靠与传统金融体系外专业化的电商企业、互联网运营商、数据收集公司、信息处理公司、重点客户咨询公司、移动支付公司、网络安全公司等密切合作。银行业的竞争模式将转变为以银行为中心的银行生态圈之间的竞争。

考虑到传统银行业所面对的信息技术浪潮与互联网革命，在诸多政策建议中可以提取出：传统银行应该改变固有思想，要持开放、互动的互联网思想，与互联网金融谋求合作；在转型过程中要做好商业模式创新；大胆谨慎地试水互联网金融业务。通过上述分析解读，不难看出传统银行未来可能的演进方向将是"智慧银行"，为客户量身定做服务，获取价值。此外，互联网金融未来也将有可能重构传统银行的业务开发、客户关系管理、评审、授信、信贷、风控等融资链各环节。

银行互联网化是必行之路，不过已经接近尾声，但是在银行刚进入互联网化时代，接踵而至是智能金融时代，所以银行要做的不只是与互联网平台金融的简单对接，而是在对接的同时考虑如何将银行业务推进到智能金融上。我们都知道，无论是在前端、中端还是后端，人工智能技术都可以发挥重要作用。在前端，可以用于提升客户体验，使服务更加人性化；在中端，可以支持各类金融交易和分析中的决策，使决策更加智能化；在后端，可以用于风险识别和防控，使管理更加精细化。而银行在智能金融即将到来的情况下，最迫切的冲击之一当属银行的零售价值客户遭到竞争机构分流，迫使银行不得不重新审视零售业务及其他服务需求。

而智能金融能够帮助银行很好地解决这个问题，比如借助人工智能、大数据、云计算、区块链等高新技术，建立以客户为中心的新型营销体系。对银行零售业务进行改革，而零售银行需要建立以客户为中心，了解客户的需求，从客户需求出发，提供针对性服务的新型营销体系，才能构建根本性的竞争力。所以，未来是智能金融的时代。

2.5 互联网平台金融服务案例介绍

随着互联网、云计算、大数据等技术的不断进步,互联网金融也日新月异地发生着改变。金融行业历经了传统金融、第三方支付、网络借贷、各场景应用的消费金融,未来互联网金融的发展会逐步趋于一个完整的生态,形成产业闭环。但是在互联网金融的市场中,一直都是"强者赢天下",现在商业银行也已经走上转型之路。在传统银行转型这条路上,不是所有银行都能够把握好机遇,尤其是中小银行,它们相较于大型国有的商业银行还是存在一定差距的,而"帮你盈"就是要帮助中小银行在这场金融变革中完成完美蜕变。

纵观现在的金融市场,已经从最初的产品升级到平台,但并未有互联网智能金融服务生态的出现。在未来3~5年内,互联网金融将正式向服务生态转变。互联网金融服务生态是指依托于互联网平台+金融服务,能够帮助银行解决负债问题,形成资金、物流、信息的产业闭环(见图2-4)。

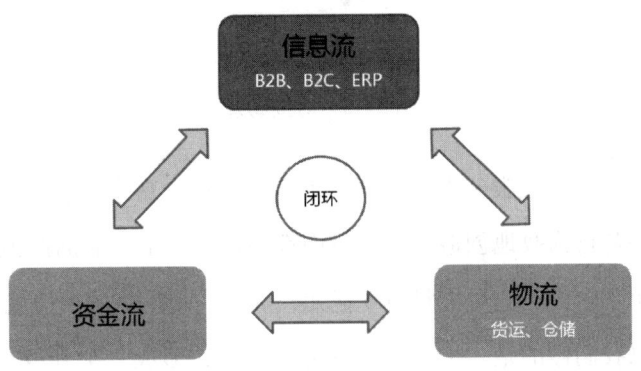

图2-4 互联网金融服务产业闭环

互联网智能金融服务生态其实是场景＋互联网＋银行＋智能化的结合。互联网是大量信息的聚合地，将金融电子化形成互联网金融平台，对接场景最终与银行核心系统（客户注册、电子账户、支付结算）对接，形成生态体系（见图2-5）。互联网发展趋势是无形替代有形，要想构建互联网金融服务生态，先要构建互联网金融的七维空间（依次是：电子账户、场景层、金融交易层、大数据、云计算、运营层、营销层）；当然也要依托互联网技术和大数据。

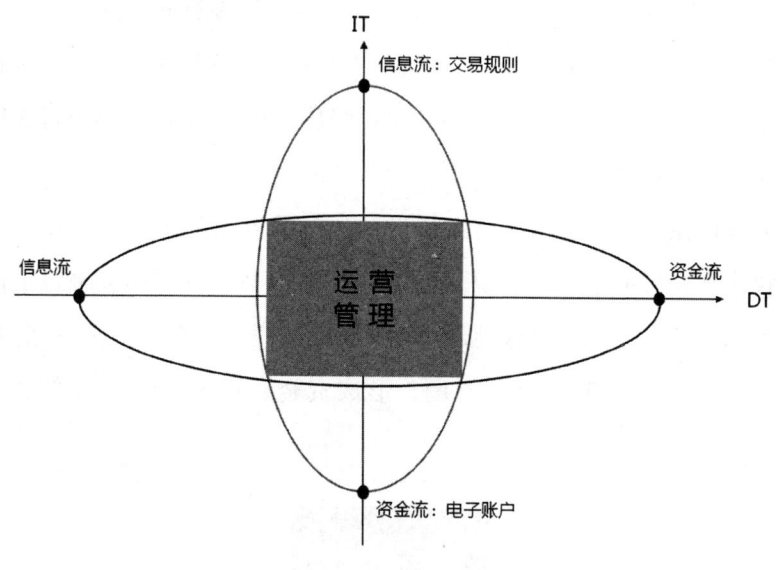

图2-5　对接场景

互联网智能金融服务生态不同于现在互联网金融平台，现在的互联网金融平台是各自为政地创造盈利。我们都知道，一个产品的产值可能是10亿元，一个平台的产值可能是100亿元，那么一个生态的产值就会有1 000亿元，所以我们做的是一个生态，将资源整合，形成一个开放、共享、互联的金融服务生态圈。互联网金融服务生态具有六大创新途径：提供融合性服务，实现客户归属，构建共同进化的产业生态，形成用户与金融互动与迭代，运用大数据还原运营场景层，拓展价值回归路线。

图 2-6 为互联网金融服务生态示意图。

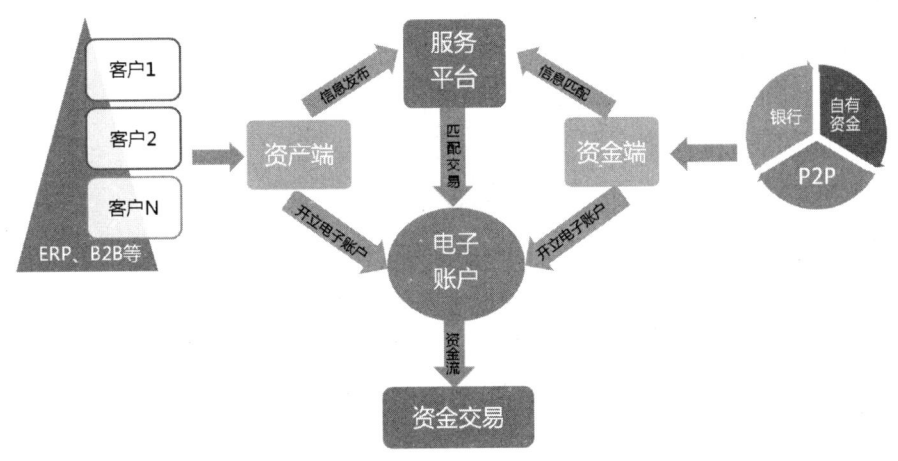

图 2-6

当建立了互联网智能金融服务生态圈时，其会拥有大量数据，这时就会出现现有技术不能解决的问题，比如如何进行精细化营销，如何能够准确地对客户进行分组管理，如何能够将现有客户做到价值最大化等等。这些问题的解决都需要依靠大数据、云计算等高新技术，所以可以在互联金融服务生态圈的基础上，建立智能金融服务生态圈。

何为智能金融，智能金融是以人工智能、大数据、云计算、区块链等高新科技为核心要素，全面赋能金融机构，提升金融机构的服务效率，拓展金融服务的广度和深度，使得全社会都能获得平等、高效、专业的金融服务，实现金融服务的智能化、个性化、定制化。智能金融在应用上可以依托大数据，对金融用户进行画像，通过需求响应模型极大提升获客效率或者存量客户的价值。同时，可以通过大数据、算力、算法的结合，搭建反欺诈、信用风险等模型，多维度控制金融机构的信用风险和操作风险，同时避免资产损失。建立智能投顾精准匹配用户与资产，基于自然语言处理能力和语音识别能力建立智能客服，拓展客服领域的深度和广度，大幅降低服务成本，提升服务体验。而"帮你盈"在这个概念先行的时代，已将智能金融落于实地，建立自己的金融产品，逐步搭建起互联网智能金融服务生态，来为中小银行服务，帮助中小银行在未来的竞争中立于不败之地。

第 3 章　智能财富管理

3.1　智能财富管理时代已经开启

智能财富管理是建立在传统或已有的财富管理模式基础之上，通过采用人工智能技术让财富管理更加智能化，为客户提供更便利的服务。现有财富管理市场规模的逐渐扩大，独立的财富管理机构以及互联网化的财富管理机构逐步在拓展，其行业领域的市场也在逐步挖掘，二者都或深或浅地完成了一些较为固化的传统财富管理模式，但为客户带来的财富管理服务还远远不够，包括产品的丰富性不够和服务的多样性以及粘合性较差，在一定程度上并未很好地满足客户的众多期望和需求。

然而智能化财富管理模式的开启，正是对客户服务的极致体验需求以及产品丰富智能化享受的一种方向性探索和指引。通过智能化的科学分析逐步为理财客户提供越来越优质的服务，逐步地把财富管理带到智能化的时代中来。随着智能化不断进步革新，更智能化的产品和服务必将占据未来市场主导地位，财富管理智能化的开启，预示着金融市场新智能时代的到来。现在不管是传统的商业银行、基金公司等金融机构或是非银行的金融机构都已经在构建自己的智能化时代，智能财富管理将是未来财富管理的方向。

3.1.1 财富管理的现状

(1) 我国金融财富市场累积阶段性情况。

我国财富管理行业起步较晚，目前国内财富管理业务还处在相对初级的发展阶段。根据国家统计局数据显示，2016 年我国 M2（货币和准货币）总量 155 万亿元，较 2011 年的 85 万亿元增长 82.4%。虽然近 5 年 M2 增长速度呈缓慢下降趋势，但增长率维持 11% 以上。投中研究院预测，2020 年我国居民可支配收入总量将超过 200 万亿元，而目前财富管理规模远低于我国居民可支配收入总量，还有较大市场空间。

(2) 独立财富管理机构状况。

目前国内独立财富管理机构数量众多，但整个财富管理市场相对分散，成立时间较长、规模较大的独立财富管理机构如诺亚财富、宜信财富、恒天财富等占据较多市场份额，但行业中并没有占绝对主导地位的理财机构。为了扩大市场份额、巩固行业地位，有些独立财富管理机构也开始开拓海外市场。

独立的财富管理机构在发展的过程中也存在着诸多问题。一方面，团队的稳定性不足。目前国内竞争市场激烈，获客成本日益增高，理财师占有一定资源后自立门户。同时，市场对理财师的质量有较高的标准，员工的流失率较高，长远来看并不利于企业。另一方面，增值业务有限。目前，人们对于理财需求趋于多元化、生活化，单一的服务并不能满足客户的需求，增值服务的种类和质量也是客户考量产品的重要条件之一。

(3) 互联网财富管理行业情况。

互联网财富管理本质是传统财富管理互联网化，将各种理财产品通过互联网平台的模式实现销售，大大降低了投资者的准入门槛，也更注重产品体验，做出了一些更适合老百姓的产品，同时增加客户选择，在一定程度上也降低了交易成本，方便快捷，很容易被广大群体接受使用，但是也存在诸多风险。就目前来看：监管缺失、征信缺失、风控能力不足均是其不可避免的问题，监管随着互联网发展已逐步出台相应的管理政策和法规，只是时间问题而已，征信和风控的打造值得深思熟虑。

3.1.2 智能财富管理的探索

智能理财的核心是智能投顾，我国智能投顾目前仍然处于发展的初期探索阶段。众多传统机构开始着力于智能投顾市场，尤其是金控集团开始着手发力，智能投顾市场又将迎来新一轮的爆发。此次传统金融企业和银行的加入，将打破原有科技企业开创的市场格局，快速占领市场。

2017年6月24日，光大集团旗下的——光大云付互联网股份有限公司正式发布"光云智投"智能投顾产品。此产品是以经典组合产品为基础，利用算法和技术，打造出了更智能化的市场分析系统、资产管理系统、风险管理系统以及自我学习系统等多方面的智能化特性。

相对传统的投资顾问服务，智能投顾门槛低、效率高，以前只有高净值人群享受到的服务，现在普通大众也能享受到。智能投顾虽然只在国内发展了两年，但却传染到了所有的金融行业。更有分析报告指出，2020年中国智能投顾行业的资产管理规模约为5.22万亿元，管理费规模将达156.6亿元。智能投顾将迎来万亿元市场。

2016年12月，招商银行发布了摩羯智投产品，该产品采用"人+机器"模式重新定位自己的理财模式。该模式融合了标准化和个性化，服务于普通投资者和高净值投资者，服务范围更加广泛。摩羯智投的开发意味着银行开始涉足智能投顾领域，高净值外的客户群体将被银行挖掘和青睐。摩羯智投是深度融合人与机器模式，发挥出机器数据处理、模型化方面的优势以及人在非结构化数据的经验，区别于国外的"去人性化"，这是我国的本土创新。

3.1.3 智能财富管理的未来

2016年是金融科技的开启之年，Fintech也完成了从1.0到2.0的过渡。在1.0阶段，更多的是用户的获取和在线服务的改变；在2.0阶段，科技才真正开始影响金融业务的拓展，人工智能、大数据分析等先进科技力量融入，使得金融科技更深一层的发展。智能化趋势已定，智能财富管理市场具有较大的开发空间，而各个金融企业机构纷纷着力迈进，各传统银行也纷纷进入竞争行列。智能财富管理目前已进入初级发展阶段。就智能投顾而言，未来发展趋势乐观，互联网联手传统金融成为趋势，互联网企业能为传统金融企业提供更先进靠前的技术支持，而传统的金融机构能提供更为详细和庞大的数据，二者结合必能更好地搭建出更为智能化的财富管理系统，加快智能财富管理的发展。

身为新兴的金融创新产品，其发展仍处于初级发展阶段，行业标准不统一，相关监管法律法规不完善或根本没有相关法律法规，对于客户数据上的应用和传播共享存在着较大风险。中国证监会等相关部门已经开始着手对这些新兴智能产品的机构进行合规检查，相信智能财富管理领域未来的监管会更加严格，该领域会加速迎来行业标准和合规监管。

3.2 智能投顾

"银行存款是指企业/个人存入银行及其他金融机构的货币"，存款目前对中国银行业金融机构的重要性，主要源于它通过存款准备金率、存贷比等强制性监管指标形成对贷款规模的直接约束。现阶段，理财方式呈现多样化趋势，单纯将资金存入银行来获取利息的客户越来越少，取而代之的是通过智能投顾来吸引客户资金，变现达到吸储的目的。

智能投顾最早诞生于美国。英文名叫 robo-advisor，也被称为机器人顾问。按 Betterment 和 Wealthfront 的声明，智能投顾是基于现代投资组合理论（Modern Portfolio Theory，MPT），并结合了投资者的风险偏好、财务状况、理财目标、投资期限等，运用云计算、大数据、机器学习等技术搭建起来的数据运算模型，为理财客户提供相关资产配置建议。

智能投顾可以简单解释为以财富管理服务流程自动化为服务模式、以现代投资组合理论为算法基础、以人工智能化为发展目标的投顾方式。1952年，Markowitz 在《金融杂志》上发表了论文《证券组合选择》，该篇论文及其观点也被称为"均值-方差"模型。该论文与模型可以说是现代证券组合理论体系的基石，而 Markowitz 也因此奉为现代金融学的开山鼻祖。

均值-方差模型的核心假设包括：(1) 投资者都是风险厌恶的；(2) 所有的投资者都力图在风险既定的水平上取得最大收益；(3) 影响投资者决策的有两个参数——期望收益率和方差。在这些假设基础上，该模型详细论述和推导了在既定的风险水平下，如何使证券组合的期望收益率最大，或者说在既定的预期收益率下，如何使风险最小。其核心结论是，投资者可通过构建具有较小甚至为负相关性系数的资产组合，降低非系统性风险；同时，维持组合的期望收益率不变；或者在一个证券投资组合中，当各证券的标准差及每两种资产的相关系数一定时，减少投资组合风险的唯一办法就是纳入另一资产，扩大投资组合规模。

现代智能投顾模型是在此模型基础上加以优化，结合不同场景设计出来的，在公募基金投资领域的应用越来越广泛，智能基金逐渐成为智能财富管理的重点（见图3-1）。

图 3-1 自主基金投资和基金组合服务的比较

3.2.1 智能投顾发展情况

分析一个完整投资顾问对个人财富管理过程。首先,投资顾问通过与客户交流投资意向、客户填写调查问卷等方式了解客户,提供咨询服务;然后为理财客户编写投资规划书,制定资产配置方案;客户确认后,执行交易、构建组合;对组合进行定期的跟踪并调整组合(调仓);每季度对组合业绩进行分析与报告等等。

由以上的分析可以把智能基金分为交易智能、投资智能。

交易智能建立在系统支持的基础之上,进行组合交易,结合基金转换、基金定投,为投资者交易提供便利。未附加投顾的交易智能是智能基金的初级阶段。

当交易智能附加了投顾的属性就发展为智能投顾,体现在为客户规划理财方案,找到投资者的有效前沿,构建与投资者风险和投资期限匹配的基金组合。

3.2.2 基金市场发展情况

截至 2016 年底,我国已经获批的具有公募管理资格的机构合计 121

家，其中基金公司 108 家，证券公司 12 家，保险 1 家。整体规模大的基金公司均成立较早。从相关数据上看，在规模前二十大的基金公司多数成立于 2005 年之前。由于货币基金这种固定收益的规模差异比权益类基金规模差异明显更大，所以在管理规模排名上固定收益规模靠前的基金公司往往整体规模也靠前，固定收益规模前十一大的公司与整体规模前十一大的公司名单一致，只是排名略有出入。从权益规模排名来看，虽然与整体规模排名差异较大，但权益规模排名前二十的公司同样全部成立于 2005 年之前，整体来看，无论是固定收益还是权益，先发优势对于规模的贡献均极大。

从销售渠道统计数据分析，银行仍然是最重要的渠道。据好买基金研究中心统计，2017 年第二季度货币型基金规模增加最大，环比增幅达 27.09%。封闭式基金规模减幅最大，环比下降 15.47%。货币型、混合型和债券型基金继续位居管理规模前三名，管理资金分别为 5 万亿元、2.12 万亿元、1.81 万亿元。公募基金管理规模的快速增长为商业银行这个拥有大量理财客户资源的渠道提供了巨大销售提升空间。

3.2.3 智能基金的系统搭建

一个较为完整的个人财富管理过程是什么样呢？首先，投资顾问通过当面访谈、问卷调查、性格测试等方式了解客户，提供咨询服务；然后为客户编写 IPS（投资规划书），制定长期资产配置方案（SAA）；待客户确认后，执行交易、构建组合（Execution）；定期对组合进行跟踪并调整头寸（Monitor & Rebalance）；每季度对组合业绩进行分析与报告（Performance）等等。

实现智能基金需要着重关注以下几点：

（1）投资者的投资意向和风险承受能力。

获得投资者的投资意向，就是要确定投资者的预期收益率和风险水平

(收益率的均值与标准差),还需要确定投资期限、流动性需求、对收益的预期要求等等。

通过大数据分析,把客户的收入情况、投资经验、历史交易情况等等进行分析,对一些标准化的内容进行快速的量化评估、等级划分,得出投资者的"客户画像"。

(2)在有效前沿上为投资者进行资产分配。

组合富有预期的收益率和标准差,需要在基金池中,根据每个基金的历史收益率、标准差,以及基金间的相关系数,找到合适的基金,并给出一个最优的配置权重,使得理论上应得到一个在有效前沿上的投资组合。

以上方式,实际上就是一个数学上最优化的求解过程。我们无法像理论中讲的那样去构造无限多基金的一个组合。当选择的基金较多时,相关性矩阵会导致运算步骤过于复杂,因此,通常会设定一个基金数量的限制,以3~5只基金作为一个组合为宜。

(3)组合跟踪与调仓。

投资者通过智能基金建仓后,投顾策略仍然在实时跟踪模型偏离情况,以便根据模型适时调仓。

智能基金的支持方有投顾方和基金产品交易渠道方,所对应的系统结构是基金交易层、投顾配置与客户分析层、智能基金客户端。三层结构间以API接口形式进行数据交换(见图3-2)。交易层处理接收到的开户、交易、查询、销售适当性新规等一系列底层信息,同时反馈到客户端。投顾配置与客户分析层用来维护智能基金组合模型,不同的客户端可以配置不同的智能基金组合模型,统计各个模型的交易情况,实时跟踪,按策略调仓。智能基金客户端是客户做智能基金业务的平台,搜集客户信息,展现基金组合并提供投资者交易功能,可以是移动端和PC端,客户端体验的好坏将直接影响业务的客户量和交易量。

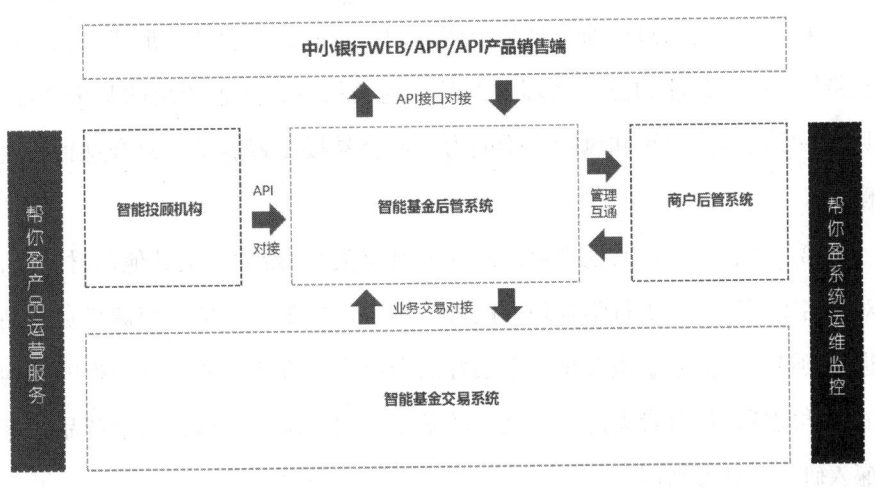

图 3-2 中小银行 WEB/APP/API 产品销售端

基金销售渠道销售的基金产品建立基金篮子,可以是全部基金,也可以是部分基金,投顾机构/部门构建智能基金投资模型,从基金篮子中筛选基金构建基金投资组合,通过对投资者画像来匹配基金组合,构成投顾配置与客户分析层的核心功能。

智能基金系统的维护:技术上保持三层结构间数据传输的畅通;运营上建基金组合审核机制,防范复杂交易带来的风险,监控各基金产品的交易状态。

3.2.4 智能基金的业务推广

随着"帮你盈"、京东金融、钱景财富、盈米财富、积木盒子等众多理财平台纷纷推出智能基金理财业务后,短短一年多的时间,已有数十家金融机构涉足这项业务。然而两亿多的基金投资者以及更广泛的投资理财人群,似乎对这项新的理财模式还不完全理解和熟悉,更多的投资者处于观望和尝试状态。如何能让大家更多的了解和认可、甚至是喜欢上这项投资,成为理财机构眼前的一个重要困境。

智能基金的客户群可以定位以下三类:

第一类：购买过普通公募基金产品的投资者，希望尝试形式新颖、收益稳健、配置智能的泛基金理财产品。这类投资者熟悉传统的基金产品，具有一定的风险意识和风险承受能力，更容易接受智能基金组合这种投资模式。

第二类：购买过其他理财产品（非基金类），希望尝试其他理财产品，对其名下资产进行更科学合理的配置，希望选择更多类型的稳健投资产品进行尝试，智能基金组合是一个很好的理财交易方式。通过智能投顾机构的科学配置，投资者无需再对众多的基金公司、基金经理、基金产品等等深入研究、补习功课。

第三类：没有理财投资经验或者理财投资经验较少又希望进行投资理财的潜在客户群。这类客户投资潜力巨大，但引导这个客户群进入理财领域的产品一定是既简单又稳健的标准化产品，否则极易动摇该客户群理财的兴趣和决心，而智能基金通过专业的投顾机构进行科学资产配置，加上理财平台对其账户体系智能的管理和分析，确为不二之选。

时机的把握在智能基金的推广过程中非常重要，倘若仍旧把智能基金与传统基金产品联系起来的话，对智能基金业务推广的最好时机有两个，分别是基金行情的高峰和低谷。

在基金行情火爆时，必然会有更多的投资者进入这个投资领域，而各个基金管理公司、基金销售公司势必也会加大宣传力度，作为基金产品在客户端的投顾，智能基金的宣传和推广不可错过这股"东风"。

而在基金行情低迷时，面对众多投资者的惆怅、迷茫、无助，大家都在试图寻求一种更好的、稳健的、科学的理财产品，这时的投资者也似乎更容易接受新的理财产品和模式。

除此之外，把握住每个经济周期内对各类型基金的影响，例如股票行情波动、人民币汇率波动、货币政策调整等等都是智能基金推广的良好时机，因为没有人不希望账户的资产获得更高、更稳健的收益。

在把握住推广时机之后，就要采取有效的推广方式。

借助线上媒体推广。例如：各大财经网站、理财专栏、基金线上销售平台以及各类微信微博、理财类 App 等，都是最常用的推广途径。通过对这些媒体有效的筛选和分析，可以选择一部分线上媒体作为产品的线上推广渠道，通过软文介绍、图文广告、弹屏链接等等方式，表现方式简单直接！

借助线下理财经理推广。针对银行网点、股票营业厅的线下理财产品，理财经理面对投资者的推广更为有效和直接，这种推广方式尤其受中老年投资者青睐，如能定期对渠道经理进行培训、并准备充分的宣传资料，这类推广渠道必将一劳永逸。

针对理财用户定向营销。借助各类理财平台，例如电子银行理财账户或者基金销售平台的账户系统向现有投资者推送和宣传智能基金产品。此外，还可以借助大数据营销等技术手段，有针对性地定向营销和推广。

通过以上方式的推广，需严格控制成本，制定推广规划，避免投入大、成果小。通常线上推广优于线下推广，平台合作定向推广优于自有平台推广，品牌加风控推广优于模型推广。

在推广中需要定期评估是否达到预期目标。在客户开户量方面，数量是否达到目标，新增客户比例是否与预期相符；在客户交易量方面，交易量是核心指标，能够充分体现推广效果；在手续费收入方面，手续费和后续的尾随佣金预期收入是最终目标。

3.2.5 智能基金的未来

与金融发达的美国相比，我们在智能投顾方面晚了半个多世纪。近几年我国金融领域发展迅猛，公募、私募规模均达到十万亿元。以公募基金为例，基金产品数量已超过 4 000 只，产品类型也呈现多样化，投资者在购买基金产品时无所适从,"智能基金"由此孕育而生,通过了解投资者风险承受能力、投资期限,构建客户画像来匹配一篮子基金产品。最初是三方公司在做"智能基金",后来银行也相继跟进,从客户需求和机构的动向来看,"智能基金"是基金领域面向 C 端销售的大趋势。

另外,从当前经济环境来看,非专业投资机构很难找到好的投资资产,并且有诸多门槛限制,在总体钱多而资产少的情况下,投资者分散投资基金、银行理财、资管或信托是明智的选择,"智能基金"未来也会发展为"智能理财"或"智能管家"。

3.3 智能基金的风控核心是智能投顾

智能投顾是智能基金的风控核心,也是做好智能基金风控的重点,需要控制智能基金组合的配置风险和后期的运营风险,在商业银行已有银行理财产品的情况下做好智能基金的投顾尤为重要。

3.3.1 智能投顾选择要点

智能基金组合策略没有统一标准,各投顾机构均建立自己的一套投顾体系。优秀的策略模型配置的基金产品所体现的是差异化,做到风险有效分散。

基金产品分散配置表现在:(1)跨类型。在股票型、混合型、债券型和货币型基金中选择几种基金组成一个组合。(2)跨管理人。基金组合中各产品不属同一管理人,可降低管理人组织结构或人事变动带来的影响。

下面介绍智能投顾选择的要点:

第一,搜集信息认真分析证券市场的波动、经济周期的发展、货币政策和政治事件等。确定大类资产的范围,选择优质的低成本基金产品进入基金池,根据基金组合模型,选择并调整各基金的配置比例,从而使组合满足不同的收益率与风险目标。

第二,合理的申购方式。可采用"金字塔申购法""成本平均法"或"价值平均法"多次建仓,若长期持有可选择基金的后端收费方式。

基金管理公司在发行和赎回基金时均要向投资者收取一定的费用,其收费模式主要有前端收费和后端收费两种。前端收费是在购买时收取费用,后端收费则是赎回时再支付费用。

3.3.2 运营注意事项

第一,智能基金与普通的基金超市一样,都是基金销售,也要按照中国证监会的监管规定从事销售活动。

对于基金销售适用性,基金销售机构应按照证券期货投资者适当性管理办法所指出的"投资者应当在了解产品或者服务情况,听取经营机构适当性意见的基础上,根据自身能力审慎决策,独立承担投资风险"规定执行。

向投资者提供智能基金服务时,应当了解投资者的下列信息:

(1) 自然人的姓名、住址、职业、年龄、联系方式,法人或者其他组织的名称、注册地址、办公地址、性质、资质及经营范围等基本信息;

(2) 收入来源和数额、资产、债务等财务状况;

(3) 投资相关的学习、工作经历及投资经验;

(4) 投资期限、品种、期望收益等投资目标;

(5) 风险偏好及可承受的损失;

(6) 诚信记录;

(7) 实际控制投资者的自然人和交易的实际受益人;

(8) 法律法规、自律规则规定的投资者准入要求相关信息;

(9) 其他必要信息。

根据投资者的信息对投资者分类,投资者分为普通投资者与专业投资者。普通投资者在信息告知、风险警示、适当性匹配等方面享有特别保护。同时，要按日分析投资者信息，普通投资者和专业投资者在一定条件下可以互相转化。划分产品或者服务风险等级时应当综合考虑以下因素：

(1) 流动性；

(2) 到期时限；

(3) 杠杆情况；

(4) 结构复杂性；

(5) 投资单位产品或者相关服务的最低金额；

(6) 投资方向和投资范围；

(7) 募集方式；

(8) 发行人等相关主体的信用状况；

(9) 同类产品或者服务过往业绩；

(10) 其他因素。

对投资者进行告知、警示，内容应当真实、准确、完整，不存在虚假记载、误导性陈述或者重大遗漏，语言应当通俗易懂；告知、警示应当采用书面形式送达投资者，并由其确认已充分理解和接受。

第二，智能基金与大数据分析相结合。

按信息来源分类，分为从公开信息中获取的数据和从非公开信息（分析结果）获取的数据。公开信息包括但不限于基金产品信息、基金管理人信息、基金经理信息、基金定期报告、基金临时公告等；非公开信息包括研究团队的分析报告、考察结果等。

按信息内容分类，可分为货币信息、经济信息、政治信息、军事信息、行业信息等。

按信息所涉及区域分类，有国内、国际、地方信息数据。对投资者的大数据分析，信息较为集中，举例包括籍贯、工作地、联系方式、收入水平、教育水平、工作情况、投资经历、交易习惯、持仓情况、关注的产品等等。

第三，客户端体验的友好性。良好的客户体验是客户长期使用智能基金客户端的前提。若客户端不具有良好的客户体验，即使智能基金模型设计的如何完善、收益曲线如何稳定可靠也会由于客户端的各种不便和小问题而在最初阶段失去大量客户。

客户端良好的体验主要体现在开户快捷、组合交易方便、浏览直观、信息提示到位。在移动互联网发达的今天，办事效率得以极大提升，投资者容易接受直观易理解的事物，智能基金的组合交易封装在系统当中，展现在客户端的是简化的操作界面。

在降低人机交互频率的同时，增加机器信息提示和提醒频率，对投顾组合的详细说明，调整组合比例的研报；销售适用性相关的风险提示、交易申请及确认提示；组合收益率信息每日发送（投资者可自行取消）。

第四，做好运营的成本控制。支付成本在智能基金日常运营中的所占比例较大，支付成本在投资者购买基金过程中产生，与手续费收入和潜在的尾随佣金收入相伴相生，如何协调这对矛盾是智能基金机构需要解决的问题，优秀的智能基金机构会通过为投资者创造丰厚利润吸引客户，用尾随佣金来弥补前期的支付成本，而非通过超低的手续费折扣吸引客户，避免了同业恶意竞争。

从客户的角度考虑，提高资金使用效率就是降低资金成本，提高资金使用的方式有：（1）相同基金类型选赎回结算周期短的基金，在基金类型的选择上少配置或不配置长确认周期和结算周期的产品；（2）调仓用转换和跨 TA 转换业务；（3）投顾模型降低调整基金配置频率。

第五，控制产品流动性。控制产品流动性的方法有：基金组合的筛选尽量避免选择封闭式基金、规模小的基金、历史出现巨额赎回频率高（相对其他基金）的基金、机构持仓占比大的基金、仍在发行期的基金等可能导致无法赎回的基金。

配置一定比例高流动性的基金产品，如货币基金、短债基金，在满足流动性的同时也兼顾了一定比例的配置底仓。

基金组合与投资者的持仓周期要做到期限匹配，组合中的权益类产品的周期性需保持方向基本一致，用来做风险对冲的基金除外。

第六，跨机构/部门的协调，信息互通。基金销售机构运营管理部门接收到基金公司临时公告，涉及未来影响基金交易状态和其他会影响基金交易的信息，要及时反馈投研部门或有关机构，避免给调整投顾组合带来影响。

分析投资者的智能基金交易情况，以判断投资者对投顾模型的接受程度。

第七，启用组合的安全机制。建立基金组合复核机制，组合上线前经过投顾内部审核、销售机构运营审核，如在中小银行上线智能基金，还需经过银行相关部门的内审。

3.4 中小银行智能基金和智能投顾系统建设

"帮你盈"为具有基金销售资格的中小银行提供智能基金和优选智能投顾的系统建设与运营服务，目前已经完成了中国民生银行的建设与运营工作，并向中小银行输出智能基金服务。"帮你盈"为中小银行提供智能基金服务包括：提供智能基金环境的科技开发和运营；投顾方为中小银行定制智能基金组合；基金渠道作为投资者购买基金组合的交易机构（见图3-3)。"帮你盈"做智能基金服务的优势如下：

（1）从业人员实力：由来自银行负责基金监管业务、基金公司负责运营管理、第三方基金销售公司负责市场营销的人员一起组建强大的基金业务团队。

（2）丰富的基金业务经验："帮你盈"2015年取得基金销售资格，建立了一整套完整的基金运营流程和风控体系；营销团队针对不同客户群设计特定营销方案。

（3）强大的系统开发和技术维护能力："帮你盈"有多个项目开发团队，另设信息安全部负责数据信息安全工作，技术团队有数十人为基金业务开发了智能基金交易系统。

"帮你盈"选择多家投顾机构合作智能基金，不乏国内知名机构。

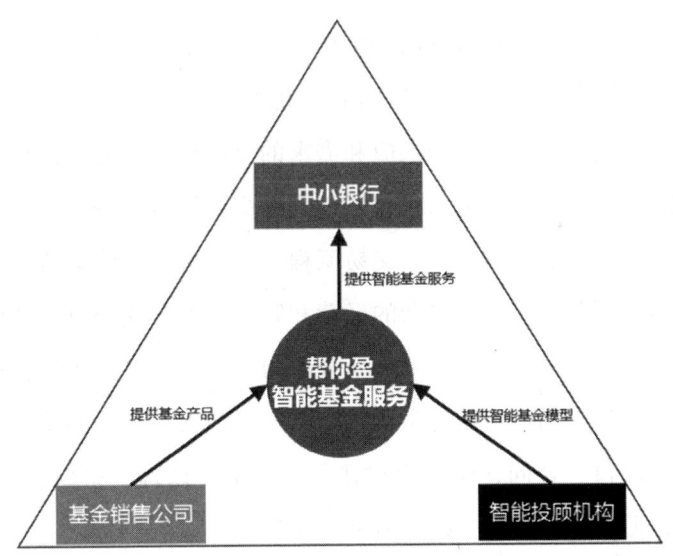

图3-3　中小银行智能基金服务体系

第 4 章　智能供应链金融

4.1　供应链金融的起源

4.1.1　供应链金融的由来

供应链金融是供应链管理的一个分支。供应链管理是指对整个供应链系统进行计划、协调、操作、控制和优化的各种活动和过程。从本质上讲，供应链管理是对企业内外供应和需求的全面整合，通过这种整合与优化，实现以最小的成本完成从原料采购到满足最终客户的所有流程，这种流程包括工作流程、实物流程、交易流程、资金流程、信息流程等等。因此，供应链管理是一个十分复杂的经营和管理过程，这个过程伴随着大量的货物与资金的流动，首先需要一个全面的信息系统对这个过程进行统筹管理，同时大量交易产生的资金流动需要一个强大的金融系统支持，其中涉及账户、支付、合同、应收应付账款、融资、保理、票据、抵/质押等一系列金融服务，这种服务称之为供应链金融。

综上所述，供应链金融的普遍认可定义为："以核心企业客户为依托，以真实贸易背景为前提，运用自偿性贸易融资方式，通过应收账款抵质押登记，第三方监管等专业手段封闭资金流或者控制物权，对供应链上下游企业提供的综合性金融产品与服务。"

供应链金融的定义中特别指明是以核心企业客户为依托的，这种依托关系大多表述为"M + 1 + N"，也就是说一个核心企业在生产与销售活动中存在大量的上下游企业，而这种上下游的企业大多数是规模小、实力薄弱、财务制度不健全、缺乏抵押资产的中小企业。这种大量依托于核心企业的中小企业，因为规模小，资信低，银行出于资金安全低、服务成本高的考虑，是惜贷、惧贷的。

而反过来看，这种存在于上下游的中小企业又是最需要信贷融资服务的。当它们得不到融资服务，很容易产生现金流问题，而紧张的现金流又很可能影响生产与货品交付，甚至影响货品质量。资金是一切交易的基础，也是现代商业活动的润滑剂，缺少了资金的润滑，供应链很难实现预期的高效与流程优化。

在内因与外因的驱动下，同时出于对供应链安全的顾虑，也出于服务提升、业务转型的考量，一些位于核心地位的大企业，开始逐步组建自己的供应链金融体系。它们利用比较充沛的自有资金或者自身的信用额度为自己的上下游企业提供包括订单融资、仓单质押融资、预付款融资等金融服务。随着经验的提升、金融服务规模的扩大，这些核心企业纷纷组建自己的财务公司或者保理公司、小贷公司等金融服务公司，利用更加广泛的资金来源拓展自己的金融服务业务。例如阿里、京东、海尔、美的等大企业纷纷涉足金融服务，也取得了很显著的成绩。

商业银行的动作更早，平安银行（原深圳发展银行）早在1999年就开始探索供应链金融服务，后续包括建设银行、工商银行、中信银行、招商银行、民生银行、浦发银行、光大银行等纷纷开展各自的供应链金融服务。

4.1.2 供应链金融的银行发展历程

银行是现代金融服务的主要参与者，各家银行为了拓展自身的业务范围，保障未来收入增长潜力，同时解决中小企业融资渠道单一、融资成本高的现实问题，在供应链金融领域进行着积极的探索。同时，随着利率市场化改革和日益开放的金融市场，商业银行在传统业务上的竞争日益激烈。为了争夺产业链上下游的优质中小企业，各大商业银行均开展了各具特色的供应链金融服务，它们多数从传统的贸易金融入手，从应收账款贴现、动产质押等单一服务开始，根据客户需求，基于自身资源，发展出了各具特色的供应链金融服务体系。

下面结合国内开展供应链金融比较早的平安银行，简要介绍一下银行发展供应链金融的主要历程。

(1) 供应链金融1.0模式。

供应链金融1.0模式即传统供应链金融线下模式，1.0阶段的"1+N"模式是指商业银行围绕核心企业，以核心企业的信用作为支持，为核心企业的上下游企业提供融资服务。其中，"1"代表核心企业，"N"代表产业链上下游众多中小企业群体。这一概念最早由原深圳发展银行（现平安银行）在2003年提出。

鉴于长期的业务往来与合作，核心企业普遍对于上下游中小企业的实际经营及资信等情况相对了解。该模式的优势在于商业银行可以利用核心企业的风险把控，批量拓展与之相关的上下游企业，依托核心企业对这些上下游企业提供金融服务。此模式以商业银行为主导，以核心企业为信用载体，主要通过应收账款融资、存货融资和预付账款融资等形式实现，使得商业银行能够挖掘在传统信用体系下无法拓展的中小型企业客户（见图4-1）。

但由于整个流程是基于线下的传统模式，效率较低，且银行出于风险控制的考虑，规模的扩张受到限制，另外该模式也没有实现供应链金融所要求的信息流共享，以及物流、资金流、商流的对接。

(2) 供应链金融2.0模式。

供应链金融2.0模式进入了供应链金融线上化的阶段。通过技术手段

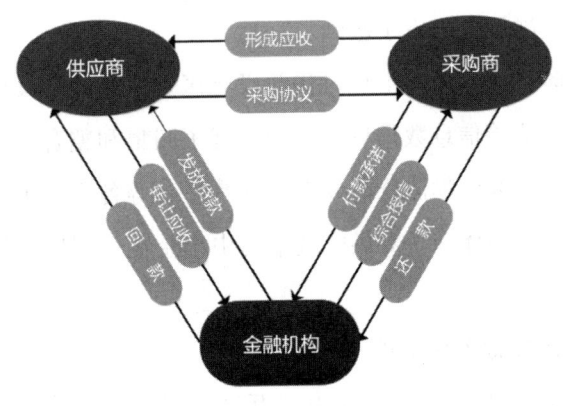

图 4-1

对接供应链的上下游及各参与方,其中包括核心企业上下游中小企业、银行、小贷公司等资金提供方、物流公司等,将供应链中的商流、物流、资金流、信息流在线化,实时掌握供应链中企业经营情况,从而控制贷款的风险。

2012年7月平安银行收购深圳发展银行后,充分利用深圳发展银行的积累客户源,推出"供应链金融2.0"服务,作为原有平台的升级版,"供应链金融2.0"涵盖了预付线上融资、存货线上融资、线上反向保理、电子仓单质押线上融资、核心企业协同、增值信息服务、公司金卫士七大产品与服务。企业通过登录平安银行企业网银"线上供应链金融"通道,即可在线完成合同签约、融资申请、质押物在线入库、存货管理、打款赎货等主要业务流程,实现供应链金融信息流在经销商、核心厂商、物流公司、银行间的全流程控制。同时,企业可通过网银、手机、邮箱等渠道实时获取业务信息。至此,商业银行自建供应链融资信息技术平台达到了一个新的阶段。

供应链2.0的价值不仅仅在于线下传统业务网络平台的迁移,更重要的意义是实现了授权信息共享与在线协同,供应链各方的效率得到迅速提高,同时为进一步提供适应于供应链的征信、融资、结算、理财等风险管理手段与融资金融服务打下了基础。

然而这一阶段的本质与1.0时代并没有区别，在此阶段供应链上的物流、商流、资金流等信息数据只是初步实现了归集和整合，核心贸易数据各自掌握在核心企业、物流企业或电商交易平台等各方手中，很难形成综合的大数据风险评估体系，对供应链中的中小企业信用风险等难以做到精准评估。

（3）供应链金融3.0模式。

供应链金融3.0模式也可称为"互联网供应链金融"，是通过互联网技术的深度介入，打造一个综合性的大型服务平台，代替核心企业"1"来给平台上的中小企业"N"提供信用支撑，其中"1"代表服务于供应链的综合服务平台，两端"N"分别代表上下游中小企业，以企业的自身交易为核心，不再需要供应链中的核心企业来为上下游中小企业提供信用支持（见图4-2）。目前部分银行已经进入了供应链金融3.0时代。

2014年6月平安银行在自身供应链金融业务的基础上推出"橙e网"，通过自建的电子商务云服务平台，与第三方物流、信息平台开展了广泛的合作。此次推出橙e平台就是要帮助中小企业上下游之间熟客交易快速实现电子商务转型，将线上供应链金融全面升级到"电子商务+互联网金融"集成服务的全新高度，实现供应链上"订单（商流）、运单（物流）、收单（资金流）"等信息的集成与闭环运作。因此，目前该模式可以看作商业银行自建供应金融综合服务平台自有价值的实现。

该模式不再是传统线下业务的简单转移，而是银行将供应链企业采购、生产、交易、运输仓储等环节的行为信息和相关数据在平台上高度融合，拓展为围绕中小企业自身交易的"N+N"模式，同时整合供应链各主体方，共同打造协同创新的生态体系。

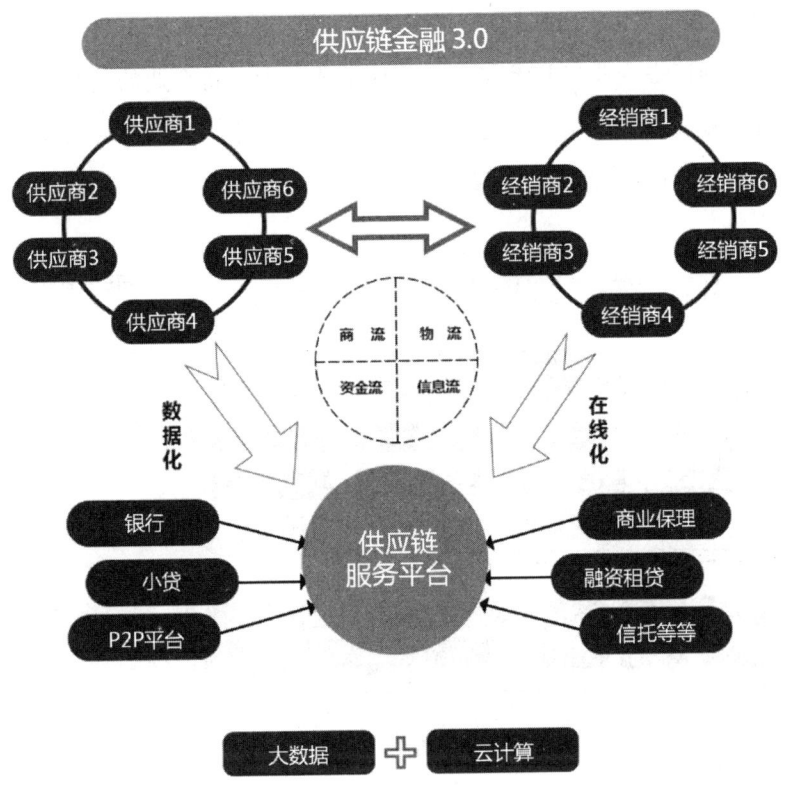

图4-2 供应链金融3.0

(4) 供应链金融4.0模式。

经过了前面几种业务模式的演变,银行业摸索出了很多供应链金融的经验,同时也经历了互联网飞速发展带来的洗礼,但是传统银行业封闭性并没有被打破,银行人的互联网思维并没有充分建立起来,银行业产业也没有形成一个充分开放、透明、共享的生态圈。

在这个情况下,"帮你盈"主张的供应链金融4.0横空出世。"帮你盈"以十余位银行资深从业专家多年的思考与沉淀,总结出了银行首先要开放思想,海纳百川,既要深度介入核心企业和交易场景,也要做到术业有专攻,合作但是不垄断,充分竞争才能有良好的商业环境。

"帮你盈"供应链金融4.0平台可以帮助银行以最快的速度、最低的成本参与到核心企业与B2B平台的供应链业务中,将企业的信息流、物流与银行的资金流深度融合,做到信息和资金的闭环,结合大数据风控与自动化审批,实现了供应链金融服务生态(见图4-3)。

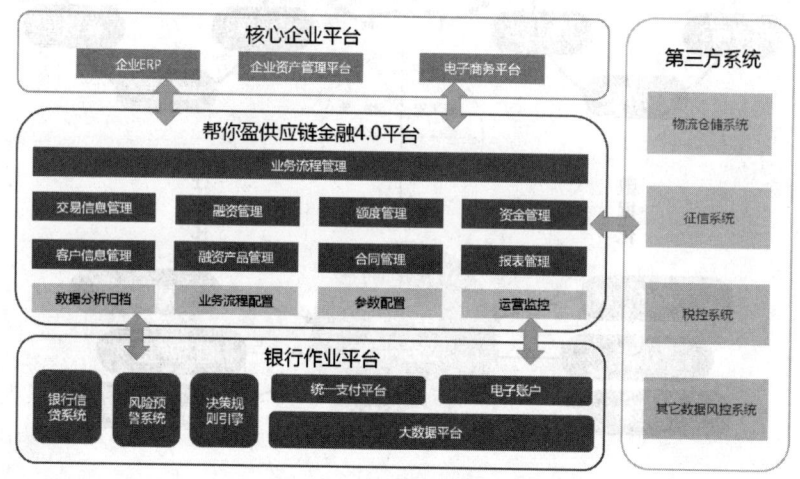

图4-3

表4-1列示了国内其他各大银行开展供应链金融服务的产品进程与特点。

表4-1　　　　　　　供应链金融服务的产品进程与特点

银行	供应链金融品牌	推出时间	针对客户	产品特点
中国银行	融易达、融信达、通易达、融货达等系列组合	2007年	融易达业务适用于以赊销为付款方式的货物、服务贸易及其他产生应收账款的交易;融信达适用希望规避买方信用风险、国家风险,并已投保信用保险的客户	融易达特点:利用核心企业空间额度,为中小供应商融资,可以充分利用买方(核心企业)空闲的授信额度为其周边的中小供应商提供基于物流环节的融资服务

续表1

银行	供应链金融品牌	推出时间	针对客户	产品特点
农业银行	供应链融资易	2009年	专门针对产业链配套中小企业的包括票据融资、应收账款质押、银行保理等业务在内的多元产品组合	弱化中小企业对企业财务报表等"硬指标"的要求，转而注重对供应链交易结构和具体细节的分析，通过对核心企业的信用状况和偿债能力的把握，对供应链上的单个企业以及上下游链条上的若干企业提供融资等金融服务，从而降低中小企业银行融资的门槛
建设银行	融链通	2010年	中小贸易型客户	通过供应链金融服务方案将银行融资支持延伸到供应商，提高赊销比例，减少自身资金使用，降低采购成本；借助供应链融资，通过回购承诺等信用方式，将自身信用延伸到分销商，拓宽销售网络渠道
交通银行	蕴通供应链	2010年	港口、工程机械、电子、化工等行业的服务方案已成为行业主流模式	蕴通供应链金融电子系统包括商品融资模块、厂商银模块、保兑仓模块、保理模块和应收账款池模块。与传统线下融资相比，在线融资有操作简单、安全快捷、效率提高等特点，申请速度由原来的T+1或T+2升级为T+0。交通银行将供应链金融与现金管理、投资银行紧密结合，提供一站式综合金融解决方案

续表2

银行	供应链金融品牌	推出时间	针对客户	产品特点
招商银行	电子供应链金融	2007年	汽车、钢铁、医药、家电等行业	通过电子商务平台，商业银行通过一系列电子化结算及融资产品，紧密联结供应链核心企业及其上下游企业的一种新型供应链结算和融资服务模式。与普通的"供应链金融"相比，"电子供应链金融"在技术手段、系统完备性、结算速度、融资效率、服务质量等方面有着极大优势
浦发银行	浦发创富——企业供应链融资解决方案	2006年	贸易型客户	以实体供应链和金融供应链的融合为出发点，以电子化和绿色低碳作为主要发展方向，展示了1+N供应链金融、跨境供应链金融、绿色供应链金融、在线供应链金融和供应链金融平台五大支持方案，安全、便捷、低碳的电子化和绿色金融方案
兴业银行	金芝麻供应链金融	2010年	核心企业上下游中小企业集群	基于企业供应链采购、存货和销售环节的交易特点，为供应链成员企业提供的多种标准化和非标准化的贸易融资产品的总和，应变灵活，能够比较有效地满足企业的一些个性化需求，供应链金融业务产品体系相对比较完善

续表3

银行	供应链金融品牌	推出时间	针对客户	产品特点
光大银行	阳光供应链	2005年	定位于中端市场、将业务重点投向石化、煤炭、电力、糖、汽车等行业中的上下游中小企业	突出行业特征、区域导向，根据不同区域经济发展程度和行业特点，为企业提供差异化供应链融资服务方案，从而代替以往单一产品融资模式，更加切合企业的实际需求

注：信息来源各大银行官方网站。

4.1.3 供应链金融对于银行的价值

供应链金融模式可以分为：应收账款融资模式、融通仓融资模式以及保兑仓融资模式。这三种融资模式的依据资产分别为：应收账款等应收类资产、存货以及预付账款等预付账款资产。

我国规模以上工业企业应收账款净额已由2005年的不到3万亿元增加到了2014年的10.52万亿元，十年增长了3.55倍，年均复合增速15%。我国商业汇票签发量逐年稳步增加，在2014年已经突破20万亿元。

北大经济学院的一项研究显示，2011年供应链金融在发达国家的增长率为10%~30%，而在中国、印度等新兴经济体的增长率在20%~25%（见图4-4）。前瞻网也对我国供应链金融市场规模进行预测，根据其报告2015年规模为12万亿元，按每年5%的增长率预测到2020年我国供应链金融市场规模将达到15万亿元左右。

在经济全球化的大背景下，企业生产分工模式逐渐改变，从企业内部的产供销一条龙模式转化为不同企业间的产供销专业化分工，形成清晰的产业供应链。为了提高供应链的整体竞争力，企业的供应链金融需求日益迫切。商业银行正在积极顺应市场需求变化，调整经营理念，大力发展基于供应链金融的业务创新。

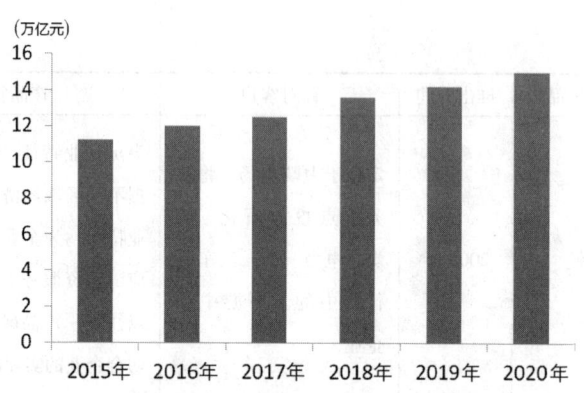

图 4-4　中国 2015~2020 年供应链金融市场预测

数据来源：北大经济学院。

商业银行的创新，根据其经营性质，可以分为基础银行产品创新、衍生产品创新和组合产品创新。三个层次在一体化、客户化程度上逐次加强，复杂度逐次提升，附加值也逐次增加。从形式上有两种方式：一种是外在化，即利用外在的资源满足客户的各种需求；另一种是内在化，即把自己的资源与外界共享，例如形成服务生态，从而达到资源整合的目的，银行的供应链金融服务就属于外在化的组合产品创新。供应链金融既涉及银行的存款、贷款、结算、票据、理财等基础服务，根据深化程度也会涉及风控服务输出、风险定价管理、企业现金管理、资产管理、资产证券化、银保服务、客户定制服务等一系列高附加值服务，对于银行是很高层次的创新。

供应链金融对于企业而言，可以稳定产业链各成员之间的生产、购销关系，帮助其建立供应链金融服务生态。供应链金融一方面将资金有效注入处于相对弱势的上下游配套中小企业，另一方面将银行信用融入上下游企业的购销行为，有效促进供应链金融服务生态的形成。同时，供应链金融可节约各节点企业的资金占用，有效降低经营成本。供应链金融通过搭建高效的信息交换平台，可促进合同订单、发货收货、应收应付账款等信息的及时交换，使银行得以适时介入具有不同金融需求的供应链各环节，提供具有针对性的金融服务，从而降低整个供应链条经营成本。

对于银行而言，供应链金融同样有着重要意义。在原有的中小企业融资过程中，中小企业经常会遇到所谓的"信贷配给"问题，即银行由于信息不对称而对借款人实行的差别待遇。而供应链金融的两个显著特点却能缓解信贷配给造成的中小企业融资不足问题：第一，对授信企业（主要是中小企业）的信用评级不再强调企业所处的行业、企业规模、固定资产价值、财务指标和担保方式等要素，转而强调企业的单笔贸易真实背景和供应链主导企业（通常是位于中间产品购买者的核心企业）的实力和信用水平。按此方法评估出的中小企业信用水平远比用传统方式评估出来的要高。第二，银行围绕贸易本身进行操作程序设置和寻求还款保证，因而该授信业务具有封闭性、自偿性和连续性特征。封闭性是指银行通过设置封闭性贷款操作流程来保证专款专用，借款人无法将资金挪作他用。自偿性是指还款来源就是贸易自身产生的现金流。连续性是指同类贸易行为在上下游企业之间会持续发生。因此，以此为基础的授信业务也可以反复进行。通过这些可以看出，供应链金融提供了解决中小企业融资难的有效途径。由于中小企业融资难的核心问题——抵/质押担保不足、信用信息不对称、抗风险能力弱等未能得到根本解决，因此，通过发展供应链金融，银行可跳出仅对借款人自身信用状况评估的视角，通过深化与核心企业的合作关系，结合贸易背景真实性审查，基于中小企业在交易过程中的应收账款和存货等资产，对其提供配套融资。

同时，银行构建的供应链金融体系服务，将大大强化虚拟账户或者电子账户的使用，适合目前的互联网发展趋势，增强交易电子化程度，使得核心企业或者B2B平台可以很好地将自身的业务和银行的金融账户体系相结合，银行发挥自身的资金管理服务的强项，企业发挥自身的业务场景构建强项,做到强强联合。由于账户和场景的深度结合,银行构建了存贷汇一体化的应用架构支持,客户的交易资金、融资资金都在该体系下运转,银行确实构建了场景深度契合服务,加强了客户黏性,提高业务竞争力,在一套体系下全面促进了存贷汇多个业务的协同发展,站在了行业竞争的制高点,对银行的好处不言而喻。

供应链金融是企业创新与金融创新的有机结合,可有效实现企业与银行的互利共赢(见图 4-5)。在供应链管理过程中,一方面,核心企业近年来将创新重心不断向财务供应链领域转移,从单纯减少自身资金占压,转变为不断提高供应链整体现金流的稳定性和运行效率。另一方面,银行面对金融脱媒不断深化、监管制度日趋严格和客户需求日益复杂等情况,积极顺应全球产业组织变革的发展趋势,进一步加大业务创新步伐,着力于通过对企业生产经营和购销交易情况的动态跟踪,为客户提供全方位的金融服务方案。近年来,供应链金融逐渐成为国内外商业银行新的业务增长点。

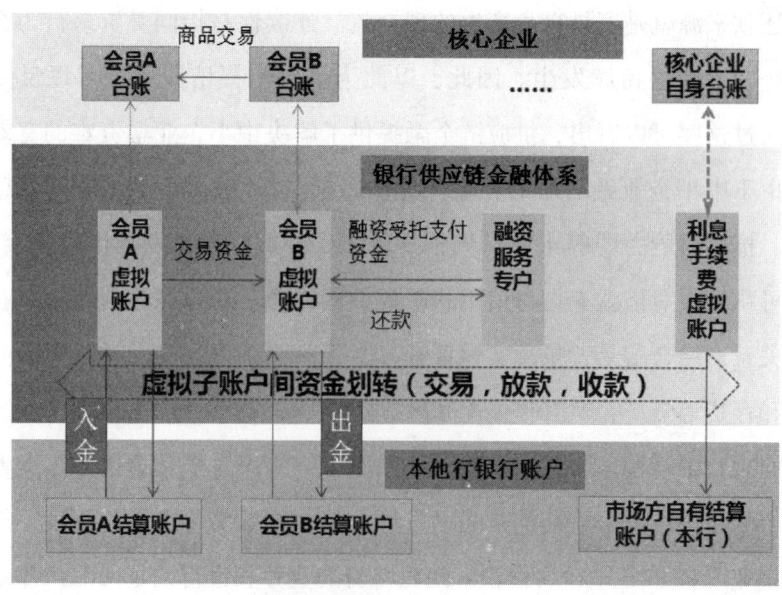

图 4-5 银行供应链体系

同时需要注意的是，供应链金融将核心企业的良好信用延伸到上下游成员企业，这是风险管理技术的一大创新，但也可能造成潜在风险在产业链中的快速"传染"。如果供应链中的某一企业出现信用风险或道德风险，风险可能会随供应链条进行扩散。因此，银行在开展供应链融资业务时要注意根据不同成员企业融资需求的风险点差异，设置不同的准入评级体系，并加强适时连续的贷后管理。

4.2 如何有效构建供应链金融服务

供应链金融服务对于商业银行有着非同一般的价值，同时很多银行也进行了大量长时间的实际开拓工作。随着行业信息技术水平的不断提高、互联网技术与应用的不断普及、电子商务的蓬勃发展，中小银行该如何构建新一代的供应链金融系统，逐步提上了各家银行的议事日程。

金融行业是信用交易最集中的领域，对于信用信息服务的需求较大，要求标准也较高。信用信息服务作为一种重要的信息咨询服务，在降低信息不对称、防范信用风险方面发挥着重要作用。基于供应链金融的银行信用信息服务体系构建就是银行立足于供应链企业整体和全局的高度，对供应链企业进行信用信息整合评估，从而提供资金融资和贷款，保证供应链的有序运转。该体系构建改变了银行传统信用信息服务业务外包模式，而采用多方合作的模式，节约了服务成本，也改变了过去一对一的服务模式。这点对于资源有限的中小银行尤其有意义。

基于供应链金融的"一对 N"信用信息服务模式，改变了供应链企业的信息不对称，实现信息流畅通，进而保证资金流顺畅，从而规避供应链断裂问题。一方面，银行通过依据此平台和核心企业 ERP、物流企业、电子商务服务公司互联，采集各方面信息，全面降低信息不对称性，随时防范与监控风险；另一方面，银行也可以依托此平台，为供应链上处于不同参与角色的企业提供更加贴合用户需求的个性化金融产品与服务。

银行通过这个平台，一方面可以实现多方面的协同操作，信息共享；另一方面通过商流、信息流、物流、资金流的监控与闭环管理，建立了一个共同发展进步的合作平台，既可以帮助商业银行加强客户管理，提升服务水平，为银行创新业务品种提供信息支撑，也在银行发掘、维系客户的整个过程中都发挥着重要作用。

4.2.1 信息流与资金流的闭环

在传统的供应链体系中，一般的概念是"三流合一"。这"三流"一般是指信息流、物流、资金流。后来，随着电子商务的迅猛发展，又提出了"商流"的概念，强调了"商流"在企业生产经营活动中的重要性，由"三流合一"变为"四流合一"。

首先，需要理解一下各个名词的含义。物流，从广义上来说，物体的流动都叫物流。也就是说，把一颗大白菜从市场提回家也是物流。而从术语层面讲，物流是为了满足客户的需求，通过发挥采购、运输、仓储、装运搬卸、库存、配送、流通加工和物流信息系统等职能，将物体按规定的质量和数量运到准确地点。也就是说，物流包括了采购、运输、仓储等一系列作业。

所谓商流，就是一种买卖或者说是一种交易活动过程，其实是一直存在的，通过商流活动发生商品所有权的转移。商流是物流、资金流和信息流的起点，也可以说是后"三流"的前提，没有商流一般不可能发生物流、资金流和信息流。反过来，没有物流、资金流和信息流的匹配和支撑，商流也不可能达到目的。商业活动随着信息化的发展变得尤其活跃，强调了商流的概念。"四流"之间有时是互为因果关系。比如：A企业与B企业经过商谈，达成了一笔供货协议，确定了商品价格、品种、数量、供货时间、交货地点、运输方式等,并签订了合同,也可以说商流活动开始了。要认真履行这份合同,自然要进入物流过程,将货物进行包装、装卸、保管和运输。同时,伴随着信息传递活动,如果商流和物流都顺利进行了,接下来是付款和结算,即进入资金流的过程。无论是买卖交易还是物流和资金流,这三大过程中都离不开信息的传递和交换,没有及时的信息流,就没有顺畅的商流、物流和资金流,没有资金支付商流不会成立,物流也不会发生。

因此,商流是动机和目的,资金流是条件,信息流是手段,物流是终结和归宿。就是说,由于需要或产生购买欲望才决定购买,购买的原因和理由就是商流的动机和目的;因为想购买或决定购买某种商品,才考虑购买资金的来源或筹措资金问题。不付款商品的所有权就不归你,这就是条件;又因为决定购买,也有了资金,然后才付之行动,这就是买主要向卖主传递的信息,或去商店向售货员传递购买信息,或电话购物、网上购物,这些都是信息传递的过程,但这种过程只是一种手段。然而,商流、资金流和信息流产生后,必须有一个物流的过程,否则商流、资金流和信息流都没有意义(见图4-6)。

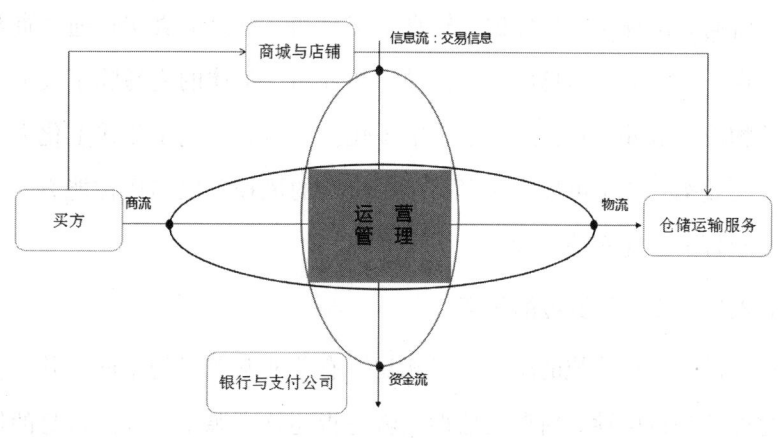

图4-6 "四流"关系图示

在互联网技术与信息科技没有非常普及的年代,通常情况下,在图 4-1 所描述的过程中,信息流作为手段并不是必需的,或者说很多信息流并不是完全电子化的,包括纸质的合同、纸质的物流仓储单据、口头约定的交货时间、交货地点、约定的价格等等一系列原始简单的方式。因此很多信息之间没有统一的联系,是分散凌乱的,造成了信息的孤岛,由此带来大量人工低效的活动,比如频繁的口头沟通确认、各种纸质单据的人工传递、历史数据的缺失等等一系列问题。

随着信息技术的发展,特别是互联网的发展,人们越来越认识到信息化、电子化给我们的生产生活带来的高效和便捷,企业 ERP 越来越强大且为大家接受,电子银行功能逐步发展,电子支付手段愈加便捷,各种信息的孤岛逐渐通过互联网串联起来,形成了真正高效完整的信息流。特别是在线电子支付的逐步普及、银行电子账户以及虚账户的逐步完善、法律法规的逐渐健全,基于银行账户以及相应的电子支付的交易电子化打通了整个交易的信息流,通过交易资金的实时化、电子化,真正实现了供应链金融的信息与资金的闭环。

同时,通过这种资金流与信息流的闭环,金融机构能够真正有效控制资金的流向。这种流向是依据一笔真实交易的,信息的真实性通过资金流得到了进一步验证,信息的完整性进一步提高,整体的交易除了线下货品交付的物流环节外,真正实现了全电子化。一是通过电子化线上化大大提高了交易效率;二是可以大大提高金融机构的风控手段与风控能力,为供应链金融打下了扎实的基础。

4.2.2 资产与资金的闭环

供应链金融与传统的融资方式相比,有着非常明显的不同,其中一个特别之处就是自偿性。所谓自偿性,就是指还款来源于该客户自身的销售收入,这种销售收入直接用于资金偿还。

举例来说，A 是一个大副食品批发商，B 是一个分销商，需要定期从 A 这里进货，B 从 A 这里购买了一批大米，但是钱不够，C（钱庄）答应借钱给 B，但是 C 要求如下（见图 4-7）：

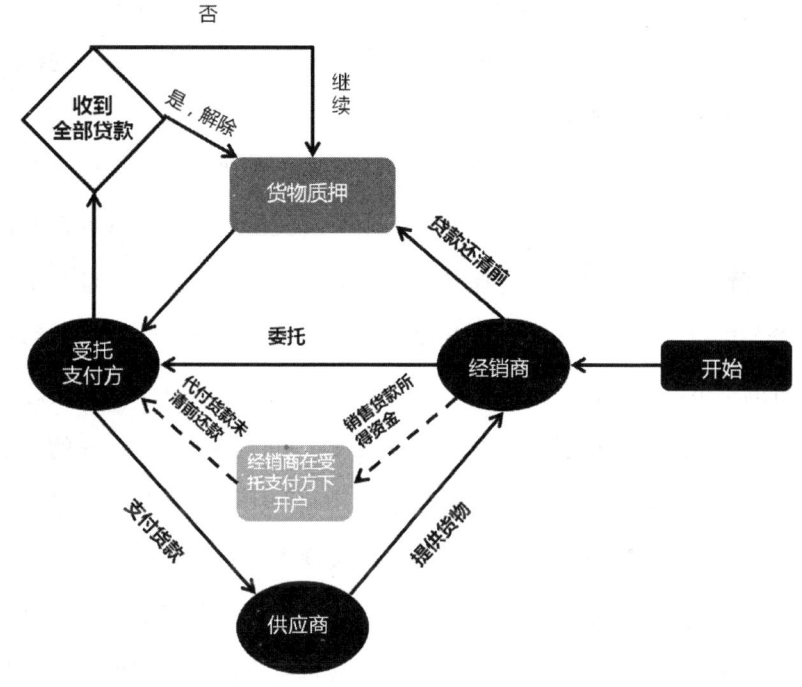

图 4-7　资产和资金的闭环

一是不能直接把钱给 B，C 是借给 B 买米的钱，万一 B 拿钱喝酒了怎么办？C 答应 B，但是要把钱付给 A，B 从 A 手里拿米就不用付钱了。

二是 B 必须在 C 的钱庄开个号，所有 B 卖出去的米收到的钱，在没有还清 C 的钱之前，必须存在这个号里面，还清了才能把多余的拿走。

三是 C 再开个米仓，B 卖多少提多少，多余的米就放在米仓里，如果 B 不还 C 钱，C 就把 B 米仓里的米变卖减少 C 的损失。

在 C 提的三个要求中，第一个就称为受托支付；第二个称为自偿；第三个称为仓单质押。综合前两个，就形成了一个完整的资金与资产的闭环。再结合第三个，将 B 欠钱不还的可能性以及损失降到最低。

上例是传统金融机构对于非抵押类贷款的标准做法，但是在实际操作中会遇到很多的实际问题。第一条相对简单，但是要防范欺诈风险，防止 B 和 A 合伙骗贷。第二个面临的主要问题是，操作性相对较差，很难控制 C 将卖米收到的钱不做挪用。第三个的问题是操作成本太高，毕竟建立米仓或者雇人看管仓库都是很大的成本。

而上面所述的商业关系，就是一个简单版本的供应链，A 作为上游批发商，处于核心企业位置，如果他使用了一套交易与供应链管理系统，将所有的经销商订单、合同、仓储单据、货运单据等等都有效管理起来，甚至将交易的资金都转到线上，将 B 销售的渠道也做了进一步管理，约束了 B 卖货的资金归集路径，同时对 B 买的米的仓储运输都有明确的信息系统进行管理，就能大大帮助金融机构防范风险。同时，把 C 借给 B 的一笔款项转化为了一笔数字资产，将该笔数字资产和购销资金相结合，通过账户管理以及销售管理约束资金的来去，完整实现资产的数字化，将资产和资金打造成闭环的产品，所有数据透明可查，既提高了各方的操作效率，降低了各个流程的操作成本与操作风险，又为将来资产的流动创造了有利的条件，让参与合作的各方实打实的受益。

对于供应链金融 4.0 来说，通过给交易客户开立电子账户或者虚拟账户的做法，再加上电子支付的支持，可以将交易完全线上化。而随着交易产生的资金划付以及应收应付管理，就很容易产生一笔数字化的资产，金融机构通过这种电子交易系统，可以很清晰地查看客户所有真实交易情况，还可以利用这个系统进行受托支付以及融资自偿性的实现，有效降低了各种成本，同时通过这种闭环的资产与资金流的深度整合，清晰地透视了资金流动，控制了整体的操作风险，将供应链金融的特性转化为操作与风控的智能化优势。所以，智能化是供应链金融业务降低风险的不二利器。

4.2.3 核心企业与银行服务的闭环

供应链金融有很多种形式,从开展供应链金融活动的主体来看,有以生产经营企业为主体开展的,比如海尔金融;有以贸易流通领域企业为主题开展的,比如阿里与京东的金融服务;有以物流领域企业为主体开展的,比如普洛斯;有以商业银行为主体的,比如前面介绍平安橙e网;还有一些是主体机构是提供包括ERP软件等信息系统的厂商,比如用友金融。不论是哪种业务形式,除了开展主体外,都离不开一个至关重要的机构,那就是核心企业。有些形式中开展主体同时就是核心企业,比如海尔、京东、阿里,有些主体不是,但是供应链金融开展的最重要的服务对象,或者说业务核心是一家大型企业或互联网平台。

开展供应链金融业务的基础是依托供应链管理,而供应链管理的基础是核心企业。因此目前所有的供应链金融服务,不管是"1+N"模式,还是"M+1+N"模式,都是离不开核心企业这个"1"。

在以金融机构为主体开展的供应链金融中,核心企业不是以银行为代表的金融机构,银行仅仅是为供应链提供配套的金融服务的机构。所以如何将核心企业与银行服务紧密结合,组成闭环,全面提高银行的供应链金融服务水平,增强企业对银行的依赖,就成为银行的一大课题。

以平安银行为例,可以看出平安银行十几年来从事供应链金融服务的发展路径:

2001年,确立"货押+票据"的贸易融资经典模式。

2003年,开创"1+N"供应链融资、自偿性贸易融资产品体系。

2005年,在国内率先推出围绕核心企业、开发上下游企业的全方位授信模式,确立自偿性贸易融资授信评级体系,"面向中小企业、面向贸易融资"发展供应链金融成为银行战略转型方向。

2006年，开创"供应链金融"品牌。

2009年，联合中欧国际工商学院出版《供应链金融》专著，线上供应链金融系统投产。

2011年，供应链金融2.0系统升级，推出七大在线服务。

2014年，供应链金融综合服务平台——橙e网面市，构建商流、物流、资金流、信息流"四流"合一的综合服务平台，推动最适合供应链"熟客交易"的协作生态圈，支持中国企业的电商化转型和供应链协同发展。①

从上述信息中，我们可以看出，2014年以来，平安银行推出的橙e网，服务内容涵盖电商平台（平安管家）、电子支付（橙e付）、融资服务（预付款融资、保付贷发票贷、税金贷、电商融资等）、物流服务（发货宝）、跨境金融服务（外贸管家）、ERP（进销存管理）、投资理财（橙e财富）等等围绕企业经营的全面的服务解决方案。通过这种服务，平安银行致力于打造一个围绕核心企业的服务生态圈，为客户提供服务的同时可以全面渗透客户的生产经营活动中，获得客户第一手经营数据，成功构建服务闭环，在降低客户融资成本的同时，也降低自己的风控成本和坏账指标，全面提高了运营与服务能力。

4.2.4 总行与分支行服务流程的闭环

我国商业银行从组织架构来说，有处于总体管理层级的董事会、监事会、审计委员会、风险管理委员会、各种监督委员会等等；还有位于总行层面的风控管理部、信贷管理部、内控合规部、授信审批部等风险部门；有负责具体运营的集团业务部、公司业务部、小微企业部、零售业务部、运营管理部等；同时还有一些负责支持的电子银行部、信息技术部、法律

---

① 数据来源于平安银行官网。

合规部等。另外，还有负责具体运营与客户销售的各级分支行。从职责上讲，总行负责的是发展规划、政策法规、运营管理、风险合规、审计审批、产品设计等等管理职能；而分支行作为具体业务运营部门，在总行的业务指导与业务管理框架下开展客户营销与产品销售、服务落地等等具体工作。因此，总行和分支行之间有着密切的业务管理与分工合作关系。

从供应链金融业务来讲，大多数银行起源于公司业务部下面的贸易金融，后来随着各家银行对于此部分业务的重视，部门职能逐渐加强，部门级别逐渐提高，甚至有的银行逐渐以独立事业部的形式运作此部分业务。但是由于各家银行存在着很多下属的分行支行，供应链金融业务属于是创新型的、不断飞速发展的、基于互联网与大数据的特殊类型业务，这种特殊类型的业务在实际工作中如何处理好总行与分支行的关系，也是各家银行十分重视的事情。

在银行业务中，供应链金融业务是由传统贸易金融业务发展起来的，既有传统银行业务的共性，又有它特殊的一面。供应链金融有以下特征：服务对象特定，与实体经济联系极为紧密，业务具备自偿性，风险可控，收入来源多样化等。因此项目的产品设计、风险保障措施、贷后管理重点都与传统的信贷不同，最大的不同应该就是由单一的主体信用考量转为了主体信用以及交易信用的双重考量，但我们又不可过分夸大这个不同，因为实质上都还是给某个融资主体进行授信，如果没有独具特色的商业逻辑和模式设定，那跟传统信贷就没有差别。

比如传统信贷业务常用的评级，包含客户主体信用与债项信用。主体信用数据来源主要是企业财报、运营三表等静态历史数据，使用专家系统与评级评分方法对客户进行打分。而债项信用可能来源更加简单，仅仅是客户历史负债以及违约情况，侧重于定性分析，量化指标比较少，工具简单。而基于供应链上的客户评分会复杂很多，很多项目是动态的，除了传统项目数据外,更要求以贸易双方交易稳定性和自偿性为核心,以资金流、物流、信息流三流合一为标准,通过对交易数据的分析,结合产品类别、担保方式、还款优先性、客户地区行业、第一还款源的还款能力和还款意愿等对债项本身的特定风险进行计量和评价,以反映客户违约后债项损失的大小(LGD)。与传统评级模型不同的是,除了精准的评级模型之外,还需要利用内部穿行测试的方法,利用内部控制测试体系表通过关键内部控制、常用控制测试及实质性程序等常量,从多维度测试交易发生以及入账的真实性、完整性和准确性。同时,由于供应链所述的行业存在的地域、政策、周期等行业独特的影响,风控手段更加复杂多变。

由于供应链金融的系统复杂性,对于实际操作要求就比传统业务高很多,而银行的总分组织架构中,分支结构由于地域分散、业务水平良莠不齐,这种需要很高水平的业务在基层的推广就面临很大难度,这也是很多银行直接把业务上收到总行,甚至成立单独事业部独立运营的初衷。由于银行的分支行在当地发展过程中,一直处于市场第一线,对客户关系、客户需求、客户情况的把控又是总行很难超越的,因此就产生了很多总分行之间的矛盾。分行需要总行的业务管理与业务指导,但是对于复杂业务又很难完全掌握;总行总体业务水平高,科技能力,产品能力强,但是又远离客户第一线,做不到对客户的贴身服务。这种情况在很多银行十分常见,造成总行一些设计得很好的产品与服务在分行推广不下去,甚至都不了解有这个产品,不了解这些产品对于客户的意义,导致业务效率低下,上下脱节,矛盾四起。

造成这种问题的主要原因还是由于总行进行产品设计的时候,没有把分行的实际情况考虑进来,产品设计的过于复杂,业务流程不是很清晰,没有考虑分行的利益,没有将分行业务水平考虑进去。

要解决这个问题,在进行供应链产品设计的同时,也要把推广方式、绩效考核与奖励等问题考虑进去。具体要在通常的产品与业务设计中注意以下几点：

第一，准确定义市场开发流程与客户准入标准，清晰客户画像，明确客户接入流程，最好能明确到实际的目标客户。

第二，简化分支行的业务流程，将复杂的风控流程放在总行，确定分支行以市场为导向的业务地位。

第三，提供简单明了美观的推介材料，通过定期培训使分支行掌握基本的推介方法与话术，提高分支行的业务与服务能力。

第四，建立简单明确的业务管理办法、有效的协调机制与机构、明确的工作职能与工作流程，双方相互配合，相互合作共同开展工作。

第五，建立明确的绩效考核，绩效奖励机制，建立有吸引力的利益分配机制，做到总行与分行的利益绑定与利益共享。

通过上面的五条，总行可以建立一套行之有效的业务流程与业务办法，协调总分支的关系与利益，生成总行与分支行的业务合作机制，将供应链金融业务在总分支之间的服务流程形成闭环，才能形成完整的银行的供应链金融解决方案（见图4-8）。

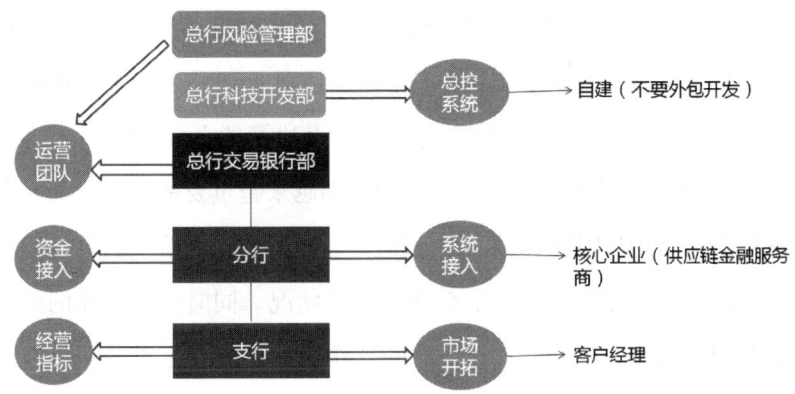

图4-8 银行供应链金融解决方案

4.3 供应链金融的三种类型

4.3.1 ERP 型服务对接金融

ERP——Enterprise Resource Planning，即企业资源计划系统，是指建立在信息技术基础上，以系统化的管理思想，为企业决策层及员工提供决策运行手段的管理平台。ERP 是整合了企业管理理念、业务流程、基础数据、人力物力、计算机硬件和软件于一体的企业资源管理系统。ERP 集信息技术与先进的管理思想于一身，成为现代企业的运行模式，反映时代对企业合理调配资源，最大化地创造社会财富的要求，成为企业在信息时代生存、发展的基石。

这些年来，随着计算机系统、软件系统、互联网平台的迅猛发展，ERP 也迅速发展起来，从一开始的 MIS（Management Information System）阶段，仅仅是单纯记录大量原始数据、支持查询、汇总等方面工作的软件系统，经历了 MRP 阶段（Material Require Planning），将企业生产经营中的产供销以及财务管理功能集成进来，形成以计算机为核心的闭环管理系统。进一步进化，系统增加了包括财务预测、生产能力、调整资源调度等方面的功能。配合企业实现 JIT 管理全面、质量管理和生产资源调度管理及辅助决策的功能，成为企业进行生产管理及决策的平台工具。

由于 ERP 在企业的生产经营过程中起到越来越重要的作用，而且在企业长时间的运行中 ERP 也积累了大量的企业运营数据，这些数据经过科学的分析处理，可以很准确地展示企业的经营状况。同时，在企业的经营过程中，肯定还有很多的合作伙伴，这些合作企业可能是上游的原材料销售商，也可能是企业下游的各级经销商、代理商，或者是终端的用户。随着现代社会的发展，社会分工会越来越细致，企业间的合作关系会越来越复杂，而企业的 ERP 数据是展示这种复杂关系的最好工具。

ERP 满足了供应链金融的多方面需求。第一，供应链金融作为一种融资手段，需要对整个供应链进行充分了解。ERP 的引入可以实现对整个供应链资源进行统筹管理，有助于提高供应链金融的管理效率。第二，ERP 便于银行掌握供应链中各企业的经营数据，有助于银行为企业作出资信评估和融资决策，有助于缓解供应链金融中银行和企业的信息不对称的问题。

传统银行业务中，贸易金融占比很大。这部分业务由于业务发展迅速，规模增长快，各家银行都进入很快，积极拓展。不过随着银行业的业务水平逐年提高，业务规则逐渐清晰、固化，银行间的同业竞争也逐渐加剧，业务整体利润逐年下降。同时，随着多年来市场经济的发展，各行业的竞争也愈发激烈，产业市场也在逐渐发生变化，产业链条逐渐缩短，贸易商经过多年发展逐渐整合，优胜劣汰，优质、成规模的企业与核心供应商逐渐出现。同时 ERP 在这部分脱颖而出的企业中普及率很高，因此银行及时转型，由传统贸易金融进化到基于 ERP 数据的供应链金融就有了内在必然性。

一般来说，基于 ERP 的供应链金融有两种操作模式。

第一种模式：融资企业作为供应链中的上游企业（供货商），与其下游企业（经销商）进行货物交易后，收到下游企业的应收账款票据。融资企业为了尽快获得资金，将应收账款票据交予金融机构做抵押以获得抵押贷款，同时下游企业为融资企业作担保，向金融机构作付款承诺，金融机构对票据以及相关企业进行审核。如果通过审查，则向融资企业发放贷款，下游企业在销售货物并获得货款时，将承诺数额的资金支付给金融机构，金融机构与融资企业的短期合同随即注销。

第二种模式：融资企业作为供应链中的下游企业（经销商），在其上游企业（供货商）发送货物后，将货物交与第三方物流机构评估与监管，将仓单抵押给金融机构，金融机构获得提货权，上游企业向金融机构作出回购承诺，金融机构审查融资企业及其上游企业的资信状况与营运情况，在确保企业符合资质后，向融资企业提供短期贷款，融资企业获得分批付款并且分批提取货物的权利，缓解了企业的短期资金压力。

由于 ERP 的存在，金融机构可以方便快捷地查看企业的动态营运状况，增强了金融机构对其所贷资金的控制力和贷款的回收力度，降低了参与供应链金融的风险。

4.3.2　B2B 型服务对接金融

B2B（Business-to-Business）是指企业与企业之间通过专用网络或 Internet，进行数据信息的交换、传递，以电子化的方式在企业间进行产品、服务与信息交换的商务活动。它将企业内部网和企业的产品及服务，通过 B2B 网站或移动客户端这种互联网载体，将产业链上的各级客户紧密结合起来，通过网络的快速反应，为客户提供更好的服务，从而促进企业的业务发展。这种载体一般称为 B2B 电子商务平台。

中国 B2B 电子商务兴起于黄页信息展示，发展于撮合交易，走向大数据整合。B2B 电子商务 1.0 时代，主要聚焦于信息展示，将线下信息转移到互联网上，网站通过收取加盟费和信息推广服务费盈利；2.0 时代，越来越多的企业开始切入交易，通过系统或人工撮合，进行供需信息匹配和在线交易，力图实现交易闭环；3.0 时代，随着云计算、大数据的发展，B2B 电子商务将打通供应链，为采购双方提供包括仓储、金融信贷等在内的一系列服务。

根据艾瑞咨询 2015 年中国电子商务市场交易数据，2015 年中国 B2B 电子商务市场交易规模达 11.8 万亿元，较去年增长 18.0%，并将保持稳定的增长水平（见图 4-9）。其中，中小企业 B2B 电子商务交易规模占电子商务交易总规模的 44.2%（见图 4-10）。B2B 电子商务仍有较大的发展空间。

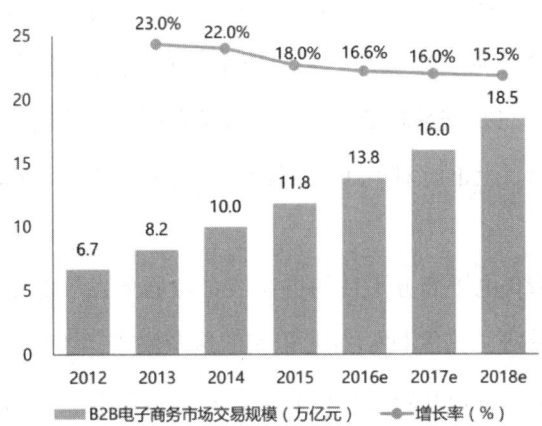

图 4-9 2012—2018 年中国 B2B 电子商务市场交易规模

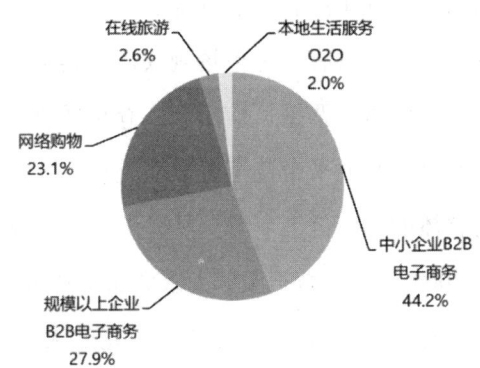

图 4-10 2015 年中国电子商务市场交易规模细分行业构成

数据来源：参考国家统计局、海关总署数据，根据艾瑞统计模型核算。

B2B 电子商务交易平台在向产业链上下游延伸的同时，平台则能够根据自身掌握的上下游交易数据和企业信用数据为用户提供风险更加可控的供应链金融服务、第三方支付、商业保理、担保为整个流程保驾护航。此外，许多传统行业都在交易过程中有严重的账期不对称问题。许多企业存在融资需求，但传统金融机构在效率与成本较难满足，B2B 作为第三方平台可利用互联网金融为供应链提供金融服务，并提供自身在产业链中的重要作用并拓展新的利润来源，而此前"广告""会员费"的商业模式就此被打开，为 B2B 发展提供新生。移动互联网时代的来临和物流行业的发展，让 B2B 平台可从交易环节进一步切入配套服务，也为商家的交易提供了全方位的保障。上下游对 B2B 平台的依赖度开始上升，B2B 发展迎来黄金时期。

近年来，B2B 电子商务平台的供应链金融服务发展非常迅猛，以找钢网为代表的一系列"找 X 网"都是采用的这个模式，还包括像金银岛这样的大宗商品交易平台，开始都是以企业黄页、信息发布、信息分享、交易撮合为产业切入点，靠一定时间积累了大量的客户以及客户供求信息，然后经过融资扩充实力后，逐步向物流、仓储、加工这些横向领域拓展，进而开展特定产品的自营；当占有一定市场规模后，再通过和银行等金融机构的合作，介入以应收应付、票据、信用证、仓单质押等业务为核心的金融服务中。其中，激进一些的平台甚至开发了互联网金融平台，通过各种渠道得到资金，为整体的供应链上下游交易提供金融服务。

金银岛成立于 2004 年，致力于服务大宗商品交易市场，从企业供求信息发布、交易撮合开始，逐步发展成为国内领先的大宗商品 B2B 交易平台，公司业务覆盖石油、煤炭、矿石、有色金属、钢铁、化工、塑料、橡胶、化肥、木材等 10 余个种类，拥有 100 万余家企业用户。一部分自营的产品，在全国建立的超过 200 个仓储物流基地、拥有多个运输车队，为客户提供全面的大宗商品交易、物流、仓储服务。公司于 2009 年开始与金融机构合作，通过基于 B2B 交易与全流程服务，信息流、物流、资金流被打通，立足供应链上下游广泛的合作关系，为合作企业提供基于应收应付、仓单、订单的融资服务，年融资服务年累计投放近 600 亿元。同时，为了拓展资金渠道，金银岛还于2014年成立了自有的互联网金融服务平台"金联储"，使用P2P的形式，通过互联网募集资金用于供应链金融。3年来也累计募集资金超过150亿元，取得了不菲的成绩。

4.3.3　混合型服务对接金融

除了上面说的两种常见的供应链金融服务业态外，还有其他很多类型的企业。只要企业在整个生产与经营的业务链条中处于相对核心的地位，提供的服务相对重要且有客户真实运营数据的，都可以作为供应链金融服务的提供商，为上下游或者自己的客户提供供应链金融服务。

比如大型的物流企业。现代生产经营活动的一个重要趋势是生产分工越来越细，很多最终产品包含大量不同产地生产的零配件或者原材料，因此现代物流业发展非常迅猛。大型仓储物流企业，本身就是生产经营中的重要一环。同时，在这些物流企业提供物流服务的过程中，通过长时间对企业提供物流服务，服务已渗透到企业生产内部，企业产生了很强的服务依赖性。不管是货运还是仓储，都涉及实物的交割。这种货物调配和交割经常是低效率的，需要占用很多的生产周期。物流企业先是通过优化流程、精细管理帮助企业提高生产效率，同时在优化过程中，配套提供的融资服务也可以大幅度减少企业的资金压力，提高企业资金周转效率，降低企业融资成本，减少金融机构的风险。因此，物流企业开展供应链金融服务有着天然优势，对企业对银行都非常有帮助，物流企业也通过金融服务提高了自身价值，实现了更多的利润增长。

除了物流企业介入供应链金融的业态外，还有一种更加复杂的业态。上面讲过，现代社会的社会分工越来越细，信息化程度越来越高，这种发展趋势对企业的生产经营活动产生了非常深远的影响。这种影响体现在企业需要更加有广度与深度的企业服务。广度是说整个产业链的组织方式逐渐从区域化向全球化转变，上下游合作企业乃至最终客户的范围更加广阔，而中小企业缺乏驾驭这种全球范围的经营活动的能力。深度是指产品复杂程度提高，产业的链条加长，企业需要深度分销以及信息化的协同商务能力。而一些企业抓住了这个契机，为企业，特别是能力不强的中小企业提供了广度与深度的服务，帮助企业协调上下游客户关系，传递企业信息与业务，通过互动整合延伸上游生产端和下游市场端，既为客户降低生产运营活动中的交易成本，又为客户提供新的业务增长点，提供了更多的合作与市场机会。这种服务包括非常广的范围，包括物流外包、商务外包、结算外包、信息系统与处理外包、进出口通关、分销管理一站式供应链服务。

这种提供一站式服务的典型例子是怡亚通供应链股份有限公司。怡亚通总部位于深圳，成立于1997年，是国内第一家上市的供应链管理企业。怡亚通成立的时候是一家小型的商贸公司，主营IT与通信类产品，主要从事代理采购和通关服务，同时逐渐开展在代理采购过程中为采购企业提供基于货物物流与仓储的代付融资服务。2005—2006年，怡亚通在原有模式基础上开始进一步拓展，逐渐延伸服务到供应链中间环节，在销售端加强了客户的分销管理功能，帮助客户实现渠道扁平化，减少中间环节，降低销售成本，在生产端提出了虚拟生产概念，组织客户将非核心部件生产功能外包，为客户配置更加高效低价的外部资源，协同化生产，帮助客户提高生产效率和降低生产成本，同时依托全球服务网络，进行资源优势整合，对企业的产品研发、原材料采购、生产制造、市场营销等整体环节提供全方位的整合服务。怡亚通依靠这些服务，全面渗透到企业的生产、采购、销售环节，在各个环节得到企业的运营数据，同时在供应链的各个环节植入金融服务，全面提高企业商户的供应链管理能力与生产运营效率，建立了一站式供应链管理与金融服务。2017年上半年怡亚通营收304亿元，实现净利润3.21亿元，是一家成功的混合式供应链金融服务企业。

4.4 智能供应链金融的崛起

4.4.1 罕见的国家政策支持

国务院 2017 年 7 月发布的《新一代人工智能发展规划》明确我国人工智能发展的三步走战略和具体的六大任务，第一次正式提出"智能金融"概念，指出"建立金融大数据系统，提升金融多媒体数据处理与理解能力。创新智能金融产品和服务，发展金融新业态。鼓励金融行业应用智能客服、智能监控等技术和装备。建立金融风险智能预警与防控系统"。

国务院办公厅 2017 年 10 月发布的 84 号文：《国务院办公厅关于积极推进供应链创新与应用的指导意见》，明确提出了发展供应链的目的：为加快供应链创新与应用，促进产业组织方式、商业模式和政府治理方式创新，推进供给侧结构性改革。同时，该文对发展推进供应链做出了重要指导意见与总体要求，成为各级政府、社会各级企业与金融机构的重要行动准则。

4.4.2 人工智能与互联网科技对金融的巨大提升

智能金融即人工智能与金融的全面融合，以人工智能、大数据、云计算、区块链等高新科技为核心要素，全面赋能金融机构，提升金融机构的服务效率，拓展金融服务的广度和深度，使得全社会都能获得平等、高效、专业的金融服务，实现金融服务的智能化、个性化、定制化。

智能金融是互联网金融和科技金融发展中延伸出的一个前沿概念，这种智能金融体现的是金融功能的进一步提升，而金融功能无论怎么提升，都要服务于整个经济社会生活。在中国实际生活中需要特别对应到服务于我们的实体经济怎样实现升级换代的发展。

智能金融中一个重要概念就是目前方兴未艾的人工智能（AI）。人工

智能、移动互联网和传统金融相结合,将为金融带来三个方面的巨大提升:

第一,智能技术有助于拓展金融服务边界。我国现有的信用报告范围覆盖非常不足,超过一半的人群因为缺乏信用数据,无法享受正规的金融服务。而借助智能技术,可一定程度上让长期被排斥在正规金融体系外的长尾客户享受到金融服务。

第二,智能技术有助于降低金融服务成本。随着智能手机广泛普及,依托智能技术开发的手机银行业务也得到了快速发展。数据显示,我国手机银行业务成本,是面对面处理业务所需成本的1/5左右,是网点和代理点成本的1/35。同时,借助智能获客模式,可对客群进行需求分析和风险预估,基于对用户的需求、信用、风险层面的判断,以及和产品之间的匹配,进行精准画像,提供千人千面的服务,一方面提供个性化服务,另一方面降低获客成本。

第三,智能技术有助于加强金融风险防控。借助智能技术,结合大数据分析,能够有效开展风险监测、预警以及反欺诈等工作,提升金融机构风险防控能力。

4.5　中小银行供应链金融系统建设

"帮你盈"为中小银行提供智能供应链金融运营服务,其系统为新形态的在线供应链金融4.0服务,融合前端的核心企业供应链中的货品交易场景,使用嵌入式的SDK和API接口,通过和企业ERP、B2B电子商务平台、物流管理系统、银行账户、支付结算、银行信贷系统、银行数据风控平台的互联与整合,实现信息流、物流、资金流"三流"合一的一体化SaaS服务作业平台。将供应链资产数据与银行资金风控很好对接,实现核心企业与银行的互联互通，打造核心企业与银行的信贷融资服务闭环。同时，位于云端的系统架构使得企业与银行可以快速接入，实现低成本、高效率的业务开展目标。

中小银行供应链金融 SaaS 服务系统架构见图 4-10。

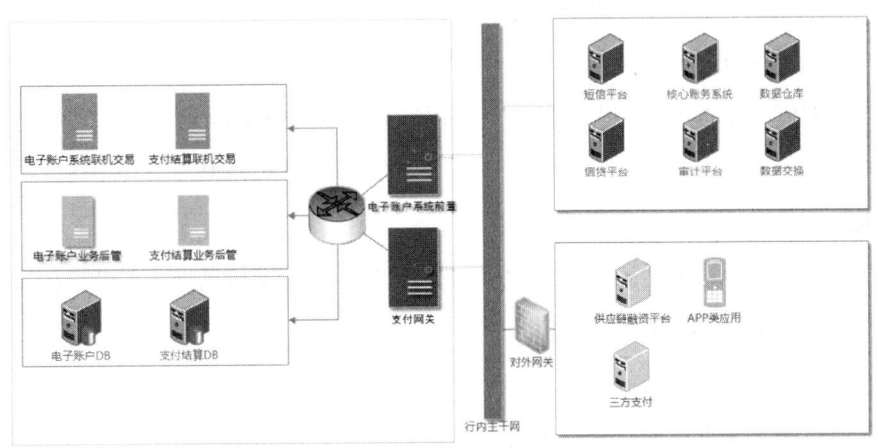

图 4-10　中小银行供应链金融 SaaS 服务系统架构

中小银行供应链金融 SAAS 服务的特点：

第一，通过连接电子账户平台，实现资金流与信息流的闭环。金融服务中的核心系统是账户系统，而互联网金融的核心系统就是电子账户系统，账户系统有着资金落地、记账、归集、支付、结算等一系列功能，都是金融服务的基础功能。中小银行供应链金融平台需有配置全面的账户连接接口，可以很好地适配各种电子账户体系。通过打通电子账户，可以帮助 B2B 型与核心企业型的供应链金融企业实现资金落地、资金监管、划付等功能，结合企业自身的交易平台和 ERP 系统，实现供应链金融中的资金流与信息流的闭环。

第二，通过和企业 ERP、互联网海量相关数据互联，结合银行原有的人行征信等风控数据，实现真正的大数据风控。风控是金融的核心，而供应链金融由于比传统银行风控体系更加灵活与复杂，需要根据行业企业特征实现更加灵活的定制。中小银行供应链金融系统，通过可定制化的风控服务平台，连通各方数据，可定制的专家评分卡系统和风控流程，完美实现大数据风控，为中小银行开展供应链金融服务保驾护航。

第三，强大的云端的运营平台，支持供应链金融业务各方的共同参与。中小银行供应链金融服务是位于"帮你盈"私有云上的联合运营平台，支持通过人工、API、SDK等多种形式的灵活接入，根据运营角色不同灵活配置各方的功能与管理权限。开放的体系真正做到了开放共享，合作共赢。

第四，恰当灵活的总分管理平台，考虑总行分支行的业务特点，打造总行与分支行服务流程闭环。

考虑到了银行特殊的多级运营管理架构，既有总行关心的产品设计、管理规则、评审准入、流程定制、授信管理等管理功能，也有适合分行的客户接入与审查、额度使用、风险监控等实际客户运营功能。强大的可定制流程与报表完美解决银行的总分矛盾，打造协同操作平台。

第 5 章　智能消费金融

5.1　互联网与消费金融

5.1.1　互联网金融的起源与发展

在不同的国家、区域和机构，消费金融有不同的定义。例如学术研究中常称为消费者金融（Consumer Finance），指为消费者提供的各种金融服务来满足消费者的消费目标，包括储蓄、信贷、资产配置等。也有文献把消费金融定义为个人金融、家庭金融，侧重于个人财务管理和以家庭为单位的金融服务。美联储则把消费金融界定为家庭金融的一部分，在其与芝加哥大学合作发布的《消费者金融调研报告》中，家庭负债等同于消费信用，主要包括住宅信贷、信用卡、分期付款三项。

在各种消费金融定义中，消费者信贷（Consumer Credit）是使用较多的词汇，指金融机构向消费者提供的借贷产品和服务，以帮助消费者购买住房、日常用品、大件耐用品等，从而提高消费者的福利。美国联邦存款保险公司界定的消费金融主要指消费信贷，产品包括抵押贷款、住房净值贷款、信用卡以及其他个人贷款。而提供消费金融的机构，除一般商业银行外，还包括消费者贷款机构、信用卡贷款机构和住宅抵押贷款机构等。

目前，我国同样没有对消费金融的统一定义。原中国银监会在 2009 年的《消费金融公司试点管理办法》中,对消费金融公司的业务范围做了规定:"办理个人耐用消费品贷款;办理一般个人消费贷款。"从这个范围来看,消费金融的实质仍然是消费信贷,即为个人消费目的而提供的各种贷款服务。本书也大致沿用这一定义,把消费金融限定为消费信贷,包括但不限于信用卡贷款、各种消费品贷款和服务性消费贷款(包括一次性的和分期的)等,同时少量涉及住房按揭贷款和车辆按揭贷款,提供这种贷款的目的是支持个人或家庭进行目的明确的消费,但不包括范围不明的纯粹个人信用贷款。

互联网消费金融是指利用联网及相关信息技术,提供消费金融产品与服务的模式。其主要体现为传统消费金融活动各环节的电子化、信息化、网络化,以及在此过程中业务流程、模式等方面的改进与创新。借助于新的技术及商业模式,互联网消费金融能够大大提升服务效率与质量,解决传统消费金融的许多难点与痛点,日益受到网购人群和年轻用户的青睐。

早在互联网金融元年(2013 年)之前,我国就陆续出现了一些消费领域的互联网金融平台,例如 P2P 借贷平台推出的出国留学、培训、婚庆等贷款就具有消费信贷的性质。"余额宝"引爆互联网金融之后,互联网消费金融开始加速发展。2013 年下半年,互联网消费金融平台数量明显增加,典型的如大学生分期平台"分期乐"等。2014 年 2 月,京东发布了消费金融产品——京东白条。随后阿里也分别于 7 月和 12 月推出了"天猫分期"和"花呗"两款消费金融产品。

继京东、阿里之后,另一电商巨头苏宁易购也分别于 2015 年 1 月和 6 月先后上线了"零钱贷"和"任性付"两款消费金融产品。2015 年"双 11"当天,各大电商的促销活动将互联网消费金融推至一个新高潮。数据

显示。"双11"当日,京东白条用户同比增长800%,占商城交易额比例同比增长500%。其中,白条客单价达800元,白条分期客单价达1 500元。首次参与"双11"的蚂蚁花呗,在前半个小时交易额就达到了45亿元,全天交易总笔数6 048万笔,占支付宝整体交易8.5%。而苏宁的"任性付"环比苏宁"8·18"购物节增长576%,"任性付"分期消费金额增长836%。

电商巨头的进入,让更多人开始关注互联网消费金融领域,广阔的市场空间也成为创业公司的沃土。自2014年开始,涌入互联网消费金融领域的创业公司数量就持续快速增加,2015年更为明显。这些创业公司涵盖了诸如购物分期、租房分期、装修分期、旅游分期、教育分期等各个垂直细分领域,从人群来看也涵盖了大学生、蓝领、白领及农民等各类人群。例如以大学生为主要用户的"趣分期",专注于蓝领人群的"买单侠",租房分期市场的"斑马王国""会分期",装修领域的"小窝金服"等。与传统消费金融服务商相比,这些创业公司在获客、风控、运营等方面更加互联网化,更具灵活性。

5.1.2 互联网消费给银行业带来的机会

从利率市场化角度来看,个人消费贷款业务未来将成为商业银行相当重要的资产业务。在某种程度上说,这块业务将是利率市场化留给银行的最后一道盛宴。

长期以来,我国商业银行的服务对象主要是企事业单位,还没有将主要的注意力转向消费者。因此,银行自身的消费信贷业务特别是纯消费信贷占比不高。事实上,银行算是消费金融领域的老玩家,信用卡业务就是消费金融产品的典型代表,除此之外还有房贷、车贷等个人抵押贷款,但这些产品依然无法完全满足新兴消费者的消费需求和消费习惯。传统贷款效率低下(见图5-1)。

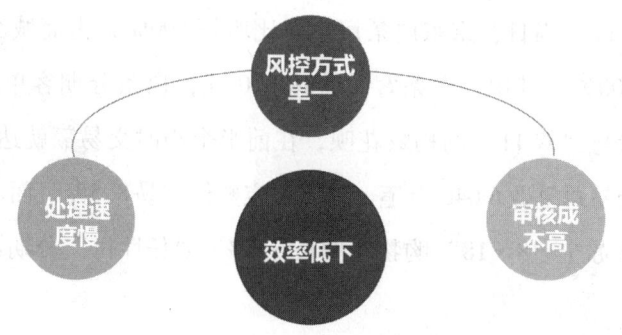

图 5-1 传统贷款效果低下

面对经济下行压力加大、金融监管深化、利率市场化加快等一系列趋势，加上银行自身传统贷款效率低下等原因，银行只有通过加快推动自身的经济转型，推动资本节约型的变化，才能培育新的业务增长点和盈利增长带，而发展消费金融正是银行把零售金融、普惠金融打造银行转型升级的重要引擎的需要。例如，中国工商银行率先成立了国内银行业中首个"个人信用消费金融中心"，整合全行的个人信用消费贷款业务，全面发展无抵押、无担保、纯信用、全线上的消费信贷业务。中国平安公布了最新的平安普惠战略发力消费金融市场，预计到 2018 年，贷款余额将达到 5 000 亿元级别。

商业银行除了从银行体系内加强消费金融业务的发展外，还通过设立消费金融公司抢占市场。例如，招商银行子公司永隆银行和中国联通共同出资成立招联消费金融公司，北京银行成立了北银消费金融公司。

我国银行业在消费金融当中其实占主导地位，银行的零售业务，包括信用卡、分期，甚至个人按揭贷款业务，这些都归到消费金融领域。按这个大的口径来算，过去银行业的消费金融做了很长一段时间。在银行不愁生存的金融资源垄断时代，银行以前对这个市场不太重视，因为毕竟相对于银行传统业务来讲，消费金融属于"挣小钱"。近几年，中行、邮政储蓄、招行、兴业等主要商业银行扎堆成立消费金融公司，拥有用户、资金等优势,将是银行转型新增长点。

相较于"四大行",中小银行对消费金融的"野心"更大,将消费金融列入战略调整的重点领域。例如,南京银行于2014年年底完成了消费金融中心改革,将消费金融与信用卡中心更名为"消费金融中心"。一向以对公业务见长的中信银行,也在2013年上半年成立了总行消费金融部,统筹负责全行消费金融业务的营销管理和渠道建设。以零售业务著称的招商银行更是将消费金融视为零售业务的三大突破口之一。民生银行、齐鲁银行、潍坊银行等中小银行将直销银行与消费金融相结合。不设营业网点,不发放实体银行卡,客户主要通过电脑、电子邮件、手机、电话等远程渠道获取银行产品和服务,因为没有网点经营费用和管理费用,直销银行可以为客户提供更有竞争力的存贷款价格及更低的手续费率来开展消费贷业务。

(1) 市场竞争倒逼银行向消费贷转型。

随着存款利率上限完全放开,我国利率市场化改革基本完成,商业银行面临的市场竞争将更加激烈。同时,产能过剩导致传统产业盈利下降,甚至出现一些全行业过剩和亏损的情况。过去银行依靠大行业、大企业、大集团吃存贷差的暴利模式将不复存在,必然更加关注过去忽视的普通消费者、布局消费金融和社区金融。

(2) "互联网+"助推银行消费金融规模化扩张。

由于单笔个人消费贷的金额多数偏低,如果按照传统信贷业务办理的话,成本高、周期长,所以并不受银行待见。但是随着互联网技术革命深入,将碎片化的个人消费贷基于互联网聚沙成塔,并以消费贷带来市场化利率运作、低坏账率、可持续消费,形成新的竞争优势。

(3) 推进中小银行跨区域市场布局。

一般来说,中小银行进行跨区域布局,在营业网点选址、租赁、装修等事务，以及人员团队建设等方面需要较大投入，时间成本也难以控制，也有线下布局的运营风险。消费金融公司天然是一个全国性的牌照，经营范围目前并没有地域限制。如果能够借助互联网来拓展业务的话，是可以帮助地方银行低成本高效拓展全国市场的。例如，南京银行与苏宁电器合作，直接切入苏宁全国数千家卖场，而无需在线下铺设网点投入巨量成本资源。晋商银行成立晋商消费金融公司也是为了从山西走向全国。

（4）从保管客户钱包到控制客户消费升级。

银行的优势主要还是在金融业务专业性上，建立了较为可靠的信贷机制和风险管理机制，能够将成熟模式无缝链接到消费金融。同时，银行对储户、信用卡用户、贷款客户有天然的品牌效应、号召力和使用习惯的优势，特别是"保管客户钱包"效应增强了银行的可信度。另外，银行的利率价格通常比电商、消费金融公司等其他机构要低。这些都有利于银行将现有用户转化为消费金融客户，并以相对低的信任成本拓展新用户，还能将新用户进行传统业务转化，形成相对牢固的忠实客户群。

（5）应对互联网金融挑战的"必杀技"。

以互联网金融为代表的互联网力量，如今阵营更大、更齐全了，他们以更贴近国人体验的方式，践行普惠、共享理念而受到欢迎。腾讯微众银行、阿里网商银行接连获批，以京东、苏宁等为代表的电商巨头也纷纷发力互联网消费，P2P、众筹、互联网理财等快速兴起，都想从把持资金供应链的银行手中抢食"蛋糕"，银行的存款和人才像流水一样正在哗哗地流走。

传统银行之所以对互联网金融的存款分流毫无抵抗，主要原因在于收益率差距实在太过悬殊。目前互联网金融产品承诺的年化收益率普遍保持在6%以上，这样的水平不仅完胜存款利率，连大部分银行理财产品也难以企及，加之购买和赎回极其便捷，银行存款完全无法与其匹敌，大量资金流向互联网金融产品也就毫不奇怪了。

例如，以余额宝为代表的互联网金融产品一经推出，便立即在传统银行业引发革命性的变化，力量之大或许这些互联网金融产品的设计者们也始料未及。余额宝原本只是为了解决淘宝用户的闲散资金利用问题，但因为其较高的收益率水平，以及便捷的购买和赎回方式吸引了大量用户，存款金额直追万亿元。余额宝的成功带动了一大批类似的互联网金融产品，存款大搬家让传统银行感受到了真真切切的压力。

在大资管时代，银行间的竞争将从项目资产端、资金负债端，上升到综合服务金融上来，传统的银行信贷金融服务方式将受到严重冲击，特别是对大型批发客户、机构客户和高端零售客户，银行必须站在资产管理者角度为其提供定制化、综合化解决方案，对于小微企业和普通公众需要加强专业化、标准化服务能力，这些都对银行创新能力提出了更高的要求。

（6）拓展存贷差以外的创新业务收益。

目前，我国商业银行的盈利模式主要是"存款 + 贷款 + 中间业务"的模式，以利差收入为主体，中间业务收入的比重还比较低，银行要想盈利就必须提高存贷比的值。银行坏账疯狂增加，利润大幅缩水，以前那种依靠低成本揽钱，高利息放贷的盈利模式已经不行了。因此，银行要积极拓展同业、异业、跨界资源整合与合作，实现"1 + N"乘数发展效应，例如深化资产质量管理，优化资产负债结构，提升非利息收入占比，服务国家战略、发展综合化子公司，而消费金融无疑是创新业务的新蓝海。

5.2 消费金融的场景

要根据消费场景进行差异化定价，需要对消费场景进行细分，然后从中找到合适的消费场景切入消费金融。细分的依据是能够影响消费者需求弹性进而影响其违约成本的因素。

以此为原则,影响消费场景的因素主要包括消费对象和用户人群两大方面。

消费对象的划分较为容易,例如租房、培训、装修、美容、旅行等。我们所讨论的根据消费场景的差异化定价主要围绕这一因素展开,因为最为直观并且易操作。在用户人群因素加入后,会形成更加细分的消费场景及相应的风险特征,其根源在于针对同一消费对象,不同人群的需求弹性可能不同。例如同样是英语培训,以出国留学为目的的人群和只是为了单纯增加英语技能的人群的需求弹性是不同的,前者的需求比后者更强烈。用户人群的划分标准更为多样,可以是收入水平、年龄结构或者目标定位等因素,这需要根据不同的消费场景进行选择。此外,加入人群的因素除了对需求弹性影响的考虑外,还在于根据不同消费金融服务商的情况选择差异化的人群市场,避免与其他强势竞争者正面冲突。

在确定这两个细分温度后,一个具体的消费金融场景就可以描述为"为(人群)提供(产品或服务)分期"。当然,还可以在人群和领域前添加更多限定条件,进行更为精准和细致的划分。

代付消费贷款的场景覆盖面较广,在互联网的帮助下几乎能够渗透所有消费场景。但是,线上和线下的消费场景还是有较大差别。所以我们分别对线上和线下的消费场景进行分析。

(1)线上消费场景。

线上消费场景的一大特点是集中度高,渠道商一般非常强势,并且也不缺乏资金(见图5-2)。

基于线上消费场景,我们可以将线上消费场景分为四类:完美场景、潜力场景、未来场景、试验场景。四类消费场景的特点如下:

第一,完美场景:消费服务极度标准化,并且大类消费人群的需求弹

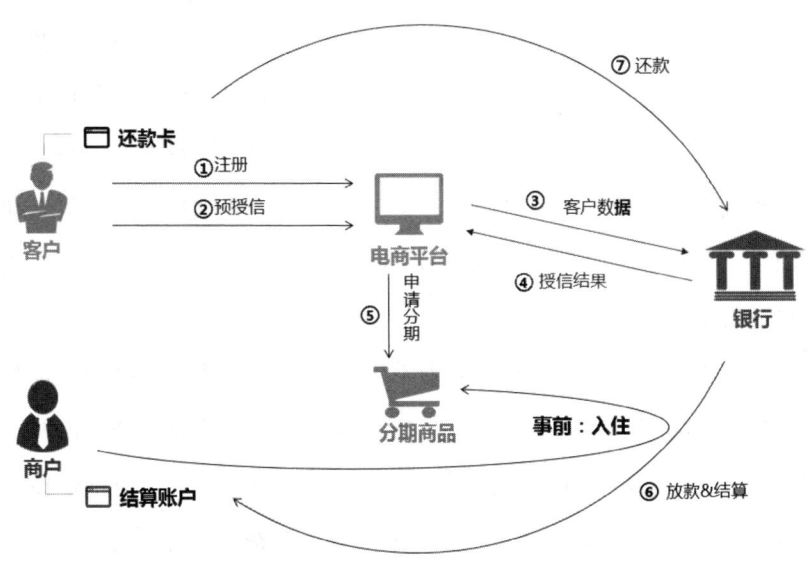

图 5-2　线上消费分期具体场景

性为刚性。消费者的违约成本高并且运营成本低是消费金融服务商眼中的完美场景。但是，线上消费场景中提供极度标准化服务的渠道商是极为强势的，这类场景也是渠道商必争之地。所以，考虑做线上消费场景的消费金融服务商除非是与消费渠道商有极为密切的关系，否则这个场景最终一定都会交还给消费渠道商做。

第二，潜力场景：消费服务未标准化，大类消费人群的需求弹性为刚性。此消费场景特点是消费者违约成本高，但是运营成本也较高，是最有潜力的场景。消费渠道服务商的服务不标准化代表着服务商还不够强势，此时消费金融服务商与其合作的空间较大。渠道商在未来一段时间会不断标准化自己的服务。如果消费金融服务商与之合作较好，在标准化渠道商产品或服务时，消费金融服务商也能深度参与，定制出最合理的消费金融产品，从而形成竞争壁垒。

第三，试验场景：消费服务极度标准化，大类消费人群的需求弹性为非刚性。此消费场景对消费金融服务商和消费渠道商都是试验。消费渠道商一般不会抢先去做此场景的消费金融业务。此场景更适合有一定数据积累的消费金融服务商，这类公司可以利用丰富的数据对用户进行更精确的信用评估，弥补消费场景本身违约成本较低的风险。消费渠道商观察消费金融服务商做此类业务一段时间后，也一定会开始尝试自己做，但是花费时间较多。消费金融服务商的目标为不断积累数据将定价降低，应对未来与渠道商的博弈。

第四，未来场景：消费服务极为不标准化，大类消费人群的需求弹性为非刚性。此消费场景的消费者违约成本低，并且运营成本高。说明了针对此场景下的消费市场还处于初期阶段，是一个新兴场景，说不定在未来有很大的增量，只是市场不确定因素太多。消费金融服务商需要谨慎对待。

消费金融服务商应该在确定选择的线上消费场景是属于哪一类场景后，开始确定产品目标，着手产品的设计。总体来看，线上消费场景做消费贷款是比较困难的，因为渠道商过于集中，其议价能力非常强大，不太适合一般的初创型公司切入。

（2）线下消费场景。

线下消费场景与线上消费场景的差别较大（见图5-3）。首先，线下消费场景较为分散，只在一些特定领域才有强势的渠道商。其次，线下消费场景基本都是非标准化的。最后，线下的一些消费场景连电子化的支付渠道都没有。所以，对于消费金融服务商来说，线下消费场景的机会远远大于线上的消费场景。

同样可以将线下消费场景分为四类：完美场景、潜力场景、竞争场景、大数场景（见图5-4）。每类场景的具体解释如下：

第一，完美场景：消费服务是极度标准化的，大类消费人群的需求弹性是刚性的。这类场景与线上的完美场景类似，是消费金融服务商切入的

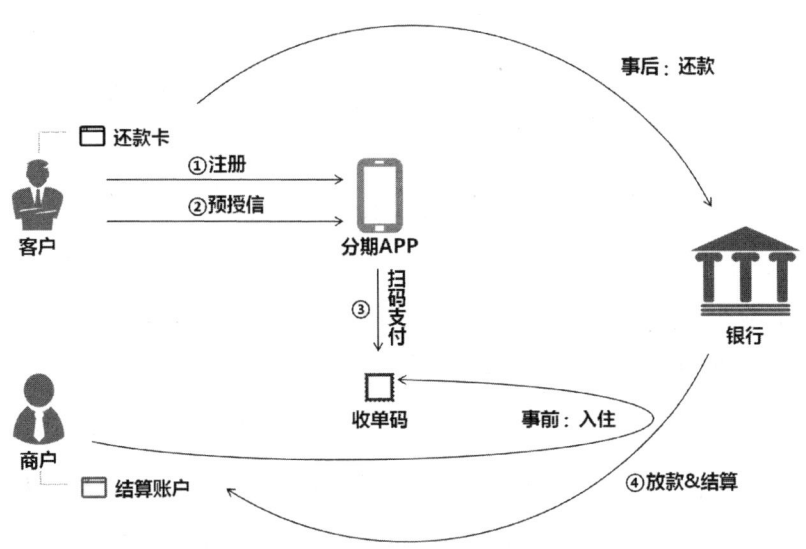

图 5-3 线下消费分期具体场景

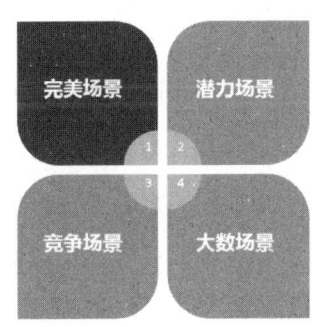

图 5-4 四类消费场景

最佳场景。但同线上场景一样,提供这类消费的渠道商会异常强势,一般背景的消费金融服务商难以切入,并且做到最后很有可能是渠道商自己来对消费者提供分期服务。

第二,潜力场景:消费服务是不标准化的,大类消费人群的需求弹性是刚性的。这类场景消费者的违约成本高,但是消费金融服务商的运营成本也高。此类场景在线下的消费场景中占有很高比例,比如医疗美容行业。此场景的消费渠道服务商不会太强势,消费金融服务商能较容易地切入。同时，消费渠道商服务不标准化就意味着消费渠道分散，消费金融服务商可以在推行消费贷款产品的同时整合消费渠道，增加自身的渠道掌控能力，所以具有非常大的潜力。

第三，竞争场景：消费服务是标准化的，大类消费人群的需求弹性是非刚需性的。这类场景运营成本较低，但是消费者的违约成本也较低。这类线下场景与线上有很大不同。线上是消费金融服务商和渠道商博弈，而相同情况放在线下就是消费金融服务商与信用卡和其他金融产品博弈。比如，汽车4S店的新车销售贷款。此场景就是一个严重的竞争场景，不论有没有信用卡，汽车金融公司都能给消费者提供贷款，还有各种银行以及小贷公司。这就是一个竞争非常激烈的场景。消费金融服务商如果切入此场景需要付出一番努力。

第四，大数场景：消费服务是非标准化的，大类消费人群的需求弹性是非刚性的。这类场景运营成本高，同时消费者的违约成本低。这类场景在线下消费场景中非常多，所以取名为大数场景。此类场景对互联网公司和消费金融公司来说都是一个很好的机会。这类场景还没有被互联网公司渗透，说明这个行业发展不好或者本质就是很难标准化的。对消费金融服务商来说，如果切入大数场景就等于互联网创业加消费金融创业，虽然付出的成本较多，但是未来的收益也可能更高。

综上，线下消费场景远比线上消费场景丰富，而且消费渠道分散，消费金融服务商可以充分发挥，不断尝试线下的场景，最终找到合适的场景切入。

现金贷对消费金融服务商来说是一个风险比较大的业务，因为没有办法控制借款人的资金流向。借款人拿到现金之后几乎能在任何消费场景进行消费。现金贷与代付类消费贷款的原则是一样的，最好借给能够知晓或者验证借款用途的消费者。所以，在我们看来，现金贷最大的应用场景就是还信用卡，或者还其他银行贷款。因为其他的场景消费金融服务商基本无法验证，也就没有办法有效控制风险。

现金贷合理的消费场景可以认为是消费者为了还其他金融或者非金融机构欠款的情况。其他情况的现金贷都不能算作是消费金融，比如小商户的周转贷款等，已经远远超过了消费金融的范畴。所以，现金贷看似使用场景广泛，但是真正合理的现金贷使用范围是比较有限的。

5.3 消费金融的发展趋势

5.3.1 消费金融将更加趋向场景化

消费金融将不断向场景化发展。所谓场景化指消费金融服务融入我们的日常生活、消费场景中，我们在消费商品或服务时，可以几乎无障碍地享受到相关的金融服务。服务商则通过这种方式，来吸引更多增量用户，或提高用户体验，增加用户黏性。

消费场景的复杂性与多样性决定了消费金融一般具有小额、分散、高频等特点，过去主要是通过商业银行提供的信用卡来满足消费信贷的需求。但截至2014年年底，我国信用卡发卡量只有4.55亿张。根据中国银行业协会发布的2014年度《中国信用卡产业发展蓝皮书》，2014年，信用卡活卡率仅为58.7%，说明实际用卡人数更少，加之一人多卡的情况较为普遍，乐观估计，全国实际使用信用卡的人群也就在1亿~2亿人。这意味着大量人群无法享受到信用卡的服务。

造成这一现象的原因是多方面的，例如国人信用消费的理念还相对欠缺，个人征信发展较为滞后等。同时，信用消费贷款业务小额、分散、高频的特点使得这类业务风险较高，开展难度大，在利率管制的时期，传统银行"躺着挣钱"，缺乏动力及有效的工具去开发更多人群和场景的消费金融业务。对于普通人来说，金融服务显得高冷而难以接触。

宏观经济环境的变化、利率管制的放开、互联网以及互联网金融的发展，使得市场竞争压力日益加大，过去高冷的金融服务必须放下身段，主动接触和开发更多用户，满足更多人群的金融需求。互联网是这一进程重要的推动力量，体现的是用户权利的上升。对于具体业务的意义就在于，金融服务提供商需要具有更多的用户思维，从用户体验的角度去思考问题。

在这一内在动力的推动下未来消费金融会越来越"亲民"，金融服务主动向各个场景中的消费者靠拢，不断在各个线上线下的消费场景深度融合，提供更加便捷、快速、低门槛的金融服务。用户在消费过程中，就可以同时享受到金融服务，而不需付出额外的精力进行复杂耗时申请与审批等操作。金融服务将成为用户消费场景的一部分或一个环节，在与非金融服务一起为用户提供更好的消费体验。

未来，能够更好地将消费金融嵌入具体的消费场景中，更好地实现金融服务的无障碍化，甚至与消费场景之间良性互动的消费金融服务将越有可能获得成功。依托互联网的数据采集、流程操作、征信、风控等是实现这些要求的关键。

5.3.2 消费流通企业的地位将逐步提升

传统消费金融主要以银行为主体，不过随着互联网消费金融的发展，未来消费流通企业（包括提供服务类消费的企业）地位将逐步提升，大型企业尤其如此。这种产业链地位的提升主要体现在两方面：一方面，将有越来越多的消费流通企业自主开发消费金融服务；另一方面，消费金融服务商与消费流通企业之间的合作将越来越紧密。

目前，这一迹象已经开始显现，例如线上的电商龙头阿里、京东、苏宁等，都推出了自己的消费金融服务并且增长迅猛；线下的如百联、海尔、重庆百货等也都参与成立了消费金融公司。值得注意的是，这种趋势并不必然意味着消费流通企业与消费金融服务商的主体将合二为一。根据专业化分工理论，这些企业提供的金融服务不断发展完善后，逐步独立和专业化，以向外扩张和复制。这在蚂蚁金服以及京东金融逐步走出自身的电商体系中已经得到了体现。

消费流通企业在消费金融产业链上的优势主要体现在拥有用户数据和控制消费场景。用户的消费行为主要发生在消费流通企业中，消费流通企业因此积累了大量用户数据，从而能够更好地了解用户，例如商品偏好、价格偏好、消费能力、位置信息等。通过对这些数据信息的挖掘，能够更好地发掘用户的消费行为，能够有效控制资金的流向和用途，通过与消费场景的融合提高风控能力。

消费流通企业在消费金融中地位的提升之所以伴随着互联网的发展，是因为互联网的发展促进了消费流通的网络化、电子化、数据化，这为利用大数据等技术及时、有效地刻画用户及用户行为提供了可能。此外，互联网金融的出现推动了金融服务渠道的虚拟化，从而能够以更低成本、更高效率与消费场景进行更深入的融合，消费流通渠道及场景外延性大幅提高。

对于线上流通企业特别是市场份额较大的企业来说，本身既掌握了渠道场景资源，又具有较强的技术能力，具有发展互联网消费金融的巨大优势。目前，这类企业几乎都推出了自己的消费金融服务。对于线下消费流通企业来说，除了万达这类体量较为庞大的公司集团外，还有许多中小型的消费流通企业不具有独立提供消费金融服务的能力。此外，这类企业往往属于传统消费流通领域，对互联网的理解以及技术能力上，都较线上流通企业有不小差距。对于这类企业来说，加强合作来提供消费金融服务是主要途径。较强资源优势的企业，可以联合银行、互联网公司成立消费金融公司来提供相关服务。资源优势较小的企业，则以引进第三方金融产品服务为主。

5.3.3 消费金融不断向细分化和垂直化发展

消费场景的多样性决定了消费金融将不断向细分化和垂直化发展，针对不同消费人群、不同消费产品或服务的消费金融产品种类将越来越丰富，并将越来越细分。

消费金融垂直化发展主要包括两个维度：消费领域垂直化和用户群体垂直化。

消费领域垂直化是指消费金融产品将不断深入各个不同消费行业或地区领域，例如旅游、租房、教育、数码、农村等，根据不同的消费领域特征设计不同的消费金融产品，以提供更有针对性、更精细化的产品服务。用户群体垂直化是指对消费金融的用户人群进行细分，从而根据不同人群的需求和风险特征进行精细化的产品设计。这种划分可能是根据收入水平来划分，例如分为高中低收入群体，也可能是根据职业特性来划分，例如白领、蓝领、大学生等。随着市场的不断发展，两个维度的垂直化还可能相互结合，从而出现更加精细化的产品和服务。

细分化和垂直化是适应不同消费场景的产品精细化方向发展，消费金融服务商通过锁定不同消费领域或消费人群，发掘不同的场景特征，并据此设计不同的获客方式、操作流程、定价模式、风控体系等。不同的消费金融产品并不一定在每个方面都不同，而是根据实际需要，对其中的一项或几项进行差异化设计。例如有的产品主要是从获客上考虑，有的产品是针对不同消费场景设计了更加便捷的操作流程，有的产品则是根据不同消费场景进行了差异化定价和风控的设计。这种细分化和垂直化将促进互联网消费金融服务效率和水平的不断优化提升。与此相对应的是，不同的消费金融公司也将呈现不同的发展策略。对于一些大的平台和机构来说，将利用用户、资金、数据、渠道等资源优势，抢夺主要的消费金融市场，并在此过程中不断丰富产品线，推出一些垂直化的产品和服务。对于一些中小型平台和机构来说，机会则主要在于不同的垂直领域，是否能够针对某个存在市场空白的垂直领域，设计出更差异化的产品和服务解决行业痛点，是这类公司抢占市场份额的关键。

5.3.4 线上线下结合的O2O模式将是重要发展方向

尽管网上消费规模迅速增长，但线下消费仍然占据着主导地位。2015年，网上商品零售比重仅为10.8%，这意味着线下商品零售比重高达九成，仍然远远大于线上市场。并且这还不包括租房、医疗、教育、装修等很难被线上替代的服务类消费场景。

即使从更远的未来看，线上消费比重将继续提高，但线下消费场景也会在互联网的倒逼和推动下不断发展变化，满足一些线上场景很难覆盖的需求，例如便捷性、体验感等。不过二者的界限也将变得模糊，线下场景将会融入更多的互联网元素，线上O2O平台也将连接越来越多的线下场景。对于服务类消费来说，这种线上线下融合的趋势将会更加明显。

由此可见，庞大的线下消费场景甚至蕴藏着更大的消费金融市场空间，互联网消费金融不断向线下渗透，发展线上线下结合的O2O模式也将是必然趋势。在这种渗透和结合的过程中，互联网消费金融适用的场景、入口、流程等可能发生变化，但便利、快速、低门槛等特点仍将保留，业务运营如审贷、风控等将运用更多新技术降低成本、提高效率，成为区别于传统消费金融最为重要的特征。

除了初创型公司，阿里、京东、苏宁等电商巨头的消费金融产品也在试图向线下扩张。目前蚂蚁花呗已经适用40多家互联网购物平台，京东白条也通过与多家O2O平台合作走出京东系。苏宁则凭借1 600多家实体门店率先实现了"线上引流、线下体验"的O2O消费金融模式。未来，庞大的线下消费市场势必引来更多竞争者的角逐。

5.3.5　消费金融的资产证券化将越来越普遍

2015年10月28日，京东白条应收账款债权资产支持专项计划在深圳证券交易所挂牌，截至2016年1月，已发行了三期产品。2016年1月19日，分期乐旗下嘉实资本——分期乐1号资产支持证券登录上海证券交易所发行并完成资产交割。互联网消费金融的资产证券化开始启动并得到了市场认可。

在消费金融的资产证券化上，传统金融机构也在积极推进。早在2014年3月招商银行就发行了信用卡资产证券化产品，2015年10月，其申报的"和享"系列消费贷款资产支持证券注册发行额度获得央行核准。同月中腾信的"消费信贷信托受益权资产支持专项计划"成功发行并在深圳证券交易所挂牌交易。2016年1月15日，中银消费在银行间市场发行6.99亿元个人消费贷款信贷资产证券化信托资产支持证券。资产证券化之所以受到追捧，与多方面的因素有关。

通过资产证券化，消费金融服务商能够有效释放资金流动性，并且降低资金成本。2016年1月，京东白条第三期证券化产品优先1级票面利率仅为3.92%。分期乐的第一期证券化产品优先级证券发行利率也只有5.05%，明显低于从P2P等渠道获取的资金成本。较低的资金成本对于缺乏资金优势的互联网金融服务商来说尤其重要，所以其本身会有推行资产证券化产品的积极性。

可以预见，结构调整的宏观要求、政策层面的积极支持、资本市场的巨大需求以及消费金融服务商本身的内在动力，将推动互联网消费金融资产证券化的快速发展。

5.3.6　消费金融将成为P2P转型的重要方向

P2P借贷近几年增长迅猛，同时也出现不少乱象，随着时间的延续，问题开始逐步爆发，表现为问题跑路平台数量的不断增加，特别是"e租宝"事件对整个行业产生了很大冲击。加之经济放缓的背景下，政策调控向防范风险倾斜。在连续两年使用"促进互联网金融健康发展"之后，2016年政府工作报告使用了"规范发展互联网金融"就充分说明了这一点。

2015年12月28日，中国银监会发布的《网络借贷信息中介机构业务活动管理暂行办法（征求意见稿）》中，明确了P2P网贷平台信息中介的定位，不得发放贷款，发售理财、基金、保险等产品，并要求不符合规定的平台在18个月内整改，这就使得一大批原P2P业务面临调整。同时，P2P行业本身也面临同质化严重、资产荒、银行存管难等问题。

在以上因素的影响下，P2P转型成为一个紧迫的话题，互联网消费金融则是重要的转型方向。主要有以下几方面原因：一是我国消费金融市场发展滞后，未来还拥有巨大的发展空间；二是在调结构的经济背景下，加之消费金融小额分散的特点符合普惠金融的特点，发展受政策支持；三是消费金融本身逆周期的特征是经济下滑期重要的优质资产来源。

P2P平台向消费金融转型拥有许多有利因素，例如有小额信贷业务经验、具备相对成熟和完善的审贷流程、拥有数量较多的线下业务团队等，不过也面临缺乏渠道和消费场景等难题。因此，在转型过程中需要选择适当的切入点。我们认为有两点较为关键：线上线下渠道的选择和行业场景的选择。

5.3.7 融资租赁或将成为消费金融的一个重要分支

融资租赁是指出租人根据承租人对租赁物件的特定要求和对供货人的选择，出资向供货人购买租赁物件，并租给承租人使用，承租人则分期向出租人支付租金，在租赁期内租赁物件的所有权属于出租人所有，承租人拥有租赁物件的使用权。

近年来，我国融资租赁业取得长足发展。融资租赁主要应用于生产经营性领域，不过也开始进入消费领域。2015年9月，国务院办公厅发布《关于加快融资租赁业发展的指导意见》，以促进融资租赁的发展，也提出"积极稳妥发展居民家庭消费品租赁市场，发展家用轿车、家用信息设备、耐用消费品等融资租赁，扩大国内消费"。

融资租赁与普通消费分期购物最大的不同之处，就是分期购物是一种买卖交易，消费者在分期购买商品时，既获得了商品的使用权也获得了所有权，而融资租赁是一种租赁行为，消费者（承租人）只获得商品的使用权，但并不获得所有权，只有在租赁期末付一笔名义上的留购资金后才能获得所有权。

这种使用权与所有权分离的方式本质上类似于银行抵押贷款，对于出租人来说能够有效控制融资人的资金用途，并且由于所有权并未发生转移，对于出租人来说能够降低业务经营风险。这体现在如果承租人违约，理论上出租人更方便收回租赁物（不用申请强制执行）；如果承租人破产，租赁物不会进行破产清算利用规模效应和业务经验，出租人能够更好地处理收回租赁物等。同时，融资租赁能够采用直接租赁、转租赁、售后回租、杠杆租赁、委托租赁、联合租赁等多种形式，在模式设计上更加灵活。此外，相对于消费金融公司来说，成立融资租赁公司的门槛要低很多。

对于消费者（承租人）来说，采用融资租赁的方式购买商品，有方式更加灵活、门槛较低（对承租人的信用要求以及首付比例都较为宽松）、能够以较低成本及时更新设备等优势；缺点则是资金成本较高。

融资租赁适用于价格较高，适用期限较长的耐用消费品或设备，最常见的例如汽车。不过随着互联网的加入，通过改善成本效率，融资租赁可能会向一些单价更低的消费品扩展，例如电脑、电视、手机等电子产品。

以融资租赁的模式切入消费金融市场，较为理想的是既有生产经营属性，又有消费属性的场景。例如网络出行平台的专车司机，购车具有经营与消费的双重属性、对于一些很难满足银行信贷条件的车主来说，利用融资租赁的方式则是较好的选择、定的经营属性也能保障其能够承担较高的融资租赁成本。另外，如针对越来越多的 SOHO 一族的办公设备等细分市场。

5.3.8 消费金融将以渠道、资金和核心技术为王

在市场、政策、资本等多重因素的推动下，未来消费金融必将快速向智能消费金融发展，银行、电商、消费金融公司、消费金融平台等多方力量都将融入这块市场。

其中，商业银行凭借资金成本、优质用户资源等优势，短期内仍将占据这个市场的主体地位。以电商为代表的互联网巨头，也能凭借其强大的渠道及用户资源，迅速扩张并抢占市场份额。消费金融公司背后是商业银行以及具有一定实力的非金融企业，其本身也拥有牌照优势，凭借这些资源也能够获得不错的市场地位。此外，还有一类企业以技术驱动为核心，通过不断的资源投入进行核心技术的研发，能够大幅改善消费金融服务的成本效率，也能够获得有利的竞争壁垒。

对于数量众多的消费金融平台来说，面临的挑战和压力会大很多。对于这类企业来说，如果只是简单提供消费信贷工具，缺乏足够的资金优势（充足的自有资金或低成本的融资渠道）、渠道资源和技术创新，也没有消费金融公司牌照，就很容易被替代。简单来说，就是短期内在消费金融领域，掌控资金和渠道对于在市场竞争中存活下来仍然是核心因素，只进行简单的产品创新很难获得市场优势。

造成这一问题的根源在于：一方面，尽管我国金融领域市场化不断推进，但总体上看金融市场发展还不完善，市场化程度仍然较低，各市场主体获取资金等要素成本存在很大差异，掌握资金等资源的主体能够获得更

大的竞争优势;另一方面,目前我国消费金融市场发展还很不充分,短期内仍将处于跑马圈地的状态,对于拥有渠道资源的主体来说,能够利用渠道优势迅速扩张获得业务规模上的爆发式增长,从而迅速打响品牌、占领市场并获得规模效应,挤占中小玩家的份额。

总的来说,短期内占有渠道和资金优势的企业在发展消费金融上具有更高的成功率,简单沦为信贷工具的消费金融平台很容易死掉。找准切入点,迅速覆盖市场并获得足够的市场份额,同时形成对渠道和资金的有效掌控,将是主要的生存之道。

另外,能够通过持续的研发投入建立核心技术优势,加以融合日新月异的人工智能技术,也是消费金融企业发展的重要路径,不过这既要求企业跑得足够快,还要求企业有足够耐心。值得注意的是,即使短期依靠渠道和资金优势占领了一定市场份额的企业,也需要不断技术创新,改善消费金融服务的成本效率,否则也无法形成长远的竞争壁垒。

5.3.9 消费金融定价的精细化程度不断加强

尽管以信用卡业务为代表的消费金融在全球已经发展了几十年时间,但基本的定价模式并没有发生大的变化。我国消费金融发展起步更晚,目前也主要是延续传统的定价模式。不过受多重因素的影响,未来互联网消费金融的差异化定价将不断增加,主要是受以下两方面因素的推动:

一是市场竞争环境的变化推动消费金融的差异化定价发展。在金融市场垄断的环境下,银行等金融机构面临的竞争压力较小,过着"躺着挣钱"的日子。但随着利率管制以及金融垄断领域的逐步放开,互联网金融发展的倒逼,利率市场化不断推进,金融市场的竞争压力不断加大。不仅新兴的互联网消费金融参与者在极力寻找差异化的入口,传统商业银行也在力求改变,这种追求创新的动力会推动消费金融差异化定价的不断发展。

二是互联网及相关信息技术的发展为精细化定价提供了技术条件。传统消费金融的定价模式之所以粗放，除了受上述竞争压力的影响外，还受技术条件的影响，例如数据积累不足、征信难以做到精确及时、差异化定价需要的运营成本过高等。大数据、云计算、移动互联网等技术的发展与普及为解决这些问题提供了良好的技术条件，是推动消费金融差异化定价发展的另一大因素。

5.3.10 消费金融的普惠性将不断显现

根据国务院发布的《推进普惠金融发展规划（2016—2020年）》中的解释，普惠金融是指立足机会平等要求和商业可持续原则，以可负担的成本为有金融服务需求的社会各阶层和群体提供适当、有效的金融服务。小微企业、农民、城镇低收入人群、贫困人群和残疾人、老年人等特殊群体是当前我国普惠金融的重点服务对象。

普惠金融的对象主要是信用不足甚至缺乏信用的群体。这部分群体由于存在资产缺乏、收入水平较低或不稳定、征信难度大、服务成本高（业务小额分散）等问题，往往被传统金融服务排除在外。互联网金融的出现则为解决这些问题提供了有效的工具。互联网消费金融的普惠性也将不断显现。除了政策支持、互联网金融本身特性等因素外，针对普惠对象的消费金融服务仍是一块巨大的蓝海市场，是许多新兴消费金融服务商的差异化选择。

实际上，除了新兴的消费金融服务商，传统商业银行也在不断扩展其服务人群的边界，逐步将金融服务覆盖更多的普惠人群。

5.4 智能消费金融风险管理

随着消费金融业务的不断扩展，传统消费金融业务中暴露的问题越来越多，其中风险控制尤为严重，传统的风控已经很难满足消费金融不断变化的场景需求。如何控制贷款业务中存在的风险,如何满足不同场景所对应的不同风控的需求,尽可能降低坏账率,便成了消费金融业务的重中之重。一定程度上,风险控制甚至成了消费金融存亡的关键。显然,传统消费金融向智能消费金融转型已成为必然趋势。

近两年,随着科技的不断发展,人工智能的不断成熟,智能化的应用越来越普遍。同时,人工智能也正在不断向消费金融领域渗透。随着人工智能的不断运用和完善,消费金融正不断地向智能消费金融演变。智能消费金融之所以智能,主要体现在以下几方面:一是人脸识别技术的应用,通过该技术,为客户身份的真实性以及是否本人操作提供了强有力的验证;二是风控手段的提升。智能风控以及智能风控利用大数据应用,从宽度和广度上对客户风险进行了把控,通过黑名单、反欺诈、评分卡、用户画像等各种风控手段全方位进行把控(见图5-5)。

图5-5 智能风控

智能风控不同于老的风控手段,智能风控是一个持续跟踪的风控手段,时时监控客户风险,将消费金融业务可能带来的风险降到最低(见图5-6)。

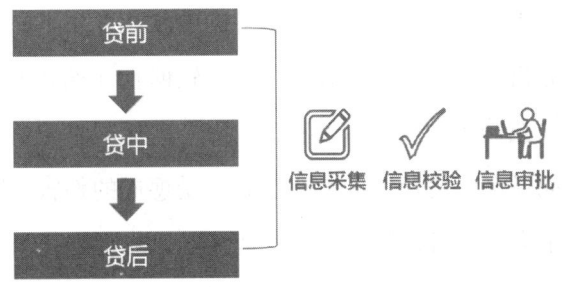

图 5-6 贷款流程全跟踪

显而易见,智能消费金融与互联网消费金融最明显的优势在于对业务风险的识别与把控。那么在消费金融业务中,存在哪些风险?智能消费金融又是如何处理这些风险?

5.4.1 消费金融的主要风险

作为伴随电子商务迅速发展起来的新兴行业,消费金融具有发展速度快、参与机构多、人群涉及面广等特点,容易累积风险、滋生各种不良现象,侵害消费者的合法权益,乃至冲击正常的金融市场秩序。因此,需对消费金融的潜在风险进行分析,寻求相应的防范和解决方案。

(1)消费者(借款人)面临的主要风险。

第一,被不当诱导的风险。消费金融是新生事物,用户以年轻人为主,好奇心强、乐于尝试,但是风险防范意识和金融消费经验不足,易被过度广告、过度营销所影响,导致过度负债,轻则影响个人财务和信用,重则影响工作、生活和学习,甚至最终导致生命惨剧的发生。

第二,个人信息泄露的风险。用户在申请消费信贷时需要提供大量资料,这些资料为消费金融服务机构掌握,相当一部分机构对用户信息安全的重视度不足,缺乏足够的技术能力和内部规范,存在出售用户信息牟利的行为,加之监管困难,极易导致个人信息泄露,给消费者带来意料之外的风险。

第三，被不当催收的风险。消费金融的借款额度小，催收成本相对较高，因此大部分机构在遇到消费者违约时以软催收（例如电话、短信、邮件、社交平台）措施为主，看似温和，但由于生活网络化的加深，这些措施的过度使用同样会给消费者带来超过其应受惩戒的伤害。同时，部分机构因为掌握线下渠道，可以与消费者实地接触，或者委托当地机构实地催收，更可能给消费行带来软硬暴力的直接伤害。

这些风险已经有所暴露，产生了若干恶性事件，招致对互联网消费金融的尖锐批评。

（2）消费金融服务机构面临的风险。

第一，合规性风险。按照有无放贷资质（通过审批获得经营放贷业务的资格）及资金来源，可将目前的消费金融服务商分为以下几类：有资质+非自资金、有资质+自有资金、无资质+自有资金、无资质+非自有资金。

其中第一类主要是商业银行，可以吸收存款，并且有正规的金融机构牌照。第二类包括消费金融公司、汽车金融公司以及小额贷款公司等，此外还包括一些利用融资租赁、保理等牌照提供消费金融服务的机构。这类机构经过审批获得了相应的牌照资质，主要以自有资金放贷，不能吸收存款，不过在规定额度内可以通过银行借款、同业拆借、发行债券等方式进行融资。第三类主要是不拥有正规放贷牌照，但以民间借贷方式发放消费金融贷款的机构或个人。第四类包括P2P借贷平台和第三方助贷机构、技术服务机构等。

第一类消费金融服务商（主要是商业银行）和第二类中的消费金融公司，有相关的监管规定及准入门槛，服务主体拥有经营牌照，受到严格监管，基本上不存在经营资质的合规性问题。第四类的P2P借贷平台未来将有专门的监管措施，第三方助贷机构和技术服务机构如果不以自身名义放贷且不获取利差收入，其合规性问题较为简单，此处不再讨论。

第二类中的其他机构,如融资租赁、小贷、保理等,虽然拥有放贷资质,但是其经营范围是否能够包括消费信贷,具体操作上是否存在障碍,需要具体分析。例如小贷公司通过互联网发放消费贷款,很可能触及跨区域经营问题。一般而言,小贷公司的业务经营都被限定在一定区域之内(例如县、市或省),个别省市出台了网络小贷管理办法,允许小贷公司在全国范围内经营线上业务,但是其他省市没有相关规定。因此,相关区域的小贷公司涉足互联网消费信贷,存在一定的合规性风险。

第三类以民间借贷方式发放消费信贷的业务,目前处于监管空白,难以确定其合规性。按照2015年8月12日国务院法制办发布的《非存款类放贷组织条例(征求意见稿)》的精神,"除依法报经监督管理部门批准并取得经营放贷业务许可的非存款类放贷组织外,任何组织和个人不得经营放贷业务",未来所有经营放贷的组织和个人均需要获得业务许可。因此,一旦该条例落地执行,此类机构很可能面临违法放贷问题,需要提前做好申领许可的准备。

除了机构资质,在一些具体业务尤其是创新性业务上,消费金融服务机构也可能遭遇合规性、政策性风险。例如2014年3月,微信、支付宝与中信银行联合推出的虚拟信用卡,因为"在落实客户身份识别义务、保障客户信息安全等方面尚待进一步研究"而被叫停。2016年3月,常以"消费金融"名义发放的"首付贷"因为放大了住房消费的资金杠杆、易于滋生投机行为、增加住房金融的系统性风险而被叫停。

第二,信用风险。消费金融贷款产品绝大部分都是小额无抵押无担保的纯信用贷款,借款人的信用风险是消费金融服务商面临的主要业务风险。对于主要基于互联网开展业务的服务商来说,这个问题会更加严重。互联网消费金融的信用风险的主要来源于以下方面:

一是借款人自身的信用风险,即借款人自身出于还款能力或还款意愿的原因而拒绝或逃避归还贷款。传统的线下业务和信用卡业务对借款人有详细的尽职调查报告和审批流程，业务受到严格监管，稳步推进，借款人自身的信用风险基本可以控制；而互联网消费金融的审批流程一般比较简洁、快速，业务扩张速度快，传统经验不易发挥作用。

因为消费金融的互联网属性，在实际业务中，往往会出现大量的骗贷行为及非本人借贷的行为，在实际的后期还款中，容易出现大批量的坏账。同时，新的模型算法尚未经过充分验证，借款人自身的信用风险不容忽视。

人工智能的出现，在一定程度上解决了上述风险。人脸识别技术，是基于人的脸部特征信息进行身份识别的一种生物识别技术。用摄像机或摄像头采集含有人脸的图像或视频流，并自动在图像中检测和跟踪人脸，进而对检测到的人脸进行脸部的一系列相关技术。在人脸识别技术的基础上，系统可以将人脸与身份证进行比对校验真伪，在必要时，可以调用联网核查系统，与公安系统的身份证信息进行比较，进一步校验客户的真伪。该技术，在很大程度上降低了非本人操作的信用风险，并且采用系统自动比对，效率比传统业务中的人工识别更高更准。人脸识别技术的应用，帮助消费金融向智能消费金融迈出了一大步（见图5-7）。

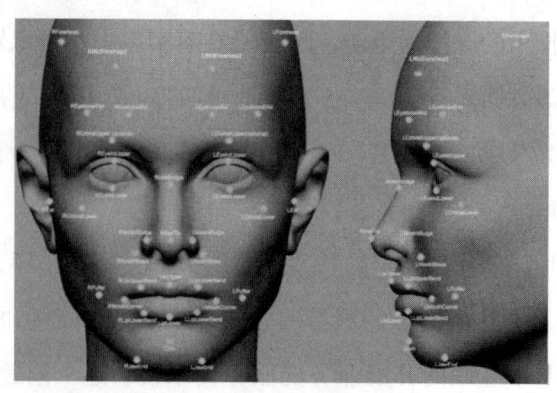

图5-7 脸部识别

图片来源：百度。

二是机构的信用惩戒能力不足。用户在银行和消费金融公司的违约记录可上传至央行征信系统，能够对欺诈者和失信者造成一定的惩戒和约束。目前其他类别的消费金融服务机构则缺乏这一有力"武器"。电商类和渠道类平台因能控制资金去向，且自身生态丰富，可对欺诈者施加一定的约束；中小机构则几乎毫无信用惩戒能力，就给了恶意欺诈者可乘之机。互联网贷款欺诈业已呈现专业化、组织化发展的趋势，新开业的互联网信贷服务机构几乎无一例外会遭遇大量恶意欺诈，如果没有足够的反欺诈投入，互联网消费金融服务机构将面临大规模的信用风险。

三是机构间的数据共享不足。信用惩戒能力的缺失很大程度上来源于借款人的信用数据和违约信息共享不足。目前，虽然有不少机构试图搭建、参与互联网贷款失信黑名单，但由于没有全局性规划和支撑，数据孤岛的情况仍然比较严重，单靠几家市场机构难于解决这个问题。

四是机构自身的信审能力有限。如前所述，市场上存在着大量新兴的消费金融服务机构，其中成立期限较短，缺乏相关的人才、技术储备，仅依靠渠道、流量或网络运营优势介入消费金融业务，或迷信渠道控制力，或过度依赖其他技术供应商，导致自身的信审能力不足，轻易向不合格的借款人（包括过度负债的人和怀有欺诈意图的借款人）发放消费贷款，造成坏账。前述的互联网消费金融恶性案例，均存在服务机构信审松懈甚至放任的情况。

第三，操作风险。在消费金融的业务经营中，由于缺乏监管，消费金融服务商在一些业务经营中可能存在诸多操作风险，包括：

劝诱性宣传：部分消费金融服务机构在未对消费者进行深入了解和教育的情况下，以低息、便捷、时尚等为诱饵，劝诱消费者申请消费贷款，甚至激发消费者的攀比、虚荣心理，诱使其承担不必要的借款负担，甚至导致过度消费和过度借贷，情况严重的，更可能酿成悲剧，造成不良社会影响。

不了解自己的客户：KYC（了解你的客户）、KYB（了解你的业务）一直是开展金融业务的基本原则。部分消费金融服务机构为了片面追求规模和业绩，迷信所谓的"贷后管理"或催收手段，而疏于贷前的客户身份识别、还款能力和风险承受能力评估，更不了解客户的资金去向，导致盲目向不具备充分还款能力的消费者过度放贷，形成大量坏账。

掠夺性放贷：劝诱性宣传和不了解自己的客户，很可能导致掠夺性放贷。消费金融的部分目标人群由于存在受教育水平低、经验欠缺或金融知识匮乏，容易遭受误导与欺骗而过度负债。掠夺性贷款的特点可以归纳为：（a）贷款人向借款人恶意推销贷款；（b）贷款推销中有寻租行为，如从中获得佣金以外的其他收入；（c）推销过程中有误导和欺诈行为；（d）以各种手段诱使借款人在对借款条件了解不充分的情况下被动接受贷款；（e）贷款合约条款含混不清使借款人没有可诉诸法律的把柄。

不当催收：由于互联网消费贷款的单笔金额较小，放贷机构自身进行催收的成本较高，因此有相当大一部分机构将催收业务外包给第三方催收机构。第三方催收机构的素质良莠不齐，经常使用频繁骚扰、精神侮辱或人身威胁的手段，损害消费者的合法权益，给其造成远超越违约惩戒之上的伤害。

信息披露不足：一些机构对借款产品信息的披露存在不明晰甚至故意隐瞒的问题。例如在费率方面，有的平台只是针对特定产品给出每期还款金额，并不直观公布相关收费标准，或直接以手续费替代利息，制造"免息"的诱饵在逾期费用方面，也只说明会产生一定逾期费用，不给出明确数值，而实际逾期后每日费率最高与最低的机构之间相差可达 60 倍之多。

在费用方面,除了手续费之外,有的平台还加收其他费用,如某分期平台的服务费、账户管理费及预收咨询费,每笔最高可达 700 元,而其放贷(分期)额度,不过每笔数千元。

泄露客户信息,存在过失和主动两种情况。前者是互联网消费金融服务机构因为自身的信息安全能力薄弱而被盗窃客户信息后者是机构自己出售、倒卖客户信息获取不当收益。随着越来越多的机构涌入互联网消费金融市场,这个问题将越发严重。与此相关联的,还包括未经用户授权违法使用消费者的个人信息,以及根据借款人的性别、职业、种族等制定歧视性条款等。

第四,市场竞争风险。随着消费金融的概念走上风口,越来越多的机构和平台进入了消费金融领域。参与者数量的快速增加,使得一些领域中的目标客户产生重叠,竞争越来越激烈,在缺乏监管的情况下,市场的无序竞争进一步增加了消费金融服务商的行为风险,从而损害合作方和消费者权益。主要包括:

恶意竞争的风险:主要表现为机构为了更快获得用户或渠道,盲目对合作方进行承诺,盲目向用户授信或发放贷款,甚至放任、纵容用户的欺骗、包装行为或采取跟随策略,向已获得其他机构授信的用户再次发放贷款,而不审慎评估用户的负债情况和还款能力。这种行为不但加剧了自身风险,也会给竞争对手带来不良影响。

行业声誉风险:在竞争压力之下,部分机构的短视行为可能危及整个行业的声誉,从而导致互联网消费金融被"污名化",影响行业发展的舆论境和政策环境,造成逆向选择。

市场动荡风险:互联网消费金融虽然方兴未艾,但是其演进速度极快,将迅速由渠道、资金争夺阶段走向以技术驱动为核心的综合实力竞争阶段。可能存在大量机构刚一进入该领域便被扫地出门的情况,从而影响大量与之联系的用户、渠道商、供应商和第三方服务机构，导致市场动荡，影响行业健康发展。

5.4.2 大数据在互联网消费金融中的应用

到目前为止，国内的消费金融研究并未形成独立的体系，消费金融一般被简单认作是面向各阶层消费者提供消费信贷的现代金融服务方式。互联网消费金融作为小额高频的金融产品，面对的是海量的消费者，相对风险可控，只要逾期率在可控范围之内，即可正常运转，并可通过产生规模效应、大数据征信、自动化审批等方式降低运营成本，因此正成为各机构纷纷涉足的领域。

（1）消费金融成本与收益问题。

消费金融的成本和收益一直是业内非常关注的问题之一。针对海量的消费者客户的零售业务，其相关数据相对容易获得，而且其数据准确程度相对容易检查确认（例如，查一个人的学历比查一个企业的财务数据要简单得多）。同时，海量的账户、小额的损失也使这种业务在经济上（包括成本、收益）可行。

（2）消费金融对风控与决策效率提出更高要求。

当前，消费贷、工薪贷、学生贷其实都是消费驱动的新市场，他们的钱大多用于装修、买车、数码产品、衣服、化妆品等等，件均借款额度甚至不过万元，更多的则是几百上千元的借款项目，现在京东白条、淘宝花呗等甚至几十元的东西都能分期。借款额度低，就算利率再高，还款的差别也不过百元、千元，用户对成本的敏感度大大降低。而他们真正关注的，或许是能否尽快拿到这笔钱，把心爱的限量版鞋子买到手。

这样看来，金融终究是需求导向的，在多元细分的金融市场中，成本或许不能成为一概而论的决定性因素。尤其是对于小额的消费信贷，越低的借款额度，能承担的资金成本越高，但是，即时放款、审批程序简化、操作简单便捷、信息公开透明等需求也为消费金融的征信、审批系统、风控能力、决策速度等提出了更高的要求。

(3) 传统征信手段无法满足,消费金融引入第三方征信。

消费金融服务的是传统银行目前"不能满足"以及传统征信手段"无法覆盖"的人群,因此,其征信手段也必将有创新之处。传统信息审核指标过于简单机械,只提供银行流水、房产证明等。信息审核工作都应该朝着简便化、快捷化的方向发展,然而简便不代表可以简陋,快捷不代表可以粗糙。目前的中国社会状况与十几年前已经完全不同,个人资产流转速度明显更快,个人金融体系明显有更大风险和更多不确定性因素,如果仍采取简单的静态财产审核方法,无疑是不安全、不科学的。

目前国内征信体系还不完善,央行征信系统还未正式接入互联网金融行业,而基于社交网络信息、网购信息等集合而成的征信信息将越来越多地应用到征信进程中,依靠大数据多维度交叉验证便成为消费金融机构降低业务风险的有效方式。有研究人士认为,如果仅仅依靠机构自身力量积累数据,不仅过程漫长,而且获取的数据量也极为有限。一些金融平台的做法是一方面结合自身平台的大数据中心做各类数据分析,形成用户信用评级,同时和第三方征信机构完成合作,例如接入腾讯信用与芝麻信用,利用其基于网购和社交所产生的庞大数据库,为用户进行立体多维画像和用户信用评级。

即使消费金融公司花费大量的人力物力对接了足够的数据,如果不具备一流的算法及搭建风控模型的能力也一样无法实现真正的信用分析。为满足用户体验,风控决策的时效性也是非常关键的,通常需要在分钟级别的时间内实现对用户的信用分析。

消费金融公司只有依靠自身沉淀下来的用户历史信贷交易数据,采取合作的方式取得其他机构大量客户的逾期、违约数据（建模必需数据），用户授权的通讯、电商、学历、邮箱、央行征信数据，经第三方征信机构采集的电商交易数据、社交数据、银行卡消费等数据，以及其他个人基本资料、公共记录等信息，分析提炼风险评估及定价模型，并根据模型及数据从多维度为用户描绘一个立体化的征信画像，为开展互联网消费金融业务提供坚实基础。

第三方大数据技术服务商火热，降低消费金融门槛基于大数据的风控系统，能够让计算机自动甚至主动收集、分析、整理各类征信数据，可以将传统消费金融前端销售依靠大量地推、后台依赖人工作业的重模式，升级为依赖系统和数据自动决策的在线实时自动信贷工厂模式。相比用抵押物、收入流水证明等粗放式的传统风控方式，通过基于大数据的线上信贷审批系统将进一步提高信贷业务审批效率，充分体现信贷业务的高效性，能够快速（几秒钟至几分钟内）地进行风险决策，并给予用户更精准并匹配其需求的额度。

然而，消费金融机构自建一套风控系统，无疑需要大量的人力与资金投入。资金实力不足、数据获取渠道有限等，都是探索之路上无法回避的困难和挑战。随着技术创新应用，目前出现了诸多专业第三方技术服务商提供各种利用大数据创新服务的支持，如芝麻信用、百融金服这些征信机构提供的信贷风险管理咨询与外部征信服务、同盾提供的信贷管理云平台及大数据自动决策服务等，大大降低了开展消费金融业务的门槛，为消费金融的发展带来无限便捷。

（4）大数据与消费金融融合的未来。

物联网、智能手机、可穿戴智能硬件等技术设备将让数据成几何倍数增长，而随着大数据的广泛使用与智能设备的迅速发展，大数据"入侵"消费金融业已经成为事实。"消费金融创新的本质就是在大数据对技术风控的精耕研究下，对用户体验的积极勇敢探索，在大数据技术和移动互联网支持下，发力创新、安全、快速、简单的消费金融。"可以预见的是，随着消费金融公司试点扩大、个人征信牌照发放等政策因素的推动，大众消费观念的升级，以及大数据风控、移动互联网等技术的发展，消费金融的巨大潜力正在被快速释放，而依靠大数据自动授信的风控系统也将进一步减轻人工评判的成本和压力。

大数据技术的发展为消费金融带来了智能风控这一发展利器。智能风控的出现，很大程度上可以解决上述消费金融产品所存在的信息审核能力有限的问题，为产品良性发展提供了强有力的保障。一方面，智能风控依托于大数据的应用，通过大数据、算力、算法的结合与机器学习，搭建反欺诈、信用风险等模型，在传统风控的维度基础上，利用大数据技术从更多的维度去分析客户，比如用户的行为数据、社交数据等等，帮助机构从海量的数据中最大程度的发现贷款过程中可能存在的风险，从而降低贷款坏账率；另一方面，智能风控实现一站式审批管理，帮助贷款审批部门快速进行贷款决策，降低风控成本。

同时，智能风控从贷前、贷中、贷后等各方面全程跟踪贷款信息及客户相关行为，并持续分析客户的风险等级和可能出现风险的概率，做到及时发现业务中的风险，并给出预警，帮助降低了交易过程中可能存在的风险，最大程度上降低消费金融的坏账率（见图5-8）。

5.5 中小银行智能消费金融发展要点

近年中国消费金融市场的强势崛起，以城市商业银行、农村商业银行、村镇银行为首的地方传统金融业急欲抢滩，却囿于传统获客渠道和风险管理体系的局限性，存在运营模式发展滞后的问题；而已经在小额信贷

图 5-8　智能风控

市场跑马圈地的互联网金融机构同样受困于资金成本高企而无法有效地施展拳脚。二者的融合互补眼下已成为趋势。

第一，中小银行与互联网消费金融融合的不可逆。在互联网金融大肆促进之下，针对个人消费贷款的互联网消费金融发展迅猛，从 2013 年到 2016 年，中国互金消费信贷规模从 60 亿元跃升为 8 695.1 亿元，俨然已成为中国经济重要力量。与此同时，主打中小企业贷款的城市商业银行也以平均 20% 的扩张速度高速发展。

在中国金融新常态环境下，消费金融所释放出的巨大发展潜力，使得传统金融机构和互联网金融科技企业都想从中寻求一些机会。作为传统金融机构来说，拥有庞大的传统客户群体、丰富的资金来源、传统的风控体系等优势；作为互联网金融科技企业来说，在信息技术和获客受众方面有着传统金融机构无法企及的优势，能够满足金融需求非常旺盛的年轻群体。

但是，在极速扩张过程中，消费金融与中小银行却也各自面临着不同的问题。以科技见长的互联网消费金融在数据信息与资金成本方面存在着短板，很难将自身的科技优势运用至消费金融领域，很难打造真正的智能消费金融；而以海量资源取胜的城市商业银行在消费金融领域存在着获客成本高、风控难、贷后管理弱等问题。站在各自立场，若将二者融合，或将实现优缺互补、互利共赢，实现真正的智能消费金融（见图5-9）。

图5-9 智能消费金融的融合

第二，融合构建智能消费金融与中小银行服务。立足于消费金融服务与中小银行各自优势与不足，制订的互联网消费金融与中小银行合作发展可行方案，二者达成技术与资源方面的深度融合，为智能消费金融合作发展提供了坚实的基础。

一方面，由智能消费金融类服务公司为中小银行机构提供技术支持，使得传统银行业在互联网技术的促进之下，能够根除其在消费金融领域所面临的获客成本高、风险控制难与贷后管理弱等问题，实现消费金融业务的顺利开拓以及整体可持续发展。

另一方面，中小银行机构则为消费金融类服务公司提供低成本资金渠道与丰富的数据资源，使得消费金融类服务公司在中小银行丰富资源促进下能够迎来更为深广的发展机会；同时，也能在为"90后"年轻人群进行画像与授信，提供智能金融服务的道路上走得更长远。

消费金融与中小银行的相互融合，为互联网金融科技与传统金融机构的合作提供了可能。未来，互联网金融科技企业将会与传统金融机构在更多领域展开合作，实现新兴金融与传统金融的相互影响与彼此促进，共同发展智能消费金融，共同构筑中国普惠金融版图，完善中国经济发展体系。

5.5.1 城市商业银行智能消费金融发展要点

在这个科技主导的时代，金融更加追求和专注产品创新、模式创新，而城市商业银行传统的业务模式已陷入瓶颈期，在经营风险加大、盈利难以突破的情况下，另辟蹊径——智能消费金融将成为城市商业银行当下的主旋律。

原中国银监会数据显示，截至 2015 年末，国内目前有 133 家城市商业银行、859 家农村商业银行，总计资产规模占整个银行业 22% 左右。另外，据不完全统计，截至 2016 年 5 月，千亿元规模以上的城市商业银行中，共有 27 家已披露 2015 年年报（已上市的除外），净利润在最近三到五年内首次出现负增长的城市商业银行约占 40%。

城市商业银行最初的定位正逐渐制约着城市商业银行的发展，特别是随着地方企业的成长，开始走出地方区域，而城市商业银行经营区域局限于地方，难以全面地服务原先的企业，从而造成地方企业和城市商业银行"分道扬镳"，其正面临着"内忧外患"的局面。就内部隐患而言，城市商业银行线下业务偏重，以传统零售业务为例，城市商业银行的获客依旧是依靠线下网点的人与人交流，性价比低，难以形成规模，这已经成为互联网时代的"吊车尾"。

除了内部出现种种隐患外，在金融业创新变革时期，城市商业银行还面临着来自外部的生存压力。2015 年 10 月 24 日，中国人民银行决定对商业银行和农村合作金融机构等不再设置存款利率浮动上限，同业竞争加剧，"撸起袖子加油干"成为常态，国有大行及股份制银行凭借品牌、用户量等综合优势"泰然处之",但城市农村商业银行受制于自身规模、企业实力等因素,在传统零售业务竞争中处于弱势。

因此,城市商业银行必须寻求业务的创新与经营方式的转型,要更加注重通过完善服务质量来提升综合盈利能力。

当部分城市商业银行正在通过诸如上市等不同方向的转型应对困局,绝大多数的城市商业银行还是依据自身特点将"消费金融"作为业务重点发展的方向。在已经建立的23家消费金融公司中,由银行发起的有20家,其中城市商业银行发起的超过10家,例如湖北银行发起湖北消费金融公司、哈尔滨银行发起哈银消费、南京银行联合苏宁云商等发起苏宁消费金融公司等。另外,大多数城市商业银行因为自身条件限制没有成立消费金融公司,但也在积极地布局消费金融业务。而随着科技的不断进步,人工智能技术的不断发展,在布局消费金融业务的同时,如何提高消费金融的智能化,又成为大多数农村商业银行下一步要考虑的重点。

城市商业银行布局消费金融业务最主要的原因还是基于消费金融庞大的市场规模。据艾瑞咨询预计,2014年至2017年中国消费信贷规模依然将维持20%以上的复合增长率,预计2017年将超过27万亿元。庞大的市场体量可以让城市商业银行、农村商业银行快速扩大规模,寻找新的利润增长点,从而解决当下的生存困境。

除了庞大的潜在市场外,基础设施成熟、数据互补、模式匹配等也是城市商业银行布局消费金融的原因所在。消费金融基础设施的成熟,使得用户行为可以通过移动设备转换为线上数据,有助于风控的开展。

不仅如此,相比互联网企业,城市商业银行进入智能消费金融领域在数据上可以实现互补。智能消费金融风控的核心是基于大数据,并通过模型分析得出结果,数据是智能消费金融的生命力所在。目前,城市商业银行大多拥有数十年的历史,沉淀了众多的数据,过去受技术的制约并没有实现其价值最大化，但随着城市商业银行对大数据等科技的深挖，将对其未来的消费金融业务颇有裨益。另外，经过实践证明，银行自身数据的有效性超过行为、社交等非结构化数据。

在商业模式的匹配性上，相比于大银行和股份制银行，城市商业银行在业务经营上有地域限制，而消费金融公司的经营范围没有地域限制，因此可以借设立消费金融公司的契机变相实现异地扩张，这也是城市商业银行设立消费金融公司的动机所在。

尽管城市商业银行布局智能消费金融前景可期，但转型的同时也伴随着阵痛，如风控升级所带来成本的提升，传统的网点获客方式效率低下等，城市商业银行急需寻求解决之道。

其实，城市商业银行布局智能消费金融，风控及获客是摆在其面前的两座大山。

布局智能消费金融，经营性风控、信用风险、流动性风险等是不可避免的话题，因而，能否做好风控是关键。以往，城市商业银行在风控方面，主要依靠央行征信数据及大量的人工审核。不过，低利率的消费金融肯定无法覆盖高昂的线下风控成本，而具有线上化、轻量化、精准化的大数据风控似乎更占优势。

然而，高昂的时间成本、技术成本、人力成本等阻碍了城市商业银行自主研发大数据风控体系，而与金融科技公司合作有望成为其"捷径"之一。金融科技公司是指运用人工智能、大数据分析、云计算等技术帮助银行等金融机构提高效率降低成本的科技公司。目前，市场上已经出现金融科技公司作为第三方服务银行等金融机构的现象，例如蚂蚁金服、前隆金融、京东金融、百度金融等。

以前隆金融为例，其已拥有多项技术专利，自主研发出风控体系，紧密结合贷款消费场景，直接将数据模型应用到贷前审核、贷中监控、贷后管理的各个环节中。同时研发出智能实时申请反欺诈系统，包含大数据实时计算、反欺诈规则、反欺诈系统、网络图谱、策略配置引擎五大模块，使反欺诈工作更加智能，可以灵活地支持各种反欺诈策略的更新，目前已获得专利。而这些服务恰恰能弥补城市商业银行布局消费金融的不足，助力城市商业银行智能消费金融业务稳健而快速发展。

城市商业银行布局智能消费金融除了风控问题外，获客也是重中之重。

目前，城市商业银行的获客方式依旧是依靠线下网点，通过面对面交流的方式被动筛选客户需求，成本极高，而效率却比较低下。相反，专注线上的金融科技公司在获客上依然有着较大的优势。

在获客方面，金融科技公司通过大数据判断潜在 C 端客户的需求，从而进行主动智能获客；同时，金融科技公司通过纯线上的品牌运营辐射更多潜在 C 端客户，挖掘客户需求。最终，金融科技公司通过流量导入、构建品牌矩阵、营销支持等方式为金融机构提供符合其需求的 C 端客户。

事实上，金融科技公司的核心价值在于为银行提供获客及风控支持，在金融科技公司的支持下，银行可以快速构建科技体系，从而在未来 B 端业务的竞争中占据优势。

5.5.2 农村商业银行智能消费金融发展要点

从 2009 年国家试点成立消费金融公司到 2015 年全国推广、商业银行涉足消费金融服务的情况来看，全国消费金融正在打造由商业银行主导，联合零售商业服务机构，逐步打造"零售 + 金融"一体化生态圈。农村商业银行需要根据现阶段的经济和政策环境，明确未来发展方向，早日确定消费金融在本机构的重要地位，抢占先机，布局区域内消费金融发展战略。

(1) 面向农村市场挖掘潜力。

农村商业银行的金融服务理念之一是服务"三农"。因此，可以在广阔的农村市场深入挖掘消费金融的潜力。

在迅速涌现的消费金融公司中，暂未有以农村商业银行参与成立的消费金融公司。未来农村消费金融市场存在着巨大的市场空间和发展前景，有理由相信未来会有更多以农村商业银行为核心的农村消费金融公司。农村商业银行可以立足农村市场加快布局消费金融。这不仅符合农村商业银行的服务理念，同时农村消费金融的发展也可以带动农村经济的发展，提高农村居民的生活水平。

(2) 从农村商业银行实际出发，分阶段完成消费金融公司布局。

在过去的发展历程中，农信机构未涉及或较少涉及信用卡业务，对"无抵押、小额度"的纯信用类贷款业务经营经验不足。为成功布局消费金融领域，需根据实际经营能力，分阶段逐步开展消费金融服务，可以按以下几步不断深入：

首先，整合原有的零售等相关业务部门，成立消费金融服务部，借助原有渠道，在原有客户基础上，向下扩宽客户群，有针对性开展小额消费类贷款服务。

其次，与商家合作，产融结合，实现场景化消费。丰富的消费场景是未来消费金融制胜的关键，而与各种商家合作，用金融产品衔接各消费，全面覆盖家庭生活、娱乐、学习场景，促成产品，商户、居民百姓、金融产品多元共赢。如海尔消费金融已经与红星美凯龙、中国电信、有住网、环球雅思、民生旅游等商家达成战略合作协议，推出了家居分期、手机分期、游学分期等消费金融产品，打造出一个综合性金融生态圈。

最后，联合本地主要大型商业机构或主要耐用品制造商或者团购网站等成立具独立法人身份的消费金融公司，利用原有银行网点渠道、合作商业公司渠道和大型制造商下游渠道进行消费金融服务的渗入，同时实现银行与公司风险的分离，加快消费金融产品研发，提升风险管理水平。

消费金融面向的客户以年轻人为主，这类客户思想较为活跃，比较喜欢潮流，乐于接受新的东西，对金融服务同样不愿局限于原有的各类产品。因此，农村商业银行需要针对年轻客户群体，以客户为中心，打造专业的消费金融研发团队，开发适应市场需求的消费金融产品。

5.5.3 村镇银行智能消费金融发展要点

最近几年，国内村镇银行数量迅猛增长，但业务结构单一、盈利空间小制约了村镇银行发展空间。《证券时报》记者获悉，为突破发展瓶颈，一些村镇银行正在积极尝试与电商、券商等企业合作开展互联网金融业务。

统计数据显示，截至 2015 年 6 月末，全国组建的村镇银行达 1 270 家，覆盖了全国 60% 的县域。进入全国监管系统的 1 165 家村镇银行资产总额达 8 485 亿元，负债总额 7 262 亿元，分别向农户和小微企业发放贷款 0.35 万亿元和 1.48 万亿元。

数据显示，在全国百强村镇银行排名中，东部地区占比 32%，中西部地区占比 68%；在资产总额排名中，东部地区占比 42%，中西部地区占比 58%。

业内人士表示，根据原中国银监会的要求，村镇银行需按照规模化组建，集中连片地发展。按照目前发展趋势，村镇银行规模将会进一步增长，与此同时，摆在村镇银行面前亟待解决的问题也将更为突显。业内人士分析，村镇银行主要存在以下几个问题：一是相当部分村镇银行业务发展缓慢，社会认知度较低，同时，机构网点单一、科技支撑不足等；二是经营风险加大，业务运营步履艰难；三是业务功能缺失，金融服务提升困难；四是运营成本较高；五是管理人才缺失，队伍素质有待提高。

当前，银行业正提速向互联网转型，村镇银行业有望借"互联网+"，继续取得新一轮发展。在互联网化浪潮中，村镇银行需要加大互联网建设，提高网络安全防护与风险管理，改变服务方式、服务态度、金融产品形态与交互方式，这是互联网+村镇银行的基本要求。除此之外，未来村镇银行还将在以下方面进行重点突破：

第一，积极争取当地社保、医保、农补与公积金等发卡权，并打造微电子银行，高效服务银行客户。此外，也要积极争取与当地商场、超市等机构会员卡联网互通，打造互联网一体化的金融服务场景。

第二，解决农村市场金融服务"最后一公里"的问题。农村地区交通不发达，需要更多金融服务网点，因此，村镇银行可以建立助农服务站、选择代理人，通过代理人向农民普及相关操作方式，在联网设备上为农民提供基础的金融服务或增值服务。

第三，加大移动端领域投入。与城市电脑、智能手机共同普及的现象不同，农村市场电脑产品较少、低价智能手机更为流行。因此，推出移动端app，布局移动业务自然更加能受到市场欢迎。

第四，整合跨界资源、加强与电商以及第三方支付机构合作。随着农村电商逐渐普及，电商平台与第三方支付也将深入农村市场，村镇银行可以通过与这类平台合作，提高自身平台影响力。

5.6 智能消费金融服务案例介绍

中科柏诚科技（北京）股份有限公司成立于2010年10月，专注于金融科技服务，支持金融机构践行普惠金融理念，推动中国金融科技发展，成为国内金融科技与互联网结合应用的典范。公司总部位于北京，注册资本4 800万元，在全国分设华北、华东2个分部，并在上海、成都等城市成立分/子公司。中科柏诚公司拥有六大互联网金融软件产品，以及五大咨询、实施、运维为一体的整体解决方案（见图 5-10）。

图 5-10　中科柏诚智能金融整体解决方案

5.6.1　智能消费分期平台

"耀分期"提供基于场景的消费分期服务、风险控制、产品体验、场景连接、资金流通等，实现了更高效率的用户和场景连接。渠道体系已覆盖 40 多个城市 50 多家代理商伙伴。"耀链"——"耀分期"平台的去中心化的权益分配链，应用区块链技术，提供信贷及电商服务，将商城分期消费生命周期中各参与方的权益分配过程以智能合约自动执行。"耀链"采用 DPoS 共识机制，能够达到万次每秒的交易速度，在网络延迟低的情况下可以达到 10 万次每秒级别，符合"耀分期"平台高并发交易需求。

5.6.2　智能消费金融系统

该系统是一款集统一数据平台、渠道接入系统、智能信贷系统、规则引擎风控系统、资金结算系统、财务核算系统、智能催收系统、报表管理系统为一体的综合业务系统，解决了传统信贷的放贷慢、风控手段不足等问题，结合互联网大数据征信对接多维度数据源、个人信用认证、运营商认证、量化评分等，做到快速自动化审批与人工审批完美结合，灵活配置风控模型，降低风控成本，提升审批效率，减少坏账发生率，有效帮助传统类金融机构在提供金融服务过程中提升风险管控能力、提高审贷效率，使金融机构在增加金融服务能力的同时降低运营成本，提升企业的综合竞争力。

智能消费金融业务模式见图5-11。

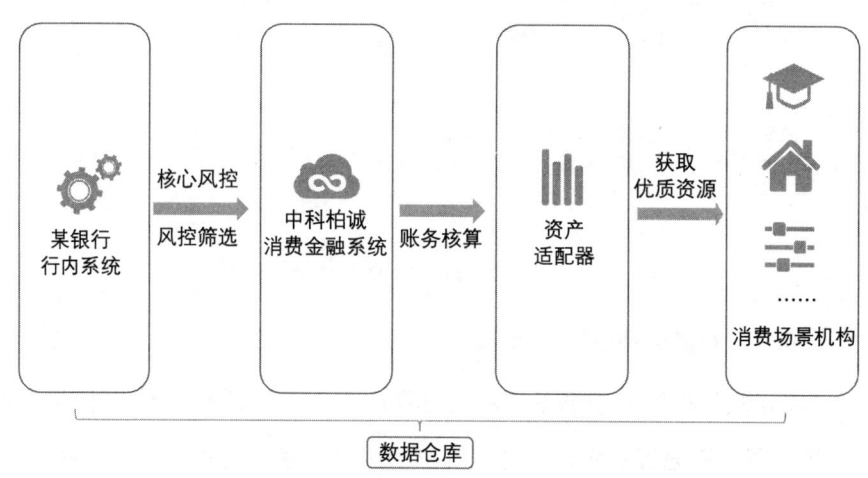

图5-11 中科柏诚智能金融业务模式

5.6.3 服务案例："黔农e贷"

贵州省委、省政府大力推动电商及大数据产业的发展，省政府将"黔农云"的建设工作安排给贵州农信牵头，中科柏诚负责实施搭建。贵州农信大力发展针对"三农"的智能网络贷款业务。根据贵州农信的业务规则、交易规则，建立了标准化、规范化的统一的"黔农e贷"平台。

"黔农e贷"平台满足了客户的需要，提升了服务水平，增强了市场竞争力，实现了社会效益和经营效益的双赢。按照互联网软件迭代开发的思路，一期开发基础功能，建设现有信贷业务系统的互联网渠道，实现现有循环类信用贷款的线上办理，提升平台的知名度。支持全省600多万已授信的客户通过互联网、智能移动终端、自助机具等设备高效、安全、可靠地访问服务，确保现有客户不流失，积极拓展新兴客户，发挥线下优势，建立互联网金融的竞争壁垒。

"黔农 e 贷"平台界面截图见图 5-12。

图 5-12　"黔农 e 贷"平台界面

5.6.4　服务案例：联合贷款

中科柏诚联合贷款系统是以智能消费金融业务为基础，主发起行和合作行以统一条件针对同一客户通过中科柏诚联合贷款平台进行"联合授信"，主发起行主要是负责客户的会计账进行明细记录和明细清结算，并将客户信息及交易数据发送给合作银行进行监管申报，主发起行和合作行共享客户、共担风险。

中科柏诚公司考虑到监管的出发点是消除风险隐患，以《通知》的内容为标准,调整整体联合贷款业务的业务流程、风控规则等,确保主发起行和合作行的系统连通性,保持联合贷款业务的快速、便捷等特点。联合贷款业务模式见图5-13。

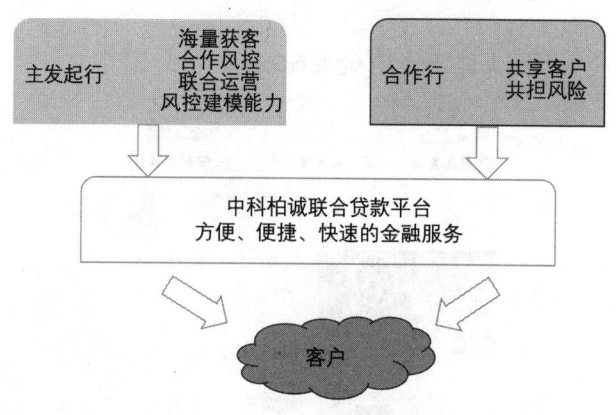

图5-13 联合贷款业务模式

第 6 章 大数据与机器学习

互联网、移动互联网和物联网为这个时代高速不断地产生大量、多变、有价值的大数据。大数据是万物数据化的产物，也是当今社会各行各业变革的导火索，它正不断改变人类社会的方方面面，改变着生活，改变着各行各业。这场大数据变革，正推动一个全新的大数据时代迎面疾速驶来。

6.1 商业银行数据的变革

银行的数据是银行网络化产物，银行数据变革是悄然伴随银行网络变革前行，银行数据变革史本身就是一个银行网络成长史。中国银行业的发展，可以追溯到唐朝的飞钱，其基本作用就在于通存通兑。1776 年前后出现的票号也是通过复杂的密码印记，为客户在各地银行网络的分支机构随时随地提供兑换现银的服务。这种原生态的票号，已经具备了银行业发展所需的基本雏形——网络，票号上的数字也成为一种代表货币数量的符号，在网络中流通。在互联网还遥遥无期的近代，票号网络的实现通过的不是电缆，而是一种由人脉间的信任和相对安全的神秘古老密码所联通相隔百里的各地分支机构。没有这种在当时来看最为稳定安全的各地彼此联通的网络，也没有兴盛一时的票号。而自从票号出现，最早的金融网络也伴随着诞生，银行的数据化变革也就随之而生。

20世纪30年代，由于世界性经济危机和金融危机爆发，西方国家被迫脱离金、银本位货币体系。20世纪40年代到60年代，计算机及计算机网络技术兴起，银行业为了网络交易服务的安全与畅通，为了能够联通更广阔的地域，不遗余力地引进网络技术。新信息技术成果不断被银行业应用到业务中，网络的银行由此产生，牙买加体系下的信用货币由此获得长足发展。伴随着银行业的信用货币网络扩张成长，银行数据化变革再次迎面而来。

1983年诞生了真正的互联网，随着计算机互联网的产生，银行业也在积极发展着自己的网络，银行卡的出现为银行的网络建立了接入日常生活的买卖网络入口。从此，社会生活与网络化的银行关系日渐紧密，刷卡成为一种消费习惯，电子货币应运而生。国内现代银行业也发起于这一阶段，中国人民银行再次以联行的形式把银行带进民众生活，很多银行开始在数据仓库建设方面尝试，建立专家系统，通过对数据仓库的数据进行挖掘来添加业务统计分析手段，带动银行业数据变革全面发展。随着互联网信息技术的发展，电子货币银行业务得以建立，网络的银行——电子银行在中国开始大行其道，银行数据的互联网变革大潮随即登场。

互联网、移动互联网和物联网都处于快速发展中。这些网络无时无刻、永不停息为社会产生大量有价值的数据。随着大数据和云计算新兴技术的发展，对这些有价值大数据挖掘成为可能。在互联网行业大力推动下，互联网上的电子商务、移动支付、共享经济成为人们生活场景必需品。银行业通过与互联网软硬件公司合作，开始应用大数据技术，实现对银行内部人员更精准的考核及监督管理，而且很多零售业务也在进行大数据智能网络化变革。基于大数据技术的智能零售终端、精准营销、智能投顾、智能客服、智慧风控和反欺诈被大多数国内银行普遍采用。

国内银行仍然处于互联网向大数据网络的变革期，很多战略战术还处于应用实践阶段，但这场变革是任何问题、任何困难都阻挡不了的。可以预见，不远的将来随着区块链、量子通讯的普及，数字货币将大行其道；随着大数据的银行智能化成长，新的一场银行数据变革正在轰轰烈烈地上演。

纵观人类几千年历史，金本位和银本位这种一般等价物货币体系，才是稳定和可持续的货币体系。在还没有现代IT技术的人类历史上，也有过短暂的脱离金本位或银本位时期，但很快导致恶性通胀和经济混乱。20世纪70年代，布雷顿森林体系崩溃后，脱离金本位的牙买加信用货币体系被国际社会接受，颠覆性的网络信息技术革命是牙买加体系到目前还没有崩溃的决定性因素。但如果货币体系长久不与一般等价物关联，肯定会再次陷入恶性通胀和经济混乱，最终引发战争。

未来，以全球网络和大数据为基础，建立起的数据一般等价物的数据本位货币体系才是最佳的货币体系。因为，人类所认知的全部事物都可数量化，因此经过安全技术保护的实际真实信息数据是宇宙最可靠的一般等价物。进入21世纪，随着网络和大数据不断发展，随着网络和大数据应用的逐渐成熟，生产资料、生产力和人类目前认知的全部事物都将被数据化和价值化，这将会使数据本位货币体系的实施成为可能。

量子通讯技术的发展，将最终可确保数据信息安全跨时空传递，这也是信息数据将成为最可靠的全宇宙通用一般等价物有效技术保证。数据本位的货币体系可以说将最终成为宇宙通用的货币体系。银行、网络和全数据将最终融为一体，一个客观、自由、平等的货币体系将最终形成。未来，全数据的银行数据变革也一定是以大数据和大数据技术为基础的。因此，当前银行怎样做好大数据变革是本章着重展开论述的重中之重。

综上所述，银行数据的变革可分五个阶段：

第一阶段：银行的网络的诞生时期，是票据为主导的数据变革阶段。

第二阶段：网络的银行时期，是信用货币体系为主导的数据变革阶段。

第三阶段：互联网银行时期，是电子银行、电子货币为主导的数据变革阶段。

第四阶段：大数据银行时期，是智慧银行、数字货币为主导的数据变革阶段。

第五阶段：全数据银行时期，是数据本位货币体系的数据变革阶段。

银行大数据和互联网大数据的区别见表 6-1。

表 6-1　　　　　　　银行和互联网大数据比较

比较项	银行大数据	互联网大数据
数据组织	牌照、信赖和稳定	自由、创新、灵活和高效
数据特征	历史数据大	实时数据和历史数据都大
运算模型	专家系统为主	机器学习为主
数据挖掘	理论和专业为主	理论和深度学习为主
分析结果	精准可控	概率相对可控
数据存储	大容量、可扩展	
数据读取	高速、并行、可线性扩展	
数据运算	高性能、并行，可线性扩展	

6.1.1　变革的导火索——大数据

随着 2006 年之后大数据并行计算和分布式系统技术的成熟，随着智能手机应用，随着互联网、移动互联网、物联网的普及，为这个世界带来了海量数据。这些大量、多变、快速产生的有价值数据，给我们的生活带来巨大的变化。业界估计，到 2020 年全球联网设备数量将达到 340 亿台/件，全球数据总量将突破 40ZB。目前正处于互联网时代向大数据时代转型期，正处于银行数据变革的第三阶段向第四阶段转型的关键时刻，是电子银行向智慧银行转型、电子货币向数字货币转型的变革期，而这场变革的导火索就是大数据。

大数据已开始深入渗透各个行业，引爆各行各业的大数据变革。国内银行业也开始行动实践起来。银行作为金融大数据的发源地，必须快速、准确、稳步和开放地进行变革，时刻准备拥抱即将到来的大数据时代。

当前国内不少银行已经开始尝试通过大数据技术获得竞争优势，将大数据应用到"实战"中。如：民生银行使用大数据技术进行精细化营销，中信银行信用卡中心使用大数据技术进行实时营销，交通银行使用大数据技术进行事件营销，建设银行使用大数据将自己的电子商务平台和信贷业务结合起来，光大银行使用大数据建立了社交网络信息数据库，招商银行利用大数据发展小微贷款市场。

目前国内银行业被大数据引爆的实际应用场景如下：

在客户管理方面，通过同大数据云计算金融服务商合作，导入由互联网大数据所构建全面的用户画像，进行客户定位、客户分类、优化客户等服务；同时，结合对银行数据仓库内部客户聚类分析，交叉关联适配，进而有效甄别出优质客户、潜力客户以及流失客户。

在营销管理方面，通过直销银行、消费金融、供应链金融、智能投顾等大数据金融业务平台，进行精准营销、实时营销、事件营销等服务。借助银行内部大数据分析平台，对形式多样的用户数据进行挖掘、追踪、分析，将客户进行聚类、关联分析，获取用户的消费习惯、风险收益偏好和营销线索等信息，从而根据不同客户特性打造个性化产品营销服务方案，将最适合的产品服务推介给最需要的客户，有效激活休眠客户。

在风险管理合规管理方面，对于客户的信用评估、贷款风险评估、反欺诈、反洗钱等，大数据分析能帮助银行了解客户的自然属性和行为属性，结合客户行为分析、客户信用度分析、客户风险分析以及客户的资产负债状况，建立完善的风险防范体系。未来，银行还将利用大数据技术发展如下业务：完善客户的风险定价模型，实现多渠道数据的实时交互，加强数据质量，加强语音和语义分析，加强生物特征识别，实时营销推广到更多银行业务，将更多大众相关的网上业务和银行金融网络服务结合起来等。

在智能客服管理方面，交通银行推出智能网点机器人——"交交"。虽然还有诸多实用问题，但也引发了金融银行界的广泛关注。"交交"为实体机器人，采用语音识别和人脸识别技术，可以人机进行语音交流，还可以识别熟悉客户，在网点进行客户指引、介绍银行的各类业务等。在语言交流过程中，"交交"能回答客户的各种问题，缓解等待办理业务的银行客户潜在负面情绪，分担大堂经理的工作，分流客户，节省客户办理时间。

这些银行在大数据应用方面的创新和突破，加快了国内银行业进入大数据应用"实战"阶段的进程，引爆了大数据在银行客户管理、营销管理、风险管理和智能客服等方面变革，对大数据发展起到巨大的推动作用。大数据应用深刻影响着银行的未来发展，大数据引爆银行数据变革的时代已经到来！

6.1.2 大数据引爆营销变革

2013 年是中国大数据的元年，国内优质互联网企业依托大数据和大数据技术引爆了互联网金融。以淘宝支付宝为代表，通过电子支付结算业务为起点，逐渐通过余额宝开始涉足小额存款负债类业务，最后以 P2P 业务为代表，渗入贷款资产类营销业务。互联网金融按照金融生态风险"级次"从小到大的顺序，影响和冲击了传统银行金融零售业务，改变了银行金融业的营销市场生态环境，引爆了这场以大数据应用为主导的营销变革。

目前，国内以 BATJ 为代表的优质互联网企业在网贷、众筹、移动支付、智能投顾、电子钱包等面向大众的金融零售业务营销领域和在适合大数据施展的空间攻城略地。这促使银行业在营销，服务和管理模式上都发生了改变，大数据革命将首先对银行零售业务的营销观念和经营模式加以变革性地颠覆。在这场大数据引爆的营销变革下，银行或者深化对大数据的应用，或者同专业互联网大数据金融服务商合作做混合金融，或者被边缘化。银行业应如何主动变革、变挑战为机遇是一个值得探讨和深刻思考的问题。

6.2 大数据与风控管理

在互联网技术和信息技术的推动下，大数据在金融行业的风控中获得了引人注目的进展，但目前在实际应用中还面临数据质量、大数据风控理论、数据隐私保护等障碍。但大数据及大数据技术天生就具有对客观真实数据一种洞察能力，这种能力比人为主观或专家分析具有更广阔的视角和时间纵深，甚至通过深度机器学，可帮助人类分析理解多维度数据空间所映射的多维现实世界空间。因此，可以说，未来在具有健全的大数据和成熟的深度学习大数据风控体系下，大数据风控比传统的专家系统风控更客观。

相对于传统风控，基于专家模型的大数据风控在建模原理和方法论上并无本质区别，只不过是通过互联网的红利，采集到更多维的数据变量，通过分析数据的相关性来加强或者替代传统的强因果关系。但随着大数据技术的发展，大数据将更加全面，基于深度学习的大数据风控体系会大行其道，其本质同目前传统风控和基于专家模型的大数据风控有本质区别。深度学习赋予的数据智慧，是对传统风控和基于专家模型的大数据风控一种颠覆。深度学习具有对多维数据、海量数据的洞察学习能力，远远超越了人类对数据所能理解的范畴。长远看，通过深度学习，大数据风控将构建一个无风险的、无欺诈的社会。那时数据本位的货币体系将建立。

6.2.1 在风控领域，怎么看大数据和大数据技术

前者是指的数据及可用于风险管理的数据问题，后者是指一些诸如神经网络、支持向量机（SVM）、决策树等大数据算法和机器学习的方法。

从大数据的数据源角度看，与个人有关的信息从外到里可以分为三层：第一圈是关于个人的所有信息；第二圈是关于个人的所有履约信息；第三圈是信贷履约的信息。传统风控中，一般利用最里圈的信贷履约信息，加上部分个人基本信息等来预测信贷违约和履约情况。随着互联网和大数据技术的发展，通过可方便、低成本地获取外圈数据来分析内圈的履约预测有一定效果。例如，打车的履约情况、正常情况的交通违章等对信贷履约的判断是一个有一定效果的依据。因此，大数据风控是一个以多维数据为依托的更为客观风控体系。对于不同圈层数据的跨圈层使用，特别是外圈层数据在内圈层使用的过程中，要特别处理好法理约束和本人授权两个问题，才有利于各种数据在风险评估领域中的可持续使用。

在数据收集上，大数据风控数据收集主要集中在三个方面。首先是大数据征信，收集各个平台的客户信用情况，比央行版和商业银行版本的征信更加细致全面。其次是对接国家公安端口，大数据收集客户其他信息，比如犯罪记录、交通违章、酒后驾车、开房信息等等。上面这些数据不会直接全部显示给互联网金融公司，只会提供一个按某标准的评分。最后是其他智能大数据手段，比如对接银联系统，看到客户消费情况；人脸识别、声纹等生物特征识别数据，主要应用在反欺诈领域。

从大数据技术角度来看，任何大数据方法用于信用风险的评估，要满足三个条件。首先是明确的：即对评分建模的方法论、过程和数据使用上是明确的，对监管、对公众是应该公开的；其次是准确的：即建立的模型

要对不同风险状况的人群有区分能力和排序能力;第三是稳定的:即数据、方法和模型在人群、时间跨度上是稳定的。从传统的逻辑回归到决策树再到机器学习等大数据方法的使用,要始终坚持开发出来的模型"明确、准确和稳定"的三大特点。所以,必须要明确一点:基于专家模型的金融大数据风控技术局部会替代传统风控体系,例如符合大数法则的小额信用贷款。但短期没有健全大数据作为支撑,是不会全面替代传统专家风险控制手段。这也是中小银行的优势所在之一。

6.2.2 在信贷风控领域,评分卡都有哪些

信贷场景中的评分卡,是以分数的形式来衡量风险概率的一种手段,是对未来一段时间内违约/逾期/失联概率的预测。它有一个明确的分数范围,通常分数越高越安全。这种评分卡由数据驱动(数据收集、数据预处理、数据分析、建模),主要分为反欺诈评分卡、申请评分卡、行为评分卡和催收评分卡四种。

(1)反欺诈评分卡和申请评分卡是在贷前准入环节。

(2)申请评分卡用到的数据大部分是申请者的背景变量,而且这个模型一般也会比较谨慎。

(3)行为评分卡依据申请者已经获准贷款并放出贷款后的消费习惯和还款情况等一些信用特征,来预估用户逾期或者是违约概率。

(4)催收评分卡是对已经逾期或者违约客户进行催收评分。严格来讲,催收评分卡应有三个模型:还款率模型、账龄滚动模型和失联模型。

6.2.3 传统银行的信贷审批

上面学习了大数据风控的一些基本知识,接下来以信贷风控流程为例,讲讲传统风控和大数据风控的区别和正确使用方法,这里以商业银行的信用卡部门为例,解析一下传统银行的信贷审批流程(见图6-1)。

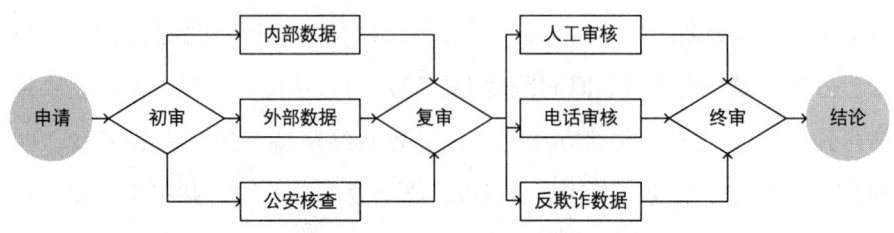

图 6-1 信用卡审核简易流程图

从流程上看，银行的信贷审核，是以信贷评分卡模型的自动审核为主，再结合人工审核为辅的风控模式，在需要特定审核的环节由人工进行，比如验证申请工作、校验申请人相关联系人的真实性等；从审核数据上看，对于银行来说，影响审批额度的主要因素包括客户基本特征、客户的风险暴露情况、现有的社会表现。

不管是中资还是外资银行，大致都遵循了这样一套风险评估和信用审核的逻辑（见图 6-2）。

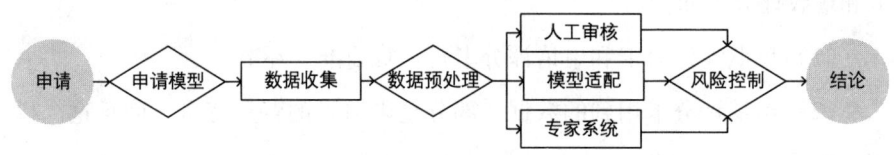

图 6-2 零售业务大数据风控流程

通过上面两个图对比之下，就可以看出，目前银行领域所讲的大数据风控，在原理和方法论上跟传统金融的风险控制并没有本质区别，只是数据收集、数据处理核准方面是通过大数据技术和机器学习进行大量、高效地分析处理。风控体系还是建立在专业风控模型基础之上，甚至仅是之前传统风控的一种辅助手段，并不是以全面大数据为依托的、使用大数据深度学习技术来进行支撑的风控体系。理想大数据风控如图 6-3 所示。

由于目前数据还不全面，深度学习理论还处于探索中，处于理论不稳定期，所以在以稳定、低风险著称的银行业，还是以专家系统和专家建模

图6-3　基于全数据深度学习大数据风控流程

大数据风控为主、深度学习大数据风控为辅。

6.2.4　专家模式大数据风控的特点

有了上面一些初步了解，要用好应用现阶段专家模式的大数据风控必须理解它的特点。

（1）传统风控和专家模式的大数据风控，建模原理和方法论上并无本质区别。

专家模式的大数据风控相对于传统风控来说，只是对数据的收集、数据的预处理采用了大数据技术进行分析处理，风控依旧同传统风控一样依赖专家模式，不过建模过程中采用了一些大数据算法和机器学习算法，并不像采用深度学习的风控体系那样，具有多维度数据自我学习、自我分析和自我完善的能力，并不真正具有多维度大数据智慧。

（2）市场空白给予机会以数据相关性替代因果关系。

目前银行业广泛采用专家建模方式的大数据风控相对于传统风控来说，建模方式和原理其实是一样的，其核心是侧重在利用更多维的数据、更多互联网的踪迹和更多传统金融没有触及的数据（见表6-2）。比如电商的网页浏览、客户在app的行为轨迹、甚至GPS的位置信息等。这些信息看似和一个客户是否可能违约没有直接关系，但实则通过大量的数据累积，能够产生出非常有效的识别客户的能力。

（3）大数据风控的优势和劣势。

大数据风控是一个广义词和一个时代的热词，量化风险控制就是利用数据分析和模型进行风险评估，依据评估分数，预测还款人的还款能力、还款意愿以及欺诈风险。

表6-2　　　　　　大数据风控与传统银行风控的比较

		传统金融风控	专家大数据风控	深度学习大数据风控
不同点	数据量	传统数据和强变量	大数据和强变量	大数据和弱变量
	运行逻辑	强因果关系	强因果关系为主 不讲因果关系为辅	多维数据智慧为主
相同点	建模规则	专家建模规则为主		多维数据建模为主

大数据主要是指全量数据和用户行为数据，目前领先的数据风控或者大数据风控使用的还是小量的大数据，使用的是围绕客户周围的信用数据，这些数据的特点是和用户的信用情况高度相关。之所以叫作大数据风控，完全是一个是时代用语，确切地说就是利用数据实施科学风控。就像互联网思维一样，以客户为中心的商业思维被称为互联网思维。

1. 大数据风控的优势：

第一，用户行为数据成为风控数据。风控最好的数据还是金融数据，例如年龄、收入、职业、学历、资产、负债等信用数据。这些数据同信用相关度高，可以反映客户的还款能力和还款意愿。这些数据因子在风控模型中必不可少，权重也很高，是信用风险评估最好的数据。但是除了这些强相关的数据，一些客户行为数据对信用风险评估也具有较大的影响，例如客户是否经常去澳门赌博，客户是否经常交通违规，客户是否经常酒后驾车，客户是否经常随便停放共享单车，客户是否参与高利贷，客户是否经常开房，客户是否患有重大心理疾病等等，这些信息在一定概率下也决定了客户风险水平。

在某些条件下以上这些因素可能会成为决定信用风险事件的强相关数据。过去这些客户行为数据由于巨大，缺少有效的收集分析手段，并没有放到信用风险评估模型中，没有参与客户的信用风险评估。金融企业和互联网金融企业是在已经发生的信用风险事件之后，通过大数据技术分析发现这些客户行为信息在很多风险事件中起到了很关键的作用。小概率风险事件会导致很严重的后果，同信用风险事件的发生具有较强的关联性。

现实世界的客户行为可以揭示信用风险，互联网上的客户行为也同信用风险高度相关。例如全部用大写字母填写资料的人，信用贷款逾期率较高；凌晨1点登录网络申请贷款的人，恶意欺诈的比较多；手机上只有贷款app，没有其他app的人，其恶意欺诈比率高；缺少社交活动的人，其贷款逾期可能性较高。这些用户行为信息都同信用风险高度相关，可以作为一个重要因子进行录入，影响客户的信用评分。

大数据风控一个最大的优势就是丰富了信用风险评估的数据维度。这些客户行为信息，很大程度是大数据采集和分析的结果，客户一般是不会提供给金融行业的。很多信息是规律性信息，需要大数据分析才可能得到，其在信用评估中的权重也需要不断优化模型来完善。

第二，实时输入和实时计算，解决风险视图实效性问题。传统风控的另外一个缺点是数据录入和评估结果的滞后性。缺乏实效性数据的输入，风控模型反映的往往是滞后数据的结果。利用滞后数据的评估结果来管理信用风险，本身产生的结构性风险就较大。

银行现有的风险控制机制是参考历史数据+模型+专家经验。但是风险事件的联动效应已经变大，一个小的风险事件可能在很短的时间内产生巨大的影响后果，风险事件撬动的杠杆变大了。历史数据反映未来趋势的相关程度正在变弱，因此信用风险管理需要大量实时的数据，已有的模型对风险事件（尤其是内部欺诈、外部欺诈）的识别能力在下降，需要新的风险控制模型和实时数据。

大数据的数据采集和计算能力，可以帮助银行建立实时的风险管理视图。借助于全面多维度的数据、自我学习能力的风控模型、实时计算结果、坏种子数据，银行可以提升量化风险评估能力。

数据、技术、模型、分析将成为信用风险评估的四个关键元素，其背后的力量就是大数据的技术和分析能力。银行利用大数据的风控能力，实时输出风险因子信息，为银行提供实时风险管理视图，提高风险管理的及时性。

第三，丰富数据输入维度以及较细的颗粒度，对传统风控的补充。传统风控模型已经不能适应复杂的现代风险管理环境，特别在数据信息录入维度上，影响客户信用评分的信息较多，很多都没有引入风险评估流程。例如企业所处行业的竞争环境以及同业产品的竞争、企业产品的生命周期、企业的关联交易信息和司法信息、贷款个人的心理和性格、上下游产业经营情况、市场需求变化、客户对企业产品的评价等。

大数据风控可以提供全面的数据（数据的广度）、强相关数据（数据的深度）和实效性数据（数据的鲜活度）。这些数据颗粒度可以很小，同内部数据以及原有数据打通和整合之后，会影响风险评估结果，提升信用风险管理水平，客观地反映用户风险水平。

信用风险管理中还款意愿也较为重要，多维度、全量的客户行为数据可以客观揭示客户的还款意愿。另外，细小的颗粒度信息在打通之后，可以更加客观了解客户的还款能力。全量数据的客户行为分析，可以充分了解客户行为，帮助银行识别出恶意欺诈客户。这些多维度、细颗粒度、全面的信息正是大数据风控客观的优势所在，也是对传统风控的一个很好的补充。

2. 大数据风控的劣势：

还是在这里要强调一下，信用风险评估最好的数据还是金融数据，就是人行征信系统里的数据，大数据风控只是一个补充，不能够完全替代传统的信贷风险管理。现阶段，非全大数据环境，大数据风控可以从数据维度和分析角度提升传统风控水平，是一种必要的补充，可以让传统风控更加科学严谨。

大数据风控也有缺点，例如数据的覆盖率、匹配率、饱和度、鲜活度、查得率以及相关度，甚至数据采集和使用涉及的隐私问题都是大数据风控的缺点。目前，大数据风控只是提供辅助决策，数据可以说明一些问题，但是不能代替人脑做决定，当利用数据分析出结果后，风险管理决策还是需要风险管理专家依靠其他的信息来决定。当前，市场上大多数基于互联网大数据的征信公司和风控公司都面临这些问题，数据的匹配率很多都低于20%，有的做风控的公司，其数据匹配率低于8%，无法进行商用，而这方面银行的成熟风控体系依旧可以发挥绝对优势。

上面对传统风控和大数据风控的区别、应用、优势和劣势和效果进行了详细分析。可以看到，大数据风控为了准确，目前还是依赖于人工建模分析。未来到了大数据时代，大数据成熟时期，通过全面数据来源，更长期历史数据积累，以深度学习基础的数据智能将取代依赖于人工建模分析的大数据风控体系。但通过上面讲述大数据风控的本质，可以说它是更客观的风控体系。

6.2.5 如何利用大数据风控辅助中小银行实施风险控制

专业大数据风控服务领域的经验，很值得中小银行借鉴。一般传统银行通常采用对所有人都适用的一个模型，其中包含性别、出生地等几十到几百个变量，对每个人都简单化处理，以打分卡的形式评分。例如：FICO信用评分参考的数据变量只有不到50个，很多人摸清了FICO关注的变量后，就可以"模型套利"增加自己的信用评分。例如一个人可以每天反复在图书馆借书还书"刷信用"。而大数据风控服务企业大数据风控模型采用的变量则多达7万个，采用的算法也不是线性回归模型，而是深度学习的大数据模型。

专业大数据风控服务一般采用几十个模型，从不同角度进行计算。几十个模型从不同角度衡量申请人的分数，其中有进行身份验证防欺诈的，还有 2~3 个是预测提前还款概率的,其余都是评判还款意愿和能力的。最后会用一个随机深林决策模型将几十个模型的结果整合在一起,再通过深度学习得到最终的结果。

这么做的优点就是模型越多,准确率越高。有两个模型,对利润的提升分别是 29.9% 和 10.25%,可能第二个模型往往会被弃用。但如果把这两个模型放在一起使用,利润会提升了 40.15%。每个模型平均半年就会诞生一个新版本,替代旧的版本。新版本通常会加入更多的变量和数据源。

大数据风控模型中大部分信号都是通过机器学习找到的。例如,一个人在网上填表喜欢用大写还是小写就是一个信号。通过模型发现,填表喜欢全部用大写字母的人违约率更高。在月收入经过验证的情况下,收入越高,违约率越低。然而,在月收入没有经过验证的情况下,自己填写月收入 3 万元的人违约率是最低的,填写数字越大违约率就越高。

很多人将社交数据视为神器,但专业大数据风控服务公司更喜欢一些采用结构化和类结构化的数据,例如交易信息、法律记录、租赁信息等,而信息来源主要是从正规数据代理商、渠道商处购买。

专业大数据风控服务公司的先进之处并非数据来源,因为那些数据很多银行都有,区别在于,银行的人有数据却不会用,就好比坐拥大量矿藏却不会开采冶炼。相反,专业大数据风控服务公司最大的优势就是对专业大数据技术和机器学习技术的灵活掌握。同样的数据到了专业大数据风控服务公司手中,就可以碰撞产生无数有价值的信息。

所以,中小银行要想应用好大数据风控,最简单、最有效的方式就是同专业为银行服务的大数据公司联合运营,这样既降低数据获取成本,又提高效率,降低风险。随着大数据逐渐全面,逐渐有更多历史沉淀,随着基于深度学习的大数据风控体系的成熟,这场更客观的大数据风控变革正稳健地一步步向前推进。可以说，大数据风控的成熟是大数据时代来临的一个重要标志，而这一刻终究会到来。

6.3 从大数据到机器学习

大数据就是由大量、多变、结构复杂、类型众多、高速产生有价值的数据构成的数据集合。大数据技术就是在合理时间内，通过对上述数据集合的管理、处理、整理、分析和挖掘成为能帮助政府机构、组织、企业和个人进行管理、决策、智能处理和控制的一门信息技术。

6.3.1 大数据的特点

（1）大量：即数据体量庞大，包括采集、存储和计算的量都非常大。

（2）高速：要求处理速度快，从各类型的数据中快速获得高价值的信息。

（3）多样：数据种类繁多。

（4）价值：价值密度低，由于数据产生量巨大且速度非常快，必然形成各种有效数据和无效数据错杂的状态，因此数据价值的密度低。

（5）在线：数据永远在线，随时能调用计算。

6.3.2 大数据技术六个发展方向

（1）大数据采集与预处理方向。

这个方向最常见的问题是数据的多源和多样性，导致数据的质量存在差异，影响数据的可用性。

（2）大数据存储与管理方向。

这个方向最常见的挑战是存储规模大，存储管理复杂，需要兼顾结构化、非结构化和半结构化的数据。分布式文件系统和分布式数据库相关技术的发展正在有效解决这些问题，如大数据索引和查询技术、实时及流式大数据存储与处理的发展。

(3) 大数据计算模式方向。

如今出现了多种典型的计算模式,包括大数据查询分析计算、批处理计算、流式计算、迭代计算、图计算、内存计算等。

(4) 大数据分析与挖掘方向。

在数据类信息迅速膨胀的同时,还要进行深度的数据分析和挖掘,因此越来越多的大数据分析工具和产品应运而生,其中重中之重就是机器学习。

(5) 大数据可视化分析方向。

通过可视化方式帮助人们探索和解释复杂的数据,有利于决策者挖掘数据的商业价值,进而有助于大数据的发展。

(6) 大数据安全方向。

当我们在用大数据分析和数据挖掘获取商业价值的时候,黑客很可能在向我们攻击收集有用的信息。通过文件访问控制来限制呈现对数据的操作、基础设备加密、匿名化保护技术和加密保护等技术正在最大程度地保护数据安全。

6.3.3 大数据技术体系

图6-4是大数据技术体系图,机器学习占了大数据技术一半江山。可见,要读懂大数据,就必须了解什么是机器学习。

大数据技术的机器学习行业发展见图6-5。

通过大数据机器学习发展方向展望,我们可以看到,大数据机器学习技术涉及面很广,变革很大,人类社会方方面面都可以看见机器学习的踪影。但大数据机器学习技术还有很多问题需要面对,有很多创新需要尝试,有很多数据需要沉淀,有很多思想需要挖掘。这些决定从互联网时代迈向大数据时代,全球各个国家、组织和各行各业要逐步探索。

第6章 大数据与机器学习

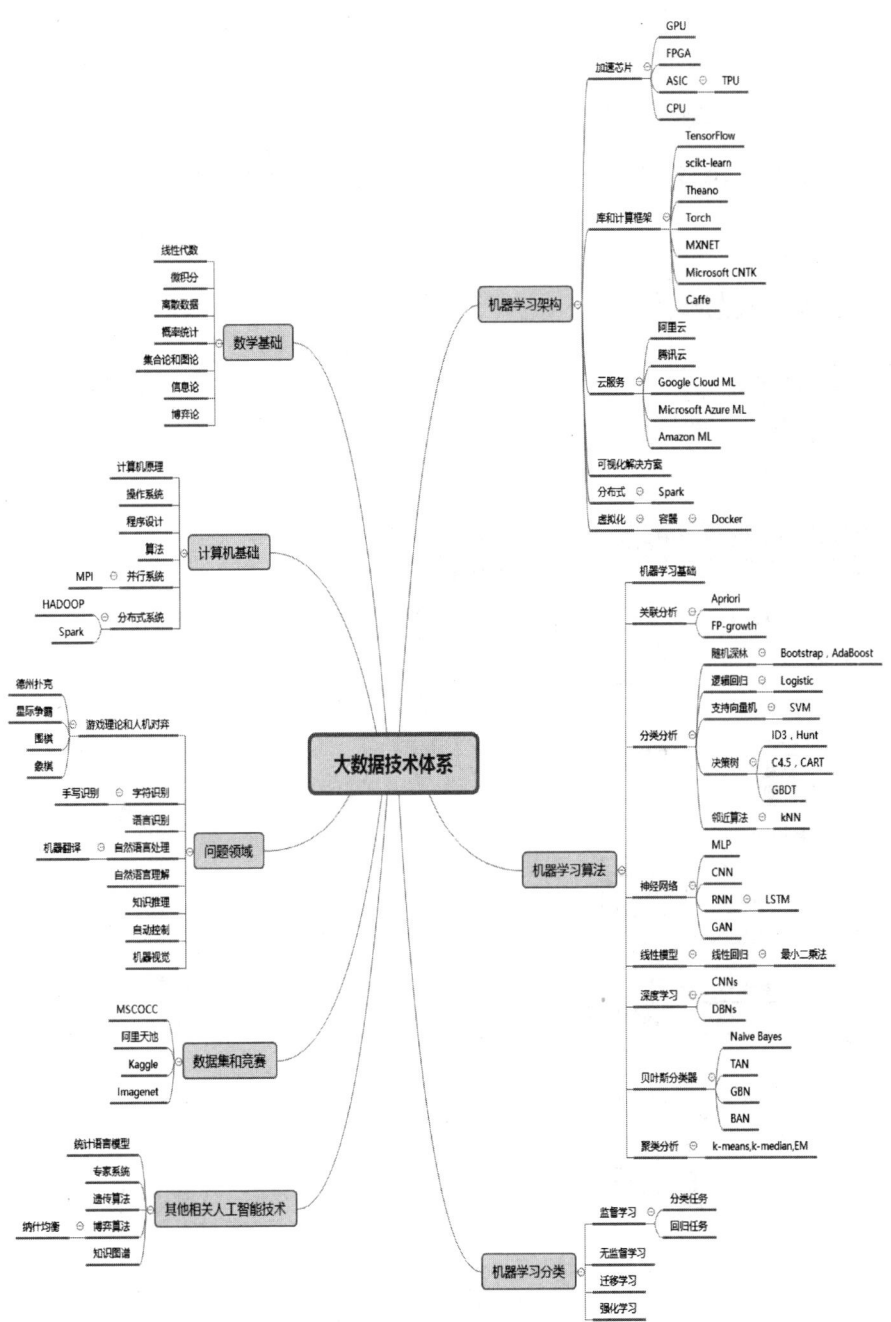

图6-4 大数据技术体系图

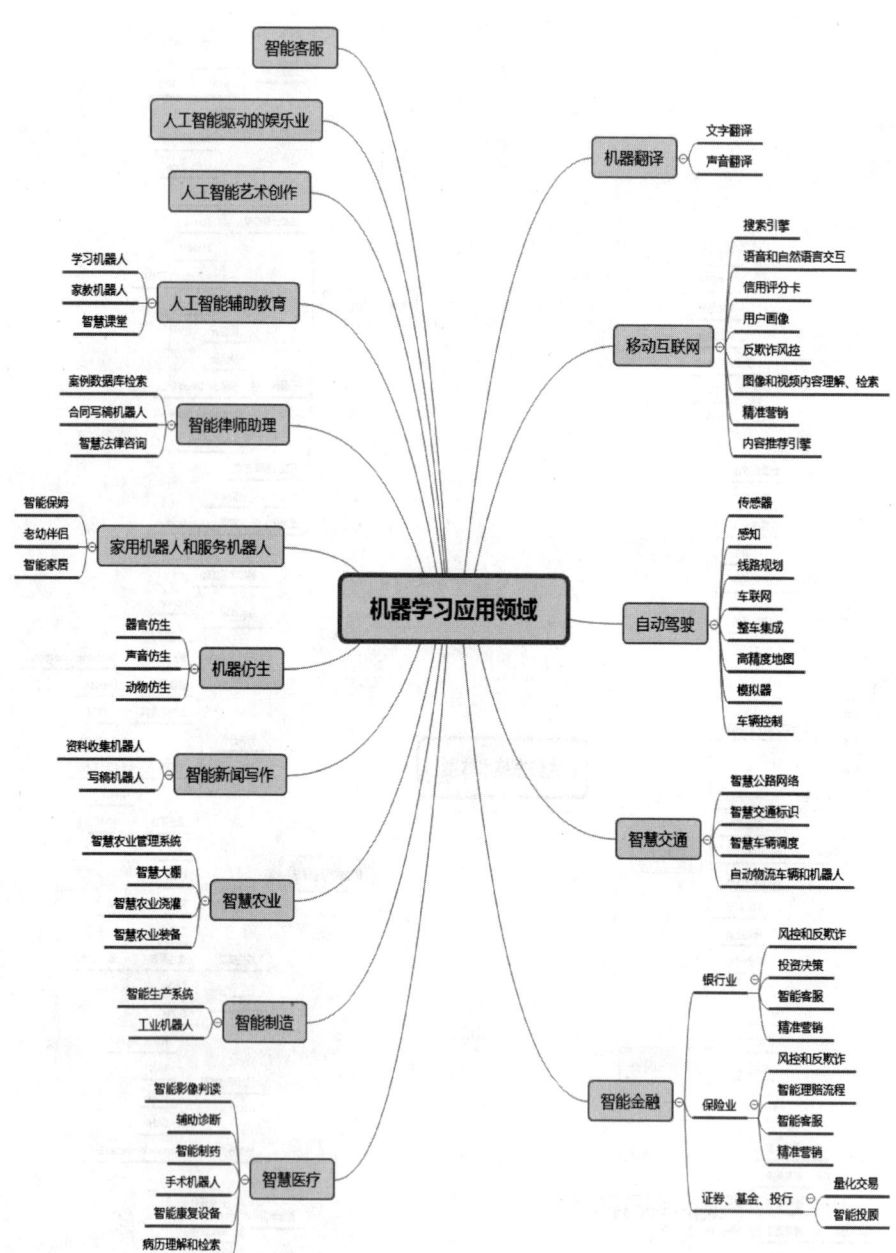

图 6-5 机器学习行业发展

6.3.4 机器学习技术五大应用场景

那机器学习和之前专家系统有什么不同，机器学习系统能否代替专家系统呢？目前按照人工智能的机器学习技术分类，基本有五大类应用场景设想：

(1) 语音识别与自然语言处理应用：

- 智能客服；
- 语音数据挖掘。

(2) 计算机视觉与生物特征识别应用：

- 人像监控预警；
- 员工违规行为监控；
- 核心区域安全监控。

(3) 机器学习、神经网络应用与知识图谱：

- 精细化营销；
- 金融预测、反欺诈；
- 融资授信决策；
- 智能投顾。

(4) 服务机器人技术应用。

机房巡检和网点智慧机器人：基于机器学习的人工智能，现阶段人工智能确实可以提高工作效率，但目前人工智能最终的应用场景还需要继续深入思考。短期来看，人工智能在绝大部分领域还不能替代人力，不能代替目前长期稳定、可靠的专家系统，大数据和机器学习是当前专家系统的一个有效补充。当前对于银行金融行业而言，最重要的是继续紧跟这股智能潮流，同专业的银行大数据服务公司合作，联合运营，降低风险。

6.3.5 基于知识的专家系统和基于机器学习的智能系统之间的差异和相通之处

知识的专家系统（Expert System）：一个智能计算机程序系统，其内部含有大量的某个领域专家水平的知识与经验，能够利用人类专家的知识和解决问题的方法来处理该领域问题。

基于机器学习智能系统（Intelligence System）：能产生人类智能行为的计算机系统。

首先，不论机器学习和专家系统都是基于计算机的系统。夸张地说，它们的目的都是让计算机拥有人类的智能，能够让计算机完成人类可以做到甚至不能做到的事情。但是不同的是专家系统是根据某领域一个或多个专家提供的知识和经验，进行推理和判断，模拟人类专家的决策过程，也就是说给出 if（xxxxxx），然后机器告诉我们相应的 else（xxxxxx），并且可以结合使用，多重判断，从而详细定位我们需要的信息。

基于机器学习的智能系统是人工智能的核心，是使计算机具有智能的根本途径，其应用遍及人工智能的各个领域，它主要通过对数据的使用归纳、综合，甚至通过对数据深度学习进行具有类似人类演绎推理能力。

二者本质上的区别之处：人类的思考是长期归纳综合之后经过演绎推理得出的，更具有现实世界空间的想象力和创造力；而机器学习特别是深度学习更多是具有多维数据空间的想象力和创造力。单从这点分析，两种系统都是有缺陷的，所以在大数据应用领域，机器学习系统和专家系统往往相辅相成，结伴出现。

一个不具有学习能力的智能系统难以称得上是一个真正的智能系统，但是以往的智能系统都普遍缺少学习的能力。例如，它们遇到错误时不能自我校正；不会通过经验改善自身的性能；不会自动获取和发现所需要的知识。它们的推理仅限于演绎而缺少归纳，因此至多只能够证明已存在事实、定理，而不能发现新的定理、定律和规则等。正因如此机器学习的深度学习才变得越来越重要，也成为人工智能的核心之一。在专家系统中的知识获取瓶颈和对多维数据空间分析能力就存在，人们一直在努力试图采用机器学习的方法加以克服。随着大数据时代步伐的逐渐临近，这一切将成为现实，那时科学技术和人类社会将面临一个质的飞跃。

学习是一项复杂的智能活动，学习过程与推理过程是紧密相连的，按照学习中使用推理的多少，机器学习所采用的策略大体上可分为五种——机械学习、传授学习、类比学习、事例学习和深度学习。学习中所用的推理越多，系统的能力越强。

6.3.6 高性能专家系统的特征

专家系统是一个基于知识的系统，它利用人类专家提供的专门知识，模拟人类专家的思维过程，解决对人类专家都相当困难的问题。

一般来说，一个高性能的专家系统应具备如下特征：

(1) 启发性：不仅能使用逻辑知识，也能使用启发性知识。它运用规范的专门知识和直觉的评判知识进行判断、推理和联想，实现问题求解。

(2) 透明性：它使用户在对专家系统结构不了解的情况下，可以进行相互交往，并了解知识的内容和推理思路，系统还能回答用户的一些有关系统自身行为的问题。

(3) 灵活性：专家系统的知识与推理机构的分离，使系统不断接纳新的知识，从而确保系统内知识不断增长以满足商业和研究的需要。

由此可以看出，专家系统更加具有专一性，放弃了广泛性，从而使得它虽然作用范围小，但是层次更深，智能化程度更高。而早期机器学习必定要通过底层一点一点积累得到，这是由学科之间的相互联系决定的。我们应当观察"婴儿"的学习过程，建立一个整体的只是概念结构，而不是迫切地想要用于实际。就如同学习计算机这门学科一样，虽说我们不要求很高的数学程度,但是基础的数学知识最少也需要初中阶段,更不用说如果进行结构设计和数据优化,数据建模很可能还需要用到高等数学。随着大数据和大数据技术的发展,机器学习的深度学习,打破了学科之间的相互联系,单纯从多维数据空间领域彻底解决了推理、归纳和创新这些难题。不过现实世界里,人类推理、归纳和创新能力还需要人类来自己或映射到多维数据空间通过深度学习来解决。

6.3.7 经典机器学习看大数据的可视化景象

(1) 机器学习关联算法推理客户最有可能会一起购买的商品的可视化景象(见图6-6)。

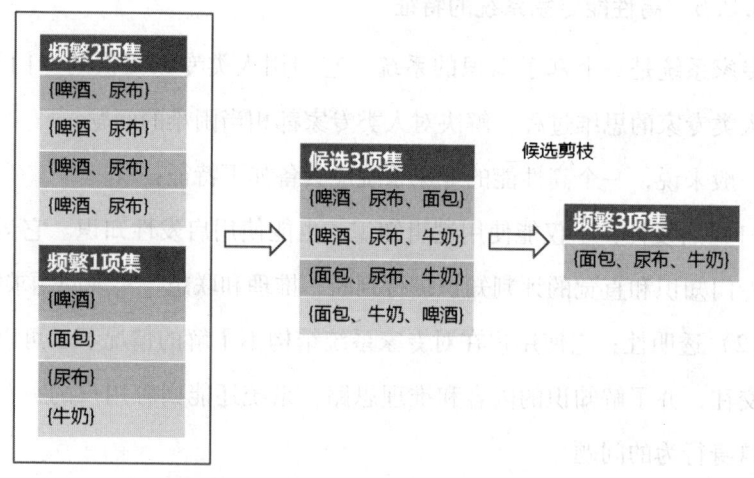

图6-6 一起购物的可视化景象

(2) 机器学习聚类算法看客户数据的机器学习可视化景象(见图6-7)。

(3) 机器学习决策树算法根据每天来高尔夫球场的客户记录表和相应天气,判断什么样天气适合客户玩高尔夫球的可视化景象(见图6-8)。

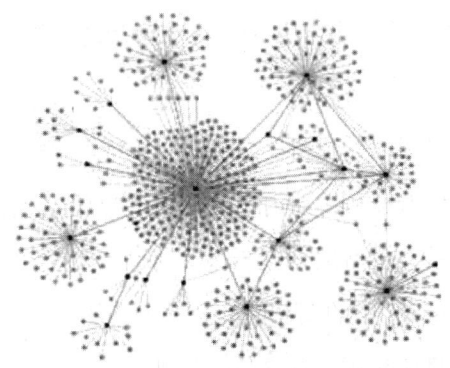

图6-7 K-means 客户细分模型

图片来源：货源之家。

Plat golf dataset

Independent variables				Dep.var
OUTLOOK	TEMPERATURE	HUMIDITY	WINDY	PLAY
sunny	85	85	FALSE	Don't Play
sunny	80	90	TRUE	Don't Play
overcast	83	78	FALSE	Play
rain	70	96	FALSE	Play
rain	68	80	FALSE	Play
rain	65	70	TRUE	Don't Play
overcast	64	65	TRUE	Play
sunny	72	95	FALSE	Don't Play
sunny	69	70	FALSE	Play
rain	75	80	FALSE	Play
sunny	75	70	TRUE	Play
overcast	72	90	TRUE	Play
overcast	81	75	FALSE	Play
rain	71	80	TRUE	Don't Play

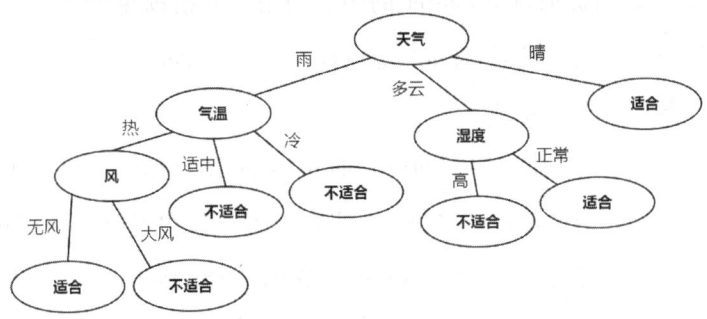

图6-8 户外娱乐可视化景象

6.3.8 通过大数据机器学习进行精准营销的实施案例

(1) 数据准备。

通过大数据获得用户的属性,如性别、年龄、学历、职业、地域、能力标签等;根据项目内容和活动内容制定一套精准营销的受众标签;提取用户之间的关注关系,微博之间的转发关系;获取微博 message 中的文本内容;获得微博 message 中的图片内容。

(2) 通过聚类算法对用户标签特征处理。

根据"数据准备"中用户属性信息和已有的部分受众标签系统,利用随机森林和 GBDT 算法组合,将没有标签的受众全部打上标签。这个分类问题中请注意处理连续值变量以及归一化。

将标签进行向量化处理,这个问题转化成对中文单词进行向量化,用 word2vec 深度学习算法处理后得到用户标签的向量化信息 label2vec。这一步也可以使用 word2vec 在中文大数据样本下进行预训练,再用该模型对标签加以提取,对特征的提取有一定的提高,大约在 0.6% 左右。

(3) 文本特征处理。

将"数据准备"中提取到的所有微博 message 文本内容清洗整理,训练 doc2vec 模型,得到单个文本的向量化表示,对所得的文本做 KMeans 聚类(KMeans,在 30w 的微博用户的 message 上测试,K 取 128 对文本的区分度较强),最后提取每个 cluster 的中心向量,并根据每个用户所占有的 cluster 获得用户所发微博的文本信息的向量表示 content2vec。

(4) 图像特征(可选)。

将"数据准备"中提取到的所有的 message 图片信息整理分类,使用预训练 CNN 卷积网络模型(这里为了平衡效率选取 VGG16 作为卷积网络)提取图像信息,对每个用户 message 中的图片做向量化处理,形成 image2vec。如果有多张图片,将多张图片分别提取特征值,再接一层 Max-

Pooling 提取重要信息后输出。

(5) 社交关系建立 (node2vec 向量化)。

将"数据准备"中获得到的用户之间的关系和微博之间的转发评论关系转化成图结构,并取户关系 sub–graph,最后使用 node2Vec 算法得到每个用户的社交网络图向量化表示。

为用户社交关系后的部分图示见图 6–9。

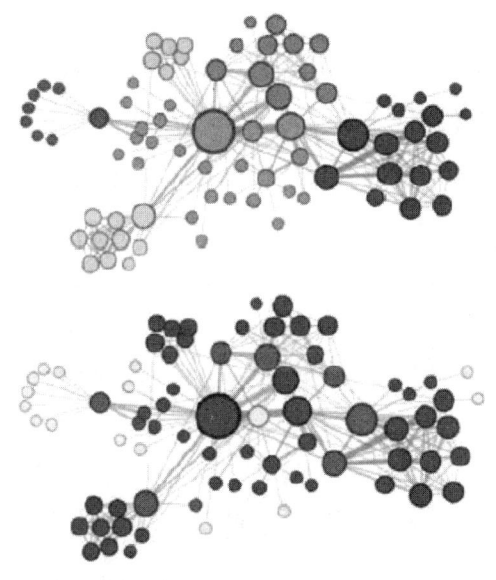

图 6–9 用户社交关系图示

(6) 将前 (2) ~ (5) 步骤得到的向量做拼接,经过两层 FC,得到表示每个用户的多特征向量集 (User Vector Set, UVS)。这里取的输出单元个数时可以根据性能和准确度做平衡,目前可实现的是输出 384 个单元,最后的特征输出表达了用户的社交关系、用户属性、发出的内容、感兴趣的内容等的混合特征向量,这些特征向量将作为下一步比对相似性的输入值。

(7) 分别计算种子用户和潜在目标用户的向量集,并比对相似性,使

用的是余弦相似度计算相似性,将步骤 f 得到的用户特征向量集作为输入 X、Y,代入下面公式计算相似性:

Similarity $(X, Y) = \cos(\theta)$

使用余弦相似度要注意:余弦相似度更多的是从方向上区分差异,而对绝对的数值不敏感,因此没法衡量每个维度值的差异,这里要在每个维度上减去一个均值或者乘以一个系数,或者在之前做好归一化。

(8)受众扩展。

获取种子受众名单,以及目标受众的数量 N;检查种子用户是否存在于 UVS 中,将存在的用户向量化;计算受众名单中用户和 UVS 中用户的相似度,提取最相似的前 N 个用户作为目标受众。最后我们将以上步骤串联起来,形成如图 6-10 所示的 Lookalike 算法示意图。

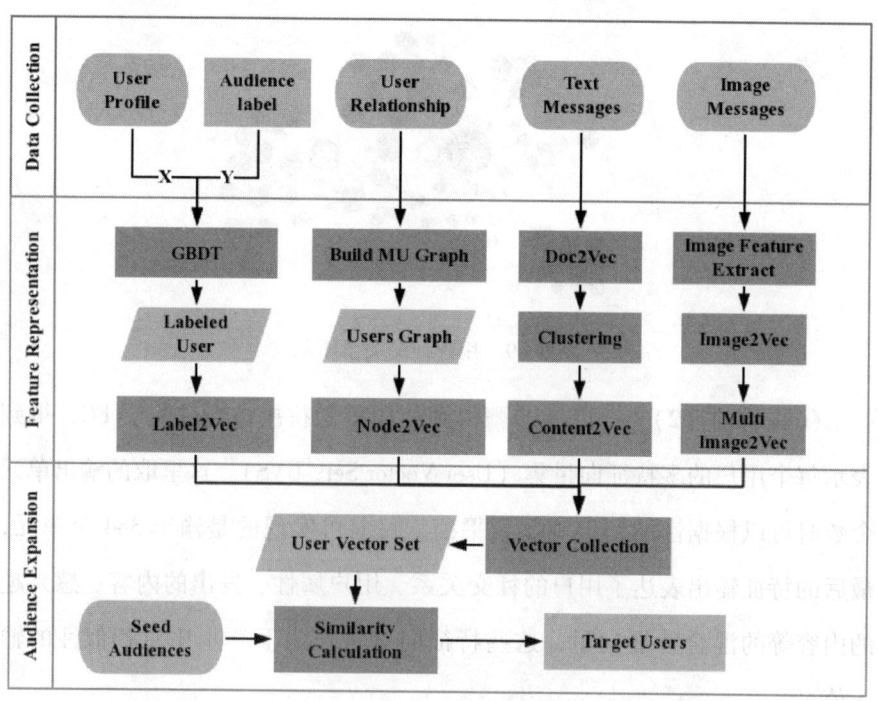

图 6-10　Lookalike 算法示意图

在以上步骤中特征提取完成后,使用一个 2 层的神经网络做最后的特征提取,算法结构示意图所示的 Lookalike 算法结构图(见图 6 – 11)。

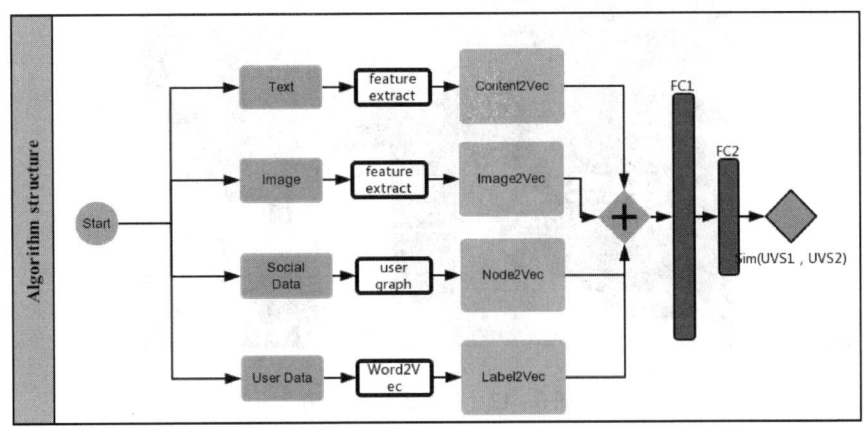

图 6 – 11　Lookalike 算法结构图

其中 FC1 层也可以替换成 MaxPooling。MaxPooling 层具有强解释性,也就是在用户特征群上提取最重要的特征点作为下一层的输入,读者可以自行尝试,这里限于篇幅问题就不做展开了。

6.3.9　国内深度学习实现的经典应用案例

2017 年 6 月 7 日,两名特殊的"考生"参加了高考。其中一名北京的"考生"只用了不到 10 分钟就答完 2017 年北京卷文科数学题,完成包括客观题和主观题在内的整张试卷,成绩为 134 分。据称这还是该考生把做题速度放慢 6 倍的结果。在距离北京 2 000 公里之外的成都,另一名"考生"则花了 22 分钟做完同样考题,成绩是 105 分。

它们就是使用基于机器深度学习实现的人工智能 AI 机器人 Aidam 和 AI – Maths。Aidam 把大数据深度学习和专家系统结合,通过语义分析,智能搜索实现答题,取得了 134 分的成绩。而 AI – MATHS 是 12 台服务器、1.2 万道题的小样本信息训练量,通过深度学习取得了 105 分成绩。(可见,在学习样本数量有限的情况下,还是机器学习和专家系统结合效果好。)相关资料见图6–12。

图6–12 机器人答题现场

下面就是谷歌大名鼎鼎的以3∶0完胜的表现,战败了国际围棋界顶尖棋手柯洁的alphago二代(见图6–13)。柯洁用"围棋上帝"来形容谷歌旗下的人工智能Alphago。而Alphago被中国棋院颁发职业九段认证,只用了7年的时间。

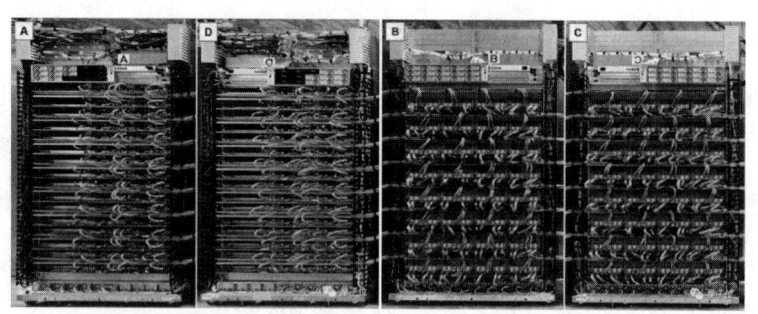

图6–13 智能机器

图片来源:百度。

最后再看看微软小冰,也是基于机器学习的深度学习的人工智能AI机器人,在2017年5月19日出版了第一版机器人诗集《阳光失了玻璃窗》获得好评,被认为已经有了很大的进步(见图6–14)。

图 6–14 "小冰"诗集

图片来源:百度。

从大数据到机器学习,是人类发展历史的必然。在大数据时代,特别是全面大数据时代,人类智慧和机器学习的数字智慧结合有利于人类在科技、人文等各领域更深、更快更好的发展。

6.4 机器学习在银行业应用

在 Alphago 战胜国际顶尖围棋高手韩国李世石和中国柯洁后,人工智能在全球的热议程度达到一个新高度。得益于神经网络深度学习在算法上的突破,多个基础人工智能技术水平得到飞跃提升。计算机视觉、机器学习、自然语言处理、机器人技术、语音识别等基于机器学习的人工智能技术快速发展对整个社会带来的改变将远大于互联网,大数据时代的步伐离得越来越近。

从未来看现在,我们极有可能处在"互联网+"向"人工智能"转变的时点。在金融领域，由于其服务的本质仍然是人与人之间的交流，人工智能带来的影响将是重新解构金融服务的生态，将互联网时代下银行转嫁给客户的服务成本以一种更有效的方式重新回归银行怀抱，从而降低客户选择倾向，加深客户对于金融机构的服务依赖度。

6.4.1 人工智能对银行金融行业带来的影响分析

基础层的云计算、大数据等因素的成熟催化了人工智能的进步，深度学习带来算法上的突破则带来了人工智能浪潮，使得复杂任务分类准确率大幅提升，从而推动了计算机视觉、机器学习、自然语言处理、机器人技术、语音识别技术的快速发展。人工智能未来将会给各个产业带来巨大变革，其影响将远大于互联网对各行业的改造，在所有领域彻底改变人类，并产生更多的价值，取代更多人的工作，也会让很多现在重复性的工作被取代，让人可以从劳动密集型的工作中解放出来，释放人力去做更具有价值的事情。对于金融领域来讲，主要有以下几方面的影响：

（1）银行金融行业服务模式更加主动。

银行金融都属于服务行业，从事的正是关于人与人服务价值交换的业务，人是核心因素。在互联网技术大规模应用之前，金融机构需要投入大量人力、物力等资源用于客户关系维护交流，发现客户需求，以获取金融业务价值。如银行与客户发生关系的媒介主要在网点，客户与网点人员通过人与人的交流，能迅速发现并满足客户金融需求，甚至通过一些交谈、观察客户的细节挖掘到潜在的需求。通过一段时间的人与人交流，客户与银行工作人员建立了深厚的关系，而这种关系提高了客户对于银行人员的依赖程度，我们称之为客户黏性（或者称为"使客户变傻"）。一旦黏性存在，客户很少会去比较银行人员所推荐的金融服务，如购买理财产品的时候，不会去比较各家银行的收益水平。

而在互联网时代，互联网技术和互联网金融企业的蓬勃发展，共同促使金融机构大力开展系统建设工作，网银、app 的出现降低了银行服务客户的成本。而不管是客户端或者是网页端，均采用了标准化的功能模板，需要客户学习如何使用，并在众多菜单功能中找寻想要的金融服务，客户与金融机构的交流是单向的。这一发现使"客户需求的成本"由金融机构转嫁给了客户，即在方便了金融机构的同时，麻烦了客户的金融需求发现和满足，这同样也使银行失去了创造更多金融价值的机会。

无论如何优化功能菜单，客户总要付出选择成本，在这个过程中，客户的金融专业度被动提升（或者称为"使客户变聪明"），他会去主动比较哪家金融机构提供的服务价格最优、服务效率最便捷，客户对金融机构的依赖度不断降低，随时可以被其他同业甚至互联网金融公司争取走。如银行这几年受到第三方支付机构极大冲击，无论在支付领域还是其他 C 端金融服务，银行的创新灵活度和政策监管尺度均处于下风，个人用户大规模被互联网金融机构圈走。

以机器学习为基础的人工智能飞速发展，使得机器能够在很大程度上模拟人的功能，实现批量人性化和个性化的服务客户，这对于深处服务价值链高端的金融将带来深刻影响，人工智能将成为决定银行沟通客户、发现客户金融需求的重要因素。它将对金融产品、服务渠道、服务方式、风险管理、授信融资、投资决策等带来新一轮的变革。人工智能技术在前端可以用于服务客户，在中台支持授信、各类金融交易和金融分析中的决策，在后台用于风险防控和监督，它将大幅改变金融现有格局，金融服务（银行、保险、理财、借贷、投资等方面）更加个性与智能化。

（2）银行金融大数据处理能力大幅提升。

作为百业之母的银行金融行业，与整个社会存在巨大的交织网络，沉淀了大量有用或者无用数据，包括各类金融交易、客户信息、市场分析、风险控制、投资顾问等，数据级别都是海量单位，同时大量数据又是以非结构化的形式存在，如客户的身份证扫描件信息，既占据宝贵的储存资源、存在重复存储浪费，又无法转成可分析数据，金融大数据的处理工作面临极大挑战。通过运用人工智能的深度学习系统，能够有足够多的数据供其进行学习，并不断完善甚至能够超过人类的知识回答能力，尤其在风险管理与交易这种对复杂数据的处理方面，人工智能的应用将大幅降低人力成本并提升金融风控及业务处理能力。

6.4.2 目前人工智能技术在金融领域应用情况

Google、IBM 等国际巨头公司已经将人工智能技术渗透在各种产品的方方面面，总体上看，国内金融行业也逐步开始应用人工智能技术，随着国内双创政策的推动和对人工智能产业的投资拉动，预计广泛应用节点即将到来。

（1）阿里巴巴。

阿里巴巴旗下的蚂蚁金服有一个特殊的科学家团队，专门从事机器学习与深度学习等人工智能领域的前沿研究，并在蚂蚁金服的业务场景下进行一系列的创新和应用，涉及互联网小贷、保险、征信、智能投顾、客户服务等多个领域。

根据蚂蚁金服公布数据，网商银行的花呗与微贷业务上，使用机器学习把虚假交易率降低了近 10 倍，为支付宝的证件审核系统开发的基于深度学习的 OCR 系统，使证件校核时间从 1 天缩小到 1 秒，同时提升了 30% 的通过率。以智能客服为例，2016 年"双十一"期间，蚂蚁金服 95% 的远程客户服务已经由大数据智能机器人完成，同时实现了 100% 的自动语音识别。当用户通过支付宝客户端进入"我的客服"后，人工智能开始发挥作用，"我的客服"会自动"猜"出用户可能会有疑问的几个点供选择。这里一部分是所有用户常见的问题，更精准的是基于用户使用的服务、时长、行为等变量抽取出的个性化疑问点。在交流中，则通过深度学习和语义分析等方式给出自动回答。问题识别模型的点击准确率在过去的时间里大幅提升。在花呗等业务上,机器人问答准确率从67%提升到超过80%。

(2)交通银行。

2015年,交通银行推出智能网点机器人——"交交",并引发了金融银行界的广泛关注。"交交"为实体机器人,采用语音识别和人脸识别技术,可以人机进行语音交流,还可以识别熟悉客户,在网点进行客户指引、介绍银行的各类业务等。在语言交流过程中,"交交"能回答客户的各种问题,缓解等待办理业务的银行客户潜在情绪,分担大堂经理的工作,分流客户,节省客户办理时间。

(3)平安集团。平安集团下设平安科技人工智能实验室,大规模研发人工智能金融应用。

人像识别:平安集团运用人像识别技术,在指定银行区域进行整体监控,识别陌生人、可疑人员和可疑行为,提升银行物理区域安全性,该套系统还能识别银行 VIP 客户等,实现个性化服务。在平安天下通 App 上,平安利用人脸识别技术进行远程身份认证,用户根据系统提示,完成指定动作识别,即可进行 App 解锁、刷脸支付以及刷脸贷款等。

智能客服:平安集团整合旗下保险、基金、银行、证券等客服渠道为"95511",应用人工智能技术,用户拨打后直接说出服务需求,系统识别客户语音内容后,即可转接相应模块,大幅节省了客户选择菜单的时间。智能客服还可以进行简单问题回复,复杂问题则转人工进行支持,人机结合有效解决了客户维护的相关问题。

6.5 中小银行大数据活动思考

2013年是国内大数据的元年,互联网企业以大数据和大数据技术为基础,依托"数字技术"引爆了互联网金融。以淘宝支付宝为代表的电子支付结算业务起步,逐渐通过余额宝、花呗开始涉足小额存款负债类业务,最后把芝麻信用、蚂蚁借呗业务结合,渗入贷款资产类营销业务。互联网金融按照金融生态风险等级从小到大的顺序,通过大数据已经全面影响和冲击了传统银行金融零售业务,改变了银行金融业的零售业务营销市场生态环境。

目前,中国银行业正在经受基于大数据应用的挑战,国内以 BATJ 为代表的优质互联网企业在网贷、众筹、移动支付、智能投顾、电子钱包等面向大众的金融零售业务营销领域,在适合大数据施展的空间攻城略地,这促使银行业在营销、服务和管理模式上都要进行变革。在这场大数据引爆的金融零售业务营销变革下,银行或者深化对于大数据的应用,或者同专业互联网大数据应用公司合作搞混合金融,或者被边缘化。银行业应如何主动变革、变挑战为机遇是一个值得深刻讨论思考的问题。

6.5.1 银行的长处与短板

互联网金融依托的主要是网购、电销、推广、即时通讯、社区和娱乐游戏等生活、商业、社会场景所形成的"大数据"所支撑的金融零售类支付结算信贷理财类业务,由于效率、客户分类和需求分层等因素,相比较于传统金融的商业银行,其更具有大数据后发优势,并掀起了一波又一波颠覆式的竞争浪潮。

而对于大额存款负债类业务和贷款资产类业务,互联网金融则少有历史沉淀数据为基础支撑,缺乏资源手段和专业知识技能支持。由于风险、行业选择和综合能力等因素,相比较于传统银行,就表现出不协调、不平衡、不稳定和不持续等不良特征,这是互联网金融越往金融生态的深处走,越艰难、甚至"跑路"的主要原因。

可以说这场看似大数据可压倒一切的变革,其实并不简单。银行具有在金融生态中核心业务和关键环节中所固有牌照、信赖优势及内在稳定、专业优势，这是由其长期积累的庞大客户基础与体制机制性力量决定的。从短期上看，这种"基础""力量"和"信赖"仍然管用和有效，不太可能转瞬即逝。不过随着互联网金融大数据不断累积，大数据技术不断成熟，从长期趋势上看，传统银行必将面临互联网金融更为紧迫和严峻的全面挑战。

6.5.2　中小银行怎样变革，才能站在变革制高点

目前，互联网金融，在获取并稳定金融生态低风险业务后，必定会向附加值更高的业务领域渗透，并逐渐改变过去"试错式""烧钱式"和"薅羊毛"市场竞争策略，更多采用嫁接或利用银行已有"数据"和客户资源的方式，实现或重构市场。因此，为应对和适应金融生态格局的急剧变化，银行需要来个从"数据大"到"大数据"的突破与转变。

国内银行长久以来积累了金融生态中几乎全部业务及环节的"数据"。遗憾的是，这些"数据"的价值，只是停留在"记载业务"的层面上，体现的是单纯的"会计"价值，形成数据资源的浪费。中小银行如何从历史记载数据中，发现未来业务发展的"机会性""选择性"和"合作性"价值所形成的复合价值，来叠加出"种子"价值，还未真正破题和有实质性的起步。

中小银行应主动拥抱"大数据"，通过使用大数据技术，提升从数据中获得的洞察力能力，从而占据金融体系价值链核心位置，引领传统模式向数字化的智慧银行转型。可持续发展的数字化智慧银行意味着银行将围绕数字技术不断优化其客户交互、产品、流程、营销、运营和数据，在降低客户服务成本的同时也增强更高接触程度的服务。为此，数字化智慧银行要求银行战略、业务模式和理念的深层数字化转型，也要求将与客户面对面的亲密感融合到数字交互中，从数据中提升洞察力。大数据由量变引

起质变，需要创新思维模式和处理方式，能带来更强的决策能力、洞察能力、流程优化能力。大数据的内涵决定其具有推进商业银行数字化转型的特性。因此，中小银行从"数据大"到"大数据"的蜕变，是思维和行为同时转变的过程，是过程和结果力求高度统一的过程。具体讲，这是一种管理，是一种资源和一种合作再生，是一种模式引领。

银行的全部业务，集中体现在"客户"与"风险"关系的协调上。为此，中小银行需通过"数据"的主动管理、分类管理、过滤管理、关联管理和系统管理，改变和改善发现客户、获取客户和稳定客户的新视角、新领域，完善和规范经营风险的新方式、新手段，进而从"随机性应对变化性"状态向"规律性应对趋势性"格局转变，通过数据的激活与串联、交叉与推理、内部与互联网，构建融合"过去、现代与将来"三要素品质的市场发展力量，使客户营销更为精准，风险防范更加严实。

好的投资需要透过数据发现生意的本质。如果中小银行实现了从"数据大"到"大数据"的蜕变，就能让数据"活"起来，并成为一种再生资源。此中的关键是要从数据分析与管理中发现营销机会，整合发展资源，丰富发展手段。通过动态运用"数据"的大数据优势，保持在市场某一阶段、某一领域和某一业务领先的相对优势。这需要加紧探索数据管理向资源再生转化的体制机制，形成释放"大数据"优化金融生态的有效渠道，把中小银行"了解自有客户"的经营原则以及风险防范的底线要求，通过"大数据"而具体化、市场化、实时化和有效化，同时通过同专业金融大数据服务公司合作，实现增量化、增值化、增优化和全面化未来大数据时代"后四化"。

在"大数据"蜕变背景下，商业银行对金融生态的模式引领，应坚持需求主导、用户主导、本源主导的原则。中小银行的这一蜕变和模式引领，绝不是单一的技术性改造，也不是追赶互联网金融时髦的应急之举，而是紧扣金融网络和数据化变革属性的长远战略。所以，这都需要围绕服务实体经济之"本"，坚守银行核心业务之"根"，以及适应客户需求变化之"基"来推进，自觉处理好线上与线下、表内与表外、虚拟与实体业务的关系，尤其要避免因为"大数据"运用，使银行经营模式变革走向市场套利嗜好的歧途，以致方向迷失，行为异化，风险剧增。

还需要认清的是，银行在大数据时代的这种蜕变，既不是传统状态下短期目标的满足，也不是互联网金融压迫下的被动选择，更不是固化金融生态结构的势力扩张。银行从"数据大"到"大数据"的蜕变，根本目的是要带来一个更加开放、更为多元、更具效率和更有秩序的大数据金融生态体系，适应银行的网络变革及其伴随而来的数据变革。银行作为金融生态主体的格局，短时期内不太可能改变。银行大数据变革，不是要守住垄断的市场领域或市场份额，而恰恰是用一种市场化方式、趋势化力量，优化市场空间，形成多种金融生态（混合金融、民营金融、外资金融）共同发展、错位竞争、互补高效、公平生存的新市场环境，以金融新生态供给侧结构的持续优化，来适应市场需求端的多样性、变化性和复杂性。

大数据和大数据技术应用渐渐深入渗透各个行业，引爆国内各行各业的大数据变革，银行业现在已经行动实践起来。银行作为金融大数据的发源地，正逐渐快速、准确地融入正在变革中的大数据时代中。

目前中国大多数银行都急需构建强大的大数据处理能力。一方面，银行传统的数据库和数据仓库信息量并不丰富和完整，客户基本身份信息之外的其他信息如性格特征、兴趣爱好、生活习惯、行业领域、家庭状况等是银行难以准确掌握的；另一方面，对于多种非结构化数据的分析是难以处理的，如银行客户的资金往来信息、网页浏览的行为信息、服务通话的语音信息、营业厅、ATM 的录像信息海量历史数据仓库数据需要分析处理。

对此，银行一方面要与各类提供大数据云计算分析的专业软硬件技术厂商合作，对银行已经存在的"大数据"进行综合处理与分析，还要通过同专业金融大数据互联网服务商合作，以合作或联合运营方式，建设直销银行、消费金融、智能投顾和供应链金融等业务系统来对接互联网金融，从而通过互联网，一方面为银行吸引大批新客户、拓展新业务；另一方面通过同专业互联网大数据流量商进行深入的合作和联运，获取更多的用户行为，标签和画像信息，从而开展全面"大数据"深度学习，交叉学习挖掘分析。这是目前银行特别是中小银行建设大数据生态的最经济、最快捷高效合作战略。

看看国内四大银行最近的实践战略，从2017年3月开始，短短6个月的时间，中行+腾讯、建行+阿里、工行+京东、农行+百度，这四大银行都分别同国内互联网大数据流量最强的前四名公司合作，以全新的姿态，准备进入大数据变革跑道的起点。

目前，国内很多大银行制定了通过大数据提高银行数据化能力的战略，主要围绕"思维、人才、平台、应用、实施、组织"六个方面展开：

• 思维上：要数据胜于算法、多样性胜于单一性、稳核心、外延灵活、大搞混合金融生态。

• 人才上：大数据人才，专家系统队伍要并举。不仅要由数据收集、数据预处理、数据平台架构、业务技能、分析技能的人员组成，还包括数据分析师、数据应用师、数据规划师。不同岗位专业人员，要具有报表统计、即席查询、多维分析、模型预警、绩效评估、模型优化和多种专业技能等能力。

• 平台上：首先要保证数据仓库高可靠、高性能、高安全、高并发、高性能、高价值；其次要保证大数据平台高经济、高规格、高并发、高性能、高可用；最后要保证数据挖掘平台高灵活、高可用。

- 应用上：分为合作阶段、信任阶段、互赖阶段。
- 实施上：单点切入、专属负责、绩效挂钩、优化增优、专家培育。
- 组织形态上：根据银行规模和数据特点决定分四种大数据变革组织形态（见表6-3）。

表6-3

数据特点及分布	大型银行	中小银行
银行内部管理	采用大数据技术 自我统筹规划　统一管理	采用大数据技术 自我统筹规划　统一管理
大客户大额客体	自我统筹规划　专业化管理	自我特色规划　专业化管理
内部零售存量客体	使用大数据　采用大数据技术 自建专业模型　一体化管理	使用大数据　采用大数据技术 引进专业模型　一体化管理
互联网零售增量客体	使用大数据　采用大数据技术 自建金融生态　一体化管理	使用大数据　采用大数据技术 引进专业金融生态联合运营

伴随大数据时代的逐渐临近，在银行业跑马圈地模式受阻的今天，业界对大数据的关注点不再停留在数据量、数据存储、新型数据计算能力、多变的数据类型等相关基础设施建设领域，而是转向对大数据价值的探索和实践。

大数据除了承载人类行为的各种信息外，在挖掘和探索"数据"与"场景"相结合的应用方面也起到了不可替代的作用。对于银行来说，借助大数据专家系统、机器学习和深度学习等技术，可以区分和服务那些有个性化金融需求的企业和个人，其具有网络全体关系或者群体特征、金融服务需求动态变化、有特定的习惯、规律和行为模式所形成的数字标签化多维度画像，将互联网和移动端的客户呈现为一个匹配银行各色业务的精准服务客体，银行以此预测、分析和决策，从而更好地提供有针对性的金融服务。

在银行信息网络化，数字化建设历程中，过去20多年是计算机和网络通讯技术与传统金融紧密结合的时代。这期间银行主要表现在以下两个方面：

首先,银行数据仓库建设取得阶段性成果。国内商业银行通过10多年的建设,基本建立了相对健全的数据治理体系机制,搭建了业务覆盖全面的数据基础架构,具有了数据应用能力,数据已经渗透银行业务的各个环节。

其次,与传统互联网企业相比,传统银行在风险建模、经营分析、反洗钱等经营决策方面的数据应用能力并不逊色。然而面对互联网金融,传统银行在紧跟互联网时代客户需求变化的特点、发挥传统业务线下优势的同时,线上线下联动、互补、应对外部压力方面还存在一定不足。"互联网+金融"时代,发挥大数据价值、实现智慧银行转型,是银行打造新的竞争优势的关键(见表6-4)。

表6-4 传统银行和智慧银行的比较

区别项	传统银行	智慧银行
数据挖掘	弱	强,可线性扩展
数据类别	单一	全面
数据分析	专家	专家+机器学习+深度学习
业务形态	单一性 市场化方式	多样性、个性化 市场化方式、趋势化力量,可优化空间
人才方面	专家	专业
平台特性	高可靠,高稳定,高价值	整体高性能,高并发,线性可扩展;老业务高可靠、高稳定、高价值、高精准;新业务高可用、高价值、高精准
组织生态	自我统筹规划 统一管理	根据银行规模和数据特点分四种,目标更加开放、更为多元、更具效率和更有秩序

6.6 中小银行如何建设大数据系统

大数据时代,各种数据通过机器学习建模和深度学习对多维数据空间的洞察,可演绎出犹如万花筒般千变万化的智能应用和层出不穷的智慧创新,大数据技术就是中小银行大数据的"万花筒"。前面多个场景都谈到,在大数据时代,只有中小银行同专业大数据云计算服务商合作的大数据混合金融生态,才是使这"万花筒"得以适应大环境、中小银行增值业务和创新业务得以低成本高效实现的最佳大数据生态。"帮你盈"结合多年大数据专业运营经验,面向中小银行大数据变革所面临的痛点,推出的一套大数据金融服务平台就是一个符合大数据混合金融生态的经典服务。

通过这个平台,中小银行可充分发挥自身稳健、专业、牌照、大额风控、专家系统等专长,在做强做大自身核心业务的同时,通过虫洞营销的大数据和大数据云计算服务平台,及各种互联网增值服务系统来助力中小银行实现大数据时代的跨越式变革,让大数据云计算服务平台成为银行体系对接互联网的大数据"万花筒"和互金业务的多面手(见图6-15)。

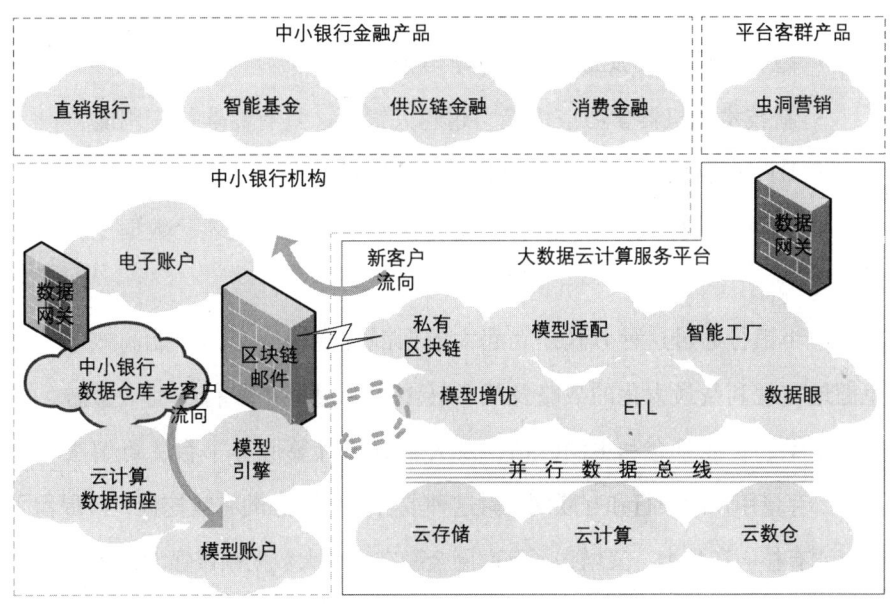

图6-15 大数据金融服务生态架构图

6.6.1 中小银行的大数据现状

- 对数据宏观及趋势理解有限；
- 数据小岛，模型无法扩展优化；
- 新技术和机器学习应用能力差；
- 大数据软硬件弱，大数据人才储备有限；
- 大数据能力在基础设施、人才、数据三方面面临自身无法跨越的瓶颈。

6.6.2 采用"帮你盈"大数据金融服务平台后，中小银行大数据状况将有下列转变

- 对数据宏观理解等同大银行；
- 数据真实性强，更有价值；
- 隐私数据依旧孤岛，但数据学习能力整合；
- 新技术和机器学习应用能力超越大银行，具有专业级应用能力；
- DT 软硬件，DT 人才实现共享经济模式；
- 通过共享模式，解决了 DT 能力在基础设施、人才、数据三方面瓶颈问题。

中小银行通过这种方式建立起大数据混合金融生态，才能高效率、最稳健地实现利益最大化的战略及战术转型。通过直销银行、消费金融、供应链金融、智能基金和虫洞营销，及大数据云计算服务平台，可解决增量用户、存量用户同银行和互联网金融这种混合金融形态的有效挖掘，既保留了银行原有核心竞争力，又增强了互联网金融在零售大数据领域强大挑战力。

6.6.3 中小银行进行大数据系统搭建的思路和步骤

（1）从战略层面。

在战略层面，中小银行要清醒地认识到，不能把这场大数据变革看作是

传统状态下短期目标的满足，也不能看作是金融新业态互联网金融压迫下的被动选择的，更不能看作是固化金融生态结构的势力扩张。这场变革的根本目的是要带来一个更加开放、更为多元、更具效率和更有秩序的金融生态体系，甚至颠覆目前的信用货币体系。银行不是要固守垄断的市场领域或市场份额，而是用市场化的方式、趋势化的力量、创新化的思路，优化银行现有市场空间，形成多种金融成分（混合金融、民营金融、外资金融）共同发展、错位竞争、统合综效、公平竞争的全新共赢的金融市场环境。

目前中国大多数银行都急需构建强大的大数据处理能力。一方面，银行传统的数据库和数据仓库信息量并不丰富和完整，客户基本身份信息之外的其他信息如性格特征、兴趣爱好、生活习惯、行业领域、家庭状况等都是银行难以准确掌握的信息；另一方面，对于多种非结构化数据的分析是难以处理的，如银行客户的资金往来信息、网页浏览的行为信息、服务通话的语音信息、营业厅、ATM 的录像信息海量历史数据仓库数据需要分析处理。

对此，银行一方面要与各类提供大数据云计算分析的专业软硬件技术厂商和服务商合作，对银行已经存在的"大数据"进行综合处理与分析，并且通过同这些厂商和服务商合作建设直销银行、消费金融、智能投顾和供应链金融等系统来对接互联网金融，从而通过互联网为银行吸引大批新客户和拓展新业务；另一方面要与专业互联网大数据流量商进行深入合作，获取更多用户行为、标签和画像信息，从而开展全面"大数据"挖掘分析。最好的战略形态是同时拥有上述两方面能力，专业提供银行大数据生态的整体解决方案公司合作，形成混合金融生态，合作共赢，这是目前银行特别是中小银行建设大数据生态的最经济、最快捷、最高效合作战略。

从战略层面，中小银行大数据要从下面五个方面制定：

第一，是否可通过提高数据处理能力和速度来提高核心业务能力，把传统银行的数据处理分析技术转变为大数据技术来进行处理分析。

第二，合作公司是否专注服务于为银行金融行业服务，特别是中小银行更要如此，既不要和自己线上互联网业务有地域或领域冲突，又能提供专家建模和机器学习大数据建模能力。合作对象找不好，战略层面无法建立友好的合作共赢体系。

第三，合作公司是否有适合自己的精准营销所需要的场景模型和数据，是否专业。

第四，合作公司是否有长期致力于为银行提供长期稳定的场景模型建模和充足相关数据来源服务体系。

第五，合作公司已有的互联网金融业务拓展能力如何，例如：在互联网金融业务系统的直销银行、消费金融、供应链金融、营销推广、智能投顾业务上是否已有成功案例。

（2）战术层面。

中小银行零售业务精准营销要重视以下三个方面：

第一，在不同时期，对零售业务精准营销客群的增量和存量用户怎么看待和处理？

就存量客户和增量客户精准化营销，市场给出很多可用信息，结合研究，更精准的解读如下。

有研究表明：发展一个新客户的成本是维护一个老客户的3~8倍，一个老客户贡献的利润是新客户的10倍以上。用户参与度每下降5%，则企业的利润将下降25%。获得新用户的代价要远高于保留住现有用户。而重新获得已经流失的用户代价更高。事实上，经过一系列的测试以及研究证实，用户流失是对公司利润的最大破坏。

有数据表明，全球有50%的用户已经更换或者正准备更换他们使用的银行。在中国沿海发达城市，消费者变更自己银行的比例正在上升。用户流失以及用户参与度已经成为大多数银行的一项最重要的议题。缺少积极的、持续的来自企业或品牌关怀相关的用户体验，会导银行类企业每年会有一笔数额巨大到上亿元损失！本质上，理解用户的需求、偏好、情绪、动作以及是否想更换银行的倾向已经成为银行最重要的事。

同时，还要注意到，社交化、本地化、移动化是如何影响用户情绪以及产生流失的。

在现今这个万物互联、移动互联的时代，在爆炸式的社交媒体中，坏消息的传播速度惊人。经调查，调查显示，有接近63%的用户使用在线个人网络以及社交网站作为获取可靠银行产品信息的来源。有45%的用户会在社交媒体中对他们获得的服务作出评价。因此，应通过数据跟踪到用户的想法并及时作出相应的决策为客户提供更好的服务及合理的定价策略。

但是，不同渠道的用户情感和用户体验信息存在于各种结构化和非结构化的数据中，这些数据可能会说谎。更不幸是，各种数据之间没有贯通，存在着信息孤岛。这些现实情况使得银行缺乏对客户进行全面整体的了解，银行想较早获得客户流失预警信号并启动挽留措施变得异常困难。最重要的是了解客户以及预测流失。

为了能够尽早鉴别潜在的用户流失倾向，首先需要对用户的行为进行分析并有一个全面的了解。需要了解银行的客户是怎样使用银行服务的，拨打客服电话、在网站上或移动银行上的交易或者是在社交媒体上的互动，这些历史数据能够让银行较早地了解到一些预警信号，比如交易量减少了，自动支付中止了，或者其他什么对于用户的负面体验，根据这些预警采取具体的措施进行补救来减少流失的发生。

但是，前面也提到，客户的信息没有贯通，这让第一时间监测到预警信号并采取措施变得很困难，结果就是银行最终依据不同碎片化的不完整信息进行策略拟定与实施，导致客户容易流失，损失惨重。

通过对上述研究，更专业的理解是：对于存量用户多的银行，用户流失已经成为产品运营的一项重要 KPI，针对这样类型的银行，更需要提供更精准的模型，通过对存量客户提升和预防流失，最大化帮助银行确保零售业务目标的达成。

对于那些新兴的正在发展中银行，由于存量用户少，对存量客户提升和预防流失就起不到显著效果，更需要提供专业的增存用户模型，地域、行业和政策模型，最大化地帮助银行确保零售业务目标的达成。

"帮你盈"的看法：中小银行做法不同，新型银行和老牌银行不同，不同地域也有不同。银行零售业的精准化营销就要天时地利人和都充分综合利用，兴利除弊才可在市场竞争中站稳脚，建立由地域规模特色的专业化银行。

"帮你盈"的方案：通过大数据银行领域建模专家，用多年的时间，建立了 7 组 180 多个可能会影响银行零售业务大数据场景模型的建模标签，通过长期数据积累和分析，针对不同类型银行进行专业化、精确化建模，帮助银行确保零售业务目标的达成。

第二，银行和合作公司是否能联合提供适用于银行业务拓展的专业化平台服务，确保业务数据的真实、大量、实时、准确对接。

解决这个战术层面问题，要从大数据目前最主要的来源移动端说起。伴随着中国智能手机市场的井喷，大量数据涌入，怎么看待这些数据来源，怎么利用，就是关键问题。

就拿中国移动来说，从 2003 年开始，中国移动就开始研究和推进终端数据的采集和分析工作，要求设备供应商在交换机产生的话单中，加入该用户的 IME 信息。也就是说，凡是 2003 年之后用了中国移动的，都默认提供了用户和终端的对应关系，只要用户用新终端打一次电话，运营商就能发现用户用的什么手机（IMEI 里面包含了厂商、机型、产地、序列号等信息，是手机的唯一识别号码）。目前，IMEI 的全网准确识别比例已经超过了 90%，并且随着实名制全面推行，中国移动运营商对客户的画像、号码和客户的对应关系完全规范化，分析的精准度也进一步提升了。后来，智能手机井喷，各色 app 层出不穷，又诞生了大量客户行为和标签数据。这些信息主要来自于业务支撑系统记录的用户通信使用记录、网络侧采集的用户活动状况，以及用户在进行通信时产生的上网信息。但中国移动互联网金融做得并不好，为什么？

再看 ATJ，互联网金融发展迅速，搞得好，为什么？这就是生态战术，阿里、腾讯、京东都有生活消费真实记录，业务数据真实、大量，可实时、准确对接，自身建设专业化生态服务平台。客群可有效交叉，服务场景可有效叠加。谁的数据，谁的生态，最终还是谁能读懂。

第三，中小银行的合作公司是否能针对银行零售业建立长期有效并不断优化的专业场景模型和客户线索引擎。

银行业的精准大数据是以银行客户为切入点，进行大数据在金融行业的不同场景下的应用技术服务。这类大数据应用，主要关注下面五点：

一是业务驱动。银行应用大数据，主要是由其业务驱动。应用大数据的业务驱动主要由精准营销、风险控制、改善经营和服务创新四个方面组成。

精准营销：互联网时代的银行在互联网金融的冲击下，迫切需要掌握更多用户信息，继而构建用户 360 度立体画像，即可对细分的客户进行精准营销、实时营销等个性化智慧营销。

风险控制：应用大数据技术，可以统一管理银行内部多源异构数据与外部征信数据，可以更好地完善风控体系。内部可保障数据的完整性与安全性；外部可控制用户风险大数据风控是基于大数原理，是大量零售精准化营销风控的有效手段,是对银行专业风控的有效补充。

改善经营:通过大数据分析方法改善经营决策,为管理层提供可靠的数据支撑,使经营决策更加高效、敏捷,精确性更高。

服务创新:通过对大数据的应用,改善与客户之间的交互、增加用户粘性,为个人与政府提供增值服务,不断增强银行业务核心竞争力。

二是数据类型。银行多源异构的数据类型是首先需要被考虑的。只有将多源异构的数据处理好,为应用建设打好基础,银行建设的大数据项目才有意义。银行的数据类型可分为结构化数据、半结构化数据与非结构化数据三大类型。

结构化数据:来源自银行运营数据仓储(ODS)和数据仓储(EDW)。数据仓库为企业提供分析决策服务,数据仓储主要实现企业数据整合、共享和准实时运营监控等功能。而通过 Hadoop 等组件的应用可以将数月前甚至几年前的历史数据进行迁移保存。在分布式存储结构下,结构化数据的存储计算可以得到巨大改善,可对海量离线数据进行离线分析,将离线数据优势最大化,为银行用户打造立体用户画像提供最全面的数据支撑。

半结构化数据:半结构化数据的整合在数据整合中是最复杂的。银行可对接来源于银联数据和其他金融机构提供的不同类型数据库或 Excel 等的数据。"打通"多源异构的数据是项目中最困难的部分,数据整合完毕可快速进行建模分析。

非结构化数据:银行对于非结构化处理的方法还是比较原始的。非结构化数据涵盖的范围比较广泛,有新闻、视频、图片以及社交网络等数据。此类数据的数据量相当巨大,但以后对银行的增值会难以估量。

三是数据流向架构图。

大数据基础平台:国外厂商的产品 CDH、HDP、GPDB、Teradata 等,以上产品均可为企业用户提供大数据基础的存储与计算服务。

数据处理加工平台：主要对大数据基础平台提供数据，进行建模分析。一是可迁移银行已有的主题模型，比如销售主题、财务主题、风控主题等一系列主题迁移至大数据平台上。二是可对接服务机构创新性模型，比如半结构化数据、非结构化数据等的模型。

数据服务共享平台：目前银行应用的较少。总行应用共享平台，可为支行与分行提供服务，比如支行与分行的客户经理在上班之前可用手机接收总行的推送信息，推送信息包括预测客户经理的顾客贷款、购买理财产品等的概率，提升服务质量，提高服务精度，增加成单量。

目前银行做到第二层级数据处理加工的比较多。银行会做好用户画像，做一些简单的客户分析。至于第三层级数据服务共享平台，做的银行较少，而且总行应用共享平台，怎样提供服务给支行，支行怎样提供给分行，还需要理好思路进行探讨。总体来讲，数据流向的大致思路是通过数据源的接入获取更加全面的数据，通过构建或迁移相关模型，为共享平台提供服务。流程如下：数据源接入——模型构建——服务共享。

四是大数据分类。第一类是网络基础信息数据，包括终端信息、网络信息，甚至包括 WIFI 和 IP 网点信息，这属于网络基础信息。这一部分数据有价值，但是要做大量的深加工。第二类是应用相关的信息，大量嵌入移动信息里面去，如打开多少次，使用多长的时间，留存多长时间，活跃怎么样。目前市场上的第三方企业对于应用该类数据，还不见头绪。这里的数据存在大家一直在讨论的"数据孤岛"，各方都把自家的数据保护得严严实实。企业具备数据思维以后，都在想办法利用这类数据完善自家的产品。

五是大数据应用。大数据应用中，可依照非实时到实时为时间轴，分为离线分析、实时分析、流处理与数据服务接口服务。

离线分析：银行系统中，总行在离线分析应用较好。离线分析在银行中的应用比较落后陈旧，且多数利用海量历史数据进行离线分析，分析现有客户，刻画用户画像，对客户细分。大部分分行还在跑批阶段。银行如果过度依赖离线分析，会错过客户购买时机，在抢占市场时失去先机。

实时分析：相对于离线服务，实时服务的总体投入量更多。实时分析阶段主要提升计算能力，分析结果提升至分钟级，及时提供服务支持，客户经理可以及时跟踪。实时分析还可为业务人员提供自定义查询，业务人员可以随机选择时间段等条件拉出客户资料，分析客户行为，5分钟之内出结果并展现图表。实时分析还为大量活期表统计提供服务。

流处理：在流处理阶段，银行与客户的交流会更直接。比如当客户消费时，消费记录便会记录在银行的消息队列，通过大数据平台计算出用户符合某项活动的活动规则，1秒内反馈结果，活动与人会自定义匹配；在用户操作刷卡动作时，实时减免相关用户等级的费用，而且此活动会比提供优惠券更能吸引客户。并且通过流处理，银行会在一天之内得到推广活动的活动结果，根据对结果的评估调整活动。在整个活动中，流处理大大减少了银行等待时间，及时调整活动策略，无需等待；并在活动结束后将数据反补到离线处理，提高用户画像精度。

数据服务接口：可以增强银行模式转型竞争力。银行的体制决定银行本身具有大体量数据等资源，通过数据整合、模型分析等流程加工数据，以数据服务商的角色为政府等部门提供数据、在线服务等，还可与之交换数据。

6.7 中小银行如何运营大数据服务

从层级和深度上看，当互联网金融越深入传统银行金融业务的核心领域和关键环节，其影响却越弱。为什么？这说明，互联网金融依托主要是网购、电销、推广、即时通讯、社区和娱乐游戏等生活、商业、社会场景"大数据"所支撑的金融零售类支付结算信贷理财类业务。效率、客户分类和需求分层等因素，相比较于传统金融的商业银行，更具有大数据后发优势，并掀起了颠覆式竞争浪潮。而对于大额存款负债类业务和贷款资产类业务，互联网金融则少有历史"数据"基础为支撑，缺乏资源手段和专业知识技能支持。由于风险、行业选择和综合能力等因素，相比较于传统金融的银行，互联网金融就表现出不协调、不平衡、不稳定和不持续的不良特征。

可以说这场看似大数据可压倒一切的变革，并不简单。银行在金融生态中具有核心业务和关键环节的固有优势或内在优势。银行的牌照、稳定、专业和信赖等特性，是由其长期积累的庞大客户基础与体制机制性力量决定的。从短期上看，这种"基础""力量"和"信赖"仍然管用和有效，不太可能消失。不过随着互联网金融大数据不断累积，大数据技术不断成熟，从长期趋势上看，传统银行必将面临互联网金融更为紧迫和严峻的挑战。

中小银行应主动拥抱"大数据"，从数据中获得洞察力，占据价值链核心位置，引领传统模式向数字化的智慧银行转型。可持续发展的数字化智慧银行意味着中小银行将围绕数字技术不断优化其客户交互、产品、流程和数据，在降低客户服务成本的同时也增加更高接触程度的服务。为此，数字化智慧银行要求银行战略、业务模式和理念的深层数字化转型，也要求将与客户面对面的亲密感融合到数字交互中，从数据中提取洞察力。大数据由量变引起质变，需要创新思维模式和处理方式，能带来更强的决策能力、洞察能力、流程优化能力。大数据的内涵决定其具有推进商业银行数字化转型的特性。因此，中小银行从"数据大"到"大数据"的蜕变，是思维和行为同时转变的过程，是过程和结果力求高度统一的过程。具体讲，这是一种管理，是一种资源再生，是一种模式引领。

银行的全部业务，集中体现在"客户"与"风险"关系的协调上。为此，商业银行需通过"数据"的主动管理、分类管理、过滤管理、关联管理和系统管理，改变和改善发现客户、获取客户和稳定客户的新视角、新领域，完善和规范经营风险的新方式、新手段，进而从"随机性应对变化性"状态向"规律性应对趋势性"格局的转变，通过数据的激活与串联，构建融合"昨天、今天与明天"要素品质的市场发展力量，使客户发展更为精准，风险防范更加严实。

好的投资营销需要透过数据发现生意的本质。如果商业银行实现了从"数据大"到"大数据"的蜕变，就能让数据"活"起来，并成为一种再生资源。此中的关键是要从数据分析与管理中发现营销机会，整合发展资源，丰富发展手段。通过动态运用"数据"的绝对优势，保持在市场某一阶段、某一领域和某一业务领先的相对优势。这需要加紧探索数据管理向资源再生转化的体制机制，形成释放"大数据"优化金融生态的有效渠道，把商业银行"了解你的客户"的经营原则，以及风险防范的底线要求，通过"大数据"具体化、市场化和有效化。

在"大数据"蜕变背景下，银行对金融生态的模式引领，应坚持需求主导、主业主导、本源主导的原则。银行的这一蜕变和模式引领，绝不是单一的技术性改造，也不是追赶互联网金融时髦的应急之举，而是紧扣金融属性的长远之策。所以，这都需要围绕服务实体经济之"本"、坚守商业银行主业之"根"，以及适应客户需求变化之"基"来推进，自觉处理好线上与线下、表内与表外、虚拟与实体业务的关系，尤其要避免因为"大数据"运用，使商业银行经营模式变革走向市场套利嗜好的歧途，以致方向迷失，行为异化。

强调一下，银行在大数据时代的这种蜕变，既不是传统状态下短期目标的满足，也不是金融新业态（互联网金融）压迫下的被动选择，更不是固化金融生态结构的势力扩张。银行从"数据大"到"大数据"的蜕变，根本目的是要带来一个更加开放、更为多元、更具效率和更有秩序的金融生态体系。银行作为我国金融生态主体的格局，短时期内不太可能改变。银行的蜕变，不是要守住垄断的市场领域或市场份额，而恰恰是用一种市场化方式、趋势化力量，优化市场空间，形成多种金融成分（混合金融、民营金融、外资金融）共同发展、错位竞争、统合综效、合作共赢的新市场环境，以金融新生态供给侧结构的持续优化，来适应市场需求端的多样性、变化性和复杂性。中行＋腾讯、建行＋阿里、工行＋京东、农行＋百度，国内四大银行都分别同国内互联网大数据流量最强的前四名公司合作，中小银行该怎样做呢？下面就结合精准化营销谈谈我们的战略战术观点。

要从专业角度分析中小银行如何实现零售业务的精准化营销，就必须先从精准化营销的客群对象及互联网金融为什么比银行更能抓住这部分客群对象说起。银行零售业务精准营销客群的对象无疑就是广大群众，他们在银行的储蓄是银行存量资金最优质的来源。随着移动互联网发展，移动终端广泛普及。同时，随着国家大政策环境的开放，BATJ等大型优质互联网企业快速兴起，这促使银行和金融体系赖以仰仗的最后二道"信赖""政策"壁垒被打破。在BATJ等大型优质互联网企业推动下、在广大群众信赖和利益驱使下，互联网金融获得了快速、巨大的发展。这种发展是市场经济发展的必然。

想想BATJ为什么开始不去做互联网金融，就是没有信赖。没有可以信赖的应用场景是无法做好银行、金融行业，也不会获得国家政策鼓励与支持。这些优质的互联网企业在快速、灵活利用信息技术和大数据技术方面会强于银行，但也会带来一定的风险和不稳定因素。这种不稳定因素正是互联网金融行业的劣势，银行的优势所在。但那么为什么看似劣势的互联网金融能在气势和发展势头压过具有稳定可信赖的银行呢？中小银行怎样能峰回路转、由劣转优、择优取优？

现有中小银行该怎么做，怎样做更好？从互联网金融发展史，可以首见端倪。首先，银行的稳定性和可信赖是银行的核心优势，这个银行天生就有，也是银行强于互联网金融的优势。随着国家对金融体系安全的考量，对互联网金融监管加严，互联网金融灵活性同银行在体制上也逐渐趋同。后期，银行和互联网金融竞争的关键点，就是看数据的运营能力。因此，银行想战胜互联网金融，除自身加强大数据建设外，还要引入外部专业的大数据运营服务公司，通过这类互联网大数据运营服务公司，获取精准营销所需要各种互联网业务场景模型和数据，这是对银行数据仓库数据有效补充。同时，通过同这些外部专业大数据运营服务公司合作，可以更专业快速导入、移植互联网最前沿的技术和理念，使外围业务和数据引流更具有全面性、灵活性、精准性和经济性。

通过同这类公司合作，不仅可充分发挥稳定、信赖的银行独有优势，还可专业享有精准营销所需要的场景模型和数据。对银行核心能力发挥，业务拓展能力增强，可谓立竿见影。中小银行在进行大数据变革之路上，要杜绝一次性投入，学习 DT 行业成功的成熟经验，要结合商业模式，最好找专业的大数据运营服务公司进行。目标明确，银行核心业务、银行大客户业务、存量客户业务、增量客户业务要采用不同战略和战术方法进行大数据变革。中小银行大数据运营服务体系由客户运营平台、新客引荐平台、销售支持平台、管理考核平台和培训支持体系五部分构成（见图 6-16）。

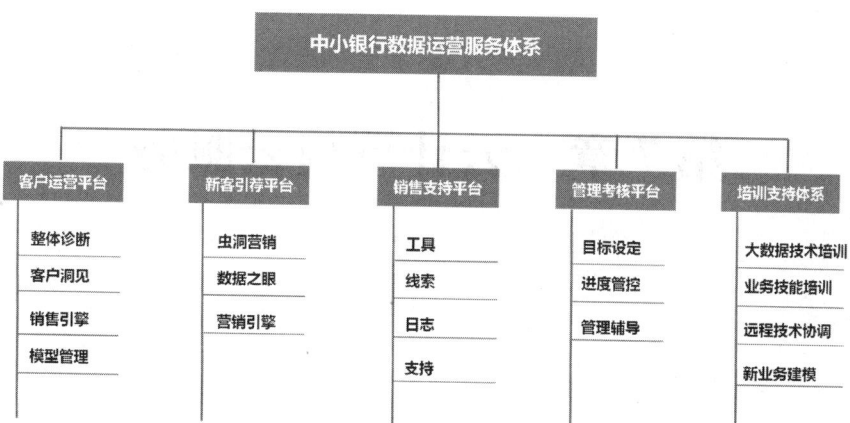

图 6-16

第 7 章　云计算与云服务

7.1　智能金融与云计算

在过去的几十年里，"并行计算""分布式计算""网格计算"等与云计算类似的概念和理论以不同的方式进行着尝试与实践。人们希望能够更好地整合互联网和不同设备上的信息和应用，把所有的计算、存储资料连接在一起，实现最大范围的协作与资源分享。云计算是这些计算的融合和发展，强调基于网络化计算与存储资料，达到高效率、低成本计算的理念。"按需计算""软件即服务""平台即服务"等新理念和新模式，都是各企业对云计算的各自解读或云计算发展的不同阶段。在 2006 年 8 月召开的"搜索引擎战略大会"上，由 Google 公司首席执行官 Eric Schmidt 提出云计算，后此信息技术新名词被广泛接受。

7.1.1　云计算的特点

云服务是基于互联网相关服务的增加、使用和交付模式，通常涉及通过互联网来提供动态易扩展且经常是虚拟化的资源。云是网络、互联网的一种比喻说法。过去往往用云来表示电信网，后来也用来抽象表示互联网和底层基础设施。云服务指通过网络以按需、易扩展的方式获得所需服务。这种服务可以是 IT 和软件、互联网相关，也可是其他服务。它意味着计算能力也可作为一种商品通过互联网进行流通。

图 7-1

图片来源：新浪微博混合云架构实践挑战之概述篇。

云技术（Cloud Technology）基于云计算商业模式应用的网络技术、信息技术、整合技术、管理平台技术、应用技术等的总称，可以组成资源池，按需所用，灵活便利。云计算技术将变成重要支撑。技术网络系统的后台服务需要大量的计算、存储资源，如视频网站、图片类网站和更多的门户网站。伴随物联网行业的高度发展和应用，将来每个物品都有可能存在自己的识别标志，都需要传输到后台系统进行逻辑处理，不同程度级别的数据将会分开处理，各类行业数据皆需要强大的系统后盾支撑，只能通过云计算来实现。

7.1.2 云计算的关键技术

（1）虚拟化技术。

虚拟化技术是指计算元件在虚拟基础上而不是真实基础上运行，它可以扩大硬件的容量，简化软件的重新配置过程，减少软件虚拟机相关开销和支持更广泛的操作系统。通过虚拟化技术可实现软件应用与底层硬件隔离。它包括将单个资源划分成多个虚拟资源的裂分模式，也包括将多个资源整合成一个虚拟资源的聚合模式。虚拟化技术根据对象可分成存储虚拟化、计算虚拟化、网络虚拟化等，计算虚拟化又分为系统级虚拟化、应用级虚拟化和桌面虚拟化等。在云计算实现中，计算系统虚拟化是一切建立在"云"上的服务与应用的基础。虚拟化技术主要应用在CPU、操作系统、服务器等多个方面，是提高服务效率的最佳解决方案。

（2）分布式海量数据存储。

云计算系统由大量服务器组成，同时为大量用户服务，因此云计算系统采用分布式存储的方式存储数据，用冗余存储的方式（集群计算、数据冗余和分布式存储）保证数据的可靠性。冗余的方式通过任务分解和集群，用低配机器替代超级计算机的性能来保证低成本，这种方式保证分布式数据的高可用、高可靠和经济性，即为同一份数据存储多个副本。云计算系统中广泛使用的数据存储系统是Google的GFS和Hadoop团队开发的GFS的开源实现HDFS。

（3）海量数据管理技术。

云计算需要对分布的、海量的数据进行处理、分析，因此，数据管理技术必需能够高效管理大量数据。云计算系统中的数据管理技术主要是Google的Big Table数据管理技术和Hadoop团队开发的开源数据管理模块HBase。由于云数据存储管理形式不同于传统的RDBMS数据管理方式，如何在规模巨大的分布式数据中找到特定的数据，也是云计算数据管理技术所必须解决的问题。同时，由于管理形式的不同造成传统的SQL数据库接口无法直接移植到云管理系统中，研究在关注为云数据管理提供RDBMS和SQL的接口，如基于Hadoap子项目HBase和Hive等。另外，在云数据管理方面，如何保证数据安全性和数据访问高效性也是研究关注的重点问题之一。

(4) 编程方式。

云计算提供了分布式的计算模式,客观上要求必须有分布式的编程模式。云计算采用了一种思想简洁的分布式并行编程模型——Map – Reduce。Map – Reduce 是一种编程模型和任务调度模型,主要用于数据集的并行运算和并行任务的调度处理。在该模式下,用户只需要自行编写 Map 函数和 Reduce 函数即可进行并行计算。其中,Map 函数中定义各节点上分块数据的处理方法,而 Reduce 函数中定义中间结果的保存方法以及最终结果的归纳方法。

(5) 云计算平台管理技术。

云计算资源规模庞大,服务器数量众多并分布在不同的地点,同时运行着数百种应用,如何有效管理这些服务器,保证整个系统提供不间断的服务是巨大的挑战。云计算系统的平台管理技术能够使大量的服务器协同工作,方便进行业务部署和开通,快速发现和恢复系统故障,通过自动化、智能化的手段实现大规模系统的可靠运营。

云安全(Cloud Security)是一个从"云计算"演变而来的新名词。云安全的策略构想是:使用者越多,每个使用者就越安全,因为如此庞大的用户群,足以覆盖互联网的每个角落,只要某个网站被挂马或某个新木马病毒出现,就会立刻被截获。"云安全"通过网状的大量客户端对网络中软件行为进行异常监测,获取互联网中木马、恶意程序的最新信息,推送到 Server 端进行自动分析和处理,再把病毒和木马的解决方案分发到每一个客户端。

云存储是在云计算概念上延伸和发展出来的一个新的概念,是指通过集群应用、网格技术或分布式文件系统等功能,将网络中大量各种不同类型的存储设备通过应用软件集合起来协同工作,共同对外提供数据存储和业务访问功能的一个系统。当云计算系统运算和处理的核心是大量数据的存储和管理时，云计算系统中就需要配置大量的存储设备，那么云计算系统就转变成为一个云存储系统，所以云存储是一个以数据存储和管理为核心的云计算系统。

7.1.3 智能金融呼唤云计算

智能金融（Intelligent Finance）就是互联网技术和金融功能的有机结合，依托大数据和云计算在开放的互联网平台上形成功能化金融业态及其服务体系，包括基于网络平台的金融市场体系、金融服务体系、金融组织体系、金融产品体系以及智能金融监管体系等，并具有普惠金融、平台金融、信息金融和碎片金融等相异于传统金融的金融模式。智能金融的核心问题是两件事情：自动化和智能化。先有自动化才有智能化，像个人征信、银行大数据，还有之前的 P2P 和众筹，都用到了很多人工智能的算法，包括机器算法和知识图谱。

智能金融是传统金融机构与互联网企业（以下统称从业机构）利用互联网技术和信息通信技术实现资金融通、支付、投资和信息中介服务的新型金融业务模式。互联网与金融深度融合是大势所趋，将对金融产品、业务、组织和服务等产生更加深刻的影响。智能金融对促进小微企业发展和扩大就业发挥了现有金融机构难以替代的积极作用，为大众创业、万众创新打开了大门。促进智能金融健康发展，有利于提升金融服务质量和效率，深化金融改革，促进金融创新发展，扩大金融业对内对外开放，构建多层次金融体系。作为新生事物，智能金融既需要市场驱动，鼓励创新，也需要政策助力，促进发展。

据《中国智能金融行业市场前瞻与投资战略规划分析报告前瞻》分析，在中国，智能金融的发展主要是监管套利造成的。智能金融公司没有资本的要求，也不需要接受央行的监管，这是本质原因。从技术角度来说，智能金融虽然具有自身优势，但是要考虑合规和风险管理（风控）的问题。

大数据金融是指集合海量非结构化数据，通过对其进行实时分析，为智能金融机构提供客户全方位信息，通过分析和挖掘客户的交易和消费信息掌握客户的消费习惯，并准确预测客户行为，使金融机构和金融服务平台在营销和风险控制方面有的放矢。基于大数据的金融服务平台主要指拥有海量数据的电子商务企业开展的金融服务。大数据的关键是从大量数据中快速获取有用信息的能力，或者是从大数据资产中快速变现利用的能力。因此，大数据的信息处理往往以云计算为基础（见图7-1）。

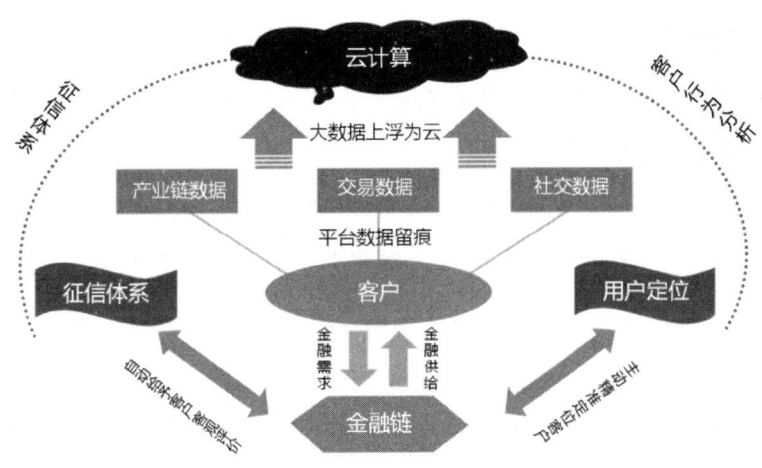

图7-1 大数据金融

资料来源：华泰证券研究所。

从金融整个行业来看，银行的信息化建设一直处于业内领先水平，不仅具有国际领先的金融信息技术平台，建成了由自助银行、电话银行、手机银行和网上银行构成的电子银行立体服务体系，而且以信息化的大手笔——数据集中工程在业内独领风骚，其除了基于互联网的创新金融服务之外，还形成了"门户""网银、金融产品超市、电商"的"一拖三"的金融电商创新服务模式。

7.1.4 智能金融对云计算提出了新要求

一要成本低。智能金融模式下，资金供求双方可以通过网络平台自行完成信息甄别、匹配、定价和交易，无传统中介，无交易成本，无垄断利润。一方面，金融机构可以避免开设营业网点的资金投入和运营成本；另一方面，消费者可以在开放透明的平台上快速找到适合自己的金融产品，削弱信息不对称程度，更省时省力。

二要效率高。智能金融业务主要由计算机处理，操作流程完全标准化，客户不需要排队等候，业务处理速度更快，用户体验更好。如阿里小贷依托电商积累的信用数据库，经过数据挖掘和分析，引入风险分析和资信调查模型，商户从申请贷款到发放只需要几秒钟，日均可以完成贷款1万笔，成为真正的"信贷工厂"。

三要覆盖广。智能金融模式下，客户能够突破时间和地域的约束，在互联网上寻找需要的金融资源，金融服务更直接，客户基础更广泛。此外，智能金融的客户以小微企业为主，覆盖了部分传统金融业的金融服务盲区，有利于提升资源配置效率，促进实体经济发展。

四要发展快。依托于大数据和电子商务的发展，智能金融得到了快速增长。以余额宝为例，余额宝上线18天，累计用户数就达到了250多万，累计转入资金达到66亿元，发展速度惊人。

五要信息处理能力。社交网络生成和传播信息，特别是对个人和机构没有义务披露的信息，使得人们的"诚信"程度提高，大大降低了金融交易的成本，对金融交易有基础作用。社交网络具有的信息揭示作用可以表现为：个人和机构在社会中有大量利益相关者。这些利益相关者都掌握部分信息，比如财产状况、经营情况、消费习惯、信誉行为等。单个利益相关者的信息可能有限，但如果这些利益相关者都在社交网络上发布各自掌握的信息，汇在一起就能得到信用资质和盈利前景方面的完整信息。比如,"淘宝网"类似社交网络,商户之间的交易形成的海量信息,特别是货物和资金交换的信息,显示了商户的信用资质,如果淘宝网设立小额贷款公司,利用这些信息给一些商户发放小额贷款,效果会很好。

搜索引擎对信息的组织、排序和检索,能缓解信息超载问题,有针对性地满足信息需求。搜索引擎与社交网络融合是一个趋势,本质是利用社交网络蕴含的关系数据进行信息筛选,可以提高"诚信"程度。比如,抓取网页的"爬虫"算法和网页排序的链接分析方法(以 Google 的 PageRank 算法为代表)都利用了网页间的链接关系,属于关系数据。

云计算保障海量信息高速处理能力。在云计算的保障下,资金供需双方信息通过社交网络揭示和传播,被搜索引擎组织和标准化,最终形成时间连续、动态变化的信息序列。可以给出任何资金需求者(机构)的风险定价或动态违约概率,而且成本极低。这样,金融交易的信息基础(充分条件)就满足了。金融业是计算能力的使用大户,云计算会对金融业产生重大影响。

7.2 智能金融与云服务

云服务是基于互联网相关服务的增加、使用和交互模式,通常涉及通过互联网来提供动态易扩展且经常是虚拟化的资源。云服务指通过网络以按需、易扩展的方式获得所需服务。这种服务可以是 IT 和软件、互联网相关,也可是其他服务。它意味着计算能力也可作为一种商品通过互联网进行流通。

7.2.1 云服务的形式

(1) SAAS(软件即服务)。

这种类型的云计算通过浏览器把程序传给成千上万的用户。在用户眼中看来，这样会省去在服务器和软件授权上的开支；从供应商角度来看，这样只需要维持一个程序就够了，能够减少成本。Salesforce.com 是迄今为止这类服务最为知名的公司。SAAS 在人力资源管理程序和 ERP 中比较常用。Google apps 和 Zoho Office 也是类似的服务。

（2）实用计算（Utility Computing）。

这个想法很早就有了，但是最近才在 Amazon.com、Sun、IBM 和其他提供存储服务和虚拟服务器的公司中新生。这种云计算是为 IT 行业创造虚拟的数据中心使得其能够把内存、I/O 设备、存储和计算能力集中起来成为一个虚拟的资源池来为整个网络提供服务。

（3）网络服务同 SAAS 关系密切。

网络服务提供者们能够提供 API 让开发者开发更多基于互联网的应用，而不是提供单机程序。

（4）平台即服务——另一种 SAAS。

这种形式的云计算把开发环境作为一种服务来提供。用户可以使用中间商的设备来开发自己的程序并通过互联网和其服务器传到用户手中。

（5）MSP（管理服务提供商）。

最古老的云计算运用之一。这种应用更多的是面向 IT 行业而不是终端用户，常用于邮件病毒扫描、程序监控等等。

（6）商业服务平台 SAAS 和 MSP 的混合应用。

该类云计算为用户和提供商之间的互动提供了一个平台。比如用户个人开支管理系统，能够根据用户的设置来管理其开支并协调其订购的各种服务。

（7）互联网整合将互联网上提供类似服务的公司整合起来，以便用户能够更方便地比较和选择自己的服务供应商。

IaaS 满足企业不同需要。上述公共云服务成本较低，但使用灵活度不足,不满足这种服务模式的中小企业,不妨考虑"基建即服务"(IaaS)的 IT 资源管理模式。IaaS 架构主要通过虚拟化技术与云服务结合,直接提升整个 IT 系统的运作能力。IaaS 让企业可以自由选择使用那些软、硬件及服务,中小企业都可根据行业的需要、发展规模,建设最适合自己的 IT 基建系统。这种服务模式能为中小企业带来多重优势。其一,他们不必配备花费庞大的 IT 基建设备,却可享受同样专业的服务;其二,管理层可根据业务发展的规模、需求,调配所需的服务组合;其三,当有新技术出现时,企业可随时向服务提供商提出升级要求,不必为增加硬件而烦恼;其四,IaaS 服务提供商拥有专业的顾问团队,中小企业可免却系统管理、IT 支持方面的支出。

简单来说,云服务可以将企业所需的软硬件、资料都放到网络上,在任何时间、地点,使用不同的 IT 设备互相连接,实现数据存取、运算等目的。当前,常见的云服务有公共云(Public Cloud)与私有云(Private Cloud)两种。

公共云成本较低。公共云是最基础的服务,多个客户可共享一个服务提供商的系统资源,而无须架设任何设备及配备管理人员,便可享有专业的 IT 服务。这对于一般创业者、中小企业来说,无疑是一个降低成本的好方法。公共云还可细分为三个类别:Software – as – a – Service(SaaS,软件即服务)、Platform – as – a – Service(PaaS,平台即服务)及 Infrastructure – as – a – Service(IaaS,基础设施即服务)。

我们平日常用的 Gmail、Hotmail、网上相册都属于 SaaS 的一种,主要以单一网络软件为主导;至于 PaaS 则以服务形式提供应用开发、部署平台,加快用户自行编写 CRM(客户关系管理)、ERP(企业资源规划)等系统的时间,用户必须具备丰富的 IT 知识。

私有云(Private Clouds)是为客户单独使用而构建的,因而提供对数

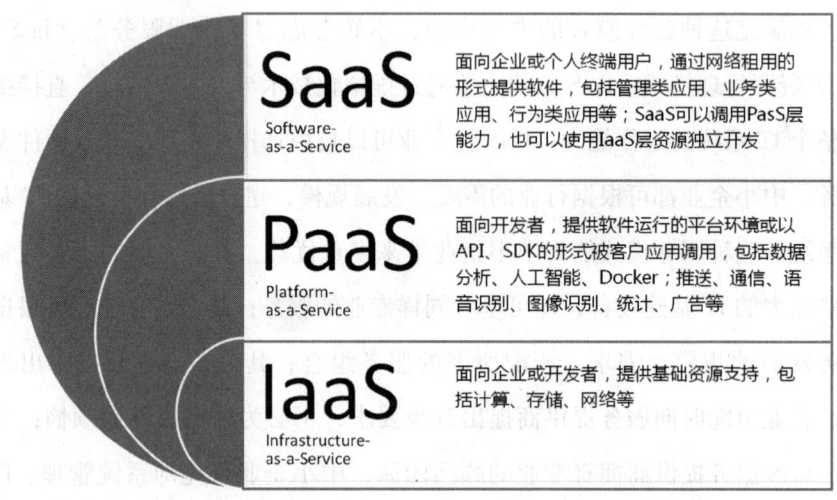

图 7-2 公共云的三个类别

据、安全性和服务质量的最有效控制。公司拥有基础设施时，可以控制在此基础设施上部署应用程序的方式。私有云可部署在企业数据中心的防火墙内，也可以将它们部署在一个安全的主机托管场所。私有云可由公司自己的 IT 机构也可由云提供商进行构建。在此"托管式专用"模式中，像 Sun、IBM 这样的云计算提供商可以安装、配置和运营基础设施，以支持一个公司企业数据中心内的专用云。此模式赋予公司对于云资源使用情况的极高水平的控制能力，同时带来建立并运作该环境所需的专门知识。

混合云融合了公有云和私有云，是近年来云计算的主要模式和发展方向。我们已经知道私企业主要是面向企业用户，出于安全考虑，企业更愿意将数据存放在私有云中，但是同时又希望可以获得公有云的计算资源，在这种情况下混合云被越来越多地采用，它将公有云和私有云进行混合和匹配，以获得最佳效果，这种个性化的解决方案，达到了既省钱又安全的目的。

私有云的安全性是超越公有云的，而公有云的计算资源又是私有云无法企及的。在这种矛盾的情况下，混合云完美地解决了这个问题，它既可以利用私有云的安全，将内部重要数据保存在本地数据中心；也可以使用公有云的计算资源，更高效快捷地完成工作，相比私有云或是公有云都更完美。混合云突破了私有云的硬件限制，利用公有云的可扩展性，可以随时获取更高的计算能力（见图7-3）。企业通过把非机密功能移动到公有云区域，可以降低对内部私有云的压力和需求。混合云可以有效降低成本。它既可以使用公有云又可以使用私有云，企业可以将应用程序和数据放在最适合的平台上，获得最佳的利益组合。

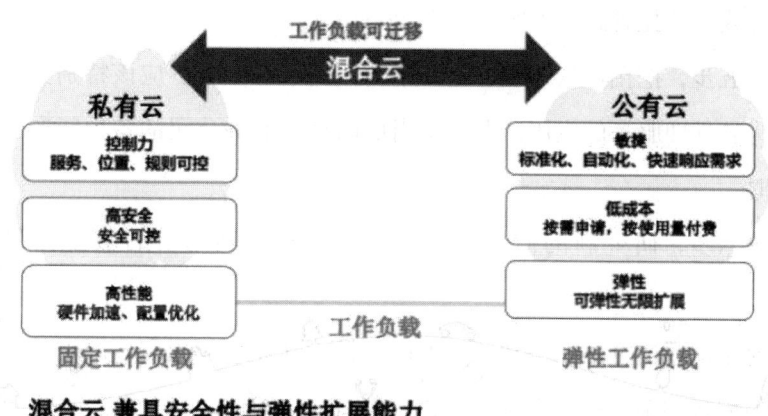

图7-3 混合云

图片来源：新浪微博混合云架构实践挑战之概述篇。

7.2.2 云服务改变了金融业的形态

中小银行必须循序渐进，根据价值、能力和风险，对大量可选的各种云解决方案进行评估并选择出最佳交付模式。

第一步，构建一个基础设施服务云，首先应从对市场产品和内部需求进行全面分析的概念验证开始。该模型应评估总体拥有成本，重点关注业务和管理，并且风险、安全与合规监察专员必须从一开始就介入。

第二步，将基础设施迁移到规模化生产中，并为每条业务线创建退单模式，以便与基础设施资本的分配进行匹配。为了宣传产品和产生的变化，应在整个企业中使用服务目录。

第三步，评估哪些应用将会从迁移到基础设施云中受益，这些应用包括来自数据库或数据录入、交易处理、在线及打包的应用。

第四步，评估安全性、隐私保护和控制优先级。公有云可能适合那些安全性并非主要问题的应用，而私有云则可能是安全级别更高的应用的合理选择。更敏感的金融服务应用可保留在其现有环境中，或者考虑采用公用服务或传统托管解决方案。

第五步，挖掘可从基础设施云中访问的潜在服务。应该特别关注那些被归为软件即服务的应用，尤其是当面向金融服务公司的各种新产品进入市场时。

第六步，研究新的商业服务和市场，充分利用云的敏捷性和成本优势。

对于那些受全球经济和监管不确定性、新竞争压力和不断增加的客户期望值困扰的金融机构来说，混合云有可能会是其决胜的关键。通过合适的云交付模式，银行可挣脱传统IT的束缚，为其业务策略创造持续价值。这一过渡将在降低成本的同时提供敏捷性，加快新服务进入市场的速度，减少资本和运营支出，并加强风险和安全管理。最终将实现更加灵活、更具竞争力和活力的业务，能够满足投资者、监管机构和客户的期望值。

云上，中小银行不依赖物理网点，突破网点辐射范围限制，让偏远地区的用户也可以获得金融服务，实现普惠金融，同时大幅降低网点和人工成本。业务特色是7×24小时随时在线，小额频发，促销等突发流量要求弹性服务能力。基于数据的运营模式，利用数据模型识别和评估借款人的风险。云上中小银行核心系统由客户、产品和账务三个平台构成"瘦"核心。在平台规划上，客户和产品平台均应具有融合打通全集团范围内客户和产品的能力，同时能通过映射、集成等技术手段实现和外部金融行业客户的匹配。整个系统架构基于分布式服务化进行应用解耦，使用柔性事务确保数据一致性，实现大平台微应用。通过开放平台接入各种场景，实时数据总线支持秒级风控、智能营销。全部批量业务实现联机化，全部实时化异步处理。

7.3 中小银行如何用好云

近年来，国务院及工业和信息化部等相继发文要求积极推进云计算等相关产业的发展，要求各地企事业单位进行云计算的示范应用，以带动产业结构的优化升级。我国金融云应用尚处在探索和起步阶段，没有统一的行业技术标准，缺乏相关的监管政策支持。金融行业尤其是中小银行在云计算技术的应用中，对管理应用分析、云服务的风险管控、IT运维服务和监管层的合规性管理等层面缺少分析研究。

7.3.1 中小银行云平台的技术基础

根据云平台的建设地点、协议开放程度以及服务对象的不同，云平台一般被分为公有云和私有云。目前，大型银行一般选择自主创建私有云；中小银行没有足够的资金建设属于自己的私有云，一般选择购买公有云服务，从而达到提高自身系统运算能力、改善客户体验、降低运营成本的目的。中小银行在对公有云进行选择时，主要考量维度有以下几个方面：云主机的性能、云平台服务、运维服务、性价比和系统迁移难度。

7.3.2 中小银行公有云服务的认证及评估方法

云计算服务认证的目的主要是规范市场竞争行为，为政府采购和用户选择提供依据。鉴于云计算服务认证的重要性，2011年起，包括美国、英国、日本、韩国和德国在内的多个国家都展开了云计算服务市场的相关认证工作,它们的探索经验对我国云计算服务认证的开展具有非常重要的借鉴意义。

近年来,我国相关部门对云计算的安全性愈益重视,相关文件正在抓紧起草,两部支撑性的基础标准已经发布,其中包括 GB/T 31167－2014《信息安全技术云计算服务安全指南》和 GB/T 31168－2014《信息安全技术云计算服务安全能力要求》,这两个标准都已正式实施。我国主要开展了可信云服务认证。可信云服务认证在中国云计算市场拥有很高的知名度,并成为云计算产业的一个资格证,受到诸多云服务供应商的追捧。

7.3.3 中小银行公有云运维管理面临变革

云计算将给中小银行带来巨大的影响和机会,特别是帮助中小银行在资源整合和 IT 管理方面实现集中管控,而且云平台的运维系统能实现标准化和自动化维护,客观上减少了对人员的需求,降低了 IT 运维成本。但同时,云计算也要求中小银行在运维管理制度上进行变革。

为适应"被云化"后的集中运维服务管理作业模式,中小银行的运维服务管理必然会发生变化,如原先的业务系统 IT 基础设施运维工作被外包给了公有云服务提供商,云服务商主要提供 IaaS 和 PaaS 两类服务模式。因此,对于中小银行而言,需要将应用系统维护和基础设施维护分离,逐步建立基础建设与应用建设分离的专业化分层管理模式。同时,中小银行的运维服务管理在流程上也会发生很大变化。中小银行将业务迁移到公有云上后,运维团队由原来的一家变成了若干家,如何协调公有云服务提供商的 IaaS 层运维与中小银行云上业务本身的运维显得十分重要,必须制定相关的运维流程规范加以保障。流程是运维服务管理的核心之一,流程需要被控制。

在使用公有云服务后,对中小银行的运维服务管理而言,工作重点发生了转移,中小银行需要考虑如何通过技术与公有云运维管理系统的对接,确保数据和用户的安全管理,确保业务的实时性和连续性。具体包括:云计算的基础架构环境的监控、数据存储的透明性监控、数据的可靠性、迁移性与安全性保护监控、用户身份认证、操作审计和隐私保护等(见图7-4)。

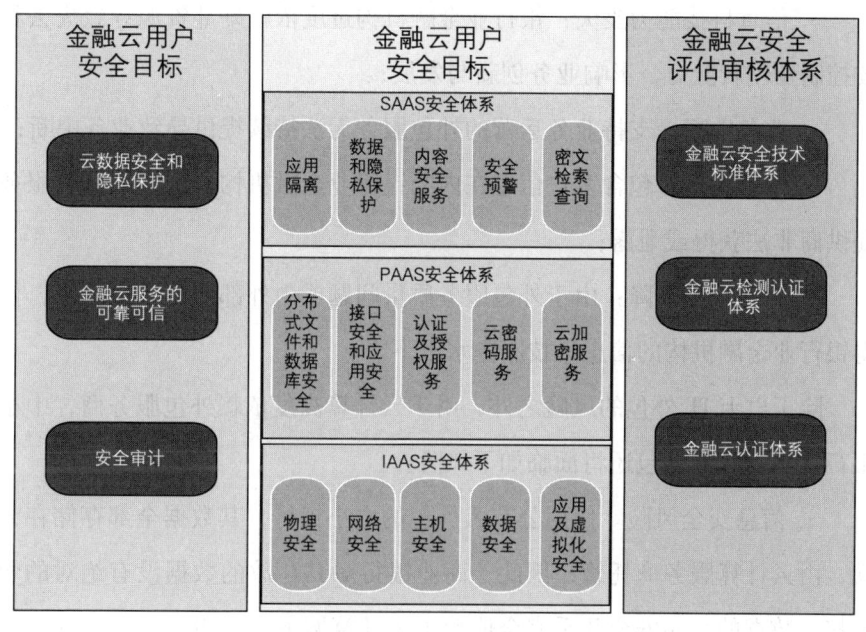

图7-4 金融云计算系统安全架构

中小银行公有云迁移实施后,运维服务团队的组织结构和人员也会发生相应的变化。首先,新增云服务管理部门,对接云外包管理。使用云服务后,中小银行可以将繁重的IT基础运维服务外包出去,保留的主要是对于IT服务的管理。也就是说,运维服务管理的工作重点将是云服务的管控能力,而不是软硬件的维护水平。其次,对运维人员的需求数量减少,运维人员的工作职责发生变化,传统的维护工作比重降低,但对于整体IT的策划和执行能力、对于供应商合作伙伴的正确评估和管理等更高层的工作,比重将大大增加。

中小银行公有云外包成本低、见效快，但其给中小银行带来巨大收益的同时，也不可避免地将风险引入。银行 IT 公有云外包具有 IT 外包的一切风险。原中国银监会印发的《银行业金融机构信息科技外包风险监管指引》指出，银行 IT 外包将面临如下风险：

·信息科技能力丧失：银行业金融机构过度依赖外部资源导致失去科技控制及创新能力，影响业务创新与发展；

·业务中断：支持业务运营的外包服务无法持续提供导致业务中断；

·信息泄露：包含客户信息在内的银行业金融机构非公开数据被服务提供商非法获得或泄露；

·服务水平下降：由于外包服务质量问题或内外部协作效率低下，使得银行业金融机构的信息科技服务水平下降。

除了以上 IT 外包的风险之外，由于云计算高度依赖外包服务商，中小银行使用公有云外包还将面临如下风险：

·信息安全风险。使用公有云外包的中小银行，其数据全部存储在云端，由云计算服务商托管，因此，商业银行对其存放的数据没有绝对的管理权，数据的存储安全几乎完全依赖于云计算服务商。服务商通过共享基础设施、软硬件平台，使用虚拟化技术为多个不同用户提供服务，不同机构之间的数据不再存在物理隔离。

·业务连续性风险。业务的连续性保障是银行 IT 管理的核心部分。银行的日常业务运营高度依赖于信息系统，一旦因为突发事件造成关键业务数据丢失或信息系统长时间瘫痪，将严重影响银行业务的正常运营，甚至给银行带来灭顶之灾。业务外包于云上之后，云服务整体成为一个"单点故障"，中小银行对此决不可忽视。

·云计算服务商的管理风险。目前，我国云计算的国家标准和监管体系并不健全。云计算服务商如果不熟悉金融法律和监管条例、不建立相应的管理机制，就不可能降低敏感信息泄露、业务中断等风险，这将给银行带来巨大的信息泄露和数据安全风险。此外，服务商的退出管理是云计算风险管理中非常复杂的部分，如果服务商与银行终止合作甚至破产倒闭，这对银行业务的连续性和核心数据的安全性都是一个巨大的挑战。

· 安全审计风险。实施 IT 系统安全审计是银行信息系统的重要保障，但目前缺少对云服务商审计的法规、标准和操作规程，如果云计算服务提供商拒绝接受监管和审计，将使金融机构丧失信息安全保障的一道重要防线。此外，云计算平台中来自不同用户的数据流动性大，数据可能分布在不同地区甚至不同国家，数据所在地审计标准的差异也给云计算的审计带来了不确定的风险。

7.4 中小银行云计算外包风险的应对策略

控制中小银行云计算外包风险，不仅仅是商业银行的职责，同样需要国家层面的帮助和支持。只有综合国家金融监管部门的监督指导和金融机构内部的风险管理，才能全面构建云计算相关外包风险的有效防控体系。

7.4.1 出台云计算的标准和相关的法规政策

国家层面要明确云计算服务商应承担的法律责任和义务，并且对云计算供应商的等级、资质进行全面评定。同时，应建立或指定专门的机构为政府和企业提供云计算的技术支持和标准指南。美国国家标准和技术研究院（NIST）通过与标准化机构、私营机构以及其他利益相关方合作，牵头制定了云计算的标准和指南，发布了一系列的标准文件，推动了美国《联邦云计算战略》的落实，为我国的云计算战略提供了很好的借鉴。此外，相关部门应扶持一批技术水平高、风险控制能力强的企业作为金融机构优先考虑的云计算服务提供商，从而促进我国云计算行业的整体水平。

7.4.2 完善云计算外包的监管

原中国银监会印发的《银行业金融机构信息科技外包风险监管指引》并未对云计算外包作出明确的要求，建议对此及时加以补充完善。美国联邦金融机构检查委员会（FFIEC）于2012年专门针对云计算外包风险管理发布了相关的监管提示，该提示对云计算外包的主要风险和管控措施进行了描述，建议银行在使用或计划使用云计算外包服务的过程中，应该加强尽职调查、供应商管理、审计、信息安全等方面的风险管控措施。我国应将云计算这种特殊服务方式的外包明确写入更多的金融监管条例，为商业银行管理风险提供有效的依据。

7.4.3 加强外包管理

使用IT云计算外包的银行业金融机构应重点加强外包管理。商业银行评估IT云计算外包时，不能仅仅看重收益，更要重视云计算带来的风险。原中国银监会明确指出，不管金融机构使用何种形式的外包，信息科技管理的责任均不得外包。在我国尚未出台详细的云计算监管条例之前，可参考原中国银监会2010年4月出台的《商业银行数据中心监管指引》，其中第七章对数据中心基础设施外包和运营服务外包两种形式的外包给出了较为明确的管理要求。商业银行在按照《商业银行数据中心监管指引》中明确的条款实施信息安全管理、供应商管理、合同管理、应急管理和审计监督之外，还应该重点关注云计算外包服务提供商的退出管理，在合同中明确退出时的义务，建立退出时的应急预案，并通过应急演练确保云计算服务提供商任何形式的服务退出均不影响银行数据的安全性和业务的连续性。

第 8 章　智能营销

8.1　智能营销从何而来

所谓智能营销，主要是以消费者无时无刻地个性化、碎片化需求为中心，满足消费者动态需求，建立在工业 4.0（移动互联网、物联网、大数据及云计算）、柔性生产与数据供应链基础上的全新营销模式。智能营销是以人为中心、网络技术为基础、创意为核心、数据为依托、营销为本质目的的消费者个性化营销，实现品牌与实效的完美结合，将体验、场景、感知、美学等消费者主观认知建立在文化传承、科技迭代、商业利益等企业生态文明之上，最终整合虚拟与现实的当代创新营销理念与技术。由于大数据和 AI 技术的驱动，能洞察更为精准的用户需求，过去那些让人不悦的广告，将转变成"内容与时机都能找到对的人的广告"，开启智能营销的新时代。

在现在的市场营销环境中，营销的几种常见形式大致为：搜索类营销、病毒性营销、推送式营销、个性化营销、新媒体营销、事件营销、电话营销等等。不管用什么样的营销方式，如果不清楚营销的目的和本质，无论采用什么样的形式，都只能让企业做无用工，没有实际的转化价值。而市场营销的核心需要解决的问题是市场定位，除此之外别无其他。道理很简单，想让顾客来买，并把东西实实在在卖出去，首先要知道市场在哪儿。若以"交换"为市场营销的核心,无法真正解决市场在哪儿的问题,或者以"产品"本身为核心,也是容易进入酒香不怕巷子深的误区。所以,经过不断市场积累,发现以"用户"为核心,才是营销的基础,也是智能营销的内核。

虫洞,是指宇宙中存在的连接两个遥远时空的多维空间隧道,能够让两个相对距离很远的局部空间瞬间离得很近。顾名思义,放在如今的市场环境中,有甲方企业、乙方服务公司,还有姑且称之为丙方的目标受众用户。用各式各样的营销手段来满足于三者各自的目的,效果往往不尽如人意(见图8-1)。原因就在于我们并不真正的了解用户到底需要什么,希望看到什么,想要得到什么。而"智能虫洞营销",就是要在根源上解决这个问题,是利用大数据、智能分析,进行目标用户群体的精准画像,并通过自定义的十个数据维度进行用户的分析和场景应用,以此来达到企业最高效、最精准的智能化营销,利用大数据和智能化分析完成企业端和用户端的"虫洞化"。

图8-1 营销渠道

8.1.1 大数据推进智能营销时代的到来

电通安吉斯中国首席数据官罗莹分享过其服务于可口可乐的一个营销

案例，里面用到了 AI 设计、大数据分析，实现了传统营销方式无法完成的任务和出色的营销效果。当今时代计算机不仅识字，还能识图，揣摩人的情绪，新一代的数字化营销服务精彩可期。人们应当且有能力探索人机协作的新模式，智能营销模式可以促使流量向品牌商有效转化，用户通过互联网、移动互联网、移动应用等所产生的搜索、LBS、app、O2O、社交等多个领域的数据与大数据分析相结合，并通过 AI 的驱动，让整个互联网的用户兴趣、属性标签、流量走向、热点转移乃至产业发展方向洞若观火（见图 8-2）。

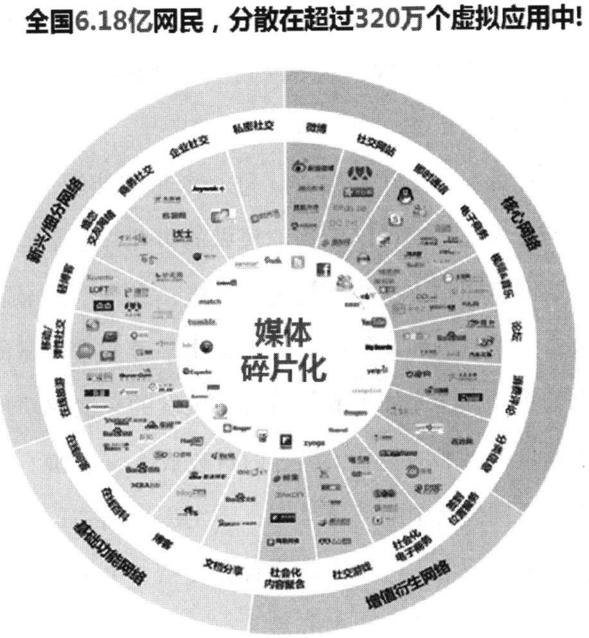

全国6.18亿网民，分散在超过320万个虚拟应用中！

图 8-2 互联模式

所谓智能营销势必需要大数据支撑，而大数据对于科技来说是必备条件。对社会中几大领域的挑战或者影响，是一道非常必要的命题。"虫洞理论"是有严密逻辑系统的宇宙观，它研究宇宙的性质、宇宙内万事万物演化的规律，以及人在宇宙中的位置等等一些很基本的问题。我们认为这跟大数据很像,如何将人进行定义、分析,乃至于在社会当中定性,标签化。伴随"十三五"规划的提出,国家大数据战略俨然已成为热点话题,这足以表明大数据行业已迎来了发展的黄金阶段,并预示着整个大数据市场蕴藏着无限的发展潜力,人工智能和大数据技术结合将给数字营销带来的一次深刻的变革。

(1) 信息安全奠定了大数据的基础。

大数据的价值已为大家公认。业界通常以4个"V"来概括大数据的基本特征:Volume(数据体量巨大)、Variety(数据类型繁多)、Value(价值密度低)、Velocity(处理速度快)。4个"V"中的第一个"V"(Volume),描述了大数据之大,这些巨大、海量数据的管理问题是对每一个大数据运营者的最大挑战。

信息安全是什么?就是在社会中,每一个个体能够保护自己的隐私,每一个人在市场行为环境中可以做到他想做的事儿,但是他的信息有安全的保障。在互联网空间中,大数据是更容易被"发现"的显著目标,大数据成为网络攻击的第一场地。但是,大数据面临着非常明显的困境:一方面,大量数据的集中存储增加了泄露风险,黑客的一次成功攻击能获得比以往更多的数据量,无形中降低了黑客的进攻成本,增加了"攻击收益",也导致用户在互联网生活中的信息外露,不定因素增加;另一方面,大数据意味着海量数据的汇集,这里面蕴藏着更复杂、更敏感、价值巨大的数据,这些数据会引来更多的潜在攻击者。

在大数据的消费者方面,我们在未来几年将处理更多的内部生成数据。然而在许多组织中,不同的部门像财务、工程、生产、市场、IT等之间的信息仍然是孤立的,各部门之间相互设防,造成信息无法共享。这是我们需要解决的最基础问题,构建完整的大数据网络,便要从最基础的大数据开始解析,那些能够在不破坏壁垒和部门现实优势的前提下更透明地沟通的公司将更具竞争优势。

(2) 海量数据淘沙，精准数据构建。

4个"V"中的第二个"V"（Variety），描述了数据类型之多。大数据时代，由于不再拘泥于特定的数据收集模式，使得数据来自于多维空间，各种非结构化的数据与结构化的数据混杂在一起。未来面临的挑战将会是从数据中提取需要的数据，很多组织不得不接受的现实是：太多无用的信息造成的信息不足或信息不匹配。我们可以考虑这样的逻辑：依托于大数据进行算法处理得出预测，但是如果这些收集上来的数据本身有问题又该如何呢？

也许大数据的数据规模可以使得我们无视一些偶然非人为的错误，但是如果有个敌手故意放出干扰数据呢？现在非常需要研究相关的算法来确保数据来源的有效性，尤其是比较强调数据有效性的大数据领域。正是因为这个原因，对于正在收集和储存大量客户数据的公司来说，最显而易见的威胁就是在过去的几年里，存放于企业数据库中不断增加的客户数据是否真实可靠，是否有效。

海量的数据造成互联网信息时代的信息失准。例如，在最初互联网到来的时代，人们登陆社交网络进行接触，大家还一贯的愿意以自己的本来面目来对待网络另一边人。但随着时代的发展，人们在进行互联网社交时便开始包装自己，网民开始注意自己信息的避免外露，而互联网公司推出了很多不可包装的手段，比如手机号码、身份证号码、运营商服务信息等的数据。随着数据量的增多，需要排除的信息就会增多，而真实数据是否能够留存从而产生价值是需要现在"大数据互联网时代"解决的问题。

众所周知，海量数据本身就蕴藏着价值，但是如何将有用的数据与没有价值的数据进行区分看起来是一个棘手的问题，甚至引发越来越多的安全问题。

（3）数据应用解锁信息价值。

4个"V"中的第三个"V"（Value），描述了大数据单位数据的低价值。这种广种薄收似的价值量度，使得信息效能被摊薄了，大数据的安全预防与攻击事件的分析过程更加复杂，相当于安全管理范围被放大了。大数据时代的安全与传统信息安全相比，变得更加复杂，具体体现在三个方面：一是大量的数据汇集，包括大量的企业运营数据、客户信息、个人的隐私和各种行为的细节记录，这些数据的集中存储增加了数据泄露风险；二是因为一些敏感数据的所有权和使用权并没有被明确界定，很多基于大数据的分析都未考虑到其中涉及的个体隐私问题；三是大数据对数据完整性、可用性和秘密性带来挑战，在防止数据丢失、被盗取、被滥用和被破坏上存在一定的技术难度，传统的安全工具不再像以前那么有用。

（4）大数据改变了决策者。

4个"V"中最后一个"V"（Velocity），决定了利用海量数据快速得出有用信息的属性。大数据时代，对事物因果关系的关注，转变为对事物相关关系的关注。如果大数据系统只是一种辅助决策系统，这还不是最可怕的。事实上，今天大数据分析日益成为一项重要的业务决策流程，越来越多的决策结果来自于大数据的分析建议，对于领导者最艰难的事情之一，是让自己的逻辑思考来作决定，还是由机器的数据分析作决定。可怕的是，今天看来，机器往往是正确的，这不得不让我们产生依赖。试想一下，如果收集的数据已经被修正过，或是系统逻辑已经被控制了呢？但是面对海量的数据收集、存储、管理、分析和共享，传统意义上的对错分析和奇偶校验已失去作用，而机器智能主要来自于统计机器学习的训练结果，尤其深度学习对感知智能及自然语言处理的精度提升贡献巨大，同时也对（标识）数据极为渴求。为解决一些缺乏数据的领域而生的迁移学习方法，前提也是在相关领域提供用于初始训练的数据。

如何不要让科技改变我们，而是为我们服务，需要一个决策者来将数据的价值发挥到最大。海量的数据造就了现在互联网大数据时代堆积如山的数据。筛分出有价值的数据，并将这些数据合理加以利用，准确把握住机遇，需要使用大数据的人配合智能机器不断学习和应用。

(5) 大数据的自由帝国，导致数据网络的漏洞。

在互联网的大数据时代，数据加工和存储链条上的时空先后顺序已被模糊，可扩展的数据联系使得隐私保护更加困难。过去传统的安全防护工作，是先扎好篱笆、筑好墙，等待"黑客"的攻击，我们虽然不知道下一个"黑客"是谁，但我们一定知道它是通过寻求新的漏洞，从前面逐层进入。守方在明处，但相比攻方有明显的压倒性优势。而在大数据时代，任何人都可以是信息的提供者和维护者，这种由先天的结构性导入设计所带来的变化，你很难知道"它"从哪里进来，"哪里"才是前沿。这种变化，使得攻防双方的力量对比的不对等性大大下降。同时，由于这种不对等性的降低，在我们用数据挖掘和数据分析等大数据技术获取有价值信息的同时，"黑客"也可以利用这些大数据技术发起新的攻击。"黑客"会最大限度地收集更多有用信息，比如社交网络、邮件、微博、电子商务、电话和家庭住址等，大数据分析使"黑客"的攻击更加精准。此外，"黑客"可能会同时控制上百万台傀儡机，利用大数据发起僵尸网络攻击。

在大数据环境下，数据的使用者也是数据的创造者和供给者，数据间的联系是可持续扩展的，数据集是可以无限延伸的，上述原因就决定了关于大数据的应用策略要有新的变化，并要求大数据网络更加开放。大数据要对复杂多样的数据存储内容做出快速处理，这就要求很多时候，安全管理的敏感度和复杂度不能定得太高。此外，大数据强调广泛的参与性，这将倒逼系统管理者调低许多策略的安全级别。当然，大数据的大小也影响安全控制措施能否正确地执行，升级速度无法跟上数据量非线性增长的步伐,就会暴露大数据安全防护的漏洞。

综上所述,如何合理利用大数据,让智能机器依托于大数据不断学习和进步,将大数据和人工智能变成美好人间的有力武器将是未来3~5年需要钻研和协调的问题。我们现在致力从事的智能营销事业,便是在保证所有用户的数据安全的前提之下,争取达到满足企业目标用户需求的同时,不去刻意泄露用户数据。当然,在大数据时代,数据的安全是时代的话题,也是时代需要去解决的难题,更是我们每个大数据从业者需要去完善自身、精化产品的征程。

8.1.2 智能虫洞营销体系构建

大数据智能化将为社会带来三方面的变革:思维、商业、管理。各行业将大数据智能纳入企业日常的配置已成为必然之势。智能虫洞营销,也是运用大数据、云计算、人工智能等工具,将用户的属性进行多达十个自定义维度的分析,帮助中小银行及其他企业精准营销、提供精准解决服务方案的基础(见图8-3)。

图8-3 智能虫洞营销体系

智能虫洞营销平台究竟是做什么的?用一句话就可以简单概括:智能虫洞平台就是以大数据为基础加上智能化分析为企业达到精准营销、精准投放的平台。我们的核心技术层是对于自有大数据的全维度分析运算。

那么大数据的魅力何在呢?有一个故事可以特别好地概括大数据的魅

力。一位顾客订购披萨时,披萨店可以立即调出这位顾客的许多信息,比如送披萨上门必有的家庭、单位等地址和电话,通过对顾客的消费习惯的智能分析从而推荐适合他的披萨种类,对顾客名下的银行卡透支情况的智能分析从而确定他的支付方式,甚至顾客要自取披萨时,还能根据顾客名下车辆的停放位置通过系统自动预估他的到店时间等等。大数据的应用可能比这个故事还更深入,但我们从这个故事里可以看出大数据的一些关键性特征,比如容量大、类型多、关联性强、有价值、智能化分析等等。

大数据是以高容量、多样性、存取速度快、应用价值高为主要特征的数据集合,正快速发展为对数量巨大、来源分散、格式多样的数据进行采集、存储和关联分析,而通过 AI 智能工具从中发现新知识、创造新价值、提升新能力的新一代信息技术和服务业态。

现在在社会当中,大数据公司不在少数,如何将大数据应用于实际的生活当中,并通过智能系统不断挖掘和提高,是需要面对和解决的问题。一个好的大数据公司,可能会提供 N 多种数据报告、数据分析、数据建议、数据策划等等文字攻势为企业解决问题。但落在纸笔上的数据报告意义何在,其实还是一个伪命题。因为没有解决最根本的"应用"。智能虫洞营销体系的使命,就是要用"数据智能应用"来美好人间。数据不光是对甲方公司的有力武器,也是用户自己的有力武器,或者称为自我战备力量,是用户进入社会的标签,完成自我标签变更、晋升的武器。所以数据应用是要解决两端问题,智能虫洞营销是要用最快的速度达到数据应用的效果。

8.1.3 共享经济下智能营销怎么"玩"

共享汽车、共享充电宝、共享单车、借助移动应用程序共享各种资源正在成为越来越多中国人的日常生活方式。因此,数以百计提供各种共享服务的企业也应运而生。共享交通、共享房屋、共享物流、共享金融等正如雨后春笋般在中国出现。据西班牙《发展报》网站报道，除了共享自行车、电动自行车和汽车等交通工具以外，中国人又开发出其他可以共享的服务，如篮球、手机充电宝和雨伞等。该报道以一家名为"魔力伞"的共享雨伞互联网智能租借平台为例，展现了共享雨伞是如何为使用者提供便利，使共享理念深入人心的场景。共享经济目前在中国推进的速度非常快，最好的例证就是随处可见的共享单车。共享经济的核心理念是整合利用现代科学技术与互联网平台让整个社会受益，这种理念也得到了全社会的认可。

现在共享经济能够成为一种热潮的原因主要有以下两点：一方面，随着科技的发展，几乎人人都拥有一部智能手机，再加上互联网技术的改进，使得移动支付成为可能，这为共享经济提供了发展的先决条件。另一方面，中国有近14亿人口，市场的潜力十分巨大，创业者只要找到一个好的切口便有可能创业成功。就目前而言，共享就是这个切口。

虽然共享公司在成立早期需要投入大量资金，短时间内可能无法获得盈利，但是通过向用户收取押金的方式，这些企业逐渐积累了巨额资金，利用好这笔资金，企业便能获得巨大收益。这也是吸引众多创业公司纷纷投身于共享行业的另一大原因。

共享经济发展到现在，最大的阻碍就是政府目前还欠缺一个公共的大数据平台。政府在城市的基础设施建设方面做出的成绩十分显著，但是在建设智慧城市、打造智能物联网方面还有很大的提升空间。如果政府能够在建设公共大数据平台方面投入更多的精力和资金，并对不规范的共享经济行为通过法律及政策加以规范，相信中国一定会成为世界共享经济未来的引领者。

随着互联网行业进入DT&AI时代，大数据成为推动互联网及移动互联网发展的重要推动者。一方面，随着移动互联网和政府电子化办公的发展形成了大量的数据积累，大数据行业的数据规模达到万亿级别，形成了巨大的市场存量，对这些数据的有效利用将带来巨大的经济和社会价值。另一方面，基础数据成为支撑人工智能、机器学习等新型科技发展的引擎。从某种意义上说，离开了基础数据，这些高新技术也就无从谈起。

共享经济说白了就是"星星之火，可以燎原"的思路，共享是将合理的价值进行整合，在一个出口进行爆发，从而达到燎原之势，将所有的资源汇集到一起，将大数据进行合理的智能分析利用，深入挖掘客户需求，从用户数据的根基寻找"火源"，将最大的价值让"使用权"的门槛降低，才是共享数据时代的有力营销手段（见图8-4）。

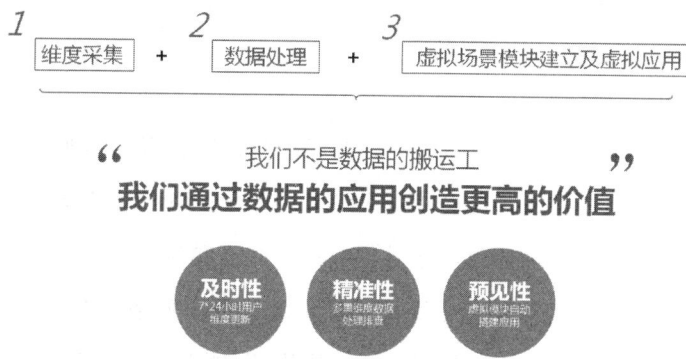

图8-4 共享经济

总之在"共享经济"满天飞的时代，我们最终还是需要设计各种各样的工具帮助客户了解当下的消费者他都在关注什么，他在乎什么，什么能够打动他，同时帮助你去设计这样的系统。通过人工智能时代的营销，我们会让优秀的营销方案能够普及每个企业，让每一个即使没有太多营销经验的人、刚刚接触的人能够迅速找到当前的洞察点，这是人工智能时代给大家带来巨大的改变。接下来人工智能的发展，数据越来越充分，工具越来越齐全，就进入个性化营销时代。

8.1.4　打造新型智能营销生态服务

对于营销来说，千言万语汇成两个字——"盈利"。对于人工智能和大数据时代的营销来说，"盈利"要看如何去获取更有价值和意义的收益。营销人以盈利为天职，只做两件事儿：取亿万销额，为公司赚今天的钱；做惊天大案，为公司赚明天的钱。核心竞争力 = 数量赚钱力 × 质量赚钱力。回溯三大营销时代：传统时代看见面数，互联网时代看流量，移动互联网时代看触点。而大数据和人工智能时代要看需求，要精准分析、拳拳到肉，数量赚钱力无非"与更多顾客连接"。通过人、物、事、地、景、情六层来连接客户，以此来做到营销的本质，将智能营销准确地打到甲方命脉。

（1）人。

以你的自媒体，诱惑付费媒体，唤醒口碑媒体。被动性质的营销往往考虑的是人的属性界定。自媒体时代的营销对于现在互联网大数据时代的营销来说，非常重要。智能化分析了解每一个人精准的属性，从自媒体来看虽然是把"双刃剑"，但利大于弊：利在于用户的数据分析更加精准，可以为以后的商业价值奠定数据基础；弊在于数据量的堆积，需要精准合理的筛选后，才能将有价值的信息摘出。

（2）物。

产品设计之初，就应赋予自传播属性。且不说可口可乐昵称瓶，天生为自我表达与社交馈赠存在；当雀巢瓶盖闹铃，拧开才能收声——除顺便来一杯咖啡外，是分享诱因；"罗胖减肥皂"，打开后皂体与说明书由下方掉出——捡肥皂动作，还是分享诱因。提升自己的产品属性，将用户进行智能化、精准化匹配。从产品与用户相同的需求点着手，进行产品的研发，等于从市场入手，解决了用户的根本问题，再回头来研发产品。虽说过程绕了一圈，但就结果来看，却事半功倍。

（3）事。

可以借势：傍（造）大事件。2014年冬奥会，五朵雪绒花只开四朵，奥迪即称"这事不是我干"。柳传志借"褚橙"炙手可热之际，推出"柳桃"。"事件"这事，向来九败一胜。与其想一个"大点子"去赌，不如拿十个"小点子"去试——然后择优复制、修正、放大。像杜蕾斯官方微博，永远在风口浪尖，那就对了。敢于尝试，智能筛选出的大数据做市场匹配的测试，一方面检测出数据的维度是否精准，方便后期调试；另一方面了解了市场需求，为后续产品的研发奠定了基础。事件性质的营销，将为未来互联网大数据时代进行前瞻性的探索。

（4）地。

本文之前的"地"，多为有限货架、中心化；黄金终端也好，深度分销也罢，地就一亩三分，全看"地主"之谊！本文之后的"地"，日趋无限货架、去中心化。不信去数淘宝有几排货架，百度有几页广告。人口200万~400万划分为特大城市多不多？罗辑思维用户近300万少不少？——问题来了，你选择将特大城市覆盖，还是选择与罗辑思维合作？与其纠结"地"，不如关注"人"——毕竟移动互联网时代，"人"可随时、随地、随身购物、分享——正所谓地在人失，人地皆失；地失人在，人地皆得。直接，让大量免费用户中的部分付费；间接，将大量免费用户卖给电商、游戏。

（5）景。

用文本与图像占据联想第一义就好。挖掘机技术哪家强？送长辈黄金酒，遇见收礼还收脑白金，何解？开始「阿芙就是精油」，到现在「精油就是阿芙」。怕上火喝王老吉，困了累了喝红牛，经常用脑六个核桃，农夫山泉有点甜……信不信都得连接，信就享受，不信请证伪。当对勾让你想起耐克，什么让你想起阿迪达斯？一个用户的场景价值，也会延伸出一个品牌的诞生。从大数据中挖掘的价值有很多种，将这些内容应用到用户身上，形成体验，就是一个个场景的搭建。

（6）情。

若兼顾眼球经济、情感经济、行为经济，顾客也将报以围观、动情、参与。

Level1：眼球经济：对姓名被故意拼错不解？实则社交网络。

Level2：眼球经济＋情感经济：陈欧"为自己代言"势能多半落在陈欧个人品牌上。

Level3：眼球经济＋情感经济＋行为经济：纽巴伦"致匠心"，近乎木兰围猎，购买与分享清一色。

将用户的情感建设放在需求的首位，用户在社会活动中，所面临的情感需求和生理需求的划分，可以帮助构建出产品所需要的需求，从而将两者进行深度匹配，达成理想状态。

8.2 数据海洋之上的智能营销

"大数据和基于账户的营销是一切的基础。"人工智能会从多家平台搜集数据，接着对这些数据进行快速的"消化"及分析。它会根据目标客户的个人行为构建他们的用户角色模型，这比人为构建要精确得多，因为它是根据数据而不是有限的人为研究所建立的；根据客户的个人信息和所处阶段，人工智能会为营销人员提供建议，应该提供哪些服务和产品。借助这些信息，营销人员能针对特定的群体打造出更加合理的营销内容；人工智能还可以根据线上行为和购买历史来寻找新的潜在客户。在消费数据挖掘方面，这种技术远比人力高效得多；人工智能可以从它所搜集到的数据中进行学习，就像小白鼠学着自己走出迷宫那样（见图8-5）。相关研究表明，人工智能作为人类的助手，仍旧有巨大的潜力等待开发。

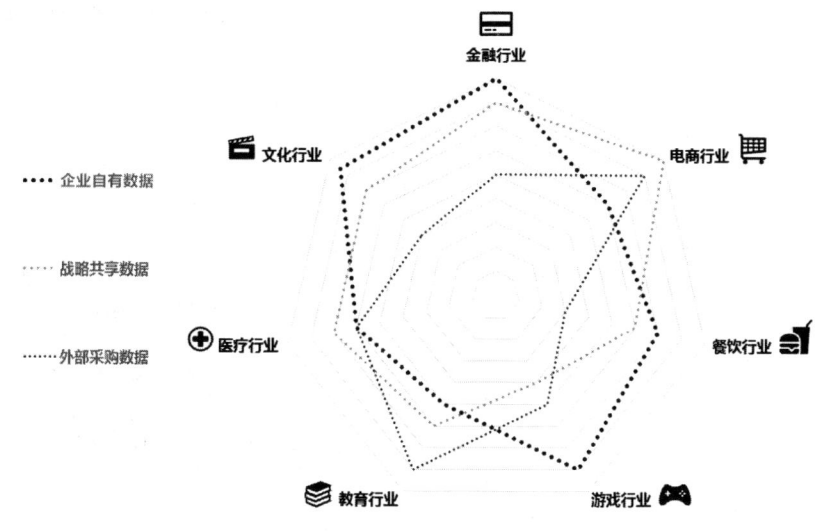

图 8-5　数据迷宫

自从大数据热潮出现以后，数字营销界可能是因为挂了"数字"二字，99%的公司都说自己有大数据，可以做精准营销。问及为何时，都会说"我有DMP"。实际上，数据价值跟数据量大小并没有太多关系。现在的互联网公司，只要不做纯线下的，都可以自称为大数据公司。因为互联网业务采集数据的极度便利性，导致数据大量的积累。但是这些数据大部分都是没有明显商业意图的各种点击行为，并不能直接从中挖掘出具有商业价值的数据。最典型的例子就是运营商和各类移动数据统计工具。

精准营销在人云亦云中变成了一个伪命题。真正的精准只有两种情况：一种是把你的用户卖给你；另外一种是把你竞争对手的用户卖给你。

那么大数据是怎么跟精准营销挂上钩的呢？基本的逻辑是，大数据有大量的数据，可以对用户做精准的画像，然后用DMP把这些数据管理起来，最终帮广告主找到精准用户，达到精准营销。做用户画像需要数据，不仅需要大数据也需要小数据。大数据可以在一定程度上刻画用户的意图,小数据(通常是问卷或者焦点小组面谈的定性数据)可以从心智上对一个用户做感性的评估。二者结合在一起,并且对长期变化趋势做追踪,才可以说对用户有了比较全面的勾画(见图8-6)。

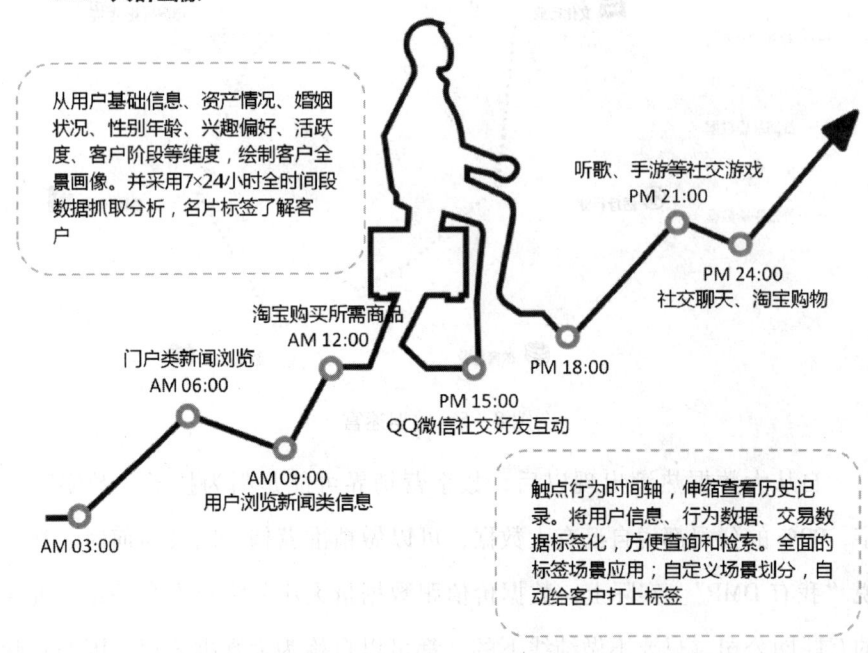

图8-6 用户画像

就跟果实的种类跟种在土地上的农作物有关一样,大数据作为一种类似土地的生产资料,不同的业务逻辑在其上会产生不同类型的数据,这些数据的商业价值大不一样。从数据类型上来讲,不同数据类型的数据价值的高低依次如下:交易 > 搜索 > 部分垂直行业 > 上下文 > 用户点击。

8.2.1 数据应用的价值

比如腾讯最有价值的数据并不是用户的各种对话消息,而是天天快报、腾讯新闻的上下文数据,腾讯动漫、入股易车、入股京东等所带来的垂直行业数据,入股搜狗和知乎的搜索数据。再比如淘宝最有价值的就是品类齐全的商品浏览和交易数据，借助购物搜索其还拥有了商品搜索垂直行业的搜索数据，因而数据具有非常大的商业化潜力，但是最大的问题就是太直接了，以至于缺少一些品牌影响的机会。同理的还有百度的数据。当然百度是全网数据（除了大部分的商品）以及投资的视频类"爱奇艺"、旅游类的"去哪儿""携程"，O2O生活服务的"糯米"等。"今日头条"最有价值的就是上下文数据了——信息流商业模式的开拓者目前拥有全网最全面的上下文数据，他们可以很好地利用移动营销的特点，在以原生广告为目标的数据挖掘和分析中占据先机。这种形式的媒体在商业上具有非常强的扩展性和适应性。

这里还有一种特别的数据拥有者——手机厂商。以小米为例：作为一个可以洞悉用户24小时全场景生活状态的手机设备提供商，小米拥有的数据维度是以上任何一家都比不了的。因为MIUI及其上的各类应用的存在，小米不仅拥有系统层级的各种传感器和应用使用数据，还拥有丰富的不同类型的应用内数据。又因为小米"周边"的存在，厂商对用户的感知从手机扩展到全身，从个人扩展到家庭。

以上所举例的公司中，想必任何一家自称为大数据公司，都没有人会有异议。但是即便如此，它们都只能描述用户的一部分特征。

大部分所谓的大数据公司只是拥有一片普普通通的土地，只能种植一些普普通通的作物。而肥沃的土地上，稍微松松土，丢下去种子就能有丰硕的果实。

移动互联网方兴未艾的时候，Flurry这家美国的创业公司借着移动互联网淘金热，提供送水服务，用移动统计切入斩获了许多用户的数据。因为是给开发者提供提及分析服务，因此Flurry需要采集大量的应用点击行为数据，并且提供各种实时和非实时的数据分析服务。至于盈利模式，则寄望于获取用户之后，通过移动广告联盟+移动数据来盈利。可惜他们低估了数据处理的成本。Flurry 在出售之前，每年营业收入的 30% 都用于提供基础的数据处理服务。而这些数据量极大，且属于最没有商业价值的应用内的点击行为，最终对广告变现效率的提升远远不能覆盖其成本，最后被雅虎收购。

那么如何挖掘这些数据，如何将数据经过技术处理，最大化沉淀商业价值，如何通过更高效且个性化的营销模式来强化用户连接与对新一代心智的占领，抢夺企业客户群，是必须思考的问题。

其一，将数据、技术、内容进行大融合，着重于场景和精准触达，触发同一消费者在不同场景下的不同需求。其二，越来越强调 AI 能力。其三，寻求与消费者多层次沟通，迅速且潜移默化地影响其心智，同步实现品牌传播和效果精准转化。

总的来说，都是寻求帮助广告主尽快找到大规模消费者群体，并且让广告主更懂消费者与用户，从单一营销向全链路整合营销转变（见图 8-7）。

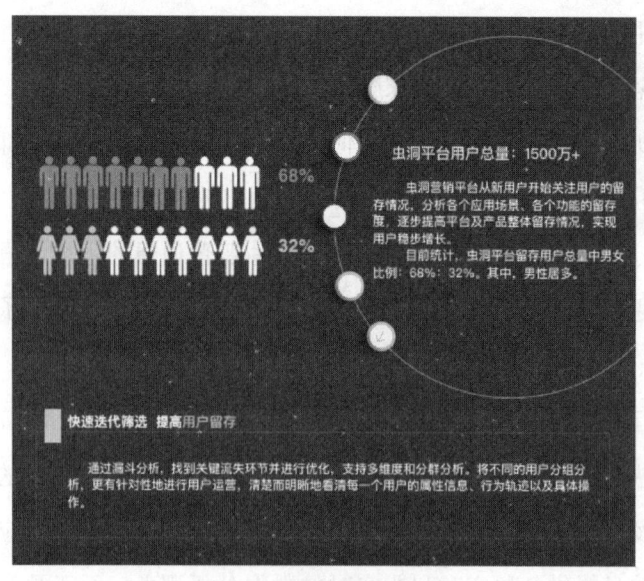

图 8-7 全链路整合营销

而对于广告主的精准营销来说，由于 AI 技术的驱动，能洞察更为精准的用户需求。过去那些让人不悦的广告，将转变成"内容与时机都能找到对的人的广告"，这或许是 AI 将要开启的新时代。

大数据的规模并没有具体的标准，仅仅规模大也不能算作大数据。规模大本身也要从两个维度来衡量：一是从时间序列累积大量的数据；二是在深度上更加细化的数据。比如一份现在看起来很小的数据，但是纵向积累久了也可以变成大数据，横向与其他数据关联起来也可能形成大数据。而一份很大的数据如果没有关联性，没有价值也不是大数据。"大"是必要条件，但非充分条件。基于移动互联网用户规模红利，国内平台型企业比较容易获取大量数据，但数据不是越多越好，无用数据就像噪音，会给数据分析、清晰、脱敏和可视化带来负担。这也正如阿里巴巴集团董事局主席马云所说："很多人以为大数据就是数据量很大，其实大数据的大就是大计算的大，大计算＋数据，称之为大数据。"大数据概念正是来自信息技术的飞速发展和应用，特别是随着云计算、物联网、移动互联网的应用，数据量迅猛增长。数据来源有两种：一种与人有关，比如政府、企业等提供服务时产生的数据；另一种与物有关，在移动泛在、万物互联时代，物联网应用的浪潮将带动数据量暴发式增长。

这也就不难理解，为何当下数据产生的速度如此之快。一方面，信息终端大面积普及，信息源大量增大；另一方面，基于云计算的互联网信息平台快速增长，数据向平台大规模集中。云计算也算是硬件资源的虚拟化，而大数据是海量数据的高效处理机。简单来说，云计算是大数据的基础，有了云计算才能大量集中数据从而产生数据。同时，大数据也支撑了云计算应用创新，带动了云计算的发展。大数据与云计算、物联网、人工智能等新一代信息技术之间相互影响、相互促进、相互融合。

所以，我们认为，接下来伴随着人工智能的发生，数据越来越充分，工具越来越齐全，就进入个性化营销时代，可以让中小企业不需要大量的人力完成，同时又具备了适应性。通过实际数据，人工智能可以凭借对数据的分析，指导营销人员在正确的触点为目标用户发送最佳信息。这些推荐数据是基于目标用户的实际行为和偏好智能分析得出的。新型的人工智能营销软件会自动工作、学习，并向目标用户发送合适的营销内容。而营销人员无需耗费任何精力去管理这些过程，进而可以将时间用在创造性内容和营销策略上。人工智能时代会给大家带来巨大的改变。

8.3 中小银行智能营销服务

智能营销在中小银行的应用非常范围，如更好地为客户提供财富管理并推荐产品；利用客户点击为客户提供特色服务，如有竞争的信用额度；利用客户刷卡、存取款、电子银行转账、微信评论等行为数据进行智能化分析，每周给客户发送针对性广告信息，涵盖顾客可能感兴趣的产品和优惠信息等等。

综合来说，智能营销为中小银行提供的服务总结为以下五点：

（1）精准营销：依据客户消费习惯、地理位置、消费时间进行智能推荐。

（2）风险管控：依据客户消费和现金流提供信用评级或融资支持，利用客户社交行为记录实施信用卡反欺诈。

（3）决策支持：利用决策树技术进抵押贷款管理，利用数据分析报告实施产业信贷风险控制。

（4）效率提升：利用金融行业全局数据了解业务运营薄弱点，利用大数据技术加快内部数据处理速度。

（5）产品设计：利用大数据计算技术为财富客户推荐产品，利用客户行为数据设计满足客户需求的金融产品。

8.3.1 城市商业银行服务要点

用数据提升服务,品牌的智能营销带入。在当前形势下,中小银行普遍面临着改革、转型的压力。其中,城市商业银行的转型需求更为迫切。既有宏观视野,又紧贴实际,注重中微观业务,以期在城市商业银行转型发展进程中发挥战略研究的引领作用。在服务城市商业银行的时候,更注重的是城市商业银行自身对于产品及银行的整体战略部署。事实上,清晰而准确的营销战略只是开始,城市商业银行服务中小企业、服务市民的战略定位已日渐清晰且深入人心。需要注意的是,同样是服务中小企业,不同的路径有不同的结果。城市商业银行需要的是具体而又有特色的战略路径。如果只有清晰的战略方向,发展的同质化问题并未得到解决。如何深化战略定位已成为城市商业银行的当务之急。

城市商业银行未来发展面临的最大问题是传统领域的竞争优势丧失,新的竞争优势尚未最终形成。随着宏观经济快速扩张周期的结束,这一问题日益明显。城市商业银行需从区域、客户、产品、业务模式以及体制机制等方面形成局部优势。

8.3.2 农村商业银行服务要点

开户新增用户重点争夺,松进严出营销带入。农村信用社和农村商业银行主要服务"三农",目前许多农村信用社改制为农村商业银行了。农村商业银行与国有银行既有区别又有联系:它们都属于金融机构,并都办理存、贷款业务和资金结算业务。农村商业银行一般是向农村、城镇人口提供各种金融服务,品种较为简单,储蓄、贷款、转账、担保等,如"农户小额信用贷款"等存贷款业务。国有银行一般是向大集镇及县城以上人口提供理财服务,品种较为丰富,还有信用卡(透支的卡)、电子银行、国际业务等等。农村商业银行是以县级联社为一个独立核算的法人单位,在县级以下设立分支机构。国有银行是有许多分支机构的，分支机构为非独立核算的营业单位，一般是一级法人单位。总的来看，农村商业银行相对国有商业银行来说，资金实力较差，服务品种较少。农村商业银行具有本地化优势，农村商业银行长期以来立足农村金融市场，在农村金融市场中有着不可替代的作用。农村商业银行带有鲜明的机构地方性、分布社区性色彩，与所在地域的联系比其他金融机构更多、更广，可谓当地土生土长的"草根银行"。

农村商业银行具有资金管控优势。农村商业银行的主要资金来源于周边社区，却很少像大银行那样将当地吸收的资金转移用于外地，而是凭借着对当地市场的了解，将主要信贷对象仍然锁定在社区内的中小企业和个人，诚邀农民和中小企业入股农村商业银行，成为农村商业银行的社员。这样既能迅速消除国有银行对基层资金的虹吸效应，又能有效遏制资金从欠发达社区大规模流向发达社区，因此在经营区域内比大银行更能获得当地居民的支持。

除此之外，农村商业银行还具有信息获取效率的优势。银行由于管理层次少、经营方式灵活，同时基于农村商业银行的地缘优势，平时对已知和潜在的客户都积累了大量的信用信息知识，在处理信贷业务关系时，无需再耗费过多的时间去搜集借款人的信用信息，对客户需求具有快速的决策能力和灵活的处置能力，能及时满足中小企业的贷款需求，在与其他商业银行争夺市场时取得先人一步的优势。

结合农村商业银行的优势以及智能营销的维度分析和精准营销，不但可以帮助农村商业银行进行新增用户的运营获取，还可以帮助激活部分睡眠用户，达到地区效益最大化的优势。

8.3.3 村镇银行服务要点

地域数据准确，贴地气营销带入。村镇银行作为国家提出开放农村金融市场，推出适度调整和放宽农村地区银行业金融机构的准入政策，允许设立包括村镇银行、农村资金互助合作社和小额贷款公司的新型农村金融机构，解决我国现有农村地区银行业金融机构覆盖率低、竞争不充分、金融供给不足、金融服务缺位等一些"金融抑制"问题，从而更好地支持社会主义新农村建设的银行金融机构。目前主要贷款对象是小微企业、种植业、养殖业等农业生产费用贷款，购买农机具贷款，围绕农业产前、产中、产后服务贷款等。村镇银行的建立对我国农村金融服务水平的提高发挥了较大的推动作用，有利于促进农村地区经济发展，是解决"三农"问题的有效助推力。因此，对村镇银行的发展优势进行全面分析至关重要。

村镇银行的发展优势主要体现在以下方面：政府扶持优势、市场发展空间大优势、制度设计规范优势、架构扁平优势、地域性优势等。在对于村镇银行与智能营销的实际案例结合中得知，村镇银行做现有存量用户及增量用户的服务中，村镇银行的可发展性、扩展性、整合性是最高的。"草根性""地域性"决定了它具有相当的人缘、地缘优势。这样，村镇银行在后期的营销、产品设计上具有很大的灵活性，可以在较短的时间内因地制宜地设计出适合当地农村市场需求的金融产品和营销服务，服务贴近客户，接地气，惠民生，深受小微企业和农民的欢迎。

第 9 章 智能支付

9.1 互联网支付

互联网支付是指客户根据互联网将资金进行转移支付的活动。互联网的发展共经历了四个阶段，分别是：网银支付和银联在线支付阶段、第三方支付阶段、移动支付阶段和正在进行中的智能支付阶段。这四个阶段的发展并非完全的交替更迭，而是相互交叉，相互补充（见图 9-1）。

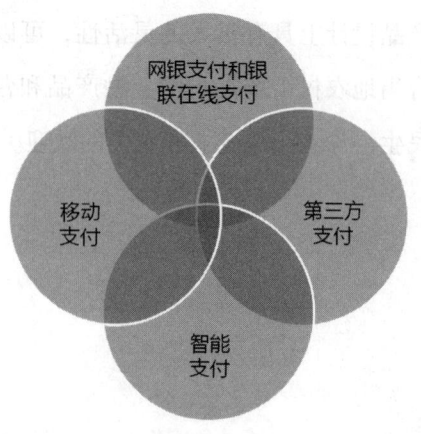

图 9-1 互联网支付的四个阶段

9.1.1 网银支付和银联在线支付

网银支付是一种较早的支付方式，客户可以通过开通银行的网上支付渠道进行支付。每家银行的网银支付都有一个链接和跳转的界面，方便用户操作。这种支付方式的优点是安全性强，且有银行的系统作为保障，如密钥、数字证书等。但是，这种支付方式也有着手续繁琐的缺点，必须要安装安全控件证书才能进行支付。有时，如果安全控件不能兼容将无法进行支付或者导致支付失败。

银联在线支付是中国银联依托各个银行推出的互联网支付平台。与网银支付不同的是，银联在线支付不会沉淀客户资金，而是直接支付。它的优点主要在于其便利性：一方面，可以使用任意一家银行卡进行支付，无需再开通网上银行，适合不熟悉网上支付的消费者；另一方面，通过银联在线进行支付时，只需输入银行验证码和短信验证码，即可完成支付。但是其缺点与网银支付相似，在支付时也需要安装银联控件。如果控件不兼容或者界面跳转失误，支付则无法完成。

9.1.2 第三方支付

第三方支付是指与国内各银行签约，拥有一定实力和信誉的第三方独立支付交易平台。

（1）监管沿革。

2010年6月，中国人民银行出台了《非金融机构支付服务管理办法》，对第三方的网络支付、预付卡的发行、受理等资质做了要求，并对申请与许可、监督与管理进行了规定。在同年12月，还出台了对应的实施细则，明确表示支付机构需要支付牌照才可以从事支付业务。

2013年6月，中国人民银行出台《支付机构客户备付金存管办法》，对支付机构的备付金安全进行管理，保障广大消费者的资金安全。2014年4月，中国人民银行和中国证监会共同发布了《关于加强商业银行与第三方支付机构合作业务管理的通知》。2015年12月，中国人民银行发布《非银行支付机构网络支付业务管理办法》的网络支付新规定，对支付机构进一步进行监管。

2016年，多家P2P企业跑路或倒闭，使国家更为频繁地出台对支付的相关政策。4月，17个部门联合发布《非银行支付机构风险专项整治工作实施方案》，规范各类支付机构的互联网金融业态，充分发挥互联网金融支持大众创业、万众创新的积极作用。11月，中国人民银行再度发布《关于落实个人银行账户分类管理制度的通知》，对Ⅱ类、Ⅲ类户的规范进一步完善。

2017年1月，中国人民银行发布《关于实施支付机构客户备付金集中存管有关事项的通知》，对支付机构备付金的缴纳要求、缴纳比例作出了更为严格的规定。

从上述的各项法规政策，我们可以看出国家对第三方支付机构呈现鼓励且严管的态度。国家一方面支持和鼓励第三方支付机构的发展，给予合规机构支付牌照；同时，不断完善对于第三方机构的监管，严厉打击不合规的行为。未来，国家也将保持对第三方支付机构的严管，将风险扼杀在摇篮里。

（2）优势。

第三方支付相较于网银支付和银联在线支付有着其不可比拟的优势，所以，这种支付方式在日常生活中正逐步替代着网银和银联在线支付方式。其优势主要表现在：首先，有担保信用。第三方支付在发展过程中逐渐形成了担保信用，使客户的资金安全有了保证。其次，成本较低。第一，其免除了安装和使用控件证书的时间成本；第二，降低了资金在银行间跨行流通的成本，为用户减少手续费用；第三，加强了资金的流动性，减少了实体卡片的使用和耗费。第四，使用方便，支付通过界面就可以完成，几乎不必耗费时间和精力，操作简便。

（3）不足。

一是安全性不能保证万无一失。首先，付款人的银行卡信息会提交给第三方支付平台，如果第三方支付平台的信用不足或者保密性不强，会带给付款人较大风险；其次，第三方支付平台有可能受到黑客的攻击，无法彻底保证资金的安全；最后，第三方支付账户内会留存资金，容易出现资金寄存的风险。

二是独立性不够强大。虽然有很多支付企业做得很大、很强，但是就第三方支付本身来讲，它必须要依靠银行才可以运营下去，其背后仍旧依靠商业银行支付体系的支撑。另外，从国家所颁布的政策，也可以看出支付机构需要选择银行做资金存管来保证第三方支付的安全问题；否则，将是不合规定的。

（4）主要的第三方支付企业。

支付宝：目前国内较为领先的第三方支付平台，致力于提供"简单、安全、快速"的支付解决方案。支付宝公司建立于2004年，旗下有"支付宝"与"支付宝钱包"两个品牌。支付宝主要提供支付及理财服务，包括网购担保交易、网络支付、转账、信用卡还款、手机充值、水电煤缴费、个人理财等多个领域。

微信支付：由腾讯公司的微信软件和第三方支付平台财付通联合推出的移动支付产品，旨在为广大微信用户及商户提供更优质的支付服务。微信的支付和安全系统由腾讯财付通提供支持。用户需要在微信中关联一张银行卡，并认证身份，就可以购买合作商户的商品和服务。

9.1.3 移动支付

移动支付是指允许移动用户使用其移动终端，包括手机、手表、平板电脑等对所消费的商品或服务进行支付的一种方式。目前，较为流行的是手机支付。移动支付分为近场支付和远程支付。近场支付是指用户使用移动终端和配套的受理终端，通过 NFC、RF—SIM、SIMpass、RF—SD 等近距离非接触式技术，对商品或服务进行现场支付。远程支付是指用户使用移动终端，通过短信、WAP、IVR、app等方式远程连接到移动支付后台，实现支付的一种方式。

可以看出，支付宝与腾讯金融占全国第三方移动支付市场交易份额的93.21%，基本囊括了全国的支付市场，也分别在各自的应用场景中部署领地（见图9-2）。同时，也可以看出支付宝与腾讯金融正在火热的竞争当中。双方都有着各自的战略部署，比如：支付宝抓紧部署海外的领地，通过东南亚的旅游热来抓紧部署支付二维码，将东南亚作为向外拓展的第一步；腾讯金融的支付则来源于社交，其秉承支付+社交的方式，推动腾讯金融的崛起和发展。

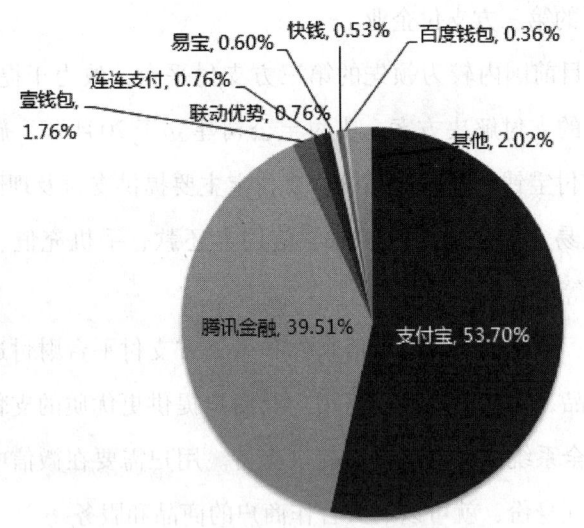

图9-2　2017年第一季度中国第三方移动支付市场交易份额

数据来源：易观数据。

移动支付是在第三方支付兴盛和手机等移动终端发展的双重推动下逐渐兴起的。随着电子商务平台的发展，第三方支付逐步登上历史舞台，以支付宝、财付通等为主的第三方支付开始融入人们的生活，方便着人们的生活消费。智能手机、平板的推出为移动支付提供硬件基础，同时，3G、4G 等移动通讯技术为手机支付的连通提供网络基础，特别是终端解决方案的推出，例如：RF—SIM、SIMpass 等使手机终端的支付成为可能。

9.2　智能支付

智能支付是在移动支付的基础上形成的，目前正处于发展当中。随着指纹识别、人脸识别、VR 技术、人工智能的发展，智能支付会更加方便人们的生活，形成一种新型的支付场景。随着技术的不断更迭，无人化超市的出现会使支付技术愈发场景化、自动化、智能化。

例如：马云在 2017 年开的"淘咖啡"无人超市。"淘咖啡"呈现的是一种"自动识别、即走即付"的购物场景，它应用了自主感知及学习系统、目标跟踪及分析系统以及意图识别交易系统等于一身的 IoT（物联网）技术方案。这套技术方案为用户带来了奇妙的购物体验与支付感受。在用户进入"淘咖啡"时，可直接打开手机淘宝扫描二维码进入超市，之后手机即可收好不再使用。然后，用户便可和其他超市一样选购商品。在离店之时，用户会经过一道"支付门"，它由两扇门组成，在通过"支付门"的几秒时间内，用户就会被自动扣款。而除了零售功能外，"淘咖啡"还具备餐饮功能，用户可以通过语音来下单，并完成支付。这将"无人结算"带入了线下场景。这种"淘咖啡"的模式实现了线上、线下一体化的连接，打通了客户、营销、支付、供应链的各个模式，形成一种数字化的零售方式。

图片来源：《重庆时报》。

9.2.1 智能支付种类

智能支付按照技术划分，可以分成：NFC 支付、二维码支付和聚合支付。按照生物识别划分，可分为：指纹支付、人脸支付、虹膜支付、声纹支付、静脉支付、刷手支付等。

（1）按照技术划分为 NFC 支付、二维码支付和聚合支付等。

• NFC 支付属于近场支付的一种，是在消费者购买商品或服务时，即时通过手机等设备采用 NFC 技术完成支付，是新兴的一种智能支付方式。这种支付的处理在现场且在线下进行，通过使用 NFC 射频通道实现与 POS 收款机或自动售货机等设备的本地通讯。

NFC 支付目前主要有以下五种形式：

第一，银联闪付银行卡。它是银联推出的一种非接触式的支付产品及应用，具备小额快速支付的特征。用户在支付的时候，用具备"闪付"功能的金融 IC 卡或者银联移动支付产品，在支持银联"闪付"的非接触式支付终端，便能快速支付完毕。一般情况下，单笔金额不超过 1 000 元，则不必输入用户名和密码。

第二，闪付异形卡。这种卡主要是银行推出的，比如工行的闪酷卡、招行的 Hello Kitty 心形卡等。它们内置 NFC 芯片，支持闪付交易，卡片不单独发行，需要绑定某张标规的卡作为扣款账户。外观新颖好看，携带方便。

第三，以 Apple pay 为首的各种手机厂商推出的支付方式。除了苹果手机，三星、华为、小米都推出了自己的 pay 支付。这些手机厂商与银联合作，采用非接触式的近场支付，可方便支付者进行支付消费，这也被称之为"银联云闪付"。

第四，NFC 手机。NFC 手机是指带有 NFC 模块的手机，它具备近距离无线通讯技术，包括卡模式、读卡器模式和点对点模式。目前市面上流行的"移动 NFC 手机一卡通"应用就是这种支付方式。

第五，金融机构自己推出的 NFC 支付。比如：京东推出了"白条 pay"和"京东闪付"。"白条 pay"是京东与银行合作的，将一张虚拟卡放入 Apple pay 中，消费时，花费的是"白条 pay"中的额度；"京东闪付"基于银联"云闪付"合作的 NFC 产品，无需连接移动网络，便可便捷支付。

- 二维码支付是一种基于账户体系搭起来的新一代无线支付方案。在该支付方案下，商家可把账号、商品价格等交易信息汇编成一个二维码，并印刷在各种报纸、杂志、广告、图书等载体上发布。用户通过手机客户端扫拍二维码，便可实现与商家支付宝账户的支付结算。

二维码支付应用较多的手机软件是支付宝和微信支付。那么二者孰优孰劣呢？这需要分场景来看。

在商场和百货支付场景，微信支付更胜一筹。在最开始的支付场景争夺战中，微信和支付宝都布局了商场和百货

 PK

场景，二者都与不同的大型百货结盟，准备在这个场景攻占一定的市场份额。由于在最开始时，微信在支付的过程中减免了收银台排队这个环节，因此，更能贴合消费者的心理，所以，直到现在，在商场、百货线下场景，微信支付获胜。

在零售、打车场景，支付宝具备优势。原因在于支付宝优先涉足这个场景，占据了先机。而微信虽然之后也与滴滴打车合作，但是终究晚了一步，因此，在这两个领域，支付宝占据了领先的优势。

在餐饮、影院、酒店领域，二者平分秋色。在这些领域，双方都开足了马力与线下的店铺合作，比如：支付宝与嘉禾一品合作、微信与呷哺呷

哺合作，最终，双方在这些领域打成平手。

- 聚合支付，又称之为第四方支付，是指通过聚合第三方支付平台、合作银行及其他服务商接口为 B 端中小商户提供的综合支付服务方案，其一般不具备支付牌照。简单来说，举个例子：当你到一家小商店买水的时候，扫过二维码后，出现的不仅仅是微信和支付宝的提醒，还有别的平台的提示，这便是聚合支付。

（2）按照生物识别划分分为指纹支付、人脸支付、虹膜支付、声纹支付、静脉支付、刷手支付等。

指纹支付：是利用指纹认证的生物识别技术进行支付的免费服务。这种支付方式使用指纹系统进行消费认证，只要用户使用指纹注册成为商家会员，便可以使用指纹消费。由于指纹的辨识度比较高，应用成本低廉，使用方便；每个指纹都有七个左右独一无二的特征点，通过分析这些特征点，测得特征值，就可以对身份信息认证支付。因此，使用指纹支付是比较安全方便的。虽然每个人的指纹都是独一无二的，但是它并不适合于每一个人。倘若遇到经常手工劳作的人抑或是手指经常蜕皮的人，这种支付技术便大打折扣了。

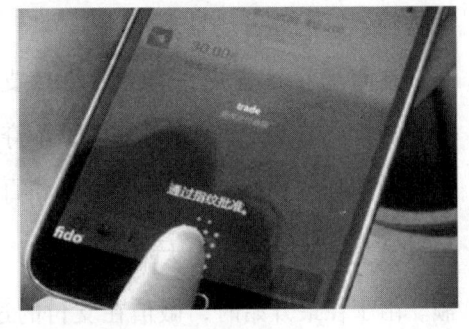

图片来源：百度

人脸支付：人脸支付是一种基于脸部识别系统的支付平台，它于 2013 年 7 月首次推出。在支付的时候，只需要面对摄像头，系统便会自动将消费者与个人账户相关联，使交易方便快捷。近几个月，"人脸识别"这个词语异常火爆，连最新发布的苹果手机也支持了这一技术。它的稳定性和方便性比指纹识别要强，但辨识度不如指纹识别。它的系统信息存储是以计算机能识别的语言为主，也即是数字或特定代码。因此，在某些情况下，安全性就可见一斑了。目前，人脸识别技术已经比较成熟了，无论你是否化妆、留起胡须，都能识别成功，但是，如果你选择了整容，改变了某些可以识别的特征，那么就有可能识别不出来了。

虹膜支付：虹膜支付是一种较新的支付方式，只需用眼睛看一下，支付 app 便会自动"输入"密码，完成支付。虹膜识别是辨识度最高、稳定性最强、最为便利的识别方法。其识别距离在 30cm，每个人都具备，且独一无二，不可复制，可以说是目前主流识别技术中安全性最高的。尽管如此，虹膜识别因其价格高昂、技术难度较大，较少应用在手机当中。因此，目前还未普及。

声纹支付：声纹支付最早是由支付宝提出的，它可以使用特定设备采集声音并转成信号，成为支付密码。声纹支付源自于声纹识别技术。声纹识别是用电声学仪器来识别语言信息的声波频谱，从而识别身份的。它可以进行远程的身份确认，手机可以通过网络远程登录。不过，这种识别技术的安全性、稳定性较差，容易收到外界以及设备的影响。不过，其价格低廉，容易获得，得到了支付厂商的青睐。

静脉支付：这种支付方式是将手指静脉的生物信息与银行卡绑定，在可以支持这款技术的消费场所，动动手指，即可完成支付。静脉识别是根据个人手指静脉来储存特征值的。比对时，采取特征值进行匹配，鉴定身份。它的识别率高、非常方便、识别速度快，但是由于其技术难度较大、设计复杂、识别设备制造成本较高等原因，没有得到大范围普及。

刷手支付：刷手支付是 2018 年最新提出的支付方式，是由日本大型信用卡公司 JCB 与 Universal Robots 公司合作共同开发的。它主要是通过手相、手掌的静脉分布，实现身份确认和识别，最终让手掌成为开启支付的大门。支付时，扫描手掌就可以完成身份确认，并可以进行信用卡的付款机制。这个机制利用手掌，代替了密码、信用卡和身份证号。这种"刷手支付"的操作和刷脸支付的方式相似，使用者用手机先拍摄一张手掌照片，再根据这个照片按照步骤进行登录。唯一不同的是，在支付时，无需使用手机或者终端。该技术在分辨用户本人与他人的手掌时，识别出错的概率为千亿分之一。

9.2.2 智能支付的发展趋势

近几年，智能支付不断发展，其已渗透人们的日常生活。比如，支付宝和微信支付等支付方式已经在商铺、餐馆、影院等地方随处可见，但它的运作模式并不是只有第三方支付机构，它其实是由多个环节所构成（见图9-3）。

图9-3 智能支付环节

环节的起始一端是标准的制定者，它是指国家独立机构、国际组织和政府，由它们负责标准的制定和统一，来协调各个环节和利益。移动设备厂商除了向运营商提供设备系统之外，还要推出包括移动支付业务在内的数据业务平台和业务解决方案，这为移动运营商的移动支付奠定了设备基础，也为移动支付的发展创造了条件。移动运营商可以帮助搭建移动支付平台，为移动支付提供安全稳定的通信渠道；同时，提供不同等级的安全服务。银行能够为移动支付平台提供安全的支付体系，保证用户支付过程中的顺利流畅。支付机构则需要整合银行和运营商，并协调各方资源和关系，在移动支付中起到重要的桥梁作用。商业组织则需要部署移动支付系统和设备,以减少中间环节,降低经营和运营成本,提高支付的效率,从而提升用户的满意程度。最后,用户的使用可以促进移动支付的快速成长和加速发展。

在场景消费时代,各个支付机构也会在线下布局。随着智能支付技术的发展和各种终端设备的普及,智能支付以其便捷性迅速在市场内攻城略地,覆盖了日常生活中的各个场景:网络购物、转账汇款、手机话费、交通缴费、商场购物、个人理财等,这些仅仅凭借一个智能手机就能全部搞定。移动支付市场主体积极推动新技术与消费场景融合,不断扩展移动支付业务的应用空间,可以打造移动支付的全场景支付生态体系。

目前,支付的发展可谓是日新月异,究其原因,主要是科技的发展与技术的进步。未来,智能支付会逐步朝向更加"人性化"的方向发展,具体有以下五个发展趋势:

第一,支付能够用于更多的支付场景,并逐步向"无支付"的方向转化。在日常生活中,餐饮、电影院、打车、零售、商场等场景都可以应用智能支付进行消费。未来,场景会逐步扩大,比如:现场购买长途汽车票的支付场景、公交卡现场充值场景以及医院挂号买药场景。目前应用支付宝或者微信支付的方式较少,不久的将来都会逐步普及。

"支付"已经成为消费的一个重要环节,未来随着技术的不断发展和变化,支付会愈发融于场景,形成非刻意的"无支付"方式。2017年,亚马逊在美国推出了线下便利店——Amazon Go。Amazon Go抛弃了传统超市的收银结账过程,顾客们不再需要提着购物篮排队结账,直接走出商店即可。

这是一种无人收银的方式,这种方式使整个消费过程"一气呵成",并且在行为上实现了"无支付"模式。这种方式的识别需要由用户和系统共同完成。在这个无人收银的场景中,应用了条码识别、RFID识别和视觉识别。

第二，支付公司的线上、线下融合，下沉基础设施建设，形成了互联网金融生态系统。在 2017 年 7 月，马云的无人汽车店出世，并和大家承诺在年底正式推出市场。该店采用线上、线下的模式，客户只需在天猫手机上下单，支付宝完成付款，然后去汽车店提车走人即可。这家店没有一个销售员，没有一个服务员，没有一个收银员，全程无需人工。在拍照方面，支付宝与交通部门联手，实现自动打印临时车牌，再选号到交管所拿牌。车贷则与芝麻信用分结合，750 分以上可直接通过贷款审核，付一成首付就能把车开走，每月月供通过支付宝缴纳。

这是一个非常典型的线上与线下融合，线下构建基础设施，在线上交易的案例。汽车店购物过程全程线上，而线下只满足体验的方式，减少了成本，节省了人工，使消费变得更为简洁，颠覆了原有的零售产业。将来，这种方式可能会逐步代替原本传统的消费行业，形成整体消费行业的巨变，构建消费金融连带整个互联网金融的服务生态体系。

第三，中国的智能支付走向世界。目前，随着我国旅游行业的兴起，中国的游客遍布海外，因此，中国的智能支付也在逐步渗透世界的各个角落，形成普惠金融，惠及多国的国民。

2017 年 7 月，阿里巴巴旗下的蚂蚁金服与马来西亚联昌国际银行旗下的 Touch'n Go 公司签署合作协议，组建一家合资公司，为当地用户提供电子钱包解决方案和其他相关金融服务。现在，每天有数百万马来西亚人使用 Touch'n Go 卡进行电子支付。未来，新的电子钱包能够帮助用户在手机上获取更多服务。

同样在 2017 年 7 月，德国电子支付商 Wirecard 也与腾讯控股签署合作协议，于 2017 年 11 月正式引进微信支付。在中国智能支付的影响下，多家德国银行相继推出手机支付程序。就在 2017 年初，德国最大的购物返利公司 Payback 推出了本土首个移动支付 Payback Pay，用户可以通过扫描二维码进行移动支付。

旅游业的发展给泰国带来智能支付的风潮，为中国游客和本地商家带来方便和快捷。从购买咖啡到入住酒店，人们都可以使用支付宝或者微信二维码支付。2015 年，支付宝与泰国支付企业 Ascend Money 签订战略合作协议，在泰国推广无现金服务——扫码付。到 2017 年 7 月，支付宝已经覆盖了泰国 1.5 万多家店铺。

2016 年 10 月，微信支付也与泰国开泰银行合作，升级开泰银行旗下 20 多万台刷卡机，使微信扫码支付得到全面受理。在泰国，大到连锁免税店，小到街边小贩都已经支持微信支付。

综上，我们能够感受到中国的智能支付正在迈出国门，朝向世界，将来全世界都将实行"无现金社会"，形成全世界的金融普惠和智能金融生态圈。

第四，新技术、新产品的不断升级。目前，市面上较多的智能支付是以 NFC 支付、二维码支付和聚合支付为主，伴随着技术的不断升级，以人脸、指纹、声波为代表的生物识别验证技术，以 AR、VR 为代表的智能场景将进入智能支付领域，带动全场景的升级，而且，目前有些已经逐步推出。

比如支付宝的刷脸支付。在支付宝上开通刷脸支付功能，无需手机，可在线下店铺实现刷脸买单。这种刷脸买单的方式只需在线下店铺的设备处进行刷脸，消费时在设备屏幕中输入手机号码即可，简单方便。

再比如：2016 年的时候，蚂蚁金服展示了一款"VR pay"，这款产品需要用手机连接 VR 设备，比如眼睛、头盔、一体机等。带上 VR 设备后，用户可以选择购物场景，在选购好商品之后，VR 会显示商品的价格并询问是否购买，在触碰或者点头确认之后，就能够看到支付宝、蚂蚁花呗等支付方式，再通过触碰和点头进行支付。这种方式使支付场景立体化，更加身临其境。

虽然，目前这种方式还有许多问题没有解决，但是，这种方式的雏形已经出来。随着技术和科技的不断进步，相信不久的将来能够带给消费者新的体验。

第五，"数字货币"的形成。伴随着支付融于各种场景，现金的使用就愈发走向末路，将来，"数字货币"也许会代替纸版货币应用于支付当中。目前，我们所使用的支付宝、微信支付抑或是其他的支付软件都是一种支付的渠道，而非一种货币。这种支付渠道支付的依旧是国家所发行的人民币，只不过它将一摞一摞的纸币转换为了一个一个的数字。

而后，随着支付在各个场景的贯通，一种国家法定的数字货币很可能会应运而生，逐步代替"纸币"，成为一种新的货币。就在2017年2月，央行在发行数字货币方面迈出了坚实的一步。央行推动的基于区块链的数字票据交易平台已经测试成功。央行旗下的数字货币研究所也正式挂牌。这意味着我国已经开始对数字货币进行设想，有意研究数字货币在我国的实行与发展。

将来，"数字货币"也许会成为一种法定的货币在场景之间流行，但是就目前而言，还有一定的发展阻碍，尤其是政府如何监管数字货币，成为一个最大的问题。

9.2.3　智能支付与大数据

如今，支付宝和腾讯金融在第三方支付行业属于两大巨头，二者总共占第三方支付市场的90%以上。就这二者而言，支付宝所占的市场份额将近整体的一半，而腾讯金融则占40%左右。剩余的其他第三方支付企业则只占10%以内的市场份额。行业内几乎被这两家独大，剩余企业无法从中扩张，甚至有些想要进入支付行业的企业都无法顺利进入该行业。

面对此种双雄对战局面，我们不禁要思索，为何支付宝和腾讯金融能够拥有如此大的市场份额呢？为何其他的企业都做不到呢？看看他们是怎么做的吧！

在阿里巴巴提出"五新"战略之后，新零售和新金融的融合便逐渐强化。阿里巴巴推出的盒马生鲜、无人化超市等新零售的形态，一方面，符合消费者的消费需求，为消费者提供了全新的消费和服务场景；另一方面，不停加强用户对支付宝的使用习惯。除此以外，线下的"移动支付场景"正在形成，OFO"认爹"阿里，实现用户行为、消费等各个数据整合，在支付上形成闭环的逻辑落地。

而腾讯金融的微信则由于社交增强用户黏性，并由社交而扩展到日常生活消费支付当中，形成庞大的用户支付习惯。同时，摩拜获得腾讯C轮融资，以高频次消费和规模用户为切入点，形成数据轨迹整合，增强用户使用习惯。

仔细想想，究其原因，能够了解用户，将用户感兴趣的东西推荐给用户，这便需要大数据来支撑了。大数据与智能支付相结合，开启智能支付的新一轮征程。大数据作为智能支付的核心，是将每一次交易数据进行收集，清晰明了地勾勒出客户的需求变化，最终形成用户画像。在用户画像形成之后，便可以从用户的需求出发，有针对性地为其提供产品和服务。在将用户日常需求和后台数据整合统一的同时，增加客户的黏性，培养使用习惯，为产业上游的柔性化生产、下游的订制服务和产品输出奠定基础。

比如民生银行的安全账户就是一个例子。2016年，中国民生银行正式上线了"安全账户"产品，该行的用户在签约之后，可以获得"账户安全锁""高危交易防护""账户安全险"三位一体的安全防护，最大限度地保障自己的账户安全。

它的安全防护主要通过手机银行等自己设定交易时间、地点、金额、渠道等特征，运用大数据来进行"自画像"从而辨别风险。但凡不符合消费习惯的交易都需通过手机、客服渠道单独授权，实现对个人账户支付风险的有效管控，构筑起"账户安全锁""高危交易防护""账户安全险"三位一体的安全保护机制。

未来是共享经济的时代，它在某种程度上意味着大数据共享。智能支付机构的最终目标并不是一个金融机构，而是基于大数据，整合云计算，发挥互联技术运营优势的开放平台。智能支付机构相比于以往的支付管道模式，更注重线上线下一体化信息的整合、数据处理的优化和生活服务的智能。随着未来支付场景的扩大化，全场景支付即将出现，由此而形成的大数据更能够兼容并包，同时为全场景支付提供必要的数据支撑，共建互联网支付生态体系。

9.3 二维码支付

2014年3月，央行颁布了《中国人民银行支付结算司关于暂停支付宝公司线下条码（二维码）支付等业务意见的函》。其决定禁用"二维码"进行支付，并认为：相关支付撮合验证方式的安全性尚存质疑，存在一定的支付风险隐患。

2016年，央行颁布《非银行支付机构网络支付业务管理办法》，这是央行自2014年3月叫停二维码支付后首次官方表态，确认二维码支付可以作为传统线下银行卡支付的业务补充。

2016年，中国支付清算协会《条码支付业务规范》（征求意见稿）推出，规范条码支付业务。

2017年，银发【2017】45号文件《关于持续提升收单服务水平，规范和促进收单服务市场发展的指导意见》，对聚合支付的未来发展做出了明确规定，肯定了聚合支付带给商户的价值并明确提出了鼓励聚合支付，也对聚合支付存在部分乱象的行为进行了规范。规范主要概括为三个"不得"：一是不得处理核心业务；二是不得碰商户资金；三是不得采留敏感信息。

从上述国家政策能够看到国家对于新型支付——二维码支付的态度转变。在最开始二维码支付火起来的时候，国家从监管的角度看到其风险性，但由于本身没有特意去研究过这种支付方式，为了保证安全，先暂停了二维码支付；在了解过二维码支付之后，虽然承认了二维码支付的地位，但国家依旧没有放弃加强监管的态度，于是《条码支付业务规范》推出。而后，对于聚合支付这种新型的支付形式，也是采取鼓励和严管并举。可见，国家对于二维码支付一直采取严格监管的状态，防止出现风险。

9.3.1 二维码支付的特点

（1）技术比较成熟。

二维码就是用某些特定的几何图形按某些特定规律在平面（二维方向上）分布的黑白相间的图形，且用于记录数据符号信息。国外对二维码技术的研究从 20 世纪 80 年代开始，而我国则是从 1993 年开始研究二维码技术。二维码支付首先在国外发达地区已经拥有成熟的技术手段，这对于国内二维码支付的发展奠定了技术基础。

（2）使用简单方便。

使用者在安装过二维码识别软件之后，但凡贴有二维码的地方，都可以通过扫描进行支付。使用者无需携带现金，只需一台辨识二维码的手机，尽可以轻松面对各种支付场景。聚合支付兴起之后，可以将多种支付渠道融合于一个二维码当中，不仅使用者更加方便，连商户也可以享受快捷的支付过程。

（3）成本较低。

由于该技术比较成熟且手机等移动设备的逐渐普及，使得二维码支付成本变得很低。这主要表现为两个方面：一是，使用二维码支付能够加快支付的速度和效率，降低支付和收款的时间成本；二是，减少纸币的用纸成本和发行的成本。

（4）使用范围广。

二维码支付的使用较为广泛。无论是在大饭店、大酒店还是小饭馆、快捷宾馆，或是打车、买票等支付场景都可以使用二维码支付，轻松扫一扫，则支付完毕。目前，除了个别的支付场景，比如：医院缴费等之外，基本上都能够看到二维码在支付中的使用。

9.3.2 二维码与NFC之争

二维码与NFC是手机智能支付的两大阵营。支付宝、微信支付是二维码支付阵营的佼佼者，而银联云闪付和Apple pay则是NFC阵营中的主角。二者在手机智能支付行业互不相让，使竞争逐渐白热化。

目前，以支付宝、微信支付的二维码支付方式略胜一筹，在市场中处于领先地位；而以银联云闪付和Apple pay为首的NFC支付则紧随其后，开始布局二维码支付涉及不多的领域。

（1）二维码支付的优劣。

二维码支付与NFC支付相比，其优越性主要表现在以下两个方面：一是几乎没有成本。这个成本包括商家和支付者的成本。就商家而言，这种支付方式只需打印一个二维码，无需更改POS机设置，便可轻松完成支付。对于支付者而言，打开支付宝或者微信，扫一扫，就可以方便快捷地完成整个支付过程。二是避免收到假币。由于这种支付方式无需接触到纸币，因此，就不必担心收到假币的问题，更省去了收到假币之后的麻烦事。

但是，这种支付方式还是存在着弊端，这也是最开始二维码支付被央行暂停的原因——安全性不足。由于二维码技术较为成熟，基本不存在技术壁垒，因此，各个商户可以自行制造出二维码。这也令二维码的安全性令人担忧，有不少不法分子通过二维码植入病毒，截取用户的信息和交易记录，给用户和商家带来不少安全隐患。

（2）NFC 支付的优劣。

相较于二维码而言，NFC 支付则更为安全和方便快捷。

- 安全性。在使用 NFC 技术时，其芯片可与 POS 机进行动态双向认证。每一次的交易信息都是动态生成，而且账号数据都是加密存放，无法直接读取，保证了其安全性。它的安全性主要表现在以下三个方面：第一，NFC 中的信息数据并非是静态的，因此，破译者无法直接读取复制；第二，获得账户信息需要与 POS 机双向认证，没有认证秘钥的非法设备无法获得账号信息；第三，每次交易的数据都由 NFC 芯片内的随机发生数产生临时秘钥，只当次有效，所以，即使得到 NFC 数据也无法复制交易。

- 方便快捷性。NFC 支付是近场支付的一种，通过它实现手机支付不需要像支付宝和微信支付那么复杂的支付步骤，比如：输入密码、扫一扫等，而是将手机近距离贴在感应处即可完成支付，而且这种支付方式不需要连接网络，也较为适合没有开通流量或没有足够流量的人群。

但是，其也有着不足之处，主要表现在两个方面。其一，使用 NFC 成本较高。对于商户来说，使用 NFC 支付必须要购买相应的终端设备，主要包括 NFC 收款机、NFC 自动售货机和 NFC 读卡设备等等。其二，由于支付宝和微信支付的习惯已经形成，虽然 NFC 支付已经来到，但是很少人使用。

目前，NFC 支付为了扩大市场份额，已经开始在二维码涉及不多的领域抓紧布局。比如：通过 NFC 手机，运营商与公交集团合作，开启"手机刷公交"的新方式。

二维码支付也不甘示弱，也开始布局公交领域。目前，支付宝与多家城市公交集团合作，在杭州试点也逐步部署"支付宝刷公交"的支付方式。

除此之外，部分互联网支付企业还尝试抛弃掉手机这种媒介，应用生物识别技术更加快速地进行支付。从支付宝近期的各种动作就能看出来，比如：马云的"无人超市"支付、"人脸识别"支付等。

将来，随着 NFC 的普及，会蚕食掉部分二维码支付的市场份额，但是二者究竟谁是未来支付的王者或者又会被其他的支付方式所取代，就要看技术的发展以及用户未来对支付的需求。

智能金融生态圈是由不同的主体在智能金融的基础上，彼此影响、延伸，不断融合而形成的网络，具有协同效应的个体组织在一起，动态进行自我更新和进化。在这个过程中，二维码支付作为一种支付渠道，可以连接互联网金融网络中的各个主体，使整个智能金融有机"动"起来，成为构建智能金融生态中的纽带。

9.4 聚合支付

聚合支付的诞生来源于第三方支付的普及和中小商户的需求。随着第三方支付的兴起，以支付宝和微信支付为主的支付方式已经席卷了几乎所有支付场景，成为一种支付趋势，但是，二者之间也有着较大的差异且各自为政。随着二者的火爆，百度钱包、京东支付等其他第三方支付也逐步兴盛起来，使得第三方支付行业的支付渠道更加多元。

对于商户来讲，多元化的支付渠道赋予了他们更多的支付来源。面对如此多样化的支付方式，商户不可能对所有的方式都进行整合，无论从技术上还是从精力上，商户无法自己完成，此时，聚合支付的方式便借由这个需求应运而生。

通过聚合支付，可以整合多种支付渠道，包括支付宝、微信支付、百度钱包、银联等，只运用一个二维码可以将所有的方式全部囊括，且商户无需自行研发，只用支付非常便宜的佣金即可，方便了商户及顾客的应用，同时，扩大了各个支付渠道的应用场景。

9.4.1 聚合支付的现状

由于第三方支付市场基本已被支付宝和腾讯金融占据，且随着支付监管趋严，其他企业很难再进入该市场。因此，寻找另一个角度进入支付市场就成为众多企业关注的焦点。在看到中小商户面对多种支付方式无法自己完成时，聚合支付企业便纷纷进入这一市场。为了抢占这部分市场，各家企业均推出各种优惠的支付活动，竞争一触即发，非常激烈。

目前，聚合支付企业共有四种：第一，技术集成类企业，这种企业在业务上只做技术整合，不动资金，每个支付渠道都单独签约；第二，机构转接类企业，这类企业与银行合作，实行资金银行托管，做信息的二清；第三，机构直清类企业，这类企业一般是金融类公司或第三方支付企业，一次签约，主要做信息和资金的清算；第四，资金二清类企业，这类企业是国家重点关注和监管的对象，它的模式是接入大商户，然后清算小商户。

随着聚合支付不断发展，它的风险和问题也逐渐受到监管部门的关注。2017年，两个监管通知的下发，为聚合支付划出一条明确的红线。1月，中国人民银行发布《关于开展违规"聚合支付"服务清理整治工作的通知》；3月，中国人民银行发布《关于持续提升收单服务水平规范和促进收单服务市场发展的指导意见》。

《关于开展违规"聚合支付"服务清理整治工作的通知》指出了四个"不得"：首先，不得从事商户资质审核、受理协议签订、资金结算、收单业务交易处理、风险监测、受理终端主密钥生成和管理、差错和争议处理等核心业务；第二，不得以任何形式经手特约商户结算资金，从事或变相从事特约商户资金结算；第三，不得伪造、篡改或隐匿交易信息；第四，是不得采集、留存特约商户和消费者的敏感信息。

《关于持续提升收单服务水平规范和促进收单服务市场发展的指导意见》指出，部分聚合技术服务商涉嫌无证从事支付结算业务，扰乱了市场秩序，需要加以规范，并对聚合支付的发展提出四点指导意见：一是鼓励收单机构服务创新，持续提高特约商户支付效率和消费者支付体验；二是加强特约商户和外包服务机构管理，强化收单机构管理责任；三是强化行业自律管理，共同维护收单服务市场秩序；四是加强监督管理，加大对违规行为的检查和处罚力度。

这两份文件针对聚合支付发展过程中的问题，保护消费者的权益，防控风险，从国家的角度发力行业，规范引导聚合支付健康发展。

9.4.2 聚合支付的特点及优势

目前，聚合支付已经渗透到生活的方方面面，相较于第三方支付，聚合支付有以下三方面的特点：

第一，第四方支付只是一种技术整合，提供服务外包，一般不具有支付牌照；而第三方支付具有独立的产品和渠道，而且需要取得支付牌照才可经营。

第二，相较于第三方支付来讲，聚合支付的扩展性较强。这里的扩展性主要表现在综合服务商业模式的扩展，比如：它可以扩展到会员系统、消费金融领域、O2O等。

第三，与第三方支付相比，聚合支付的利润空间极为有限，其主要通过手续费和技术服务费等获得利润，利润空间狭小且微薄。

聚合支付所具备的优势：

第一，可以聚合多种支付通道，对其进行整合。目前，聚合支付一般可以聚合支付宝、微信支付、百度钱包、银联支付等主流支付渠道，方便商户与顾客应用。在某一点上来说，这种方式增加了商户的收益，并令支付一方更加便捷。比如：在一些小的商店，就能够看到，当收款时，无论是使用支付宝还是微信支付，商家都可以扫同一个二维码。这种连通令收支双方都非常方便。

第二，具备营销功能。这种聚合支付除了收款的功能之外，还具有营销的功能，比如：朋友圈推广、返券、账户分析、门店管理。另外，如果加上大数据，还可以进行营业分析和交易数据的估算。

9.4.3 聚合支付的隐忧

聚合支付目前正处于刚刚兴起的状态，多家企业非常看好这块"蛋糕"，正在逐步加深瓜分的进程。现如今，随着行业的逐步完善，政府对其监管增强，它出现了以下四种隐忧：

第一，是盈利风险。聚合支付的盈利方式是交易过程的返佣金。目前，这种佣金方式的利润率很低，主要是中小型商户使用。对于它们而言，在聚合支付平台同质的情况下，更愿意选择佣金较低的平台。伴随着聚合支付市场的竞争加剧，很容易形成聚合支付平台的"价格战"，使各家聚合支付平台的利润越摊越薄。

第二，敏感信息的风险。在使用聚合支付之后，聚合支付平台会获取交易者的个人信息，譬如：用户ID、交易数据、用户账户等。这些信息被聚合支付获取之后，很容易出现信息泄露的问题。目前，聚合支付企业的体量较小，又是新兴的市场参与者，在信息保密方面的完善程度不足，容易出现信息泄露的隐患，给交易者带来较大的困扰。

第三，同质化现象严重。目前，中国已有100多家聚合支付企业，每一家聚合支付企业的业务相似性较强，都是把国内几家较大的第三方支付整合在一起，做成与商户连接的通道。在支付之后，担负了一些市场营销的功能。包括银行所提出的聚合支付，都是同一个模式。不得不说的是，这些企业的业务由于同质化严重，很容易造成"价格战"，使佣金价格越来越低。

第四，也是最为重要的隐患，便是"合规"化。中国人民银行在鼓励聚合支付发展的同时，提出了"合规"的要求。未取得支付牌照的单位或个人不能够提供资金清算服务，也就是说聚合支付的企业如果没有支付牌照，是不能把资金放入自己的账户中进行清算的。如果只是技术整合，把聚合支付作为一个通道，才是合规的。

但是，目前仍然有很多公司在打政策的"擦边球"，涉及"二清"的风险。如果没有获得央行支付业务许可的单位或个人，在持牌收单机构的支持下实际从事支付业务和资金清算，那便是业务不合规定。一旦监管层加强监管，那么这些公司的经营就很难继续。

9.4.4 聚合支付未来发展方向

从合规化的角度，未来聚合支付也会像其他行业一样，从严管理。2017年，国家已经出台了两个政策来规范聚合支付行业。随着该行业的不断发展，未来也许会出现更多的政策来引导聚合支付向合规化发展。国家政策的提出，一方面，规范聚合支付行业，维护商户的权益和利益；另一方面，也是给那些不合规定的聚合支付企业以警醒，鼓励不合规定的企业自己整顿，成为合规的企业。同时，它也在行业立起一个标杆——以后要进入该行业的聚合支付企业就要按照国家的规定才能"上线"。

未来的聚合支付行业仍旧会受监管层的严厉监管，尤其是那些涉及"二清"风险又没有牌照的企业，因此，这批企业则需要考虑未来的发展和转型的问题，否则，一旦再次出台更为严厉的政策，这些企业便彻底无法经营。

对于那些合规化的企业，如何发展壮大便是需要思考的问题。由于目前多家企业已经逐步进入聚合支付市场，在合规的基础之上，从可以加深行业发展的角度，聚合支付还可以往以下的方向发展：首先，聚合的场景可以更丰富。聚合支付企业可以形成SDK、二维码、POS机、台卡等的一站式聚合模式，增强自己的竞争力；其次，聚合的支付方式可以更多样。聚合支付企业可以将多种支付方式集于一身，形成与别家的差异化战略模式，整合支付宝、微信、游戏点卡、银行卡收单、公交一卡通、移动话费等；最后，聚合支付的目标市场可以更广阔。目前，聚合支付在一线、二线城市快速发展，逐渐由"蓝海"转变为"红海"。而在三线以下的小城镇和农村却很少有企业进入，因此，聚合支付企业可以向三线以下的地区进行推广，增加业务量。

若是从避免隐忧的角度来讲，聚合支付可以向以下三种方向发展：首先，创新盈利模式。目前，聚合支付的盈利模式主要在于返佣金，但是随着聚合支付企业的剧增，利润越来越低成为一个不争的事实。单纯依靠返佣金的盈利模式不再适合企业的发展，企业可以拓宽盈利渠道，比如：提供更多的数据服务、增加场景金融等理财服务帮助企业增加盈利。同时，可以与银行或者金融服务机构合作，加强业务上的相关性；其次，完善信息保密措施。对于聚合支付企业来讲，信息泄露可能对本企业的影响不大，但是对于整个行业来讲，却有可能形成一种心理认知。一旦商户和用户对聚合支付形成了信息泄露的固有思维模式，那么整个行业的发展就会陷入一种濒临"崩溃"的阶段。在这个阶段中，商户不会再尝试聚合支付。这个行业陷入危机当中。最后，破除同质化的倾向。由于聚合支付的盈利模式较为统一，业务模式的相似性较强，各家企业几乎没有差异化的模式出现,如此竞争很容易形成"价格战"。因此,聚合支付企业可以走差异化的战略方式,仔细思考企业的定位问题,走出不同的聚合支付的道路。

聚合支付作为一种新的支付渠道已经受到越来越多的机构关注,包括银行这个主体(见图9-4)。原本银行作为清算的一方居于整个支付链的一头,但现在已经有很多银行加入到聚合支付的行列,其中平安银行、浦发银行、长沙银行等,都已经步入这个行业进行发展。

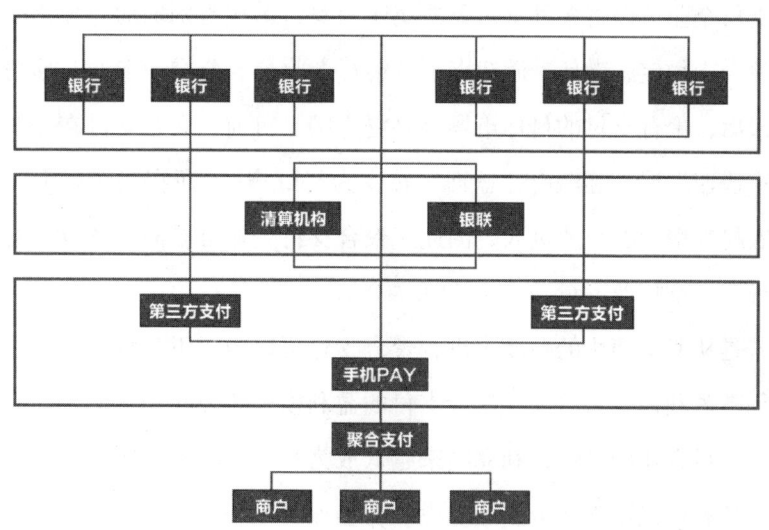

图9-4 聚合支付新模式

随着中小银行发力聚合支付行业,可以想见的是也将带动更多海量线下的中小商户对移动支付服务的需求,促进商户线上线下的管理对接,提升中小商户的营业额,为构建中小银行金融生态圈做出一定的助力。

未来,不仅仅是聚合支付,还有中小银行、第三方支付、商户等主体,共同构成一个智能金融生态的服务的支付体系,形成国家所倡导的"共享金融"场景的一部分。

9.5 生物识别支付

生物识别支付是依靠生物识别系统而形成的一种支付方式。它将计算机与光学、声学、生物传感器和生物统计学原理等高科技手段密切结合，采用人体固有的生理特性（如指纹、人脸、虹膜等）来进行个人身份的鉴定。

在上面的章节中，我们提到了各种生物识别支付，包括：指纹支付、人脸支付、虹膜支付、声纹支付、静脉支付和刷手支付等。目前，市面上应用较多也比较火的是人脸支付。

9.5.1 人脸支付技术

人脸支付是一种基于人的脸部识别技术而形成的一种支付方式。支付时，需要面对机器设备屏幕上的摄像头拍照，然后将信息与数据库中事先采集的储存信息作对比，完成认证和支付。整个过程方便快捷，无需钱包、信用卡等。

刷脸支付方式之所以在日常生活中成为一种比较新兴的支付方式，主要依靠人脸识别技术提供技术支撑。人脸识别技术，主要是一种基于生理特征识别的技术，通过计算机提取人脸特征，并利用这些信息进行身份识别鉴定的一种技术。

- 人脸识别技术的流程：第一步，人脸检测；第二步，人脸特征提取；第三步，人脸匹配（见图9-5）。

图9-5 人脸识别技术

人脸检测：在人脸识别系统中，确定人、人脸大小、位置等信息。

人脸特征识别：在获取人体面像之后，精确定位面部关键区域的位置，抓取特征点，生成面纹编码。

人脸匹配：用当前的面纹编码与数据库中的档案库存作比对，判定人脸是否存在与数据库中，从而精准地判断出来。

- 各种人脸识别技术：在人脸检测阶段，所采用的技术包括：参考模板法、人脸规则法、样品学习法、肤色模型法、特征子脸法。这几种技术是从不同的角度对人脸进行检测和识别的（见表9-1）。

表9-1　　　　　人脸检测阶段采用的技术及应用方式

技术	概念及应用方式
参考模板法	先设计一个或者几个人脸模板作为标准，然后测试采集的样品与模板标准之间的匹配程度，并且通过阈值进行判断
人脸规则法	因为人的面部具备一定的结构分布特征，因此，该方法就是通过提取这些特征，生成相应的规则来进行判断
样品学习法	此方法采用人工神经网络的方法，通过面像样品集和非面像样品集的学习产生分类器
肤色模型法	这种方法是根据肤色面貌在色彩空间中分布的规律来进行判断的
特征子脸法	这种方法将所有面像集合视为一个面像子空间，并基于检测样品与其在子孔间的投影之间的距离判断是否存在面像

资料来源：搜狗百科。

在人脸特征识别阶段，采用计算机图像处理技术可以在获取人体面相之后，确定面部关键部位，提取人像特征点，并采用生物统计学原理建立数学模型，获取人脸模板。

在人脸匹配阶段，面像比对是人脸匹配最重要的内容。它主要是对被检测到的面像进行身份确认或者在数据库中做目标匹配。面像的描述决定面向识别的具体方法。目前，人脸匹配主要采用特征向量法和面纹模板法这两种描述方法（见表9-2）。

表 9-2　　　　　　　　　人脸匹配的两种描述方法

方法	解释
特征向量法	这种方法先确定虹膜、鼻翼、嘴角等五官轮廓的大小、位置、距离等属性，然后，计算它们的几何特征量，最后将这些特征量形成描述这个面像的特征向量
面纹模板法	这种方法是在数据库中存有若干标准画像模板或者面像器官模板。在比对的时候，将被检测面像与数据库里的所有面像模板采用归一化相关量度量进行匹配。除此之外，还可以采用模式识别的自相关网络或特征与模板相结合的方法

资料来源：搜狗百科。

综上，人脸支付所采用的技术为人脸识别技术，其实际的核心是"局部人体特征分析"和"图形/神经识别算法"。通过识别人脸面部的各种器官特征，并与数据库当中的各项识别参数和原始参数作比对，最终得到准确的判断。一般而言，要求判断的时间少于 1 秒。

9.5.2　人脸支付的优势

（1）不易仿冒。

人脸识别所应用的人脸识别技术要求在支付时，直接"扫描"人脸，也就是支付者必须亲自在现场才能完成支付，因此，他人无法仿冒。人脸识别的技术判别能力客观上要求无法用照片、图像、木偶、蜡像来完成支付，因此，不易仿冒，支付时更加安全。

（2）使用简单方便。

人脸支付所使用的人脸识别技术可以使用通用的摄像机作为"人脸"的获取装置，使用者拿起手机或者站在扫描的机器前，通过非直接接触的方式，可以直接进行识别，完成支付。整个过程快捷方便，无需太多时间和人手操作；同时，避免使用现金出现的假币、找错零钱等现象。

（3）非察觉性。

人脸支付的识别技术可以在支付时主动获取支付人的人脸图像信息，

这种采集信息的方式是自动的，且不易觉察，因此，使用者不会对其存在心理排斥情绪。

（4）通用移动设备应用。

移动手机的"人脸支付"所应用的人脸识别技术软件一般是安置在手机里，也就是说任何手机只要拥有这项技术都可以进行使用，不分品牌、系统等等，而且对于设备商而言，使用人脸识别技术也无需在手机上增添其他的专用设备。总之，各种手机设备都可通用，简单方便。

9.5.3 人脸支付的不足

目前，虽然人脸支付已经"上线"，成为一种比较主流的支付方式，但是其仍旧存在着一些不足和劣势。由于该技术是根据人脸的特征进行识别和判断，因此，会有一些客观的因素导致识别系统无法准确对其进行识别。这些因素主要表现为以下六个方面：

（1）光照问题。

光照是影响人脸识别比较重要的因素。由于人脸是立体化结构，光照投射到人脸上会产生阴影。这些阴影或强或弱地都会对人脸特征有一定影响。尤其是在晚上，由于光线不足很容易造成识别困难，使系统难以满足用户的要求。

（2）姿态问题。

由于人脸识别技术主要依靠面部特征获取信息，因此，如何识别由于姿态引起的面部变化信息就成为一个难点。在支付时，有可能因为人的姿态位置导致支付出现问题，从而支付失败。所以，姿态问题便成为人脸识别技术需要攻克的一个难题。

（3）表情问题。

面部幅度较大的表情同样能够影响人脸识别的准确性。在支付时，如果面部表情过于夸张则会影响支付的成功率。这也是人脸支付的不足之一。

（4）易变性。

人的面部并不是一成不变的，而是有变化的，比如：化妆、受伤、自然老化、整容等都会使支付者本身的人脸识别特征出现差异，从而出现支付失败的情况。因此，这也是人脸支付需要解决的问题之一。

（5）遮挡问题。

在支付的时候，遮挡也成为一个导致支付失败的杀手。使用者可能有帽子、眼镜、配饰等物品导致部分生物识别特征被遮住，从而导致人脸图像不完整，使支付失败。

（6）人脸的相似性。

对于一般人而言，人脸的相似程度较低，因此，在支付时，基本不会出现身份判断错误的情况，但是对于双胞胎，尤其是同卵双胞胎，他们的面部特征相似程度较大，有些人脸识别系统会因为这些相似性而判断失误。

9.5.4 人脸支付现状

2013年7月，芬兰创业公司Uniqul推出了第一款脸部识别系统的支付平台。该平台已经申请专利，它可以极大地缩短支付时间，并拥有非常完善的保护技术。

而"人脸识别支付"真正进入大家的视线是在2017年9月，iPhone X的推出使这项技术获得了极大的关注和热议。

其实，在iPhone X推出之前，各大电商、第三方支付和互金巨头早就在加大力度布局刷脸支付。2017年9月1日，支付宝与肯德基在KPRO餐厅上线"刷脸支付"；8月底，京东线下的京东之家体验店已经开始测试"刷脸支付"功能；百度则在4~5月就在自家的食堂里实行刷脸支付了。

"刷脸支付"从操作流程上看，各家支付的步骤基本相同。整个支付流程分为："绑脸""手机号码验证"和"脸部识别"。首先，先上传个人照片，开通"刷脸支付"功能；其次，在手机验证结账的时候，先在屏幕上输入手机后4位，验证通过后跳转至脸部验证环节；最后，用户面对着拍照界面，系统比对，比对成功后，就会扣除金额，支付成功。

若是使用支付宝的刷脸支付，则步骤有所不同，支付宝在用户第一次使用时，直接开通即可，由于支付宝与公安系统有合作，因此，用户无需上传头像即可开通，更为简单方便。

尽管"刷脸支付"正在流行，但是大家对这种支付的信任程度有限。

相较于二维码和NFC等移动支付方式，"刷脸支付"抛却了手机这个介质，促进支付行业再一次进入支付新时代。可是，就如上述所言，"刷脸支付"的确遇到了不少质疑。安全性便是最大的障碍。有人认为：在公共场合获得人脸的信息非常容易，因此，并不是十分安全；还有人表示：若是两人非常相似，就很容易盗刷成功。

虽然，生物识别技术的应用场景极为广阔，但是目前该项技术成熟度依然有限。现在，各个互联网金融巨头布局"刷脸支付"，主要是为了在前期开拓市场，布局更多场景，以保证未来在"刷脸支付"行业能够有一席之地。

据前瞻产业研究院的数据显示，2016年我国人脸识别行业市场规模超过10亿元，到2021年，将会达到51亿元左右。而尚未被开发的金融行业人脸识别市场，预估为千亿级市场。因此，企业纷纷布局，都希望能够先行占到一定的市场份额，在行业中成为龙头老大。

除此之外，技术的进步也是企业纷纷布局"刷脸支付"的原因之一。由于"刷脸支付"的技术应用了"生物识别"技术，这是一种较新的技术，有广大的发展前景，甚至可以带来交易场景的改变而引发第三方支付革命。因此，企业不希望自己的技术落后于他人，便纷纷布局。

另外,"刷脸支付"还是一种噱头,刺激消费者进行体验,提高品牌知名度。这种新型概念的出现很容易引起人们的好奇心理,由于好奇而尝试,进而帮助企业宣传品牌,提升品牌知名度和影响力。

更为重要的是,"刷脸支付"所获得的信息可以用作大数据的信息积累和人工智能的应用,在这些积累当中,企业能够从中发现商机。因此,在现在这个阶段,企业布局"刷脸支付"也有这种深意。

目前,"刷脸支付"仍旧处在初级阶段,使用的地方还不是非常广泛,未来这种支付方式是否能够普及和为广大用户所接受,一方面要看市场对"刷脸支付"的接受程度,另一方面要看技术不足的改造程度。

智能金融生态圈是一个生态体系,在这个体系当中,不同而又丰富的场景、组织、个体联结在一起,形成动态网络。在其中,人脸支付作为一种支付方式和渠道,连接着不同的主体,让整个智能金融生态圈不断"焕发生机"。

9.6 数字货币——无现金的社会

数字货币是电子货币形式的替代货币,简称为 DIGICCY。数字货币包括数字金币和密码货币。它并不完全等同于虚拟世界当中的虚拟货币,因为它经常被用于真实的商品和服务交易。目前,全世界流行着数千种数字货币,其中比较出名的数字货币包括:比特币、莱特币等。

9.6.1 数字货币现状

(1)国外现状。

美国在数字货币行业的接受程度较高,它希望借助互联网的潜力,将比特币创造成一个可以主导全球的在线支付货币,但是细究不同的州,对比特币的态度也不尽相同。比如:华盛顿州规定数字货币交易所需要申请牌照,同时要有独立第三方审核,并要购买一定金额的"风险保证债券";

而特拉华州则对其没有限制。不过，大部分美国的州都在积极对比特币交易平台实施牌照化管理。

欧洲国家众多，不同的国家对其态度不一，但是总体而言，还是鼓励数字货币的发展。英国对于比特币采取了沙盒监管制度。沙盒监管制度是指政府给予比特币创新机构以特许权，允许其在监管部门可控的范围内测试新产品和新服务。荷兰有上万个商家接受比特币，而且出现了第一个采用比特币的"比特币大道"。芬兰央行表示将比特币归类为商品，但没明确禁止。爱尔兰的反差则较大，其把比特币看作洪水猛兽，认为比特币是银行的大敌。

数字货币在亚洲发展最好的国家是日本，其比特币的创始人便是日裔美国人的中本聪。该国已经成立比特币行业协会并由政府出面支持，新的比特币交易平台也在筹划之中。韩国对于比特币则采取完全禁止的状态，其拒绝承认比特币和其他形式虚拟货币作为合法的货币。

综上，我们能够看出各个国家对数字货币的看法不一，在世界的普遍范围内还没有达成一定共识。

（2）国内现状。

2017年9月，我国颁布了《关于对代币发行融资开展清理整顿工作的通知》，而后，又发布了《关于防范代币发行融资风险的公告》，这两份公告彻底粉碎了首次币发行投机者的梦。

2017年9月14日，上海市金融办已经开始对辖内多家比特币交易平台下达"口头指令"，关停交易平台，使其退出市场。时间节点定在9月底，口径从严。9月15日，北京监管机构也宣布关停比特币交易平台，火币网、OKcoin等相继发布公告，宣布于10月底停止人民币业务。[①]

[①] 信息来源：北京商报网 http：//www.bbtnews.com.cn/2017/0914/210948.shtml；新华网：http：//news.xinhuanet.com/tech/2017-09/16/c_1121672554.htm。

虽然，国内已经禁止了比特币的交易，但是海外市场的潜力依旧巨大。于是，这两大平台都对业务进行调整，向海外进军。OKCoin平台已经取得多国数字资产交易牌照，走入海外市场；火币网则转型为区块链垂直领域的专业综合资讯及研究服务平台，也开始布局海外数字资产交易市场，希望能够继续在数字交易领域分得一杯羹。

尽管对代币实行较严格的监管政策，但是并没有否定区块链技术。

区块链是一种数学算法，依据分布式数据存储、点对点传输、共识机制、加密算法等计算机技术的一种新型应用模式。简单而言，它是一种算法和模式，并不是比特币，但比特币是其一种货币表现形式。2016年，中国人民银行数字货币研讨会取得阶段性成果：央行承认了数字货币在降低传统货币发行等方面的价值，并表示在探索数字货币之路。这也是央行第一次对数字货币表示明确的态度。2017年，央行主推的基于区块链的数字票据交易平台已经测试成功，并且央行发行的法定数字货币已经在这个平台尝试运行。而央行旗下的数字货币研究所也将正式挂牌。

通过这一系列的政策和央行的行为，可以看出央行对区块链这种数字货币形式并没有明确禁止，而是尝试研究和发现，可见，其对于这种数字货币的模式是相对认可的。将来，数字货币若是想要大批发行，就必须要央行承认其为法定货币。这种类似于人民币的法定数字货币必须是国家自己制造出的一种数字化货币。

就目前而言，法定数字货币的出现还为时尚早，中国人民银行的顾问盛松成先生表示：中国央行目前不会将比特币和其他加密货币归类为"货币"，因为其缺乏一种合法货币所具备的内在价值基础。它的波动性很高，价格浮动很容易达到10%~30%。如果一个国家接受这种数字货币作为国家货币，那么整个国家的经济都可能会因为这种波动性而崩溃。因此，虽然目前无法实行，但未来可期。

9.6.2 数字货币的优势

数字货币具有去中心化和货币自由化的优势。去中心化是指不依靠单一的"数据中心",而是分散终端参与交易的各项,各项交易相互串联,形成数据链。正是由于去"数据中心"化,形成了货币自由化。货币自由化是指货币在一个公平、平等、法制的环境下自由流动和贸易,没有"中心化"的影响。

由于数字货币的自由流动性,它会衍生出三个非常明显的优势:

第一,对于个人来讲,数字货币会带来更多元的工资接收方式。工资发放从纸币到电子货币,中国经历了一种货币形式的转变;从电子货币再到数字货币,这种工资接收的方式则更为灵活,且由于数据无法篡改和盗取,所以会更为安全。

第二,迅速、低廉的跨境支付。随着中国"问题"食品和用品的相继爆出,国人对中国自产的产品信任度下跌,而且由于我国税率偏高,很多的奢侈品在国外可以以较低的价格买到。所以,"海淘热"在近几年异常兴盛。数字货币在海淘的过程中,基于一个完全开放的系统平台,不受时间、空间的限制,但是传统的支付方式则在封闭的系统中进行,容易受到时间、空间等影响。另外,数字货币操作流程简单,交易成本较低,而传统支付和网络支付则需要支付高额的跨境手续费。

第三,规避限制,跨越疆界。2013年,我国颁布了《支付机构跨境电子商务外汇支付业务试点指导意见》,对跨境业务的范围、交易金额等做出了规定和限制。应用数字货币则可以不受时间、区域、金额、范围的限制,实时完成贸易和支付。

9.6.3 无现金社会与智能金融生态圈

我国的支付方式从原本以物易物到金属货币的流通,再从金属货币到纸币盛行,再到现在非常普及的电子货币和将来有可能实行的数字货币。

货币的演变日新月异，但是总体向方便化、便捷化、低成本的方向发展。

而现在流行的说法"无现金社会"则是后两个阶段的体现。

随着支付宝、微信支付的兴盛，中国互联网络信息中心发布的《中国互联网络发展状况统计调查报告》显示，截至2016年12月，中国在线下实体店购物时使用手机结算的比例已达50.3%。即使在四五线城市，这一比例也分别达到43.5%和38%。

我国正步入"无现金化社会"过程中，这在我们的日常生活中处处都有体现。比如：淘宝网络支付、手机刷公交、各种商家店铺的二维码支付。当然这种支付是电子货币的支付方式，是钱存在卡里的形式，只是通过一个支付媒介进行支付。它不改变央行以人民币作为法定货币的意志，只是以另一种方式进行呈现。

比中国更早步入"无现金社会"的是丹麦。就在2015年，丹麦政府废除法律要求商店接受物理现金的一项计划。这表明，丹麦已基本步入"无现金社会"，大约80%左右使用电子货币，20%左右则使用信用卡支付。

第二阶段则是数字货币阶段，数字货币阶段中，需要在央行的认同下应用区块链技术来制造法定货币。因此，这个阶段的大前提为央行允许数字货币成为法定货币。

目前，央行的做法还只是对其作为研究的对象，但最终是否可以成为法定货币，态度并不明朗。

将来，若是央行承认数字货币作为一种法定的流通货币，那么其也会与人民币相挂钩，不会允许法定货币的价格随意上浮，造成经济混乱。同时，这种法定货币也会受到严厉监管，其监管政策也会逐渐增多。

目前，我国正处于电子货币阶段的"无现金社会"进程中。电子货币作为一种媒介和通道，是更为方便和快捷的支付手段，这种支付手段与智能金融生态圈有机集合，使支付场景融于生活场景之中，并与其他场景相贯通，最终形成"智慧城市"。

而数字货币若是成为"无现金支付"的法定货币，那么它便可以以更多元、更节省、更快速的方式进行货币融通，实时完成支付，为"智慧城市"的发展增添一分力量，创造增多的财富和价值。

9.7 中小银行智能支付服务

在支付方面，过去10年都是银行的天下，现金与各种银行卡是支付的主要渠道。然而，自从第三方支付逐渐兴盛，移动支付和智能支付的到来，人们普遍对现金和银行卡的需求逐渐走低。此时，第三方支付成为最大的赢家，连国有大型银行都纷纷为之侧目。各家银行在支付部分被第三方支付打压，这已经是个不争的事实。于是，那些资金丰富、技术能力过硬的银行开始寻找解决路径。他们想到了两个方案：一方面，由于这些银行资金雄厚、技术能力强，因此，他们会选择自己在智能支付上做出智能支付产品。比如：兴业银行在2015年推出了一款可穿戴的移动支付产品——具备银联移动支付功能的咕咚手环。该手环是兴业银行与中国银联、咕咚公司三者合作的，并同时发布了首款支持此项应用的信用卡"兴动力"银联芯片卡。不过，由于这种方式需要较强的技术能力，因此，自己研发智能支付产品的银行并不多。另一方面，银行会普遍选择和第三方支付合作，令自己的银行卡来绑定第三方支付，通过第三方支付来进行支付工作。

中小银行虽然在资金、技术、客户等方面不如大型银行和股份制银行，但是，相较于第三方支付，也有其固有的优势。一方面，银行的全金融牌照优势。在这一点上，银行参与电子商务或者网络金融服务的政策优势是十分明显的，比第三方支付少了很多不确定性。银行的牌照就像一个"通行证"，维护着支付的安全，也更有保障。另一方面，中小银行的风控能力和抗风险能力较强。相较于一些较小的第三方支付企业，中小银行具备较完善的风险管理制度和机制，员工的素质普遍较高，因此，在风险的控制上和抗风险的能力较强。

这两点都可以用来与第三方支付优势互补。第三方支付相较于中小银行而言，也有着其不具备的优势所在。

第一，客户黏性。第三方支付由于其支付的便利性和费率低的特点，在较短时间内吸引了大批商户。在提供新的支付习惯和服务方式的同时，它们也注重在行业内精耕新作，提供更加个性化和定制化的支付结算综合方案。无论是其便利性、费用低廉，还是有关支付的定制化和个性化服务都是中小银行同质化格局下不可比拟的。

第二，商业模式的创新。第三方支付体制和机制较为灵活，能够根据实际情况提供多元化、个性化的服务，这些服务更能够适应网络经济，在跟随市场需求和联动方面更具有效率。而中小银行的层级较多，部门化分工较细，在应对方面不会像第三方支付一样迅速和有效。

第三，大数据支持下的信用中介功能。第三方支付，比如：支付宝推出的虚拟信用卡业务和阿里金融推出的阿里小贷业务，都是根据中小企业和商户在线交易的历史数据来建立风控模型，确定信用额度。大数据在分析技术中支持了信用中介的功能。而中小银行关于中小企业的贷款还是以往的风险转移模式，需要抵押、担保等才可以授信。同时，在贷款流程上，部分中小银行也无法做到全流程线上，因此，在便捷性和处理时效上也没有优势。

由于二者各有优势和不足，因此，中小银行在智能支付服务上可以与第三方支付合作。通过第三方支付绑定该行的银行卡，利用第三方支付的优势，发展中小银行自己的智能支付业务。

在政策中的"双方合作"。无论你是接受，还是拒绝，它都来了。2017年8月4日，一则重磅炸弹袭来，央行下发《关于将非银行支付机构网络支付业务由直连模式迁移至网联平台处理的通知》，要求从2018年6月30日起，支付机构受理的涉及银行账户的网络支付业务全部通过"网联支付平台"处理。

"网联"平台全称为"非银行支付机构网络支付清算平台"，其主要职能是为支付宝、财付通等非银行的第三方支付机构搭建一个公共的转接清算平台（见图9-6）。也就是说，以后第三方支付若是想与各家银行"合作"，就必须通过网联接入，不能再直接对接银行。于是，我们便看到了接入"网联"后的格局变化。

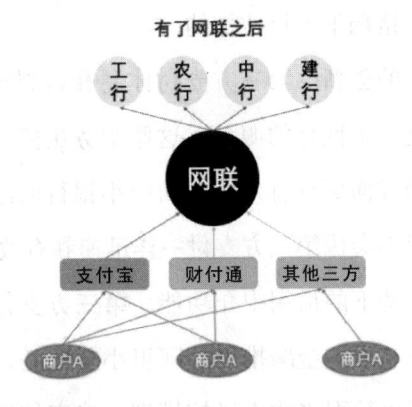

图9-6 网联示意图

图片来源：百家号 人性杂谈。

"网联"的推出打破了各个中小银行与第三方支付的"双方合作"，变成了"三方合作"的模式。尽管消费者支付的方式，甚至是速度没有出现任何区别，但在无形中通过了"网联"一环。

其实，加入"网联"主要是为了加强支付行业的监管。其作用主要体现在以下几个方面：

第一，方便监管。"网联"的出现改变了原来第三方支付混乱的局面和管理上的漏洞。在之前，各家银行连接第三方支付，央行管理难度较大。现在，接入"网联"之后，将其作为一个统一的平台，加以监管，更加方便。

第二，使跨行清结算、备付金问题等更合规。随着网络支付的兴起，在支付的同时也出现了一些问题，比如：客户备付金的问题、交易信息不透明的问题、违规跨行清算的问题，这些问题不仅是安全的漏洞，也避免了各家支付公司各自搭建平台造成的"重复浪费"。

第三，支付费率更加透明。"网联"的存在，使第三方支付失去了与银行议价的机会。即使第三方支付商户的流向再多，流量再大，也没有资格与银行谈论价格。在支付费率上，价格公平透明，都是一样的。这对于中小银行来讲，是个利好的信号。

在这个过程中，中小银行从与第三方支付"双方合作"变成了"三方合作"，"网联"的出现，无疑让整个支付行业更加规范，更有条理，格局更大。同时，也为银行架起了"保护伞"，为银行的支付保驾护航。中小银行的智能支付服务在2018年，便是在"网联"的庇护之下开启新的旅程。

第 10 章　数字化直销银行

直销银行的"直销",是针对传统银行来说的,是指不开立大量的营业网点,通过邮件、电话、互联网渠道开展业务的银行,是不以实体网点和物理柜台为基础,主要通过 ATM(包括 CRS、VTM 等)、互联网(网站、App、电子邮件等)、电话等远程通讯渠道为客户提供银行产品和服务。目前国内的直销银行多数为银行下属部门,没有独立经营牌照(百信银行除外)。直销银行的运营主体是以传统商业银行为主,主要业务集中在小额贷款、理财投资、转账等业务,主要目标客户是获取他行用户及非银行客户,根本的动机为传统银行参与互联网金融。

10.1　直销银行发展现状

2013 年这一年互联网金融被大众所熟知,余额宝 2013 年 6 月上线以来,呈现了爆发式的增长。截至 2017 年底,余额宝规模已经突破万亿元,成为全球第二大货币基金。余额宝的管理者天弘基金以其开放的互联网思维创造了一个又一个奇迹。虽然我国商业银行本身有着雄厚的资产实力和相对稳定的客户群体,但是余额宝在短时间内的快速增长也给商业银行的储蓄存款规模带来一定的影响。正是由于我国传统商业银行缺位互联网,才使得互联网金融产生如此之大的效应。如果所有的银行都完成了自己的互联网平台,做到真正的互联网化,建立起完善的支付、借贷、基金购买等平台，那么余额宝就不会有如此高的收益率，也不会呈现出这样爆发式的增长了。商业银行在互联网化方面没有占得先机，在金融脱媒的趋势下不得不通过建立直销银行等手段来抢占市场，获得客户资源。

（1）经济下行，银行不良贷款率上升。

受经济危机的延续影响，我国从2010年以来GDP增速已经连年下降。由"四万亿计划"开始，中国全面进入资本过剩时代，资本压迫成为威胁中国经济的最大问题。中国当前的资本压迫，又主要表现为房地产对实体经济的压迫，尤其是对制造业、零售业的压迫。而实体经济的困难处境反映在金融业的一个表现就是银行的不良贷款率呈现连续上涨的趋势。

其中，农村商业银行管理办法要求农村金融机构一定要将一定比例的贷款用于支持农业发展，但是农业是基础弱势产业，具有投资风险大、易受经济周期影响、收益率低等特征，因此农村商业银行不良贷款率近年来一直走高并超过了警戒线。中小银行所面对的贷款对象中的小微群体也具有相同的特征。

（2）利率市场化加速银行转型。

随着我国存款利率市场化的放开，我国利率市场化进程已经推进到了最后阶段。利率市场化推动了银行之间更大程度的竞争，原有的以利差为主的盈利模式难以为继。从2010年以来，我国四大行利息净收入占总营收的比例正逐渐下降。尤其2015年央行连续5次降息，其中还包括一次贷款利率降幅大于存款利率降幅的非对称降息，使得四大行贷款利息收入减少的幅度远超过存款利息支出减少的幅度。存贷利差的进一步缩小迫使银行业务的转型与升级迫在眉睫。

（3）银行产品同质化严重。

一直以来，我国传统商业银行的产品都存在着同质化严重的问题，主要表现为服务对象同质化、创新模式同质化、推广模式同质化三个方面。

造成银行产品同质化的原因有很多，其中影响最大两个原因：一是银行本身定位趋同且受到严格的金融管制，业务创新阻力很大；二是"官本位"思想以及行政化管理使得银行内部等级观念强，无法做到扁平化管理，没有形成利于创新的环境。随着金融进入移动互联网和金融科技驱动的新时期，金融产品创新迭代速度不断加快，线上 App 取代线下物理网点成为银行竞争的主战场，原有的同质化竞争矛盾将进一步扩大。因此，对于银行来说，谋求转型走差异化路线刻不容缓。

（4）金融脱媒，银行面临挑战。

随着我国金融体制改革的不断深化和社会经济的不断发展，金融脱媒现象加速显现，我国商业银行面临巨大冲击和挑战。我国金融脱媒具体表现在，存款端居民储蓄率逐渐下降，贷款端大型银行信贷规模占全部金融机构信贷规模的比例逐年下降。我国依托股票、债券、投资基金等金融工具的直接融资快速发展，传统商业银行需要转型来应对金融脱媒趋势。

（5）互联网金融的快速发展对银行造成冲击。

余额宝引爆了我国网络理财市场。2015—2016 年相关余额理财类产品层出不穷，触网的金融产品也从基金逐渐扩展到其他各个方面。与此同时，网络信贷市场也走向繁荣，从 P2P 到消费金融，网络信贷余额从 2013 年的 704.4 亿元增长到了 2016 年的 11 600.7 亿元。互联网金融的快速发展在存、贷、汇三个方面都对传统商业银行造成了巨大的冲击。

2017 年 8 月 4 日，中国互联网络信息中心（CNNIC）在京发布第 40 次《中国互联网络发展状况统计报告》。报告中显示，截至 2017 年 6 月，中国网民规模达到 7.51 亿，占全球网民总数的 1/5。互联网普及率为 54.3%，超过全球平均水平 4.6 个百分点。截至 2017 年 6 月，我国手机网民规模达 7.24 亿人，较 2016 年底增加 2 830 万人。网民中使用手机上网的比例由 2016 年底的 95.1% 提升至 96.3%，手机上网比例持续提升（见

图 10-1～图 10-3)。

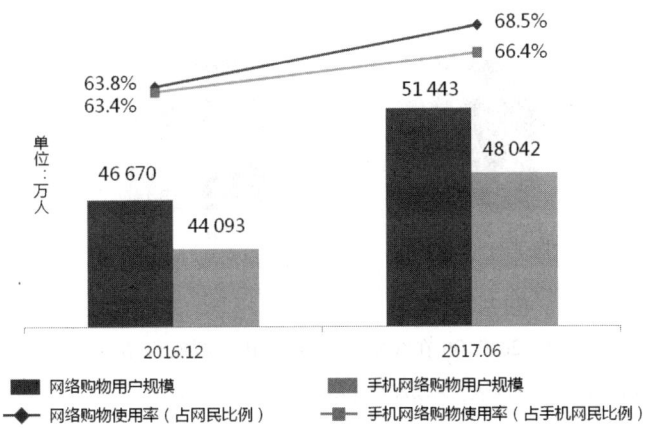

图 10-1 2016.12—2017.06 网络购物/手机网络购物用户规模及使用率

来源：CNNIC 中国互联网络发展状况统计调查。

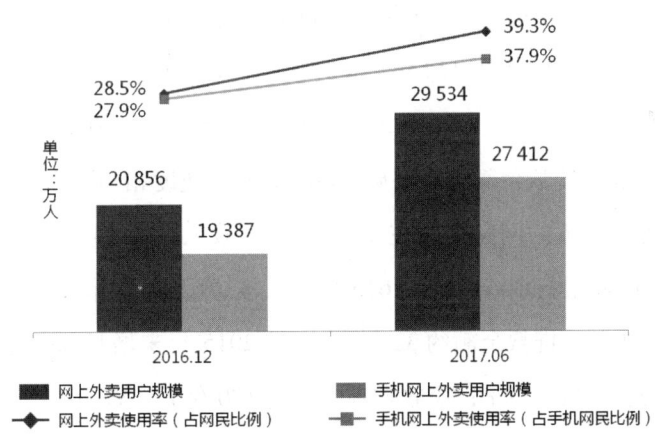

图 10-2 2016.12—2017.06 网上外卖/手机网上外卖用户规模及使用率

来源：CNNIC 中国互联网络发展状况统计调查。

腾讯旗下的微众银行披露的 2016 年业绩报告显示，截至 2016 年末，微众银行资产总额为 520 亿元，同比增加 424 亿元，增幅 440%，其中，各项贷款余额 308 亿元，同比增加 269 亿元，增幅 697%。全年营业收入

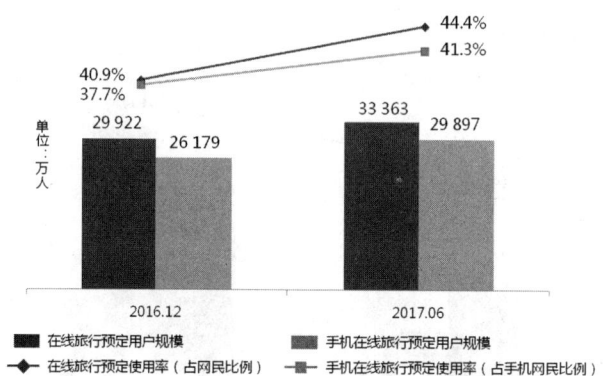

图 10-3 2016.12—2017.06 在线旅行预订/手机在线旅行预订用户规模及使用率
来源：CNNIC 中国互联网络发展状况统计调查。

24.49 亿元，同比增幅近 10 倍。在开业的第二个完整年，微众银行扭亏为盈，录得净利润 4.01 亿元。其中，截至 2016 年末，微众银行的拳头产品"微粒贷"累计发放贷款 1 987 亿元，每笔平均放款约 8 000 元，主动授信超过 7 000 万人，开通用户超过 1 500 万人，覆盖面达 31 个省、市、自治区，567 座城市；管理贷款余额 517 亿元，与 25 家金融机构合作。而 2017 年 8 月微粒贷的贷款余额已经突破 1 000 亿元，速度相当惊人。

阿里巴巴旗下的网商银行在 2016 年营业收入达 26.4 亿元，净利润约 3.2 亿元。网商银行资产总额约 615 亿元，较 2015 年末增长 313 亿元，增幅 103%。其中，贷款余额约 329 亿元，较 2015 年末增长 256 亿元，增幅 351%，占总资产的 53%；应收款项类投资 170 亿元，较 2015 年末下降 40 亿元，降幅 19%，占总资产的 28%。截至 2016 年末，网商银行负债规模 573 亿元，较 2015 年末增长 310 亿元，增幅为 118%。

（6）消费理财观念变化带来新需求。

人们消费和理财观念的变化也冲击着传统金融业，产生直销银行是大势所趋。随着互联网络的普及，越来越多的消费者选择使用网络购物。我国电子商务规模正在不断扩大，从最初的生活用品和衣物到后来的电子产品、家电甚至出行，给我们带来极大的便利。电子商务的普及自然离不开互联网金融企业提供的第三方支付这样安全高效的平台。传统银行也可以通过推出直销银行，为客户提供更多方便快捷的支付方式。

另一方面，人们的理财观念也在发生变化。自 2010 年下半年开始，我国通货膨胀率居高不下，虽然近两年有所缓解，但还是导致实际利率相对较低，许多居民将资金纷纷投向理财产品。这些理财产品风险较低，收益也相对稳定（见图 10-4 和图 10-5）。

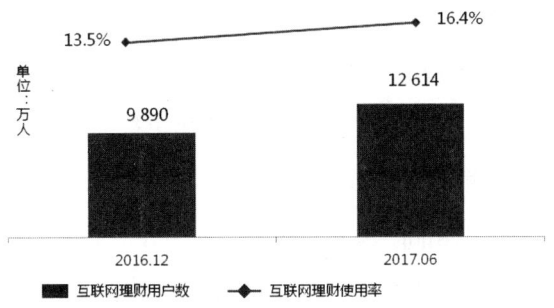

图 10-4　2016.12—2017.06 互联网理财用户规模及使用率

来源：CNNIC 中国互联网络发展状况统计调查。

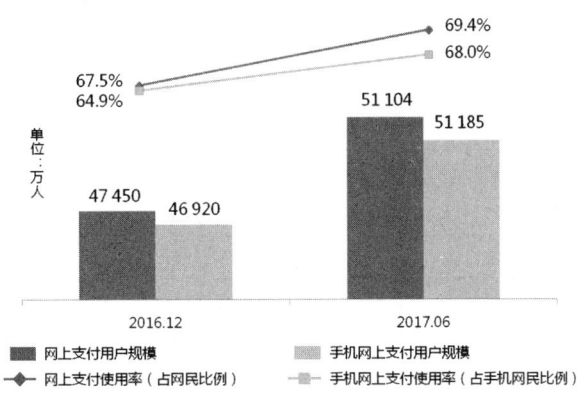

图 10-5　2016.12—2017.06 网上支付/手机网上支付用户规模及使用率

来源：CNNIC 中国互联网络发展状况统计调查。

虽然居民储蓄仍然处于上升趋势,但同比增长率却在减缓。理财代替存款的现象越来越普遍,存款理财化的趋势也越发显著。在这种形势下,单纯依靠存贷款利差获取收益的传统银行是处于被动状态的。虽然传统银行也推出很多理财产品。但通过柜面认购的流程复杂。直销银行正式针对广大客户的理财需求,推出更为简便的理财产品,认购过程简单,产品选择直观。

(7)我国中小银行直销银行发展进程。

我国商业银行互联网销售介入时间较短,据不完全统计,从2013年9月18日,北京银行直销银行上线到2017年第一季度国内上线直销银行已达到93家。截至2017年末上海银行、民生银行直销银行用户数量均突破1 000万户大关。对于已经开展了直销银行业务的商业银行的收入水平与传统业务的比例每家银行也是各不相同。从以上数据不难看出,随着互联网的普及和深入,这种销售方式必然会替代原有的业务模式(见表10-1)。淘宝、京东、饿了么、P2P、共享单车等O2O应用也恰恰验证了这一点。

表10-1

序号	银行	直销银行	上线时间
1	北京银行	北京银行直销银行	2013-09-18
2	民生银行	民生银行直销银行	2014-02-28
3	兴业银行	兴业银行直销银行	2014-03-27
4	包商银行	包商银行小马bank	2014-06-18
5	南京银行	南京银行你好银行	2014-06-30
6	重庆银行	重庆银行直销银行	2014-07-24
7	平安银行	平安银行橙子银行	2014-08-06
8	江苏银行	江苏银行直销银行	2014-08-10
9	西安银行	西安银行新丝路bank	2015-04-10
10	渤海银行	渤海银行直销银行	2015-04-21

资料来源:互联网。

10.2 直销银行发展困境

中小银行发展战略就是在符合和保证实现宗旨的条件下，在充分利用环境中存在的各种机会和创造新机会的基础上，确定中小银行同环境的关系，规定中小银行从事的经营范围、发展方略对策，合理调整结构和配置企业资源，从而使中小银行获得发展优势。

中小银行具有共同特征：服务地方经济、服务中小企业、服务城市居民；贷款区域集中、贷款对象集中是城市商业银行贷款取向的共性。中小银行主要目标是区域性经济，为地方经济、中小企业、城乡居民，提供差异化、特色化服务。把握宏观形势、政策导向、利益相关者的意志转变，形成符合自身发展、彰显自身优势的市场定位。从宏观及微观方面覆盖基本及拓展目标，市场化为主导，发展小微、民营企业，配合地方政府推动区域经济发展。按照金融覆盖理论来说，中小银行首要做到的就是确保区域性特色经济的介入。

目前我国中小银行开展的直销银行处在过渡阶段，最早匆忙上线的直销银行只是搭起简单的框架，许多业务尚未完善。因此，我国直销银行既受到环境因素的制约，自身又存在着许多问题。环境因素主要是缺乏独立运营机制，受到传统银行的束缚，面临的政策阻碍较多，还有一些非银行体系的互联网金融企业作为强有力的竞争对手。而自身问题主要是产品设计上创新度不高，各直销银行间存在着一定程度的同质性；在营销方面也存在着宣传力度不足等问题。对于中小银行来说，目前开展直销银行业务存在着资金投入、人力投入、产品创新投入、运营团队经验不足、同质化竞争、产品无特色、宣传力度不够、普及率低、环境制约因素、实行302政策、银行机制限制等问题。

(1) 资金投入。

创建直销银行系统至少需要电子账户、支付结算、直销银行平台三个系统，为了丰富平台产品不得不以直销银行平台为核心对接其他渠道平台。系统需求分析、设计、开发排期、测试都需要投入大量资金，并且短周期内无法完成。

(2) 人力投入。

任何一款产品，如果想维持高用户业务增长，必须投入对应的人力进行运营。这种人力资源的分配是很多中小银行不具备的。

(3) 产品创新投入。

从产品创新角度来讲，产品的设计和创新需要有经验的专业人员处理。从2013年国内开展直销银行，这方面的研究人员与设计人员大多分散在各个商业银行中，很难找到为己所用的专业人才。产品如何才能有特色，如何才能方便快捷为区域性客户及中间业务服务。

我国中小银行直销银行的业务多是参照余额宝的成功经验推出一些货币基金。各直销银行对货币市场基金的营销政策基本相同，都是选择一家基金管理公司来合作推出。在年化收益率的比较上，民生银行直销银行更具有优势。余额宝也从最初的峰值一年化收益率6.7%下降到了2017年10月25日的3.89%，除此之外，浙商银行直销银行的"增金宝"2017年10月25日的七日年化收益率为3.97%，宁波银行直销银行"天天金"的年化收益率为4.074%。从各直销银行的收益率略高于同期的余额宝收益率可以看出传统银行加入互联网金融大潮的决心和信心，但是在产品创新研发上仍然没有更多的新意。

(4) 运营团队经验不足。

经营P2P业务的直销银行当中，最早包商银行小马bank通过互联网平台推出了千里马（项目投资），通过招标筛选共完成了358个项目投资，全部为个人借款。"千里马"具有银行级别的审贷标准，采用完整的线下银行审贷体系，审贷环节更专业，完全区别于普通投融资平台的线上书面材料审查模式。产品起投金额仅100元，投资项目预期年化收益率约为7%~8%。不仅如此，该直销银行针对投资项目提供最大限度的安全保障，为应对借款人可能发生的违约风险，要求借款人按借款本金的固定比例存入风险共担金到银行托管账户，以共同保障投资人的资金安全，但从2015年1月开始，小马bank已经停止发布新标的。目前来看，包商银行小马bank已经变更为有氧金融。这里面的问题不得不值得思考。我国直销银行的团队缺乏研发经验和运营经验，使得直销银行很难像其他互联网金融企业那样更快地发展壮大。包商银行小马bank本是一个特立独行的直销银行模式，推出了P2P、O2O等一系列较为创新的平台，但是由于缺乏有研发经验的团队、管理手段不适合、受监管影响产品局限、本行产品又比较少，最终使得项目终止。

（5）同质化竞争，产品无特色

直销银行虽然都经营各种理财产品，但是对比直销银行间的这些理财产品就会发现，直销银行间存在着同质化竞争。从几家直销银行经营的理财产品类型来看，它们的风险等级都较低，起购金额大多数在5万元，而且投资期限较短。这类产品的客户定位比较清晰，主要是一些年轻的白领上班族，拥有一定的物质基础，但是财力不够雄厚，希望投资那些短期的、风险较小的、收益相对稳定的理财产品。

只有少数直销银行推出了一些有特色的产品。例如民生银行直销银行"民生金"和橙子银行的主题股票型基金。"民生金"是"民生金积存计划业务"的简称，是指中国民生银行为境内个人客户提供的以人民币为交易结算货币的可实现实物黄金提现的黄金投资业务。客户可以根据黄金价格的波动低价买入、高价卖出，从中赚取差价或预约提取现货。"民生金"

的实时买入或实时卖出价是该行自行确定的标准价格，买价与卖价分别在上海黄金所实时报价基础上增减了约1.2元/克的价差，该价差相比其他银行每克0.5%～1.5%（约合1.3～3.9元）的手续费已经更加优惠。平安银行橙子银行推出了许多主题股票型基金，包括环保主题、医疗专题、国企改革、"互联网专题＋"环保主题。股票基金将80%的资金投资于环保行业，主要是水利、电力和电气行业。医疗专题主要投资于一些医药行业。国企改革主题主要投资于国企改革主题的上市公司股票。"互联网主题"是互联网和传统行业相结合产生的电子商务，工业互联网和互联网金融行业主题股票型基金主要投资于一些电子信息产业、TMT行业。这些股票型基金主要用于满足一些想要投资股票市场但是又无暇打理的投资者，这样就可以进一步扩大客户范围，丰富客户群体的种类。

由前面各家直销银行业务产品的对比来看，各直销银行仍存在着同质化竞争，能够推出有特色的、能令人耳目一新的产品的直销银行较少。我国这些传统银行之所以要推出直销银行模式，是为了应对互联网金融对传统金融带来的冲击，为了产生差异化发展，但就现在各直销银行的现状来看，同质化的恶性竞争仍然存在，若不能在这方面做出更多的改进，直销银行就没有存在的意义了。

（6）宣传力度不够，普及率较低。

根据网上调查报告显示，截至2015年，广大民众对直销银行知之甚少，仅有22.4%的受访者听说过直销银行，注册成为直销银行客户的受访者仅占11.43%。客户不开通直销银行的主要是因为对直销银行的业务不了解，对其安全性依然存在疑虑。调查结果显示，在选择"听说过直销银行"的受访者中，有54.77%的人因为不了解直销银行的收费标准而不选择直销银行业务，还有39.4%的人认为直销银行存在风险，选择了"感觉不安全"的选项。此外，直销银行的用户体验度也有待提升，而15.18%

的人不开通直销银行是因为直销银行操作复杂,客户体验差。除了几家上市商业银行外,一些其他的中小型商业银行的知名度就更低了,城市商业银行虽然也可以在全国范围内开设分行,但是本身的知名度不高,其直销银行就更无法让客户熟知了。

(7) 环境制约因素多,阻碍直销银行发展。

首先,我国金融体系不健全,监管政策阻碍较多,一些直销银行建设的相关法律法规、规章制度不完善。我国信用体系相较于国外还不够成熟,信用建设存在缺失,信用违约成本比较低,在信息不对称的情况下容易造成道德风险和逆向选择,直销银行的运营在很大程度上要依赖信用体系,较之国外成熟的信用体系肯定会有更大风险。我国利率市场化发展完成不久,存款利率定价机制尚未完全形成,直销银行很难利用自身优势提供比传统银行更有竞争力的存款业务,吸引更多的客户。另外,存款保险制度也才开始实施,对直销银行存款的安全性保障也无先例可循。

出于防范风险的考虑,我国监管部门的一项规定是"面签",即:首次在商业银行购买理财产品的客户必须在银行网点进行风险承受能力评估,客户确认结果后要签字并由商业银行保留。但是这无疑是直销银行业务开展的一个阻碍,使得许多直销银行不得不在传统银行的实体网点为直销银行客户安排"面签"。中小型商业银行本身的网点分支机构较少,不方便客户进行面签,所以互联网给中小银行带来的优势也就不存在了,而且这样还背离了简单方便的初衷,客户也会觉得麻烦而不愿意在直销银行开户。

其次,缺乏独立运营机制是直销银行面临的另一个阻碍,这也是我国直销银行同国外直销银行之间最大的差别。国外许多直销银行虽然控股于银行集团,但是拥有独立法人的资格,可以脱离母公司的实体独立运营,这样一来,直销银行由于运营成本低,更加灵活,适合互联网时代人群的消费和理财习惯，更容易展开融资竞争，提供多样化的产品，通过薄利多销和成本、风险控制得当，就可以在激烈的市场竞争中赢得胜利。而我国目前尚未形成可以让直销银行独立运营的相关法律，因此，直销银行目前不能成为独立的组织，在品牌上要依附于传统银行，文化背景都受到传统银行的影响，在客户的定位、产品设计、服务方式上都会受制于传统银行，若推出有市场竞争力的产品可能也会首先造成自身存量客户的转移。

（8）《关于落实个人银行账户分类管理制度的通知》的限制。

302号文件规定，二类账户开立需要对非信用卡账户进行五要素认证（开户申请人姓名、身份证号码、手机号码、绑定账户账号、I类账户标志）；二类账户的资金转入转出只能是同名账户，因此对于代付工资、资金托管业务直销银行就无法对二类账户展开。

（9）银行机制限制。

直销银行往往作为商业银行下属部门，最多成立事业部独立核算。但对于互联网金融角度的组织机构来说，还不够简洁快速，没有独立的法人，申报流程拖沓。

（10）考核机制的不健全。

互联网商机及布局也许是个长期的布局，其中短期波动也比较大，传统考核指标创收等并不能很好地适应互联网的特性。

（11）跨行绑卡的限制。

中小银行开展直销银行，对他行的I类账户校验很难接入，迫不得已只能冒着违规风险通过第三方支付才能创建五大行的I类账户校验通道。302号文之后，中、农、工、建、交宣布了互相开放一类用户标识，未对其他银行开放。12家股份制商业银行组件的商业银行网络金融联盟，互相开放但不对外开放一类用户标识。

（12）线上信贷业务开展难度大。

中国人民银行《征信业务管理条例》第三章中规定："向征信机构查询个人信息的，应当取得信息主体本人的书面同意并约定用途。但是，法律规定可以不经同意查询的除外。"直销银行主要业务中的信贷业务如果严格按照文件规定，必须要求客户到线下网点进行面签、面核，并增加可信性评估。这个红线已经在2015年取消，但坚持银行账户实名制，柜台开户为主、远程开户为辅，实施客户身份识别机制的自证。

10.3　直销银行发展机遇

我国经济发展状况为中小银行发展提供了机遇。在由世界第二大经济体向第一大经济体迈进的征程中，建设现代、和谐、有创造力的高收入国家是我国经济战略的题中之意，持续高储蓄，快速城镇化，加强技术追赶和创新，实施绿色经济发展，加强企业及要素市场改革，深入融入全球化进程等，这些经济发展战略的重要领域的改革和发展，为中小银行发展提供了基本支撑。主要体现在以下几个方面：

一是高储蓄率避免大量运用以代际财富转移为特征的金融衍生工具，减少了中小银行业务发展的风险；高储蓄率为中小银行人力资本水平和技术水平提升，以及为业务发展提供了资金基本面；高储蓄率保障了中小银行发展将继续贯彻服务实体经济发展的宗旨。

二是从国际经验和我国发展趋势来看，我国城市化水平将大幅提升，中小银行赖以生存的市场空间将持续扩大。

三是在GDP放缓、人口老龄化状况下，我国全要素生产率持续降低，前期改革和引进技术对经济增长的贡献度减小，技术追赶和创新要求追切，制造业产业的技术追赶和教育、医疗、金融、技术研发等服务业的创新加强，为中小银行金融服务的领域、对象、方式带来了巨大的市场和发展机遇。

四是中产阶层继续扩大，对理财、融资、消费等金融服务的要求更全面和精细，为中小银行小微企业和个人金融服务提供了产品、对象、方式的增量空间。

中小银行内部环境存在良好的发展机遇。一是从银行优化资源配置、服务实体经济发展、促进经济增长和结构转型的金融中介功能来看，中小银行的改革发展和壮大，能够优化银行业金融机构结构调整，有力支持三农经济、中小企业和个人融通资金，提高地区或地方金融服务水平，是经济改革和发展的重要战略布局，是经济发展的内生要求。二是既往改革发展中，中小银行占有了一定的市场份额，积累了经营管理的认识论、方法论和实践经验，形成了进一步发展的存量资源和基础。三是中小银行形成了前所未有的竞争充沛程度。中小银行形成了内外两种竞争格局：一个是中小银行业整体同大型银行及其他金融机构的错位竞争；另一个是中小银行业体系内形成了不同发展层次的发展格局，中小银行间的发展竞争程度越来越高。四是地方政府对于市场经济的认识积累越来越丰厚，控制中小银行的方式、手段在渐进优化，中小银行的内部治理、市场化竞争、管理平台和人力资本都有了较大的提升，发展壮大的空间不断扩大。

尽管在很多方面中小银行开展直销银行存在很多困难，同时也要看到银行自身的特点，金融市场宏观政策、科技的发展条件下中小银行的直销银行更具有针对性的优势。

一是客户发展空间大。我国经济处于初级发展阶段，中小企业数量大，活力强，相对成长性好。在科技及互联网的发展浪潮推动下，中小企业对于自身的发展有着必然的金融服务需求。协助区域政府做好中小企业的金融服务，是中小银行的未来首要发展任务。

二是机制灵活，决策效率高，管理成本低。中小银行的组织结构决定它在宏观经济政策的指导下可以更快地响应中小企业金融服务需求，把握市场机遇。

三是信息优势。中小银行的地域性决定了中小银行所获取信息的准确性。更精准的掌握客户信息意味着可以为客户提供更符合客户需求的金融服务，而符合客户金融的服务又增加了客户对于中小银行金融需求的黏性，这是一个良性的循环。

四是宏观政策的支撑。从银发〔2015〕392 号《关于改进个人银行账户服务加强账户管理的通知》到银发〔2016〕302 号《关于落实个人银行账户分类管理制度的通知》，央行、网联、银联一直致力于对互联网的金融进行调整、管控。对于电子账户部分更是发布了很多响应的管理办法和措施。我国金融互联网的支撑越来越好。2015 年 5 月，中国人民银行发布《关于银行业金融机构远程开立人民币银行账户的指导意见（征求意见稿)》，其中新增远程开户操作，坚持银行账户实名制；坚持以柜台开户为主，远程开户为辅，实施客户身份识别机制的自证。

五是互联网企业的业务支撑。从阿里 2009 年第一个"双十一"到 2016 年"双十一"的 1 207 亿元交易额，从原来的小贷公司到 2017 年 8 月 31 日 5 118 家 P2P 网贷平台，越来越多的企业借助于互联网的发展，将很多线下金融业务转移到线上。国家的金融监管措施也决定着客户交易资金监管必须由银行完成。由现在的 P2P 监管，将来必定出现供应链金融监管、消费金融监管等各项管理办法。那么对于中小企业、互联网平台来说，更愿意接入流程快捷的中小银行进行资金监管。同时，中小银行的客户和资金也会有所增加，这是一个双赢的局面。

六是中间业务的发展。中间业务属于表外科目。中间业务有着管理成本小、不需要主体资金投入特点，覆盖面包含转账结算业务、银行卡业务、代理业务、投资业务、基金托管业务、信托融资业务、金融衍生业务。中间业务也是中小银行近年来金融业务的主要组成部分。在互联网接入的直接产品直销银行平台上中间业务也应占有较大比重。

10.4 直销银行发展模式

例 10-1 北京银行：互联网平台+直销门店

2013 年 9 月 18 日，北京银行宣布与境外战略合作伙伴荷兰 ING 集团正式开通直销银行服务模式，拟上线推出简单、快捷、优惠的专属金融产品，并在北京、南京、济南、西安四地率先推出首批共六个试点。2005 年，与 ING 签署战略合作协议是北京银行发展直销银行的一大优势，北京银行把引入直销银行模式作为重点技术援助项目，每年都派专业团队赴设在德国法兰克福的 ING-DiBa 学习，ING 也从产品设计、系统建设、组织架构、营销模式等各个层面给予具体指导和长期支持。北京银行的直销银行是以"互联网平台+直销门店"模式来构建的，这种线上线下结合的模式更加符合中国实际。在服务时间和空间上，其打破了传统网点在服务时间和区域辐射范围方面的限制，全天候、不间断提供金融服务；在服务渠道上，可提供线上和线下融合、互通的渠道服务。线上渠道由互联网综合营销平台、网上银行、手机银行等多种电子化服务渠道构成；线下渠道采用全新理念建设便民直销门店，设置 VTM、ATM、CRS、自助缴费终端等各种自助设备以及网上银行、电话银行等多种自助操作渠道。

例 10-2 民生银行：独立运作+简单产品

2014 年 2 月 28 日，民生银行直销银行正式上线。民生银行直销银行采用突破传统实体网点，主要通过互联网渠道拓展客户的经营模式，具有客群清晰、产品简单、渠道便捷的特点。民生银行直销银行客户总量在上线后短期内达 47 万户，主打产品"如意宝"申购额超过 470 亿元，保有量达141亿元。截至2017年末，民生银行直销银行金融资产已超过1 000亿元，客户数超过1 000万户。在产品设计上，突出简单、实惠的设计理念，主要覆盖用户的"存、贷、汇"基本需求，首期主打两款产品——"如意宝"余额理财产品和"随心存"储蓄产品。资金转入民生银行直销银行虚拟账户后，自动转入如意宝（货币市场基金，T+0）或随心存（活期存款按实际天数给予定期存款利率）等产品，实现无缝连接，保证了高收益。后期产品线不断丰富，陆续上线定期类理财、基金、黄金、汇款等业务品种。与北京银行直销银行最大的不同在于，民生银行直销银行更加独立，与 ING Direct 的精准定位客群和设计简单产品商业模式更加趋同。总结为八个关键点，即为：独立运作；做网络渠道，不做有形渠道；无销售人员营销；提供数量和设计都简单的产品；利用新风险技术事先审批；数据运营；与电商合作共赢；以创新制胜。此外，非现场开户使得民生银行直销银行相比手机银行和第三方支付更加具有优势。非现场开户使得非民生银行客户能够便捷地通过移动端实现在民生银行的开户，借助互联网一定程度上避开了对网点的限制，在民生银行网点未覆盖到的地区实现异地开户，为获取新客群提供了便利。直销银行虚拟账户定位为个人结算账户，具备完整的存、贷、汇功能，目前或未来能实现取现（无卡或有卡取现）、实体卡、存款（随心存）、购买银行理财产品、提供个贷和信用卡等，而这些功能第三方支付不能独立实现。

例 10 -3 江苏银行：纯线上运营 + 注重客户体验

2014年8月10日，江苏银行直销银行携"惠多存""开鑫盈""放心汇""容易付"等多款产品和应用正式上线。截至2016年12月16日，江苏银行直销银行客户数已突破300万户。在中国金融认证中心（CFCA）举办的第十二届中国电子银行年会中，江苏银行直销银行摘得2016年度最佳直销银行大奖。江苏银行直销银行将专业的金融服务与互联网场景化业务相融合，建立了理财、网贷、支付、生活四大开放式的平台，定位于精品化的理财产品、垂直化的贷款市场、定制化的支付解决方案和特色化的生活场景，并以其无实体网点、纯线上运营、跨界发展的独特化业务模式，结合互联网"分享"的营销策略，形成了客户关注和认可的品牌效应。在客户体验和安全性能上，江苏银行也有一定的创新。江苏银行直销银行采用的是大部分银行使用的数字+字母的密码验证方式，虽然缺少验证码一环，但其手势密码的设置让用户体验更好；在客户身份验证体系中，运用了人脸识别技术，属国内首家；全面构筑线上安全堡垒，成为业内首家接入反欺诈系统的直销银行。整体上看，产品实用性良好，但同时也应注意到，江苏银行直销银行不支持线上更改绑定手机号，需要到线下网点解除绑定，操作便捷性有待提高。

例 10-4　中信银行：首家独立法人——百信银行

2015年11月18日，中信集团与百度联合宣布双方达成战略合作，百度与中信集团旗下中信银行发起设立百信银行。这是中国首家由互联网公司与传统银行深度合作、强强联合发起的直销银行，采取独立法人结构的百信银行，开创了"互联网+金融"的全新模式。2017年1月5日，中信银行收到中国银监会《关于筹建中信百信银行股份有限公司的批复》（银监复〔2016〕463号），同意在北京市筹建中信百信银行股份有限公司（简称"百信银行"）。银行类别为有限牌照商业银行，以独立法人形式开展直销银行业务。百信银行的设立，成为国内首家独立法人资格的直销银行，也成为第一家真正意义上的直销银行。就直销银行而言，成立单独的直销银行有体制机制上的优势，在成本核算和产品定价上更加明确。而与互联网的融合，可以借助百度的流量，最大程度地提升直销银行对于规模的需求，在获客成本及客户竞争方面更具优势。2016 年百度中报显示，从业务运营数据来看，移动搜索月活跃用户数达到 6.67 亿，同比增长 6%。百度地图月活跃用户达到 3.43 亿，同比增长 13%，百度钱包激活账户数达到 8 000 万，同比增长 131%；在本地生活服务领域，由百度糯米、百度外卖、百度钱包等共同构成的百度电商化交易总额（GMV）为 180 亿元，同比增长 166%。然而，百度的贡献不仅仅限于流量变现，在定位与声音识别、云计算等技术投入上，也有助于解决直销银行的安全性问题。同时，与互联网企业主导下的微众银行、网商银行不同的是，百信银行有传统银行的控股，银行的风控体系能够得到有效运用，弥补了单纯互联网企业做银行业务的薄弱之处。百信银行的设立成为百度金融生态圈的重要一环，二者的互补与合作将促成"互联网＋金融"双赢局面的打开。

10.5　直销银行的未来模式

中小银行直销银行发展应立足于服务好现有客户，并深度挖掘客户需求，提供更有金融价值的产品，并积极参与互联网新型的各类金融服务，并在以下五方面做重点突破：

第一，基础产品迁移。将传统投资金融业务转移到线上，包括基金、保险、券商资管等类业务，尤其应针对中小企业的贷款类业务应投入更大的资源。

第二，大力发展特色产品。考察并发展现有民生相关的金融业务，结合教育、生活、娱乐、旅游等生活必须场景，发展特性理财产品。

第三，智能投顾。根据个人投资者提供的风险承受水平、收益目标、风险偏好等信息。运用智能算法及投资组合优化理论模型，为用户提供投资参考和资产配置建议。

第四,新兴互联网金融业务。积极发展及对接新兴互联网金融业务。借助其他金融业务平台,大力发展区域外客户,并将客户引入本行直销银行体系中。

第五,运营服务外包。鉴于中小银行业务、技术人员资源情况,考虑合适有资质的公司参与直销银行平台搭建、业务运营外包服务,中小银行主体应更关注核心业务与特色产品。

从以上模式及分析来看,我们认为直销银行的发展核心应该是新增客户以及优化产品,不应仅仅依赖于货币市场基金、理财、存款,当然基础产品需要实现打通。既然是互联网金融,那么更应该关注大数据(精准金融)、金融云(即时金融)、区块链(打通信息孤岛壁垒)、人工智能(智能金服)等技术。换句话说宣传、流量、产品缺一不可,既然如此,那么直销银行未来的方向在哪里呢?中国互联网发展趋势迅猛,其实各种基于服务型的互联网产业框架已经基本完成,构建直销银行生态圈已经水到渠成。中小银行直销银行部门应核心关注本行产品的发展与持续,而把其他事务交付战略合作方。依赖于战略合作方的客流量、专业运营手段、战略数据(用户群体行为偏好)的反馈进行产品快速调整才是王道。

随着消费者对互联网金融的正确认知,与对直销银行应有的产品期望越来越高,相信在不久的未来直销银行产品应当成为中国互联网金融最核心的金融业务之一。

10.6 中小银行直销银行建设

中小银行直销银行应定位为数字化、智能化、个性化、本地化服务,为中小银行直销客户提供低成本、高效率的直销银行运营服务平台(见图10-6和图10-7)。

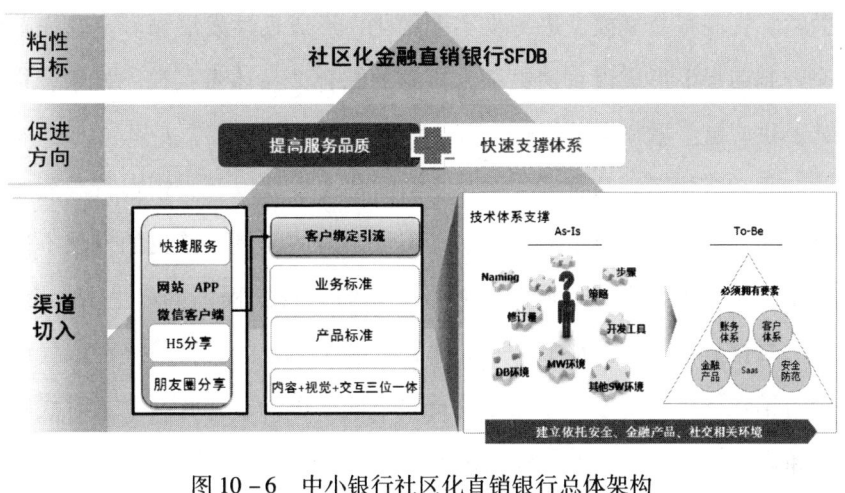

图 10－6　中小银行社区化直销银行总体架构

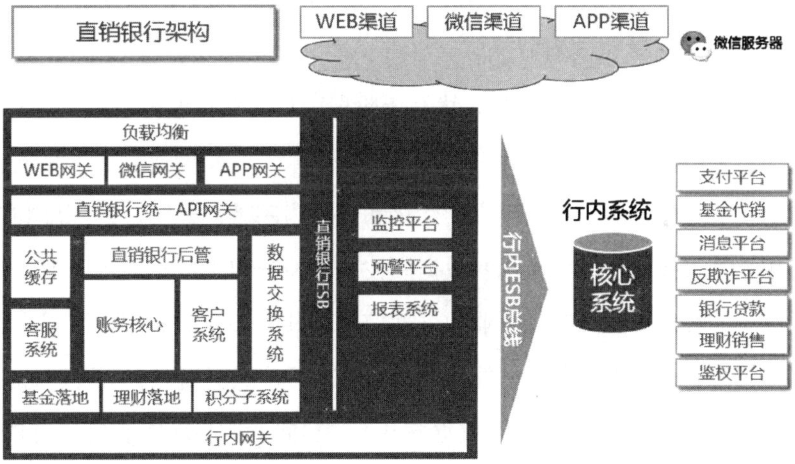

图 10－7　直销银行架构

随着智能设备终端的普及、科技的发展，金融行业也从原有的单一网点服务转向偏向科技、智能的多元化金融服务，并重点做好以下几个方面的建设：

一是智能金融服务生态圈。直销银行核心目标是构建符合互联网思维，结合当今消费行为与中小银行当前实际情况的智能金融服务生态圈。围绕新老客户的营销、管理、交易、社交、智能、运营服务，从而产生经济效益，提高存贷规模，进一步实施优化，形成良性发展循环。在完善的安全控制前提下形成以直销银行为核心的综合产品体系：智能投顾、贷款接入、供应链金融、消费金融、基金理财等金融产品。

二是智能化运营与管理。在互联网的快速发展以及直销银行激烈竞争的前提下，如何能够降低运营成本是不可回避的问题。科技的发展不但给客户带来便捷的金融支付服务，对服务端的运营流程也会产生重大影响。在以大数据分析基础前提下，专业化、智能化的智能运营最终会取代绝大部分直销银行运营服务。智能运营及战略统计将成为互联网金融时代的核心竞争力。智能化运营的目标是由大数据为基础的一整套IT服务，来替代运维人员，最终在无人工干预或最少人工干预的情况下，保证直销银行系统 7×24 小时高效稳定运行。

企业信息化是科技发展的必然经历阶段，尽管我国金融银行最近15年经历了天翻地覆的变化，但相对于互联网金融来说，发展速度还是稍慢。企业信息化的转变是指以业务流程的优化和重构为基础，在一定的深度和广度上利用计算机技术、网络技术和数据库技术，控制和集成化管理企业生产经营活动中的各种信息，实现企业内外部信息的共享和有效利用，以提高企业的经济消息和市场竞争力。智能化运营与管理可按照下面三个阶段努力：

第一，数据集中。基于大数据集中监控和运营任务自动化调度阶段，集成整合各IT监控工具、集中事件处理和性能分析，实现监管控一体化，提高运营精细化和自动化水平。

第二，人工智能辅助的智能运营阶段，基于知识库和机器学习，运用大数据分析、人工智能辅助的方式实现智能化运营。

第三，人工智能独立运营阶段，人工智能进行分析决策，完成异常检测及修复的自动执行，实现故障溯源和自我修正的高度智能化运营管理，最终由机器逐步代替运营专家。

第 11 章　智能网点

当下由于利率市场化和金融脱媒的影响，以及受到互联网金融和金融互联网化的双重冲击，传统的银行网点逐渐由一把开疆扩土的利器变成了拖累利润增速的负担。不得已，银行走上了自身的变革之路。刚开始，银行分别从优化客户动线、推广交叉营销、加强员工培训、推广业务计价分成等方面来提升网点的盈利能力，但也没有改变网点办理业务的流程、风险把控的方式以及员工与客户之间的关系等等。在科学技术快速发展的今天，金融科技也全面带动着金融业务的发展，在这种大环境下银行网点也必须向智能化方向转型。

11.1　传统网点的现状

11.1.1　银行网点数量持续减少，柜台员工呈压缩状态

各银行 2017 年半年报及相关报道显示，四大行的传统网点正在进一步优化调整，整体数量有所下降，员工数进一步减少。截至 2017 年 6 月末，中国工商银行物理网点 16 270 家，比 2016 年末减少 159 家，与 2015 年同期减少的 87 家相比，也有加速"瘦身"之势；中国建设银行截至上半年末境内机构数 14 930 个，比 2016 年末减少 26 个；中国银行截至 6 月末境内机构总数 10 674 家，2016 年减少 36 家，2015 年减少 6 家。在裁撤网点的同时，各大银行也在加速网点布局的优化，积极开展布局调整和迁址。

此外,四大行的员工数也在缩减。据相关统计,2016年四大行员工人数总体较去年下降1.02%,其中柜员减员规模超过10%。有数据显示,目前银行网点营销人员占比仅为20%~30%,部分银行在40%以上,而欧美国家60%~80%为营销人员。2017年上半年四大国有行员工数共减少2.56万人,其中中国工商银行减少7 676人、中国农业银行7 243人、中国建设银行6 434人、中国银行4 241人。柜面人员则是各行压降重点,大型商业银行柜员减员规模超过10%。在网点柜员数量减少的同时,网点营销人员仍在增加。国内外银行销售人员占比见图11-1。

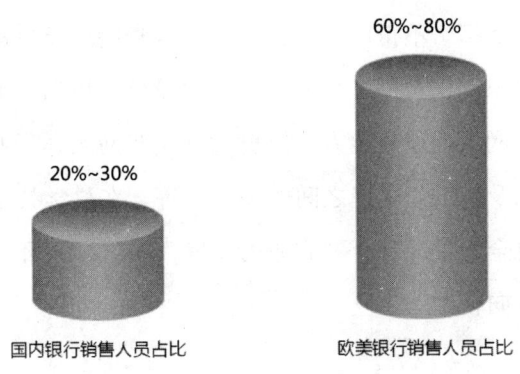

图11-1 国内银行与欧美银行销售员工数量对比

11.1.2 业务流程繁琐,效率偏低

作为银行最基层的业务部门,基层网点人员配置并不多。就四大行而言,基层网点的人数基本维持在12~15人之间,以柜台员工居多。由于传统网点基数庞大,造成员工的专业水平参差不齐,素质也无法很好把控。再者,基层网点员工由于考核压力、工资水平、工作强度等原因人员流动性较大,尤其是国有大型银行更为严重,培养的优秀员工一方面向上流动,另一方面也向其他相关行业流动。由于受风险管理和案件防控压力的影响,以及基层网点的差异化授权,多种原因的共同影响造成传统银行网点的业务架构较为单一,业务效率较低,主要以开户、存款、汇款等基础

银行业务为主，较依赖于个人金融业务，相对应的财富管理业务、对公授信业务、投行业务开办较少。

当前，不管是客户还是柜台员都普遍反映业务流程复杂、处理效率不高的问题。在银行办理业务的过程中需要多次验密，反复手工填写资料，一次次签字、复核和校验。时间成本居高不下，客户体验满意率较低，不少业务流程急需优化。

11.1.3　互联网金融带来的压力

作为银行业务的主要阵地，传统的银行网点不仅是一个交易点还承担着品牌展示的功能。近年来受自身业务互联网化以及互联网金融的多重夹击，传统银行网点受到了巨大生存挑战，面临必须要改变自身谋求发展的压力。据相关数据显示 2012—2015 年，我国境内移动支付年均复合增长率约 260%，2016 年移动支付业务金额达 157.55 万亿元，同比增长 45.59%，并呈现出还将持续增长的趋势。互联网金融在支付结算、资金管理、个人贷款、消费金融等方面全面影响传统银行网点业务。

抛开外部的影响，银行自身推出的网上银行、手机银行等多种线上渠道也在不断冲击传统网点，不间断地更新迭代线上办理复杂业务的功能，不断提高业务处理效率，不断优化客户体验，不断降低客户对物理网点的依赖程度。近年来，银行柜台的交易数量呈持续下滑状态。相关数据显示，2016 年银行金融业务交易离柜率已达 84.31%，最高的离柜率达到了 98%。银行的业务互联网化也在不断促使银行网点加快进行改革，以更好地适应新的大环境。

11.1.4　传统网点的发展方向

受金融科技迅猛发展的影响，金融业正逐步加快发展，传统的银行业也越来越重视对金融科技的应用，科技对传统网点的智能化升级起到了很大的助力作用。在当前"互联网 + 金融科技"的大趋势下，移动支付、云计算、社区网络等的崛起对银行传统网点造成的冲击，促使银行网点进行转变。智能网点是传统网点的主要发展方向。

目前，银行重点都在布置智能银行柜台，用来处理绝大部分个人和公司业务。智能网点的发展方向就是将一些标准化、流程化的业务变为自助渠道、线上渠道，这样可以很好地提升业务效率，也能提高客户体验，同时保留少量柜台员用来为一些定制化业务的高端客户服务。银行网点将从一个处理业务和交易的耗时繁琐地的点转变提供咨询且操作简便的智能型网点。同时，向智能网点转变时依旧需要持续不断地挖掘客户的需求，不断提高自身的竞争力。

另外，在传统网点向智能网点发展及推广的同时，应当充分提供线上渠道所不具备的人性化、差异化服务，充分发挥线下获得客户和维持客户的趋势，与自助渠道相结合，加强主动营销和客户体验，实现"1+1>2"的效果。

11.2 智能网点的优势

智能银行指的是银行通过互联网、多媒体以及大数据为基础，通过先进科技和新的思维模式来重新审视、定位客户的需求，通过对客户信息集中整合使用和挖掘，利用全新科技打造的全新运营和服务方式，实现合理配置资源，实现提高效率、降低成本、客户管理更高效和营销目的更有效，营造最佳的客户体验，随时为客户提供全方位的金融服务。智能网点是智能银行的末端体现，通过对数字认证技术、生物识别技术和视频技术的大量应用，实现全流程的数字化作业服务，是银行实现实体网点与虚拟服务相互结合的营销与服务平台。

客户结构的不断改变是银行网点向智能化前进的主要原因。在进入21

世纪之前，我国经历了三次生育高峰，分别是 1950—1957 年的战后恢复、1962—1971 年的灾后延续和 1981—1990 年的自然性生育高峰。在步入到 21 世纪以后这三次生育高峰出生的人群成为主要的客户群。同时在社会经济飞速发展的同时，人民收入水平不断提高，贫富差距也不断拉开，造成客户对于银行的需求点也变得更加多元化，从客观上讲银行需要根据客户需求变化的改变而改变，来满足客户多元化的客观需求。随着互联网时代的到来，银行业竞争也越来越激烈，而且由于转换银行之间几乎不存在什么门槛，所以造成客户的忠诚度比较低。在当下，如果想掌握更多的客户就必须以客户为中心，全方位掌握客户信息，熟悉客户行为特点，根据客户自身的特点迅速为客户推出符合客户心理的产品。

在进入互联网时代以来，人们的消费习惯在不知不觉中发生了很大改变。电子渠道慢慢变成了一种主流的商业渠道。由于现代生活方式的互联网化以及对发达的信息技术的应用，造成银行传统服务模式的根本性转变。随着互联网产业链不断变革、新营销技术不断演变，传统的大众化营销正在向精准、交互营销转变，特别是互联网企业从事金融服务，形成与银行全方位的竞争，迫使银行从各个方面重新审视自己的优劣势，并加快投入到向智能化的转变中来。

2009 年 11 月，美国花旗银行在上海新天地开设了第一家智能网点，截至 2012 年年底花旗银行在中国 13 座城市共计开设了 24 家智能零售银行网点，花旗银行智能网点这一理念在我国落地生根。

11.2.1　智能网点的优势

自国家推出"互联网＋"这一战略后，各传统行业纷纷开始搭乘这趟列车，使得各传统行业进入了快速发展的时期。"互联网＋传统行业"并不是简简单单的二者相加，而是通过信息通信技术和互联网平台，让互联网与传统行业进行深度融合，并不是要颠覆传统行业，而是对传统行业的升级换代。

今天的客户越来越注重自己的体验,有许多客户会因为喜欢某个网点而选择这家银行。客户更加关注在银行办理业务时的整体感觉,网点的服务相对于互联网金融而言,是能够直接体现出银行的人性化关怀的,是能够直接影响银行品牌形象是否能在客户心目中建立和深化的地方。传统网点装潢刻板、厚厚的防弹玻璃、冰冷的电子扩音器、繁杂琐碎的业务流程等等,导致互联网金融到来时客户流失严重,迫使银行向智能化方向转变。

(1) 智能网点与传统网点的相同点。

第一,相同的金融性质。首先,都是银行的分支机构,一般都是银行的一个末端服务销售平台。其次,传统网点与智能网点都具有金融中介的性质,都是属于金融范围之内的,而且一直以来都充当着金融中介这一角色,并且都是处理货币这一特殊商品的。金融业是一个行业具有自己的产业链。自新中国成立以来,我国市场化的进程不断加快,与之对应的金融体系也不断健全,虽然当下银行的组织框架分很多种,但是都在金融中介范围之内。银行本身并不生产货币,却在经营货币这种商品。而这种经营的手段就是通过中介方式进行。再者,传统网点与智能网点都是与货币打交道,都是面对客户群体,金融是经济的核心,有着最广泛的客户。所以,无论是传统网点还是智能网点都拥有大量的客户。

第二,相同的经营理念。同一家银行的两个网点,它们的企业文化是相同的,网点的规模、产品、业务流程等可能会改变,但是企业文化不会改变。两者之间可能存在渠道的不同、经营方式的不同,但是他们本身是存在于同一经营理念之下的。

第三,相同的监管规则。银行的组织结构可以不同、经营的网点性质可以不同,但是都必须受到监管部门的监督,都必须遵守银行同业公会的自律规则，实现对银行网点的制约和监管。虽然目前对于互联网金融的监管依旧属于新的课题，但是并不影响监管当局对于这些网点的监管，也不会留下监管的空白期。

第四，相同的品牌。一家银行可能会存在多个网点，甚至是不同类型的网点，但是这些都是集合在同一家银行这个品牌之下的，无非是网点纵向和横向的发展不同。同一家银行的不同网点，不论经营的产品和服务差距多大，品牌是不会改变的。既然品牌不变那么传统网店和智能网点的核心价值观、服务理念也是相同的。

第五，相同的客户形态。公司经济学表明：公司的一切行为都是为了拓展客户。从这方面来说，如果不能持续拓展客户，网点也就基本上失去了存在的意义。从现实状态来看，传统网点与智能网点都存在现实客户和潜在客户。现实客户指的是与网点进行着交易的客户；潜在客户指的是可能与网点进行交易的客户。从客户流量来看，传统网点的客户流量现在依旧要大于智能网点，原因在于传统网点的开办时间较久，拓展维护了大量的客户，再者传统网点的业务依旧拥有一定量的客户。但就潜在客户而言智能网点则占有巨大优势。因为随着"互联网+"这一国家策略的推出，互联网经济和互联网金融逐渐成为市场经济的主流，逐渐引导着人们的互联网金融意识和互联网消费趋势。目前的青年客户、企业客户都偏向在智能网点进行交易。虽然两种网点的客户现状不同，但目前两种网点都存在着一定量的现实客户，也都存在着潜在的客户。

（2）智能网点与传统网点的不同点。

第一，不同的网点定位。

传统网点的开办与发展是与我国银行的转轨以及商业化进程是密切相关的。在社会的进步下，银行网点为了适应客户和市场，网点的功能也在逐渐发生变化。对于银行整体的定位一定是包含了对战略定位、企业文化定位、服务和产品的定位、客户的定位等等这些宏观战略。但对于网点的定位则是一家银行在总的定位下的微定位，是确定网点的主要功能和主要服务对象。

传统银行网点的定位主要是对传统的客户进行传统的金融产品服务。这种说法是相对于互联网金融，相对于智能网点而言的。但现实是很多客户既是传统网点的客户又是智能网点的客户。哪个网点可以满足客户的需求客户就会去哪里。智能网点的定位则重点突出在智能化、"互联网＋"、线上产品的运行、新技术的运用、智能设备的大力推行等。智能网点是银行在互联网金融大环境下创新的金融市场，使得金融交易更加方便快捷。现有智能网点的智能程度不同，对于市场、客户需求还不能达到完美，但是并不影响智能网点的发展趋势。

第二，不同的运营模式。

传统网点经营理念比较传统，机构设置比较传统，产品与服务比较传统，客户群体比较传统。就客户而言多为一般的存、贷、汇的客户，愿意面对面服务的客户，一些年龄稍长的客户。银行提供的产品与服务也是比较传统的，除了银行的表内业务之外，就是一般的中间业务产品、理财业务产品、代理业务产品。

智能网点具有明显的金融创新痕迹，尤其是理念创新、技术创新和服务创新，能够通过网络技术和智能设备，完成商业交易、金融交易，体现了金融创新，如制度创新、网点设置创新、渠道创新、流程创新、产品创新、服务创新、金融市场创新等。

第三，不同的管理机制。

传统的网点采用人工操作的办法，机器辅助。存在着营销问题、服务质量问题、办事效率问题、员工激励制度问题、薪酬分配的问题等等。这种管理机制虽然传统但是也相对较为成熟。

智能网点，采用客户自助办理的方式，以智能机器为主，人工辅助。从过去通过员工为客户进行业务服务，转变为通过智能机器为客户进行业务服务，将大量柜员从柜台上解放了出来。解放出来的人力放到服务客户和营销上去，既提高了服务质量和营销问题，又能提高办事效率，大大提高了客户体验。

第四，营业时间的不同。

营业时间看起来是一个小问题，实质上也是商业银行不可忽视的大问题。一般而言，传统网点上的是行政班，早九晚五的班，节假日休息，公休日基本轮休等等。各家网点都自觉执行这样的制度规定。传统网点很难实现24小时的营业时间，即使可以实现也会加大银行成本，而且安保防范等问题也需考虑。

智能无人网点在营业时间上有很大的自由度，可以全天候开门营业，就算网点中配备的员工下班，智能设施依旧可以运转，丝毫不会影响客户使用，因而是效率高、成本低的网点。

(3) 智能网点的特点。

虽然目前各银行的新一代智能网点建设的方案各异，但都是以最新智能技术和新思维模式满足客户需求，通过业务流程再造和金融产品创新向客户提供高效、便捷服务，提升效率、降低成本等核心经营目标。

第一，高科技提升用户体验。用户体验包含视觉形象、内部布局、客户动线、渠道配置、办理效率、营销方式、隐私保护、系统界面、人员素质、科技应用等多个方面。智能网点服务的核心理念是"以客户为中心"，排队叫号机、智能机器人、智能互动桌面、交互柜员机（VTM）、智能柜员机（STM）等高科技的智能设备形成了业务流程整合和信息共享的银行新型客户服务体系。排队叫号机集业务分流、客户识别、排队叫号功能为一体，智能机器人能代替传统的大堂经理回答客户的各种业务问题，智能互动桌面带来了全新的互动方式。自助区的 VTM 使得客户可以在远程柜员的视频协助下，自助办理开户、电子银行签约、充值缴费等各项业务。STM 作为一种自助办理为主、人工服务为辅的网点渠道新模式，可以为客户办理几乎全部的传统柜面业务。以在智能设备为中心识别引导客户、主动服务的模式下，银行业务人员的工作方式由原来的"隔窗式"服务变为与客户的"零距离"交流，为客户提供更加舒适的服务体验。客户在网点人员协助下完成开户、挂失、解挂等业务办理，简化了填单流程，彻底取消了柜员录入环节。新颖的数字媒体、友好的人机交互体验和快捷的交易流程，丰富了客户的感官体验，也更加契合当前新技术发展潮流和多元化客户消费习惯，在大幅缩短业务处理时间的同时提升了客户服务体验。

第二，大数据增强客户洞察。智能网点将实现网点功能由核算交易主导型向营销服务主导型转变，可以将人力资源投入到更具挑战性、创造性和高附加值的营销、理财等业务中。理财产品和金融衍生品产品种类繁多、功能复杂，完成这些差异化、个性化、多样化的产品定制和营销不仅需要客户经理的业务素质，更需要得到大数据应用的专业支持，需要对更全面数据进行更智能化的分析。银行后台系统通过收集客户线上、线下留下的消费痕迹和交易信息，借助大数据挖掘技术，分析临柜客户的交易行为、产品信息、使用评价、客户业务偏好等，识别客户的精准需求，再将数据实时上传至线上渠道，帮助银行网点人员进行精准营销和风险控制。同时，银行可通过客户需求进行分析来寻找新的金融业务机会，开发新的产品和服务，增加客户的黏性。

第三，互联互通打造"一站式"平台。相对于互联网金融公司和其他金融机构，银行的优势在于能够提供丰富的产品和服务来满足客户综合的金融需求。综合化的业务系统为智能网点的金融业务提供"一站式"的服务平台，该平台的基础是全面的互联互通，全面性体现在内部资源整合和外部资源共享两个方面。

内部资源整合首先是强调线上线下整合，将客户在电子渠道上产生的业务申请、营销线索、未办理完成环节等，利用客户到网点的机会进行交易落地；其次，打造网点内的信息共享和流程整合，实现客户和银行人员、网点内银行人员之间、网点和后台银行人员等多方面协同。最后，智能网点通过打造 VTM、远程专家、移动营销终端，拓展网点服务边界，实现与网点内服务资源的整合。

从外部资源共享来看，智能网点承担社会化共享渠道、承载代收代付等中间业务，满足民生基本需要。社区化也是智能网点的一个发展趋势，银行网点将金融、物业、小区便民服务进行整合，为社区居民提供生活化的网点场景和便利服务，为小微商户提供更有针对性的金融优惠和融资服务，实现区域化精准营销，提升经济效益。

（4）智能网点的优势。

目前数据显示，银行的物理网点布局和柜员人数增速放缓，甚至绝对数量有所减少。与此同时，各银行自助终端、智慧柜台数量则不断增加。业内人士表示，智能化已成为各银行转型的缩影和突破口，具体体现在：一方面，效益较差的网点被裁撤；另一方面，原来大而全的网点正在向轻型化、智能化方向改造升级。柜员数量与智慧柜台数量呈现"此消彼长"。据相关数据显示，2017 年工农中建交五大行的网点在上半年共减少 162 个，基层柜员减少达 27 104 人。股份制银行虽然仍在扩大网点数量，但柜员人数同样出现较大幅度减少。中信银行、光大银行、平安银行 3 家股份制银行半年报显示，2017 年上半年分别减少员工 1 458 人、915 人和 5 164 人，这其中以基层柜员为主。据了解，往年银行减员的现象往往出现在国有大行（见图 11-2）。

智能网点有什么样的优势，让各银行纷纷趋之若鹜的进行智能网点的

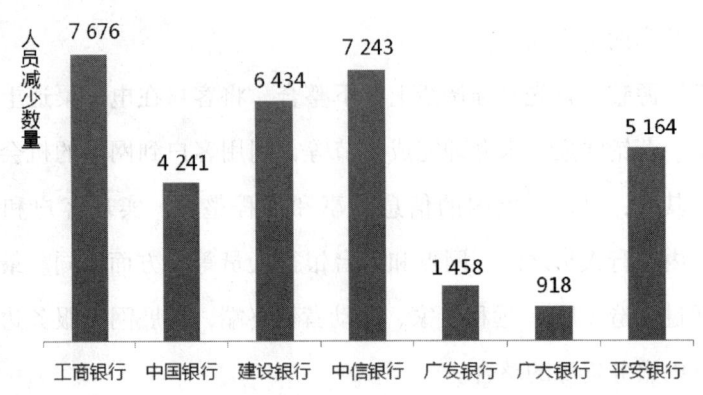

图 11-2　2017 年部分银行裁员数量

建设,并不断加快网点向智能化的转变呢?

第一,智能网点是当下大环境的趋势。智能网点是互联网金融的"新宠",是介乎传统金融与互联网金融之间的"新网点""新金融"。它的背景,它的支持力量是强大的商业银行机构,它拥有了互联网金融的资源优势,从而形成智能无人网点最大的比较优势。这是传统金融走向互联网金融的创新突破,使传统金融能够平滑地向互联网金融过渡的新型网点。

第二,智能网点的前景更加广阔。普惠金融与互联网金融都是国家倡导的,社会有需求的金融。智能无人网点是迈向普惠金融、互联网金融的产物,是由银行发起的以互联网精神为指导的金融创新。有市场,有客户,有制度保证,有科技和网络支持,有互联网金融的配合。

第三,智能网点更加标准化。由于智能银行的交易基本都由自助类的设备完成,客户实际上的交易体验和在网银上做交易差不多,因此也就避免了普通网点因为柜员、理财经理培训不到位而引起的流程不规范与服务质量参差不齐的问题。即便是涉及 VTM 人工服务的部分,由于远程客服人员是集中管理,也比分布于全行各个网点的柜员、大堂经理容易规范。在一些网点,某些银行的理财经理可能会帮客户填好风险测评表再让客户签字,就有可能让客户购买超过他风险承受意愿的产品。但是在 VTM 上面自助购买理财，客户就得自己一项一项做完测评才能完成购买流程，这就是流程标准化的一种作用。

第四，智能网点能实现低成本服务特殊人群。智能无人网点的特色在智能，优势也在智能。通过智能设备的推广研究可以实现低成本提供特殊人群的服务，例如银行如果要服务聋哑人、外国人，不可能每个网点都配备会手语或者精通外语的柜员，成本上不划算。但是，如果面对分布于全国的 VTM 远程视频柜员机，就可以集中配置少量的会手语或者精通外语的客服人员为特殊人群提供服务。通过本地自助加远程客服的模式，实际上可以以低成本提高服务的范围和质量。

第五，智能网点的成本相对较低。智能无人网点的运行成本比较低。智能银行的核心设备 VTM 的购置成本不比一线城市的柜员一年的人力成本高，而且设备用几年，成本摊销就除以几，但人用几年，成本就要乘以几。VTM 设备已经可以兼容柜台的多数个人业务，并且 24 小时营业，但柜台不可以。VTM 设备连接的远程柜员是可以一对多服务。由于服务流程多数为自助操作，人工参与的部分一般为身份审核、材料审核等内容，所以比常规的柜台效率高，能够实现业务的多线操作。自助设备为主的网点占地面积更小，尤其是使用前开门设备，可以大幅减少营业面积，对于既有网点少、急于扩张的中小银行而言，能大幅降低建设成本。

第六，智能网点可以低成本实现交叉营销。传统网点中当客户在网点柜台办理业务的时候，工作人员一般不会去主动进行交叉营销，银行中可能都没有相应的要求，而且就算银行有相关的要求员工也未必能够很好地落实。但是在智能网点进行业务交易的过程中，客户基本上是以自助交易为主的，客户主要与智能设备进行交互，这样可以在交易流程中进行嵌套，从而实现交叉营销。这种嵌套类似于一些购物网站的推荐功能，也类似于软件安装时会推荐一些其他套件。这种嵌套只要能够将入口位置进行合理放置就能形成非常有效的转换。例如在客户进行自助开卡业务时，就可以在开卡完成后嵌入开通网上银行和手机银行的选项。这样一来，既能方便客户，又能避免客户重复性填单，还能提升银行的业务效率。

第七，智能网点效率更高，客户体验更好。在传统网点中，不管是网点办理业务的消费者还是操作柜员普遍反映业务流程复杂、处理效率不高的问题，办理过程中需要多次验密、反复手工填写资料和签字、复核和校验环节较多、应用的业务系统较多，到网点办理业务不论是客户还是柜台员工的时间成本都很高，客户体验和员工体验都不好。智能网点客户的自助式操作不仅能降低人工的差错率，降低人为操作风险和内控风险，而且没有了反复签字、校验也大大提高了效率，提升了客户体验。

11.3 智能网点的发展趋势

国内各家银行都在积极进行智能网点的转变，并且在智能网点改革的道路上作出不同的尝试。一方面是对设备和技术的更新，用可以进行更多操作的设备取代传统的ATM，对网点格局进行重新调整，为客户提供舒适的环境；另一方面调整人员配置，将一些标准化、流程化的业务变为自助渠道、线上渠道，提高操作效率，降低员工重复性的流水作业工作量，将员工从柜台中解放出来，化被动为主动的交流咨询模式（见图11-3）。

美国第一资本银行开设了一批"银行咖啡店"的网点，客户可以坐在舒适的沙发上使用免费的无线网络，可以点一杯醇香的咖啡或者一份可口的甜点，可以向服务员询问一些账户问题，还可以用ATM进行账户操作。该银行在全美有十几家这样的介于咖啡店和银行之间的网点，而且计划在今后几年内增加更多这类网点。

美国银行在2017年年初的时候推出来三家全自动网点。网点内包含

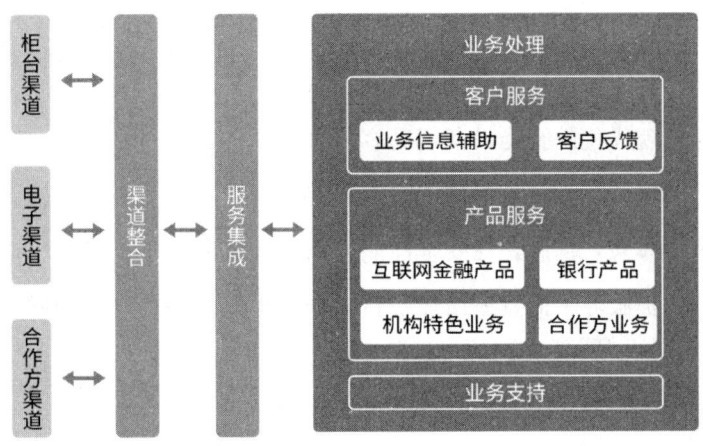

图 11-3　银行信息服务框架

资料来源：百度图库。

ATM 和远程视频会议设备，客户可以通过视频与远程的员工交流，网点内只保留一名工作人员为客户提供帮助。这样在保证日常金融服务不受影响的基础上，最大程度减少了员工数量，而且在降低成本的基础上提高了效率。

国内银行也都进行了各有特点的智能网点建设。

例 11-1　工商银行

中国工商银行在近年来在大力推行"人智 + 机智"相结合的智能服务模式，努力提升银行网点的服务能力和客户的服务体验。为适应现代化客户的多层次、个性化、便利化的金融服务需求，中国工商银行不断探索智能设备辅助人工服务的服务模式。客户可以通过网点的智能柜员机、产品领取机、智能打印机等多种设备方便快捷地自助办理大部分业务。在客户体验方面，智能服务营造了更现代、贴心的服务环境。客户在智能网点办理业务不再需要像以前一样填写繁琐的纸质单据和一次次重复的签名，只需点击屏幕，全程通过影像识别、证件读取、电子签名、人工核验，就可以快速办理大部分业务。

据计算，客户使用智能机器办理业务的时间要比在柜台节省 70%～80%。同时智能网点用宽敞舒适的环境取代了一个个分离的柜台，现场服务人员通过现代化的智能设备帮助客户办理业务，由过去与客户隔窗相对通过冰冷的电子扩音器与客户进行沟通转变为与客户肩并肩交流，极大地提高了客户体验。据悉，在安全性能方面，智能网点不仅具备工商银行原有的安全防护服务，而且还增加了新的安全手段。当客户使用网点的智能设备时，信息完全由本人自行输入，有效避免了中间环节的差错。至于客户身份真实性的核验则由银行员工手持智能 PDA 在现场完成，有效地避免冒用身份这一现状。除此之外新的智能设备还增加了防窥屏等功能，保护客户的隐私和信息安全。

例 11 – 2　中国银行

中国银行近年来推行网点智能化升级建设试点，通过对流程优化、产品创新、设备升级、数字媒体和新技术应用来实现对客户提供智能化的"一站式"服务。中国银行网点智能化升级建设分为智能化旗舰店、智能化网点及小型智能化网点三个层次。智能化旗舰店不仅配备较为全面的智能设备，优化网点功能分区，扩大客户体验区域，设计差异化的客户服务路线，还优先投入新产品，展示全新品牌形象。智能化网点则重点突出新流程、新服务，辅以设备升级与布局优化，全面提升网点业务处理与营销拓展能力。小型智能化网点则主要突出新服务，配套投放相关设备，以普惠金融扩大客户基础。智能网点不仅为客户带来更好的网点体验也为银行带来效率的提升。

据计算，中国银行智能网点柜员每项业务操作时间缩短 5～10 分钟，而客户使用发卡机办卡要比柜台办卡节约 8～10 分钟，高峰时间段客户等待的时间能够缩短一半左右。大部分业务均能够通过智能设备自助完成。同时，智能网点能够有效地缓解人员的操作压力，大部分柜台员工能够走出柜台走进大堂,更多地参与帮助客户解决金融服务需求、维护客户关系的工作中。中国银行通过寻找线上线下的结合点,优化产品与服务流程,使线上线下更好的结合,减少了客户的操作步骤和操作时间,让智能服务渠道更加便捷,网点服务更专业更周到。客户在到达智能网点前就可以查询网点的排队及停车情况,可以通过网上预约网点服务省去排队的时间。当客户到达后,大堂经理可以根据客户的基本资料更加准确地对客户进行服务,更加准确地为客户推荐产品。

例 11-3　兴业银行

兴业银行进行智能网点的转变最具代表性的就是 2014 年推出的"智能柜台"。经过 3 年时间的发展,目前"智能柜台"已经发展到 4.0 版本。这台智能机器功能十分强大,具有 80 多项功能,能够完成大部分非现金业务办理,例如借记卡的开户、转账汇款、电子银行签约、换卡申请、实物贵金属销售、购买理财产品等等。"智能柜台"的另一大特点就是高效。以客户新开卡为例,客户在传统的柜台办理需要经过填单、审核、身份证件复印、联网核查、系统录入等一系列的步骤,大约需要在 10 分钟左右,但是通过"智能柜台"办理只需经历点击开始、身份核验、现场自助拍照等几个简单的步骤,经过工作人员的现场审核,只需要不到两分钟就可以完成。

据统计,相对于传统的网点,智能网点的交易替代率达到 90%,而服务效率比传统的柜面提升了 58.2%。在安全方面,兴业银行的智能柜台还引入了人脸识别系统,能够自动采集、检验、跟踪客户脸部的生物特征来确认客户的身份信息,并且与公安系统内预留的客户照片进行精确对比,提高了风险防控能力。此外,兴业银行还借助数字媒体与人机交互技术研发了盲人专用 ATM,实现全程语言导航服务和可触摸盲文服务;布置大额现金存取款机,支持大额现金交易的自助化处理;配置了 VTM,为客户提供远程视频服务。这一系列的智能化设备不仅提高了客户的服务体验，而且减轻了柜面员工的工作负担，还能够将柜员从繁杂重复的流水性业务中解放出来，转向复合型人才发展，更好地满足客户的多元化需求，提高网点的工作效率与客户满意度。

例11-4　民生银行

民生银行在2013年便开始部署"智能厅堂"项目，意在从客户进门、等候、办理、自助、体验五大环节来全方位提升客户体验。民生银行为更好、更贴心地服务客户，运用分布式大数据Hadoop技术平台搭建了多个智能分析应用系统，便于让基层员工能够更加深入地了解客户的特点，真正做到洞察客户。而通过将机器学习算法应用到自动化审批、贷后预警和催清收、差别定价等业务场景起到让业务决策更快更准，显著地提升了民生银行的风险防控和风险预警的能力。

当前人们越来越离不开移动支付，更多人在出门时甚至选择只带手机，民生银行为了让客户的移动支付更加便捷，在业内率先推出了"虹膜支付"，将更便捷、更安全的虹膜识别技术应用于移动支付领域。虹膜是位于人眼球表面的黑色瞳孔与白色巩膜之间的圆环状区域，具有唯一性、稳定性、非接触性等优势，而虹膜识别技术则是通过对比虹膜之间纹理特征的相似性来确定一个人的身份。同时，虹膜识别技术也是当下人体特征取点最复杂、算法最精细、误识率最低、验证率最高的一种技术。2017年年初，民生银行引进了智能厅堂机器人，该机器人配置了液晶显示触摸屏、非接触IC卡、密码键盘、身份证出入口、指纹仪、凭条出入口、银行卡出入口、触摸显示器、紧急制动键等功能，并且安装寒暄语库可以实现与客户之间人性化的沟通，能够完成厅堂迎宾服务、业务咨询服务、业务处理服务、分流引导服务以及产品推荐服务。民生银行的机器人可以完成的业务包含：开卡、改信息、激活卡、挂失、卡密码（重置、修改、解锁)、网上银行(签约、维护、注销)、手机银行(签约、维护、注销)、即时通(签约、维护、注销)、钱生钱(签约、维护、注销)。担任分流的业务包含：存款、取款、转账、定期、销户、更换凭证、信用卡还款、存款证明、柜面通、理财、基金、贵金属、银保通、大额存单、结售汇、回单业务、对公业务。

11.3.1 智能银行的发展趋势

互联网技术在金融领域的全面应用，弱化了大中小银行原有的竞争优势。互联网金融领域的竞争基础是网络技术、信息技术和数据处理技术，在这个层面上，银行与客户的距离被缩短，大型商业银行的网点、人员、客户优势被弱化，各个银行站上了同一起跑线，中小银行获得了与大型商业银行竞争的资本。如何将传统的机构网点优势和客户优势转换为互联网金融时代的优势，是银行面临的重大挑战(见图11-4)。

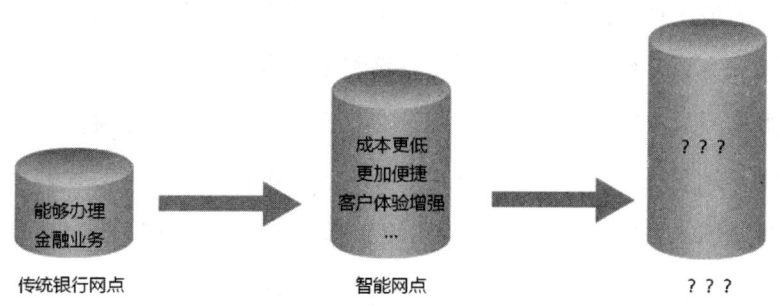

图11-4 智能银行发展趋势

网点作为银行最为"昂贵"的渠道资源，能否实现有效回报将决定银行的整体绩效水平。此外，网点租金和人工成本的上涨、硬件维护成本和设备更新投资需求也在竞争的压力下大幅度"被动"上升，这也进一步加大了网点的盈利压力。提升网点渠道整体投资回报率以及网点的经营效率已成为银行关注的核心问题。

网点的布局、功能、效率、服务能力等直接关系到银行竞争力，一个区域的网点竞争力决定了商业银行在该区域的影响力和核心竞争力。而网点要实现业务竞争上的优势，一方面依赖于渠道员工的战略执行能力、专业技能、服务能力和营销能力，也就是员工素质的具体体现；另一方面要推动网点转型，强化各渠道整体能力的发挥、管理机制的优化和科技等中后台管理系统的支撑。

目前银行网点"智能化"转型正在提速。公布的银行中报数据显示，多家银行的物理网点布局和柜员人数增速放缓，甚至绝对数量有所减少。业内人士表示，智能化已成为各银行转型的缩影和突破口，具体体现在：一方面，效益较差的网点被裁撤；另一方面，原来大而全的网点正在向轻型化、智能化方向改造升级，并且智能网点将引领国内银行服务进入第三个重要发展阶段——客户体验为王的阶段。

智能网点建立了直通用户的创新绿色通道，缩短了产品和服务的创新链条。智能网点的很多业务需求直接来源于网点，其产品从创意到系统研发一站式完成，系统上线后又可以直接在该网点进行试用和论证，再根据网点和客户的反馈对产品进行循环改进，运行成熟后，再进行扩大推广，以全面推动各项金融业务的发展，增加了客户黏性。互联网时代的市场环境和客户需求快速变化，本质上要求银行具有"快速响应"机制和"敏捷开发"能力，开发满足客户需求的产品和服务。

智能网点服务创新的主要领域有下述几方面：

（1）网点社区化的发展为网点服务创新提出了新需求。

网点社区化是未来网点的发展趋势，银行网点与社区服务相融合，根据客户具体需求提供定制服务，进一步凸显商业银行以客户为中心的经营理念，也为金融创新提出了新需求。

智能网点可通过线上电商平台与线下社区金融的融合实现业务扩展和服务创新。网点不断加强与本地商户的深度合作和业务联盟，聚合信息服务提供商、支付服务提供商、电子商务企业等市场参与主体，提供全方位、一站式、高信用、专业化的服务，涵盖商品批发、商品零售和交易等领域，并在此基础上为客户开发、定制各项服务，如信息发布、交易撮合、社区服务、在线财务管理、在线客服等新型电子商务服务。同时，智能网点还能利用大数据培育强大的交叉销售能力，通过建立高效的客户关系管理平台和客户识别及预测模型，提高营销效率，并向合作商户提供增值数据服务。如消费需求、趋势、行为等的分析，从而帮助商户进行产品设计、转型、生产等。

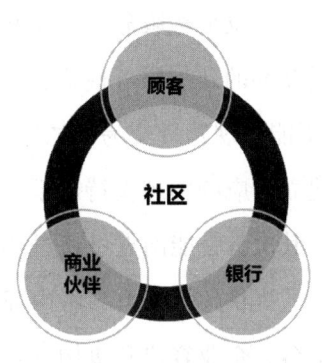

图 11-5

（2）泛金融服务的兴起为网点服务创新开辟了新领域。

网点客户经理可以通过大数据分析就客户持有产品、客户平均贡献度、不同产品关联度等维度进行客户群体的细分，并通过现场沟通或社交 App 交流，充分了解客户的产品需求，敏锐捕捉客户的价值诉求、行为偏好等关键因素，利用直销银行平台完成基金、贵金属、期货、保险等产品的营销、定制、创新，为客户提供体验好、效率高、收益显的泛金融服务。同时，智能网点可利用商业银行完善的风险管理体系、专业的风险管理团队、丰富的风险管理经验和良好的商业信誉，借助互联网"开放、透明、共享"的信息环境，为投资方和融资方提供信息交互、撮合、资信评估等中介服务，更好地满足中小微企业和个人投融资需求。另外，网点可以积极与相关非金融企业开展跨界合作，如提供电子自助购买机票、车票及医疗预约挂号等便民服务等，或利用现有场地，组织理财、收藏、留学、旅游、购物等方面的讲座和社会交流活动，提高客户的黏性，了解客户的需求，由此带动金融服务的营销和创新，实现网点业务规模的增长。

(3) 移动金融的出现为网点服务创新提供了新动力。

以手机银行、微信银行、移动支付为代表的移动金融服务的出现打破了金融业固化网点模式，有效突破了地域、时间的限制，能够为身处各地的用户提供 7×24 小时的全方位金融服务。智能网点建设与移动金融发展的深度融合，能形成渠道互补的新型服务模式，提升用户体验。首先，移动金融的"短板"在于不能实现物理交易，如存款、取款、现金配送等。因此，银行智能网点可建立相应的物理支持体系，设计、开发相关实物金融服务，满足客户需要。其次，智能网点可通过移动互联网络将银行内部的数据和服务以 API 的方式提供给第三方，将内部业务系统与第三方互联网平台、外部主流社交平台、企业客户和机构平台、移动开发商等融合成一个有机的整体，打造成"互联互通"的社交空间和服务网络。智能网点建设可以借助 API 开放模式，进一步突破网点渠道边界，扩展业务范围，催化合作创新，增加客户黏度。例如，网点通过第三方互联合作平台，与连锁超市、社区服务站、快递公司建立联盟合作关系，借助二维码等技术，实施移动支付、扫码缴费、小额现金速递等金融服务。网点还可以通过社交平台为客户定制投资理财资讯及各类特惠信息，可以通过微博、微信等社交媒体或第三方平台获得客户的需求反馈、产品服务评价等，后端系统将实时分析相关数据，予以及时响应，并据此改进营销方式、推动产品创新。另外，智能网点还通过移动网络实现服务外拓，通过智能移动式终端的方式将服务带到客户身边，让客户享受上门服务的便利。例如专业的理财人员可通过智能移动营销终端上门服务，在识别客户身份、风险偏好、投资需求等信息后，通过后台的智能化处理，为客户快速设计出较好的投资组合方案。

（4）智能网点促使客户进行行为习惯的改变。

科技的不断发展推动社会不断进步，使得人们的需求也不断发生改变。就银行而言，一部分客户已经不仅仅满足于反复、琐碎的业务流程，促使银行传统网点进行智能化的转变。在智能网点出现的同时，银行也在改变着客户的习惯。一部分客户不得不接受、习惯银行智能网点的业务流程，未来银行柜员数量会随着智能银行普及而减少但却不会消失。不会因为智能银行的出现，银行就没有员工了。增加客户体验度，主要是培养客户忠诚度，在此之前还需要营销助力。未来的营销，会比现在更多元化，大客户的发掘和维护仍然需要依靠人力而不仅仅是机器。

智能网点代表着未来银行网点升级换代的方向，银行智能网点建设不应简单理解为一个单纯用高科技设备搭建自助银行的举措，而应是一个充分利用先进科技和行业经验，改进并完善现有的渠道、流程、制度、创新机制、风控体系、IT等要素，为客户创造较好的服务体验，提供随时、随地、随心优质服务的不断改进过程。物理网点是银行中最具价值、最能提升客户忠诚度的渠道之一，网点智能化技术和服务模式的突破将为银行网点建设带来巨大的腾飞空间，构筑起一条光明的未来发展之路。

银行不断丰富业务办理的渠道，从智能柜台到移动端，从手机银行到直销银行，多样化的渠道让客户在柜台办理业务的需求越来越弱。同时，银行充分运用金融科技为风险控制、营销决策提供支撑。例如：利用生物识别技术验证客户身份，系统自动比对客户的当前照片、身份证照片与身份证联网核查返回照片，满足部分业务对客户身份强认证的需求；利用数据挖掘技术分析客户行为数据，丰富客户画像，以便获取客户金融需求并且快速响应；利用智能投顾帮助客户决策，人工智能根据客户的资产负债和风险偏好数据为客户提供标准化投资顾问服务。综上所述，在符合监管的前提下，由传统的人对风险点的把控转变为利用先进技术对业务风险点的把控，挖掘客户在系统中的沉淀数据实现对客户的精准营销。

虽然智能网点存在比传统网点更加高效、成本更低等优势，但是却依旧还是需要有传统物理网点作支撑。这就要提到目前金融科技替代人工的现状了。受制于成本和技术实现的难度，目前可以大规模被代替的人工部分大多都是一些标准化、流程化的业务。对于一些个性化的业务需求，还是需要人力进行有温度的沟通才能实现。这时，网点存在的意义就体现了出来。网点智能化发展的方向就是将标准流程化的业务逐步向自助渠道、线上渠道进行迁移，达到提升业务效率、降低人工成本的效果。同时，网点主要为一些有定制化需求的高端客户提供专属服务。此时，网点的物理布局、人员结构一定会有一个很大的变革。银行网点中被"封锁"在冰冷玻璃窗内的柜员越来越少，取而代之的是一个个微笑中带着专业自信的金融投资顾问。另外，当前国内居民尤其是老龄人口偏高，民众受教育程度、学习能力、接受能力存在差距，许多客户连最简单的存取款机都不会甚至不愿去操作，以及城乡差距等，都让智能银行的全面推广存在一定的障碍。而且，由于银行属于高风险行业，许多的风险控制流程较为复杂，不是一台机具就能判别或修正的，很多时候仍然需要人为控制。机具一旦发生故障，可能导致更大的风险隐患产生，而对于机具的维修和升级又存在不稳定的因素。

美国埃森哲公司 2016 年北美银行顾客调查显示，有 1/4 的顾客每周至少去一次银行网点，网点是排在网上银行之后受顾客第二欢迎的渠道。这个调查结果还显示，87% 的顾客，包括 86% 的 18～34 岁的顾客表示他们未来将会持续使用网点服务。在被问到"在今后两年之内什么会去银行网点"的原因时,49%的人选择了"当我能和银行员工面对面谈话时我更信任银行",47%的人选择了"当我能和银行员工面对面谈话时我会得到更多价值"。网点向顾客提供了一个可以和银行的专业人士面对面交流的场所。网点和其他数字渠道并不是相互取代的排斥关系,而是各尽所长服务消费者的互补关系。

金融是经济的核心。从一定意义说,金融拥有最广泛的客户。客户细分是银行服务客户的一项内容,无论智能网点还是传统网点,都拥有大量的现实客户和潜在客户。客户群体中存在着金融需求的差异,也包括服务偏好的差异、经济状态的差异、职业环境的差异、产品需求的差异。不能说哪一种金融网点好,哪一种金融网点就不好,只能说传统网点比较传统,智能网点比较智能。就目前的情况看,智能网点更加具有生命力,更具有活力和广阔的市场前景。传统网点的规模数量有逐步下降的趋势,但绝不会完全被智能网点取代。同样,智能网点虽然在金融创新方面满足了互联网金融、普惠金融的需求,但是根据我国国情,智能网点当前还不能够实现城乡全面普及。在相当长的一段时间里,两种网点并存的格局是必然存在的。

随着互联网及科学技术的发展,银行智能网点也在快速发展。就国有银行而言,目前已经有接近90%的业务是不需要人工,而是线上自主完成的,但是众多网点累积起来每年依旧有几亿人流量。所以复杂的、高端的、个性化的业务都是在线下完成的,而标准的、简单的、小额的业务是线上完成的,两者缺一不可。相对于互联网金融,物理网点的核心优势在于能够满足客户更加复杂、更具个性化、更注重客户体验的金融需求,也代表着银行业长期积累的丰富客户资源和安全稳健的企业形象。所以不管智能网点怎样推进,银行传统网点也不会走向消亡,两者之间应该是一种互补的关系,未来应该是智能线上一体化的状态。

至此,银行网点由一个专注于处理业务和交易的地点转变成为一个提供交流和咨询类服务的以客户为中心的体验型网点，拥有温暖的服务、有趣的场景和个性化的产品。当然，网点的智能化转型也需要不断挖掘客户的新需求，利用先进的科学技术不断完善自我，提升自身的竞争力。

11.4　中小银行智能网点发展定位

在市场经济的不断发展下，金融行业也随之迅速发展。在这种环境下，中小银行迎来新的发展机遇和生存挑战。"互联网＋"的持续发展、智能化设备的引进缩短了中小银行与银行业巨头们之间的差距，再加上国家相关政策的支持，这些因素的相互交叉影响下为中小银行的发展迎来新的机遇。同时，中小银行本身的特征也是其面临挑战的主要原因。一方面，中小银行规模较小，无法与国有大行动辄上万的网点相比较，这就使得中小银行无法与国有大行处于相同的竞争地位（见图11-6）。再加上经济全球化程度的日益加剧，一些国外银行开始在中国开设网点等等因素加大了中小银行的生存挑战。

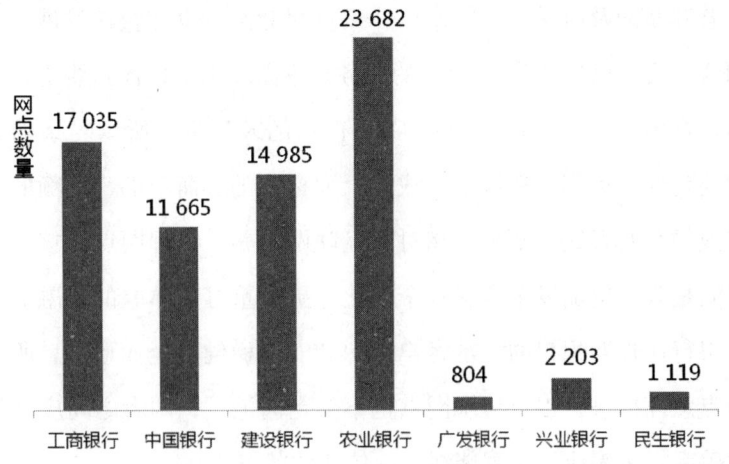

图11-6　2017年部分银行网点数量（单位：家）

中小银行的发展优势也是明显的。首先，客户发展空间大。中小银行的客户以中小企业为主，这类客户活力强，相对成长性好。随着我国经济的发展和经济总量的不断提升，中小企业可以成为中小商业银行稳定而优质的客户。在中国经济快速发展的同时，中小企业在发展过程中将产生大量金融服务需求，参与其中的中小商业银行可收获与中小企业一同成长之利。其次，中小银行机制灵活，决策效率高，管理成本低。中小商业银行大多采用一级法人制度，结构简洁，机制灵活，决策层少，对市场反应迅速，这一特点切合了中小企业的金融服务需求，有利于把握商机，创造价值。再次，中小企业拥有地域性优势，其设立初衷就是"服务地方经济、服务中小企业、服务城市居民"，即为本地企业、居民提供多方位、多层次的服务，对当地经济贡献颇多，因而与地方政府关系密切，所以在本地业务开展过程中，中小商业银行往往能获得地方政府不遗余力的支持。加之中小商业银行贴近地方企业，对其经营状况、资信能力比较了解，在获取信息上具有地缘、人缘、时效三重优势。通过遴选，中小商业银行容易发现商机，同时能有效规避风险。目前，企业的金融需求呈现个性化趋势，中小商业银行与客户距离短，容易发现企业信贷的个性特征，通过产品创新，可以形成自己的核心竞争力，形成稳定的客源。最后，中小企业人员精简，员工激励增效明显。大型国有银行，员工动辄数十万，员工激励时不仅成本大，而且覆盖不均，操作实施难度高。中小商业银行员工较少，进行员工激励成本小，实施激励则增效明显。

在金融科技的引领下，客户获取金融服务的渠道已经发生改变。中国银监会主席曹宇公开表示，截至 2017 年 9 月末，城市商业银行电子渠道交易替代率 80% 以上的有 47 家，智能化网点覆盖率 80% 以上的有 55 家，63 家城市商业银行开展了直销银行业务。这正是中小银行结合金融科技的机会。

我国城市商业银行的领头羊北京银行在2014年就推出了"京彩E家"智能轻网点。为了使网店变"轻"将网点的业务流程、营销服务、客户管理等方面进行了自助智能化的转变,并将网点按照功能划分为信息展示区、营销互动区、自主操作服务区、开卡签约区和产品购买区五大功能区,实现了线上与线下的相互结合、共同发展,并取得了很大的成就(见图11-7)。北京银行2016年年报显示:截止到2016年年末,北京银行零售资金量余额4 944亿元,较年初增长超过1 100亿元,零售客户规模达1 664万户,较年初增长174万户。

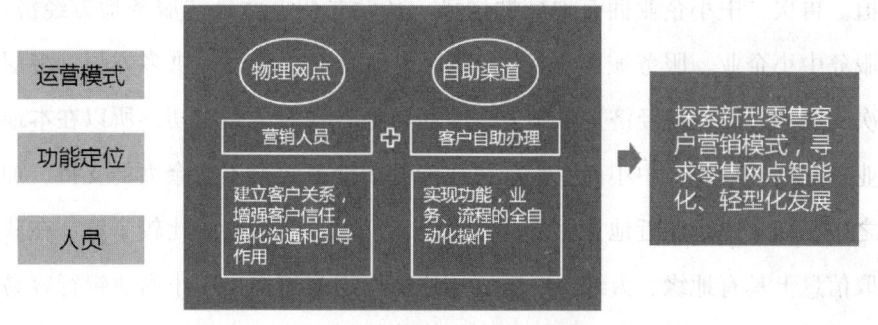

图11-7 "京彩E家"网点模式

资料来源:百度北京银行"京彩e家"智能轻网点介绍。

根据北京银行的发展可以看出中小银行在开设智能网点时不能一味盲目跟随国有大行的脚步,需要冷静的思考,根据自身规模偏小(较四大行而言)、客户以中小客户居多的特点,以本土为中心来进行智能网点的建设。

因为规模较小,所以可以抢占先机。国有大行因为其自身庞大的规模,拥有动辄上万的网点,所以在网点转型升级时投入资本大,而且速度较慢。但是中小银行因为自身规模的原因则能够快速实现智能化网点的转化。对于中小银行而言,向智能网点的转变需要不小的投资,但从长远来看是值得投入的。从时间上来看，智能网点的成本要比传统网点低，而且智能网点可以更好地改善客户体验，客户体验的提高则能够增加客户黏性，提高客户的忠诚度，进而可以创造更大的价值。

再者，国有大行在进行智能网点的建设时会在一些区域建立无人智能网点来降低成本，而中小银行在建设智能网点的时候不可盲目模仿。因为国有大行已经形成了自己坚实的品牌形象，已经不再需要对自身进行大量宣传了；而中小银行自身的品牌影响力并不足，还需要不断对自身进行宣传。银行网点是最好的宣传手段，便捷的智能网点能够很好地提升客户对银行自身的认同感。网点有没有服务的员工起到的宣传效率是不同的。首先，客户对于智能设备的接受及应用程度存在差距，有些客户不能很好地接受就需要员工来引导，而无人网点并不能提供这类的帮助。第二有很多人习惯于在银行办理业务时向工作人员咨询一些专业性的问题。第三，有些客户在办理金融业务时更偏向于与人进行沟通，尤其是以小城市年长的客户为主，他们对于自助与机器进行交易时是缺乏安全感的。综上三点，建议中小银行在进行网点建设时保留少量工作人员，能够更好地提升客户体验，树立起银行在客户心目中的品牌形象，有效地挖掘潜在客户并提高业务量。

当下中小银行的智能网点数量以及智能化程度都与大银行存在一定差距。要想在未来金融市场中不断生存与发展，就要扬长补短，突出自身优势同时弥补自身不足，稳扎稳打的发展，不盲目跟随，发展有自身特点的智能网点，为中小银行接下来的发展奠定良好的基础。

第 12 章　智能客服

随着新一代信息技术的快速发展，人工智能大浪来袭，金融业正在经历一场历久弥新的蜕变，"智能与高效"日渐成为当前互联网金融业的关键属性。纵观现有互联网金融行业，甚至各个行业领域内，客服体系作为获取客户信息、维护客户关系的枢纽，同时具备增值创收的潜力，其重要性毋庸置疑。与此同时，客服部门都需要巨大人力资源的投入，尤其是涉及营销和咨询服务的业务更甚。但当前的客户服务仍经受诸多困扰，客户的期望和需求也与预期有较大差距，用户体验不佳。

12.1　智能客服时代

智能客服系统是通过应用人工智能串联起大数据和云计算等先进技术，基于自然语言处理技术、语义搜索引擎技术以及深度学习实现自动问答服务，并具备一定人类逻辑推理能力，通过利用自然语言处理技术识别客户问题并匹配知识库中的知识条目提取问题答案，致力于降低企业人力资源成本，提高服务效率和服务质量。除了帮助银行节省人力资源成本之外，同时给客户提供精准化、个性化的服务，使客户获得良好的用户体验，提高客户对银行的忠诚度和订单转化率，逐步引导银行业从互联网金融时代向智能金融时代的转化。随着人工智能技术的不断进步与革新，一个新的时代正在扑面而来。

12.1.1 传统银行客服的现状

（1）银行服务模式的压力不断增大。

常见的传统客户服务方式如热线电话、营业厅人工服务窗口等，无一不依赖于人口密集的客户服务中心，客户数量的与日俱增导致客服行业市场规模不断增大，银行客服部门人力成本剧增，给银行带来巨大的人力资源难题。全球人力资源咨询公司发布的相关数据显示，国内一线客服人员每年平均薪酬福利水平在6万元以上。薪资成本之外，还有更多随之而来的隐形成本，例如客服人员培训费用、场地租赁费用、设备配置费用等等，并且所受制约众多，如提供服务的时间有限、固定办公场所限制、客服人员的体力有限和压力导致的不良情绪等。随着客户量的增加，咨询问题偏于简单重复，长期制约效率提升，而且庞大的咨询需求往往让客服部门不堪重负，造成客服人员负面情绪累累阻碍服务品质提高，长此以往形成恶性循环。因此，使用智能客服机器人对人力进行替代是一种必然，也是一种趋势。现有智能客服系统的技术核心多是确定中文分词和语义搜索引擎，通过识别相似语句实现自动问答。该系统能缓解部分人工客服的压力，但也存在以下两个方面的问题：

一是为了提高智能客服回答问题的准确率，需要为每个问题设计足够全面的相似问法，这依赖于构建一个庞大而又精细的知识库，并完成关键词重要性标注，这一过程需要花费大量的人力和物力。

二是知识条目之间没有逻辑联系。随着知识库的不断扩大，知识条目之间、关键词之间的近似和冲突将导致知识库的后期维护困难。

（2）随着时代的进步，客户的维权意识愈发强烈。

随着自媒体的迅猛生长，信息共享无处不在，客户主观意识增强，越发注重对自身利益的维护，越来越多的客户通过被动或主动学习了解相关法律法规，维权意识增强。客户在办理业务过程中产生的质疑或不满，习惯性通过微博、微信等自媒体发布出去，对银行的服务进行吐槽和投诉。网络上出现的负面投诉也呈现出种类多、专业性强等特点。如涉及服务态度、服务效率、服务质量，信用卡业务、代理业务、盗刷、金融诈骗、电子银行业务、个人贷款业务、内部管理等方面。据不完全统计，客户服务方面的负面投诉占银行投诉总量的一半以上。自媒体负面消息监管难度大，且传播影响力爆炸式扩散，难以掌控，对银行服务的声誉造成不利影响的同时使之陷入服务满意度降低的运营困扰之中。

（3）互联网金融的迅猛发展。

金融业作为百业之母，与整个社会存在巨大的交织网络，互联网金融更是一个纯数据的领域。互联网行业通过多年的运营，沉积了大量用户外部数据，并据此勾画出清晰的用户画像，这让互联网相关企业比传统金融企业更清楚地了解用户的多元化、碎片化需求，也更了解如何满足用户这些需求，于是大量互联网玩家进入互联网金融领域，通过不断探索革新，创造了 P2P 网络借贷、第三方支付、众筹、余额宝等新兴网络金融平台，信息被免去中间媒介直接送达客户手中，加速金融脱媒，抢占了传统金融行业的大量市场份额及客户分流。

传统金融行业在互联网金融服务方面的严重不足，原因之一是没有关注用户"痛点"。随着消费升级新时代的到来，传统的 IT 技术加人工客服的模式已难以应对不断增长的用户规模和服务多元化、碎片化的需求。交互方式单一且被动无差别的服务并不能满足所有客户。另一方则是严重受制于互联网相关的能力。传统银行业如何适应当下环境，结合智能＋互联网思维服务转型迫在眉睫。

因此，在科技的驱动下金融业一次又一次的变革，伴随着智能化、云科技、大数据的发展，智能客服系统应运而生。

12.1.2 智能客服的作用和必要性

（1）降低服务成本提升用户体验。

在线智能客服解决了服务时间、服务地点、服务人员受限的问题，可以解放不少于80%人工坐席，极大地降低了企业的人力资源成本和人员培训费用以及服务成本。与人工客服相比，智能客服能够毫秒级响应、不知疲惫、毫无负面情绪、可以提供 7×24 小时的不间断服务。同时，智能客服系统考虑部分客户无法清晰地表述自己的业务需求，能够通过引导客户提问提供相关业务多级菜单，逐步递归缩小范围，帮助客户确定咨询问题，为客户提供精准的解答；考虑部分客户不熟悉业务操作流程及功能入口，在相关问题需要客户操作时提供快速链接，实现高效智能的人机交互。降低银行服务成本的同时解决客户相关痛点，使客户获得更好的用户体验。

（2）多渠道融合统一管理。

随着互联网和云计算技术的迅猛发展，以及社交媒体技术的广泛应用，客户获得信息的渠道不再传统与单一，这对银行传统的客服方式提出了全新要求。智能客服系统能够接入多种接口，实现网页 web 端、App 移动端、微信等多个电子渠道融合，并整合到一个后台统一管理，实现多渠道并发服务，全方位多维度地构建了客户与银行之间的快速沟通渠道，满足了顾客多渠道需求，并解决多平台操作繁琐的问题，有效缓解了客服人员的服务压力，提高了服务水平和客户满意度。

（3）智能管理优化系统。

客服体系一直以来都是与客户接触的最前线，能够最便捷地了解客户的需求，但传统的银行客服部门所收集的客户反馈仅仅停留在表面，且因服务渠道和服务方式的限制，难以深度挖掘客户反馈中包含的客户需求和痛点，并将之有效利用。智能客服在提供服务的同时收集客户反馈，统计记录服务过程中客户反馈的信息包括客户问题、访问记录、交易记录、评级结果等，并与预期进行对比分析，以优化用户画像数据模型和知识库以及整个体系的运营和管理。以知识库为例，智能客服的工作离不开知识库的建设，通过对服务效果与预期的比较分析，有助于改造知识库功能算法和优化知识库内容及知识库流程管理，完善问题分级和问题指引，提高服务效率和客户满意度，形成良好循环的闭环系统，最终将知识库建设成为一个功能强大、贴合客户需求、形式多样且内容完善的智能平台，有效提高服务效率和满意度。有相关数据显示，使用智能客服后服务效率能提升80%以上，客户满意度能够达到96%，订单转化率提升约20%。

12.1.3 智能客服的发展趋势

由于业务复杂程度较高以及金融行业审慎的风险考量，传统金融业对智能客服的应用相较于互联网行业要谨慎许多。基于金融行业智能客服可供参考的经验不足，具体功能的实现也需要银行和系统开发商的探讨和分析。目前来看，技术开发商虽具备建设项目的能力，但因并不熟悉金融行业特别是银行业，对具体的业务流程和实际工作痛点不了解，要搭建与银行需求完全贴合的智能系统还需更多互相了解，现仍处于探索阶段。

目前，国外已有欧洲的英国苏格兰皇家银行、瑞典北欧斯安银行、西班牙桑坦德银行等开始使用人工智能客服，日本软件银行也启动机器人pepper与客户交流互动，三菱东京UFJ银行推出机器人NAO接待顾客。我国银行业也逐步开始应用人工智能技术。交通银行率先推出智能网点机器人，并引发了界内的广泛关注。它为实体机器人，采用语音识别和人脸识别技术，可进行人机语音交流，识别存量客户，在网点指引客户、介绍银行的各类业务等。分担大堂经理的工作，分流客户，节省客户办理时间。

2012—2016年，除先驱交通银行外，工、农、中、建等大型国有银行及以招商银行为代表的股份制商业银行纷纷踏足探索智能客服应用之路，并初见成效。工商银行推出了智能客服机器人"工小智"。客户通过短信、手机App、微信等15个渠道向"工小智"提出问题都能快速获得回复。

据统计,"工小智"自2016年上线以来,服务量累计已超1.7亿笔,日均服务量超57万笔(见图12-1)。建设银行启用智慧柜员机STM为客户提供智能服务。STM完成网点客户业务咨询答疑、辅助分流等工作,完成查询、开卡、销卡等业务办理。这种无纸化、数据输入少的高效操作,大大减少了用户业务办理的时间和银行的服务成本。招商银行推出微信客服机器人,通过语义引擎模块通过分词、标注识别出客户的咨询目的,提取出标准化的语义结构来匹配答案,通过微信服务号呈现给客户,待客户继续输入指令,以此递归,完成智能服务。基于人工智能技术的人机交互服务方式大大降低了银行的运营成本,提升了服务效率和服务质量。

图12-1 工商银行"赢iPad拿大奖:小智技能大考验"

图片来源:工商银行。

随着我国政策的推行,对人工智能产业的重视已上升到国家战略层面,工、农、中、建国有银行纷纷与国内互联网公司巨头签署联合协议:工商银行与京东金融启动全面合作覆盖消费金融等多领域;农业银行将与百度结盟共建智能银行;中国银行与腾讯携手成立金融科技联合实验室;建设银行联手华米科技、上海公交卡推出龙支付米动手环,就人工智能、大数据、云计算、区块链围绕金融科技领域开展深度合作,持续输出技术能力支持业务发展。预计人工智能的广泛应用于金融行业的节点即将到来。

通过近几年的探索和实践，人工智能已经真正成为银行业转型升级的新引擎。可以预见，随着人工智能技术在银行业的深入应用，将给银行传统客户服务带来巨大变革。

（1）智能客服将提供精准咨询服务。

随着语音识别、自然语言处理和语义理解等技术的成熟，当前银行已经建立起智能客服系统为客户提供的业务查询和业务操作的基本业务功能，替代了操作不可视且流程拖沓的电话语音菜单，提升了客户的用户体验，降低了银行的人力资源成本。未来，银行在线智能客服将进一步升级。当有客户咨询时，智能客服将可以通过内外部大数据构建的数据模型，采集客户需求中的关键信息在既定的算法中推算出详细且针对该客户精准化的解决方案。如同一位客户专属的资深客户经理，给银行的中低端客户提供精准化的服务，还可引入实体智能客服机器人，对网点客户进行业务咨询答疑、辅助分流、甚至替代人类柜员办理相关业务。

（2）实现智能客服自主优化。

人工智能的发展在一定程度上能够模仿人类的思维与意识，未来甚至有超越的可能。自主优化的过程中就如同人类自我学习的过程，需要不断累积知识。随着与客户交互的不断进行，将获得越来越多的客户信息，利用现有信息优化知识库和相关法则，并对新获得的信息进行处理和输出。这一过程，是对智能客服知识库的整合，使之能够在快速迭代的人工智能技术发展下自主进行系统更新，获得更强的时代适应性。

（3）智能客服将获得非凡的洞察力。

随着视网膜识别、掌纹识别、语音识别技术的发展与深入应用，智能客服将能够迅速甄别客户的身份、调出客户资料、洞察客户的行为特点，勾画出用户画像依据相关数据模型对客户的行为进行预测。随着人工智能技术的进步，智能客服将能够通过客户的表现对风险进行提前预警。例如，通过智能客服的监测设备，在客户交易时，结合客户历史交易记录，迅速分析客户的交易行为是否存在异常，以及通过识别客户特征判断客户情绪状态是否稳定，如若出现异常考虑是否遭遇诈骗行为，客服将即刻中止交易并通知银行工作人员介入处理。

12.2 智能推客服务

智能推送是智能客服系统的衍生功能模块，二者相辅相成将客户服务构造为一个闭环系统。通过智能客服接触客户所获得的客户反馈数据将同样作用于智能推送系统的学习与优化。

随着互联网的高速发展以及快餐式传媒的盛行，人类社会进入信息碎片化时代，人们更趋向于阅读将完整内容分解后的信息片段，以更迅速便捷的获取所需信息（见图 12-2）。基于互联网与电信运营的发展，推送流营销铺天盖地。然而，传统推送方式很快显露弊端，无差别的推送方式并不能起到良好的推广营销效果，甚至大量的无用信息堆积日益引起客户的厌烦情绪，如何提高营销质量和运营水平已成为当前企业急需解决的问题。

12.2.1 何为智能推送

大数据时代，客户在网上的浏览记录、点击记录以及评论等碎片化的行为轨迹，都可以利用网络爬虫技术被抓取利用，将这些行为轨迹整理分析，可以获得客户的性格、消费习惯、态度等信息，企业依据这些信息可以制定更贴合客户需求的营销计划。这些从全方位、多维度刻画客户的数据，被称之为"用户画像"。

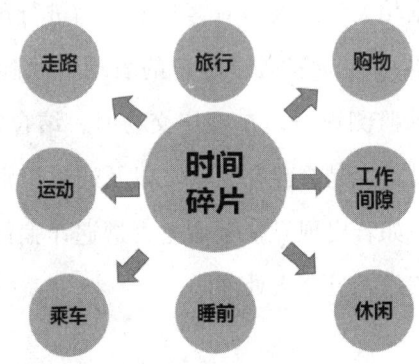

图 12-2　时间碎片

智能推送就是基于用户画像利用已收集到的大量外部数据和客户真实需求，依据客户的兴趣、行为、偏好和需求等多维度的不同特征将客户标签化，利用客户特征数据建立用户画像数据模型，数据模型经过大量数据反复校准优化后，即可对新接入的客户做出相应的合理预测，将合适的信息在合适的时间通过合适的渠道自主推送给合适的人，为客户提供精确主动的信息服务，提升客户的用户体验，为银行获取潜在客户和留存现有客户，并提高银行的营销效果和运营水平。

12.2.2　传统推送服务的不足

（1）无差别推送效果差。

传统的推送服务一般由人工操作，缺少对客户个人综合因素的分析，无法精准确定推送对象和推送内容乃至推送方式和渠道是否为最优组合，仅仅是通过人工主观经验判断进行筛选和编辑，对客户需求的考量大多是客户的共性需求。因此，只能向所有客户推送同样信息，导致用户体验不佳，推送效果差、转化率低，并不能达到企业预期的效果。

（2）没有信息状态跟踪。

通过运营商的推送方式多为开环系统，信息发布后的状态，用户是否接收、是否点击以及是否达成营销效果都无从得知。长此以往，银行只是盲目推送信息，没有与客户形成信息交互的渠道，无法根据每次推送效果的区别及客户的反馈对推送内容和营销战略进行调整。

（3）推送成本极高，操作流程繁琐。

传统推送多采用短信或彩信的推送方式，推送成本极高，且随着移动自媒体平台的发展，推送渠道虽不再单单通过短信或邮件推送，多个渠道的推送操作繁琐，仅仅依靠于人工推送的工作压力不断推高，企业甚至需要更多专职的运营人员，进一步增加企业成本。

12.2.3 智能推送的应用分类

智能推送其本质是银行和客户之间的沟通通道，银行根据客户信息及数据模型的推算出客户的真实需求，将客户需要的信息通过智能推送传递给客户，客户的行为反馈回银行，用以优化银行的数据模型。这些客户所需要的信息大致可以分为服务类信息和营销类信息。

（1）服务类信息，是指为客户提供服务支持的信息，包括业务提醒、通知和订阅服务等，例如客户账户数目增减变动时的提醒、信用卡还款日还款提醒、理财产品到期提醒以及银行公告通知等等。

（2）营销类信息，是指银行出于营销战略需要向客户推送相关产品及优惠活动等信息，比如获客营销信息、最新产品信息、优惠活动信息、新网点及新的服务内容等。

12.2.4 智能推送的优点

（1）推送渠道灵活且统一，降低推送成本。

传统的推送方式更多的是通过短信或彩信进行推送，推送成本较高，要远高于使用网络推送方式的成本。智能推送根据用户画像数据模型分析出不同客户偏好的不同推送渠道，且通过统一后台管理多渠道推送，简化操作流程，而银行可以根据实际需要选择匹配客户偏好且成本低的信息推送方式。与此同时，因顺应了客户偏好可以获得更好的营销效果。

(2) 提升用户体验，提高客户满意度。

智能推送是基于对用户画像的挖掘和分析，通过构建用户画像数据模型依据相关算法推算出客户偏好，了解客户的真实需求，推送不再盲目单一，而是基于深度了解客户之后进行的精准化推送，推送的内容与客户需求匹配度较高，客户通过便捷的终端获得对自己而言有用的信息，客户用户体验提高的同时银行也获得了较高的客户满意度，并有利于获得相比之前更高的点击率和订单转化率。

(3) 增加客户黏性，提高客户留存率。

智能推送因其精准化、定制化的推送方式，不同于传统推送方式进行大量重复单一的推送，积累大量垃圾信息，不会使客户产生厌烦情绪甚至导致卸载、退订等结果。智能推送通过推送适合客户的信息，获得良好的客户体验可以在维持客户活跃度的同时，增强客户对银行的黏性，从而有效提高老客户留存率。

(4) 区别推送时间和渠道，提高点击率和转化率。

智能推送根据网络爬虫等技术，通过对客户网络日常浏览记录的抓取和分析，推算出客户日常浏览信息的时间段以及偏好的推送渠道，上网时间段不同的客户其实际应用场景各不相同，且造成不同上网时间的原因也是多种多样的，依据这些不同因素从推送时间这一维度将客户分群，应给不同客户分群推送的产品也是不同的（见图12-3）。

智能推送将合适的内容在适当的时间通过适当的渠道推送给合适的客户，较之银行传统的无差别不考虑推送时间的推送方式，智能信息推送考虑到客户的实际应用场景，可以有效提高推送信息的点击率和转化率。

(5) 推送状态可见，反馈数据自我优化。

智能推送实现了推送状态的可视化，确认推送后系统显示发送成功或

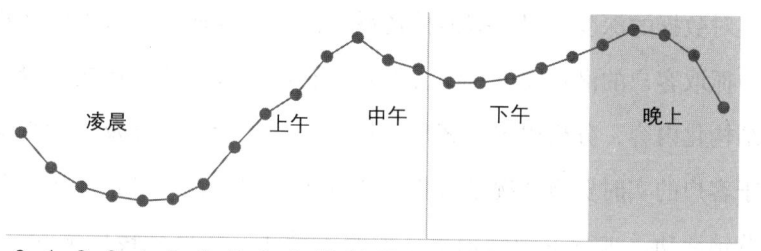

图 12-3　不同时段上网用户量曲线

数据来源：TalkingData 数据中心。

失败以及统计整理客户的反馈信息，包括点击率、转化率、浏览时长、退订率、环比销售增比、环比推送增比以及交易金额等等，并通过对客户反馈数据进行分析处理，丰富优化数据模型和语义库。同时，运营部门的运营活动和策略制定提供数据支持，从而有效提升运营水平（见图 12-4）。

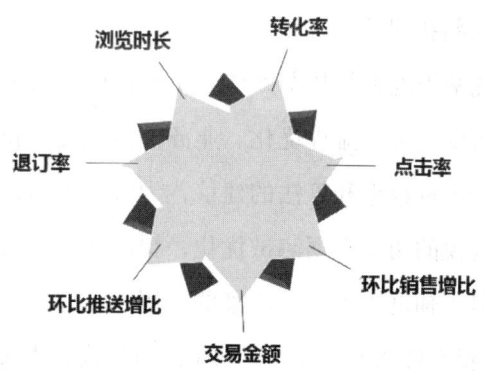

图 12-4　建立发布信息追踪评估机制

12.2.5　智能推送的未来

智能推送方式并非是对传统推送方式和营销理念的完全颠覆，而是在对数据充分应用的基础上，深入理解、精细划分客户群体，挖掘不同客户群体对应的不同的需求偏好。

（1）智能推送将实现主动式精准营销。

经过对数据的深度学习，智能推送系统能更精确地从已获得的客户外部数据中抓取客户的潜在需求，结合客户与智能客服交流的历史记录、交易单据结构化内容，分析得出该客户的性格特征、购买偏好及风险承受能力，基于客户的实时资金状况结合相关法则生成对该客户最具成效的营销话术及营销活动，进行主动营销推送或服务推送。在提升转化率的同时，也将创造更人性化的客户体验，相当于当前以人工客户经理针对VIP客户提供的高端服务，而智能推送系统则把这个服务门槛从银行的VIP客户降到普通客户都可以获得，并且准确率、精准性将更高。

（2）智能推送将成为预测和研判的重要工具。

智能推送系统对大数据以及人工智能技术的应用，可以依据已获得的海量内部外部数据、历史信息、行为痕迹关联线索等进行智能化分析，进而对未来趋势进行预测，为日后的营销战略调整提供明确的方向指引。

（3）智能推送将提供决策建议。

智能推送系统基于庞大的数据库建立，并且根据大量实际反馈不断进行自我优化，为需要决策的流程优化、业务模型优化、新业务新产品的推出等问题提供基于大量数据和算法的建议，为管理者出谋划策。当前研究表明，经过超大规模的历史数据测试优化，智能技术给出的决策建议有效性大幅度上升，对于辅助重大营销决策的作用不可忽视。毕马威的研究报告预测，到2030年类似于Siri的人工助手或将取代人类接管客户的生活与金融服务，甚至将出现智能机器人的上门服务。

12.3　中小银行智能客服搭建

12.3.1　基于用户画像的智能客服系统框架

基于用户画像的智能客户服务系统包括智能客服和智能推送两大模

块。智能客服可以通过自然语言处理技术分析客户咨询，了解客户意图，之后匹配知识库中的知识条目为客户提供智能咨询服务，并通过客户的反馈不断优化和丰富知识库。推送的模式通常包括操作式推送和触发式推送两种。而基于用户画像的智能推送是操作式推送与触发式推送的结合体，即客户端操作信息推送与经过设置条件触发服务器的主动推送二者相结合，根据已有数据描绘用户画像，构建用户画像数据模型，通过数据模型的运算，得出针对新用户或留存客户的精准化推送信息，达到获得新客户、留存客户的二次营销、增大客户黏性等运营目的。

基于用户画像的智能客户服务系统是一个完整的可以自我优化的闭环系统，通过智能客服收集到的客户真实需求以及根据客户与智能客服交流过程中显现的消费习惯和偏好等相关线索将运用到智能推送的用户画像模型中，进一步优化数据模型。随着大量数据的训练，智能推送系统将变得越来越智能。

12.3.2 构建智能推送服务系统的核心技术：用户画像

随着社会互联网技术的发展，客户的行为与银行预期愈发不符，银行营销活动难以展开。大数据技术的发展给银行的营销行为带来了新的转机，大数据的应用使客户的行为不再难以捉摸，而是变得有章可循。随着大数据技术的研究和应用不断拓展，在营销领域的不断深入，如何利用大数据来实现精准化营销日益受到关注，"用户画像"的概念应运而生。

用户画像是通过分析大量客户数据，根据客户的社会属性、生活习惯和消费行为等信息将客户信息进行结构化处理，进而抽象出一个标签化的用户模型。构建用户画像的核心工作即是给用户标记标签，而标签是对用户信息分析的高度精练。用户画像的意义在于深入剖析客户的真实需求和潜在需求，更精细化地定位客户特征，挖掘潜在客户群体。同时，充分利用个体差异化特征，将客户根据标签分为具有共同需求的标签群，进行精细化的营销活动,并随着活动的开展,依据客户的真实反馈逐步细化标签。精准化的区别营销可以显著提升银行的营销水平和营销质量。

(1) 用户画像的数据获取。

用户画像首先需要获取客户的数据。客户数据包含两种:一种是相对稳定的客户静态信息,如用户姓名、年龄、性别、职业、收入、地区、联系方式等人口基本属性,这些静态信息可通过用户注册即可获得;另一种客户数据是客户的动态信息。动态信息不是可以直接获取的,而是隐藏于客户行为数据中并且不断变化的,其获得需要通过抓取客户在网站上的行为数据并进行分析处理。互联网上客户的行为数据大多可以从网站的访问日志中获取,访问日志中详细记录了客户上网的浏览记录、搜索记录、点击记录等一系列行为轨迹。随着大数据技术的不断发展,客户的行为数据大多通过网络爬虫技术获取。

网络爬虫技术是一种按照一定的规则,自动抓取众多公开网站网页上的数据进行下载数据、解析数据、保存数据的相关技术。网络爬虫按照系统结构和实现技术,大致可以分为以下几种类型:通用网络爬虫(General Purpose Web Crawler)、聚焦网络爬虫(Focused Web Crawler)、增量式网络爬虫(Incremental Web Crawler)、深层网络爬虫(Deep Web Crawler)。在实际的网络爬虫应用中大多是几种爬虫技术相结合使用的。通用网络爬虫(General Purpose Web Crawler)又称全网爬虫(Scalable Web Crawler),爬行对象从一些种子 URL 扩充到整个 Web,主要为门户站点搜索引擎和大型 Web 服务提供商采集数据。通用网络爬虫适用于为搜索引擎搜索广泛的主题,有较强的应用价值。聚焦网络爬虫(Focused Crawler)又称主题网络爬虫(Topical Crawler),是指选择性地抓取那些与预先定义好的主题相关页面的网络爬虫。较之通用网络爬虫,聚焦爬虫只选择性地抓取与主题相关的页面,极大地节省了硬件和网络资源,保存的页面也由于数量少而更新快,还可以很好地满足一些特定人群对特定领域信息的需求。增量式网络爬虫(Incremental Web Crawler)是指对已下载网页采取增量式更新和只抓取新产生的或者与之前相比已经发生变化网页的爬虫,它能够在一定程度上保证所抓取的页面都是尽可能新的页面。和周期性爬行和刷新页面的网络爬虫相比,增量式爬虫只会在需要的时候抓取新产生或发生更新的页面,并不重新下载没有发生变化的页面,由此可有效减少数据的下载量,及时更新已爬行的网页,减小时间和空间上的耗费,但是增加了爬行算法的复杂度和实现难度。Web 页面按照存在方式可以分为表层网页(Surface Web)和深层网页(Deep Web,也称 Invisible Web Pages 或 Hidden Web)。表层网页是指利用传统搜索引擎可以索引到的页面,以及超链接可以到达的静态网页为主构成的 Web 页面。Deep Web 是那些大部分不能通过静态链接获取的、隐藏在搜索表单后的、只有用户提交一些关键词才能获得的 Web 页面,例如那些用户注册之后内容才可见的网页就属于 Deep Web,获取信息过程中需注意确保 IP 始终一致,以保证抓取的是客户数据是前后对应的。

(2)用户画像建模。

用户画像的核心内容就是多维度、全方面确定客户的用户标签,所有的用户标签都是人为规定的、高度精练的、具有群体属性的特征标识,如年龄、性别、地域、用户偏好等。将客户的所有标签综合起来,就可以立体刻画出这个客户的"画像"。标签的利用提供了一种可能,使得计算机可以便捷地程序化处理与客户相关的信息。用户标签有两个必须满足的特征:一是语义化,即人人都可以通过文字迅速、直观地理解每个标签的含义;二是短文本,即要求每个标签通常只表示单一含义。确定标签是建立用户画像模型的先提条件。

建立用户画像模型首先需要取得原始数据,此处原始数据包括银行内部数据、客户的静态数据以及需要利用网络爬虫等技术抓取的客户动态数据；之后对获取的数据进行预处理，过滤掉用户行为中的非文本信息，只保留动词和名词，按照对象、时间、地点、内容、行为的维度以天为时间单位统计数据抽取事实标签。例如年龄分布、性别比例、购买频率等等；而后利用数据挖掘算法模型，根据相关规则进行分析以从获取的动态数据中挖掘客户的行为主体偏好，得到用户画像模型标签，例如购买偏好、风险偏好、人口属性等等。最后就可以利用模型对客户的行为进行预测，在此之前需要经过大量数据和实例对模型进行多次测试，不断完善用户画像模型，提高模型预测的准确率。

（3）用户画像与精准化推送。

精准化推送依赖于大数据技术的发展和互联网通讯科技的进步，基于大数据技术对所收集的人群外部数据进行分析后所勾画的用户画像，并构建用户画像数据模型，利用数据模型通过大规模数据深度挖掘并掌握人群的特征和真实需求，根据不同的需求及特征将客户细分为拥有不同标签的群组，并结合广泛的推送渠道，对不同标签的客户群进行精准化推送。有的放矢、精准化的推送能有效减轻过多不匹配客户需求的无用信息输出所造成的客户厌烦情绪。

精准化推送的核心在于针对性，针对有需求的客户，或者是挖掘出针对不同客户的不同需求，然后依据相应的客户需求推送针对性的信息（见图12-5）。这种针对性令客户收到的推送信息对其来说都是有用信息，因此能够获取与传统推送方式相比较高的点击率和订单转化率。而精准化推送的前提条件是用户画像，根据用户画像数据，才能建设描述客户特征的用户画像标签模型，进而根据模型挖掘客户需求，针对不同客户群进行精准化推送。对于企业来说，用户画像提供了全面的客户群行为特征及用户标签，有助于企业更深入地了解客户及客户的真实需求；与此同时，在银行进行品牌的推广与建设中，用户画像无疑也是有力的辅助决策工具。

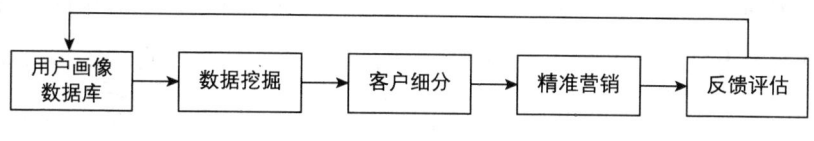

图 12-5　精准营销体系模型

（4）数据安全保障。

用户画像包含客户的诸多个人信息，涉及个人隐私，数据安全显得尤为重要。数据安全保障通过严格控制数据访问的权限，限制不同级别、不同身份和不同类型的人群访问有限的数据范围，并组立数据模型层级，给不同层级的数据分配相应的数据安全性保障。

12.3.3　构建基于自然语言处理的智能客服系统

智能客服系统功能的实现，依赖于自然语言处理、知识库以及机器深度学习三部分。三者有机组合运转才能完成智能问答行为，实现智能客服的真正智能。

（1）自然语言处理。

语言，是人类与其他动物的本质区别。语言对于人类的智能活动来说，无疑是至关重要的，它是人类思维逻辑表现方式的主要载体，是人机交流的先决条件。因此，自然语言处理是智能客服的核心功能。

自然语言处理的目的是实现人机自然语言交互，让智能客服系统可以理解客户的话，并同样用自然语言反馈客户，其具备精准的文字识别、语义分析、图像处理以及对这些自然语言的转化和意图理解能力，并输出文字、语音、图像等自然语言，实现人机自然语言通信。自然语言处理是基于机器深度学习延伸而来，两者的相同之处是都需要通过海量的数据分析和构建处理图像的 CNN 卷积神经网络，根本性区别在于自然语言处理还需要不断收集高质量拓展性强的语料库，不断创新升级算法并不断通过实际问答案例训练构建的数据模型。

不同于深度学习在语音和图像领域均取得重要成果，目前在自然语言处理技术上并没有重大突破，现阶段的智能客服多依赖于自然语言的基本环节——基于分词和词性标记技术的语义搜索引擎。其中，分词和词性标注分词技术是指按照一定的规范，将连续的字序列重新组合成词序列的过程。词性标注则是指确定语句中每个词的词性，例如形容词、动词、名词等。

语义搜索引擎接收到客户输入的文本、语音等信息后，进行过滤、分词、词性标注等一系列操作，从客户输入的内容中提取出语法结构，转变成计算机可以处理的计算机语言，从而使计算机可以知道客户想要了解的问题，从知识库中搜索相关问题的回答并输出反馈客户。这并没有实现真正的智能，仅仅是对客户的每一次提出的问题搜索答案，不能结合上下语句及整个对话情景进行自然对话。自然语言处理技术还有很长的路要走，目前来看实现自然语言理解和自然语言生成的技术难点有单词的边界界定、文本的歧义性和多义性、语义的模糊性以及输入的不规范性等困难。

单词的边界界定：日常口语习惯中词通常是连贯使用的，边界界定需要取用让上下文最通顺且在语法上无误的一种组合，因汉语书写词与词之间也没有边界，容易导致交互双方对同一词汇或词组的范畴边界界定不同，从而导致理解不同，导致信息无法正确传递。

文本的歧义性与多义性：自然语言表述上具有丰富性，是确定性与不确定性的矛盾统一体，有些词汇含义清晰明确，而有些自然文本和对话在多个层次上存在各种形式的歧义性或多义性，但目前大多数的词义模型中一个词语通常只对应一个含义，处理时通过综合上下文本信息及当前语境表达出该词汇的隐藏词，通过学习每个词的多义词表示，可以帮助更好地解释同名歧义词语，进一步在基于多个词向量表示词的多义性基础上，通过对模型的改进,使得词向量包含更丰富的语义信息,有利于语言的深度理解。

语义的模糊性:模糊是自然语言的基本特征之一,这种模糊是指在特定的语境中使用婉转的、模糊的或是不确定的向倾听者表达言外之意的现象。针对一个自然语句,我们可能需要依赖句法分析自动识别句子中包含的句法单位以及这些句法之间的相互关系。通常的做法是给定一个句子作为输入,利用语言的语法特征作为主要知识源构建短语结构,语义以及上下文信息的结合分析才能确定客户真正想要表达的含义。

输入的不规范性:考虑到客户的地方文化差异,例如方言和区域性的语言习惯,或是文本输入的拼写错误、语法错误等等都会导致对自然文本的判断失误。

(2)知识库。

知识库是收集客户问题及相应解答的数据库,是智能客服在通过自然语言处理、进行分析和转化之后明确客户意图的基础上,通过语义搜索引擎找到对应问题并使用自然语言回馈客户,解决客户问题。知识库可以说就是智能客服机器人的"大脑"。

除了一些常规的知识内容,知识库还需要企业依据业务情况自行添加行业知识问答、多级菜单以及相应话术。银行的智能客服知识库一般包括银行金融业务领域知识、用户的个性化信息以及业务常识。当客户提出问题时,自然语言处理首先进行识别、分析和处理,知识库在收到自然语言处理分析后得出的标准文本后,通过分类、抽取、推理等步骤将其整理为结构化文本,将这个文本递交到知识库中进行智能对比匹配之后,找出客户所需的答案。当匹配算法挑选出与语义结构相适用的菜单条目时,可以通过多轮交互模型自动识别客户的多轮诉求,将输出反问客户的内容,客户选择自己需要的内容后,输出已设定的提示文字,等待客户再次输入指令，以此递归，通过逐轮提问的方式逐步缩小客户的咨询范围，最终明确客户意图给出精准答复，完成与客户之间的智能人机交互，解决客户问题。

(3) 深度学习。

深度学习的概念由 Hinton 等人提出。基于深度置信网络（DBN）提出的为解决深层结构相关优化难题的一种算法，是通过海量的数据分析构建深层神经网络，可以模拟人脑处理语音、文本及图像等数据的机制。不同于传统机器学习极大程度依赖于人工分析特征后手动输入的数据，机器仅仅起到优化结构输出最优结果的作用。深度学习是试图像人脑一样自动完成不同水平、不同纬度数据的表示和特征的提取，其主要任务是采取一种尽可能简单的算法来表现客户问题的分层特征，并将特征经过逐层转化，使之更容易完成分类或预测，从而提高不同抽象层次上对数据的理解能力。

在银行智能客服的实际应用场景中，深度学习可以基于客户实际反馈信息和知识库中知识条目的使用情况，利用统计分析以及行为分析等技术，反复校验现有知识库内知识条目的准确性，并根据实际问答记录及客户反馈情况形成新的知识条目，从而优化语义引擎识别能力、完善知识库内容，实现智能客服自我升级优化。

除此之外，深度学习还具备情感分析能力，又称倾向性分析，可以依据与客户交互过程中客户回复的文本，分析出客户对产品的属性情感倾向。只要通过足够多的实际训练案例，深度学习模型可以尽可能地逼近真实结果。而从当前的深度学习模型研究来看，研究的难点是在模型构建过程中的优化调整。在对深度学习模型的训练过程中，最突出的问题是训练速度较之线性模型要慢很多。但模型性能的优劣，是与训练数据的规模大小息息相关的，数据规模越大，对数据模型的训练效果越好，模型也就会越来越智能。

12.3.4 构建中小银行智能客服体系存在的挑战

互联网行业以及银行业甚至几乎所有行业均有企业已经展开了对智能客服系统的开发工作，且一部分企业已经初具成效。随着社会的不断进步，互联网、大数据、云计算等技术的不断发展，智能客户服务系统必将对整个银行客户服务业务带来颠覆性的变革。与此同时，也应该了解当前智能客户服务系统在银行的应用还存在一些难点。

（1）数据获取不足。

一套智能客户服务系统要真正投入使用并不是一蹴而就的，开发商一开始提供的系统，就好比一个刚出生的孩子，要想他变得耳通目达、八面玲珑且能力不断提升，需要银行和系统开发商共同不断栽培，让这个"孩子"学习大量的知识，灵活运用已获得的知识来解决问题。智能客服系统的学习是基于大规模、高质量的结构化数据训练，通过不断丰富知识库和完善数据建模来拓展和延伸其智能性。数据量的大小直接关系到智能客服系统的智能性高低。

然而银行在过往的信息系统建设中关注点大多在于功能如何实现，并没有重视对数据的收集，以至于银行数据收集不足且数据质量不高。另外，银行内部各部门之间、网点与网点之间信息共享不足，银行与银行外部的数据交换也存在信息壁垒，阻碍了银行内外部信息的共享与收集。

（2）智能技术与实际业务结合不足。

目前状况来看，技术开发商掌握的人工智能现有算法的理论以及技术并没有实质性的差别，而应用于智能系统中的技术，无论是用户画像还是机器的自我学习等等，如果脱离实际应用场景直接应用，将不能解决任何实际性问题。这对技术开发商的行业知识积累、运营能力以及行业应用经验提出了新的要求。技术开发商虽然互联网开发技术丰富，但大多数对银行业务并不熟悉，这使得开发商开发的产品与银行实际业务并不能良好的贴合，产品的可靠性和实用性皆有待提高。随着业务不断展开，技术开发商应帮助银行逐步培养一支专业的运营和技术操作人员队伍，帮助银行不断挖掘并优化智能系统的功能。

对于银行来说，在人工智能技术方面的人才培养不足，缺乏一支具有人工智能算法创新能力和计算支撑能力的专业人才队伍，而智能系统是一个需要逐步改善并且是可以不断多维度、全方面挖掘其功能和价值的系统。随着系统的不断深度应用，需要后续不断进行维护和升级。这需要具备创新算法能力和强大计算支撑能力的专业人才，银行在技术人员的培养上还有很多不足。

（3）智能化程度有待进一步提高。

虽然目前很多银行正在使用智能客服、智能投顾、智能信贷等应用，但业务的智能化程度不高，甚至可以说大部分的智能客服并不是真正的智能，系统无法直接通过自然语言进行信息的扩充与学习，只是从客户咨询中识别关键词，将识别到的关键词与数据库进行匹配搜索，再将搜索结果向客户输出，这仅仅是对搜索技术的应用，与人工智能的深度学习、自然语言处理毫无关系，并没有实现真正的人工智能，在与客户交流的过程中，交互方式只是客户问一句回答一句，并没有实现上下文联系和场景处理。整个交互过程僵化失智，智能客服并没有自己的语言能力，用户体验极差。

在智能客服系统中，要想智能客服深度理解客户意图和需求，真正实现智能化需要与业务完全融合，形成完整的知识运营体系。除了标准化的基础知识库和语义库外，还需要智能客服结合银行自身业务数据，通过不断学习银行内部实际与客户交互反馈案例，将真实的记录加工转化为数据不断丰富知识库，优化语义结构，不断提高其自然语言处理能力。要想智能客服变得越来越智能，需要庞大的数据训练。只有这样，智能客服才能越来越理解客户的真正需求，从而变得越来越智能，为客户提供准确的服务，才算得上真正意义的智能化。

（4）安全风险面临新挑战。

银行业是一个需要极度重视风险也在不断面临众多风险的行业。随着人工智能系统应用的普及，人工智能系统较之传统系统其复杂程度更甚，并且人工智能系统的运转需要庞大的数据支持，需要银行内部数据的共享以及客户的外部数据，所涉及的数据范围巨大，系统遭受攻击导致数据泄露的数据安全风险随之升高。与此同时，智能客服系统中运算存在小概率的偏差甚至失误可能导致银行面对风险系数再次提升，一旦出现失误可能导致客户的个人隐私信息安全泄露以及客户的财产损失，这将给银行造成严重的业务危机和信誉风险。随着智能科技的不断进步和渗透，相关法律条文及监管原则急需完善。

12.3.5 中小银行需要应对的策略

尽管中小银行创建智能系统的过程中将面临诸多挑战，但是随着人工智能浪潮的不断推进，银行业在人工智能技术的推动下将完成服务形态全新转变的趋势不会改变。中小银行必须积极顺应趋势，从自身改变以推动银行基于人工智能技术的转型。

（1）看清脚下的路。

要知道怎么做，首先要知道需要做什么。银行首先应该透彻了解自身目前的情况以及明确合理的未来愿景。之后可以依据 SWOT 分析方法从优势（strengths）、劣势（weaknesses）、外部的机会（opportunities）和威胁（threats）四个方面着手分析从而确定战略决策，即基于银行内外部竞争环境和竞争条件下的态势分析，明晰银行现处于的阶段、银行与他行相比的竞争优势、与其他银行相比的竞争劣势以及外部大环境的变化带来的机会与威胁等。结合银行未来要达成的目标以及分析得出的银行现状，制定具体的战略方案,明确要达成战略目标需要做哪些制度上的改变以及人工智能等新技术的引进等基本问题,制定实施路径,而后进行战略实施以及战略评估,并根据战略实施的实际情况和战略评估的建议不断完善战略流程(见图12-6)。

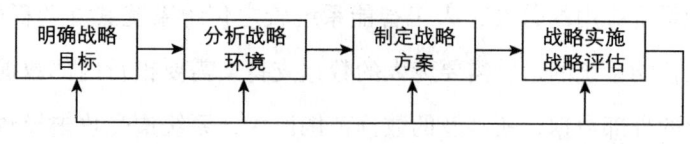

图12-6 战略管理流程

(2) 打造坚实数据基础。

人工智能的一切前提是庞大的数据储备,因此银行自身数据的不足需尽快弥补,银行可以从多个渠道引入所需外部数据,以丰富数据维度,同时建立起严格的数据筛选规范并进行统一管理,保证数据处理的一致性以及数据的较高质量。与此同时借助云计算技术的快速发展弥补计算能力的不足。云计算技术是一种基于互联网的计算方式,通过这种方式,共享的软硬件资源和信息可以按需提供给计算机和其他设备。整个运行方式很像电网,类似之前的网格计算。引入云计算技术,将极大地提升银行人工智能系统的运算能力。

(3) 建立专业的运营服务团队。

随着智能客户服务系统的深度使用,智能系统是需要不断加强学习,需要人工智能系统算法的研究和创新,仅靠技术开发商的技术维护是远远不够的,银行需要引入一批在自然语言处理、机器学习以及生物识别等技术层面过硬的人才,组建智能系统研究团队,在对业务深入了解的基础上,加强对智能系统核心技术的研究,维护和升级智能系统。

(4) 与实际业务紧密结合。

创建智能客服系统的最终目的是提高银行的服务质量和管理水平。因此，创建智能系统应充分考虑其实际运用场景，与真实业务紧密结合，让智能系统在银行中的运用能真正落到实处。与此同时，银行的业务经营思维也应结合智能系统不断改革，建立与智能系统相匹配的管理机制，双头努力，有效缩短银行的智能化进程。

（5）紧跟时代潮流。

现如今，人工智能的应用已经充分渗透到了生活、工作和社会运作的方方面面，而"人工智能"这一表述也首次出现在2017年"两会"的政府工作报告中，自此正式上升到国家战略高度。可以预见，未来5年将是人工智能的天下，它将进一步渗透并改变我们生活、工作中的方方面面。

金融行业是一个单纯由数据聚积的行业，互联网金融更是一个纯粹由数据构成的领域，它既没有货物和生产，也没有仓储和物流，它所涉及的每一个环节都是可以抹去主观情感直接量化的数据，正如人工智能应用的机理也是利用大数据技术，对已有大量数据进行分析和处理最终对新的用户做出相应的合理预测。有理由相信，只要银行紧跟时代潮流，积极投身开发和运用智能技术，在人工智能改造银行服务转型的道路上必将后来者居上（见图12-7）。

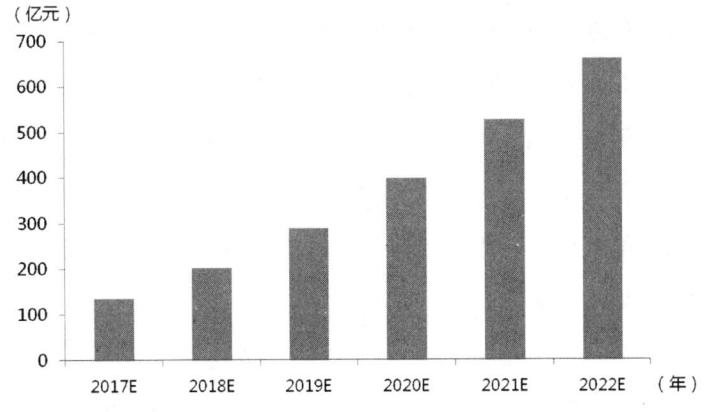

图12-7 2017—2022年中国人工智能行业市场规模预测

数据来源：前瞻产业研究院整理。

第13章 智能金融 引领未来

13.1 智能金融服务带来的挑战

未来是不确定的。由于智能金融目前仍然处于不断发展演变的过程中,肯定面临诸多的不确定性。该如何面对这种不确定性,是一个非常重要的问题。这里先分析一下不确定性的来源。

金融业以其古老著称,甚至在货币发明之前,借贷行为就已经存在了。其实一直到20世纪90年代以前,金融业并没有太大创新。因为比起其他高度依赖创新的行业(比如IT&DT),金融没有太大的生存压力,也就没有太大的创新动力,但是互联网的出现改变了这一状况。新兴互联网企业的出现,"余额宝"类产品的规模不断增大使银行存款大量萎缩,网络小额贷款、消费金融公司也对其产生了一定的冲击。互联网企业在场景接入上的优势使得银行和客户产生隔离的危险。大数据技术的发展、人工智能的引入,给金融行业注入一种强大的创新力,让这个行业变得比以往任何时候都更加数字化。

但是,任何技术的发展都需要一段过程,发展的趋势也不会是一帆风顺的。尤其是大数据和人工智能,一方面它会因为技术成熟度的原因带来科技安全方面的风险;另一方面,它需要相对较长的时间才能被创造、实施和正确地部署,还需要高度专业化的人才。在找到可行的方案之前,需要进行大量的试验、大量的投入，这给金融行业带来巨大的创新压力和高度的不确定性。而且，它不仅延伸了本质上属于金融领域的问题，还带来了一些新问题，比如有偏见的数据或缺乏透明度。此外，金融领域的智能化还面临一系列特定的挑战，这些挑战阻碍了智能金融的平稳快速实现：不相互通信的遗留系统；数据孤立；糟糕的数据质量控制；缺乏专业知识；缺乏管理远见；缺乏采用这种技术的文化心态等。

金融行业的智能化对监管部门也提出了新要求。监管部门由于在监管时机上的滞后性，面对迅猛发展的技术向来显得比较被动。由于金融机构对风险总是比较厌恶，其与相对激进的技术部门的结合，使得监管的尺度如何拿捏成了一个问题。监管过紧会扼杀创新，而监管过松则会造成灰色地带，破坏整个服务生态。对于人工智能的监管，需要监管人员对人工智能的相关知识有所掌握，对人员素质的要求提高了。监管科技这个新概念也由此萌发，只有监管部门同样用上先进的技术，才有能力实施有效监督。目前对人工智能系统的信息披露并无统一标准，监管部门还需制定人工智能系统的信息披露标准，权衡过度披露和披露不足之间的矛盾。既要保护用户的知情权，对人工智能系统的运行原理、运行情况等信息进行充分披露；又需要保护人工智能系统的信息机密，防止不法分子运用披露信息"模仿"该系统，从而给金融机构或者人工智能企业带来损失。监管的方式的不确定性，对智能金融的业务创新也是一个挑战。

另一个挑战是市场本身的不确定性。智能金融不仅仅是金融机构和科技公司的合作，它更是金融业和科技业两个行业间的合作。正如前文所述，这是一种生态的构建。金融生态环境中的各方，其在市场中的角色和专注的方向不是一成不变的。市场竞争导致生态重构，这个生态中每一个机构都应该发挥自己的专长。银行的专长在稳健、专业、牌照、风控，而且金融交易数据的价值比普通的数据价值要高很多。金融科技公司的特点是敏捷、方便、创新快，并且掌握客户行为数据。当前，银行正越来越成为一种服务，而不再是一种场所。其中，中小银行由于自身获客能力、连接场景能力较弱，希望有更多合作伙伴能够调用银行自有的服务，但是技术能力等各方面却力不从心。因此，在市场环境不断变化的过程中，智能金融生态环境中的各方必须顺应趋势的变化，避免过多纠缠于这种不确定性而导致业务发展止步不前。

随着智能金融的迅速发展，随之而来的问题也会越来越多，中小银行需要提高对市场形势的反应灵敏度，关注市场趋势的变化，及时做出相应调整。在与科技企业的合作过程中，要采取开放包容的心态，致力完成优势互补的能力构建，形成互利共赢的局面，为中小银行赢得更广阔的发展空间。

13.2 智能金融服务的机遇

挑战的另一面，就是机遇。智能金融的产生，当然离不开技术发展的背景。

机器学习、神经网络应用和知识图谱技术受到大量金融科技公司的青睐。这些技术能直接赋能金融行业内的核心业务，例如量化投资、授信融资、保险定价、反欺诈、辅助决策等。应用逻辑主要是导入大量相关数据，利用机器学习形成知识图谱或者建立模型，通过不同算法和神经网络应用预测交易趋势发现商机，识别欺诈把控风险。

除此之外，通过与机器学习、神经网络应用、知识图谱相结合，语音识别与自然语言处理在金融领域获得了广泛的运用，其主要场景模式是智能客服和语音数据的挖掘。智能客服主要是通过电话客服渠道、网上客服、App、短信、微信以及智能机器人终端与客户进行语音或文本的互动交流，理解客户业务需求。语音数据的挖掘主要通过音语义分析自动给出重点信息聚类，联想数据集合关联性，检索关键词，并汇总热词，发现最新的市场机遇和客户关注热点，主要用于市场营销层面。

视觉与生物特征识别在金融行业的应用，主要聚焦在交易安全方面。通过脸像识别、指纹识别、虹膜识别等生物特征，协助识别验证客户身份，预警可疑行为和可疑人员，进行风控处理。比如现阶段最受瞩目并迅速发展的人脸识别技术，在金融行业就大受欢迎。除此之外，服务机器人集人脸识别、证件比对、语音交互、知识图谱、深度学习等技术于一身，减少人工重复性工作，采集客户数据，展开精准营销。

对中小银行来说，在技术发展的推动下，在服务和功能日趋丰富的同时，金融机构差异化经营策略的重要性逐步体现。这主要体现在三个方面：对生产侧的创新、对消费侧的创新，以及作为生产侧和消费侧相互融通的金融服务平台的创新。目前的视角是：区域性金融机构应从深度服务小微企业、"三农"，从挖掘它们的经营需求入手，站在整个产业链的角度，为它们提供整体授信、配套服务。这个视角的优点在于充分利用长尾效应，从区域整体上打开经营和利润空间，同时也利于金融机构整体金融服务的交叉销售。在这个视角下，风控和营销的创新是其中的重点和难点。风控创新的另一方面是，单个企业的授信问题在大数据的帮助下也有了很多创新和突破。营销方面，必然需要将传统的营销思维转变为运营思维，其核心就在于将精细化和规模化这两个看似冲突的要求，利用大数据技术平衡起来。

将传统的营销思维转变为运营思维，通过大数据技术的使用，可以同时做到精细化运营和规模化运营。这种以用户为中心的运营体系的搭建，可以分为三个阶段：基础能力构建（通过整合企业数据资产，以数据驱动的方式，形成用户洞察、用户互动、效果监测和优化的数字化运营闭环能力)、产品智能化升级(通过前期数据基础能力的建设,进而在产品中融入人工智能的能力,从而实现主动式、智能化的产品升级,进一步提升平台的用户运营能力)和场景化服务生态(在前期基础上,将金融服务融合到用户场景中,提升本行产品、服务的交叉销售比,以及金融服务的渗透率,从而使金融机构有更充沛的销售线索并具备抓住转瞬即逝的商机的能力)。

智能金融服务为金融机构提供了发展的机遇。中小银行如果能够抓住机遇,通过对新的运营体系的搭建和完善以及对大数据和智能技术的运用,运营水平就能够上一个新台阶,达到一个新层次。

13.3　智能金融服务的未来

未来,是当前尚未实现的可能性。对这些可能性作出评估,就能作出对趋势的判断。智能金融,是脱胎于大数据技术、人工智能技术的金融。相对于大数据和人工智能来说,金融这个行业非常古老。因为已经经历过长期的发展,所以传统金融业本身不会像新兴的技术那样激烈变化。然而,由于智能技术与金融业已经完成了嫁接,其发展变化必然引发金融业的嬗变。

智能金融时代,面对来自于互联网的多源异构的超大规模数据,数据处理和应用能力将成为金融机构构建竞争壁垒的核心能力。数据已经成为一种独特的战略资源,重要性愈发凸显。与此同时,金融越来越无处不在。金融服务与非金融服务之间的界限更加模糊。搭载信用内核的金融服务将会以新的形态嵌入生活的各个场景,用户甚至无需感知到金融服务的存在,就能享受到智能金融的便利。

我们来看一下未来还会变成什么样。Kevin Kelly 在其《必然》(Inevitable)

一书里这样描写未来：用数据训练人工智能；未来人的任务是找到并完成将来由机器人做的工作；信任无法伪造，在复制世界里价值很高；占有已经不再重要，使用更重要；现代人越来越倾向分享而不是隐私；协同工作效率大增，大部分自下而上，少部分自上而下；其他诸多特征。

仔细考察 Kelly 总结出来的这些未来的特征，你会发现它们会重塑很多行业，智能金融服务的未来也必然会被改变。

13.3.1 智慧银行

现在已经有很多银行提出要建设智慧银行。所谓智慧银行就是由人工智能驱动的银行，而人工智能的来源就是大数据的不断浇灌。银行建设的大数据平台，数据的真实性和含金量比较高。但是银行最核心的数据往往只是金融层面的数据，包括账户信息、交易信息，而用户其他方面的信息，比如衣食住行、生活缴费、出行情况、消费偏好等信息，则比较欠缺。将来银行在大数据基础平台的建设过程中，必须强化外部数据的收集，以获得客户的完整画像。在未来的竞争中，数据是比算法更重要的竞争壁垒。因此，数据毫无疑问将会成为银行最核心的战略资产。数据的搜集和处理能力、应用能力以及在此之上构建的自我学习能力，将成为银行业核心竞争力的重要体现。如果没有这些，未来的客户营销、产品创新、绩效考核和风险管理等，都将成为无源之水、无本之木。

通过大数据平台，利用人工智能、机器学习等数据挖掘技术，纷繁复杂的客户数据变成了银行高价值、深层次的业务洞察力。高效地对客户进行识别，既节约了人力成本，也弥补了人类员工经验判断所无法涉足的地方，让银行的运营服务效率更高。个性化的客户营销、自动化的用户行为分析、移动端便利的操作和信息的展示、精准的产品推荐，让银行客服和运营人员更加深入地了解用户特点，做到有的放矢，业务决策更迅速、更准确，风险防控和预警能力得到了极大的强化。

云计算，是未来一切计算的基础。没有云计算，大数据的来源和大数据的加工处理都会成问题。目前这一点已经逐渐明朗，而未来这一点将会被贯彻得更加彻底。云计算，意味着几乎无限的存储空间，按需申请的计算能力，无缝透明的运维支持。云计算平台普遍具有快速部署、按需分配的特点，是未来大型数据中心的资源集约化管理，应用快速投产能力的保障。金融行业目前使用的金融云普遍具有高可靠性、高安全性、高时效性，为获得自主可控能力，很多银行都投入巨资自行研发金融云。然而从长远来看，未来这些基础设施的提供者必然是专业的云计算公司，而不是银行。因为这些云服务提供商在资源管理、安全管理方面，会比银行更加专业。银行的专业在于业务模式创新，而不是在于云资源基础设施运营上面。但是无论业务场景在哪里，客户的数据都会在银行及其合作方的云平台上形成闭环，因为数据是人工智能时代最宝贵的资产。

不管是什么行业，以客户为中心的理念都是业务构建的基础。对于金融行业来说，就是向客户提供更为个性化的服务，让客户能够更清晰地了解金融产品的价值，使客户体验到信任、安全和舒适。金融业原本就是一个比较容易数字化的行业，而互联网几乎将一切都数字化了。当人的活动从线下大量迁移到了线上，客户对金融服务的要求不断提高时，如果银行不因应这种趋势做出转变，银行原来起到的中介作用势必就会逐渐被弱化。实际上，客户在线上的一切活动及其关联关系，就是银行大数据的来源，源源不断地为人工智能分析提供真实、准确的素材。除了大数据这个核心以外，区块链技术将会让用户获得更为可靠的数字身份确认，生物识别技术（从指纹、声纹、虹膜到人脸）和虚拟现实（VR）以及增强现实（AR）将极大提升客户体验，物联网技术使得实体更容易映射和接入互联网，人工智能接手全部反复基础操作，将工作效率提高到极限。

所以系统的自我学习，数据的闭环生态和完全的个性配置，是智慧银行的特征，也是未来的银行（包括中小银行）不可避免将要走上的道路。

13.3.2 开放互联

我国商业银行的演变有三个阶段：第一阶段，银行工作重点在于传统实体网点服务，以银行设计的产品为经营的中心内容，资源使用效率低、运营成本高。第二阶段，银行转换到以用户为中心的出发点，大力拓展新型电子渠道服务客户。电子银行（包括网上银行、手机银行等渠道）就是在这个阶段发展并不断壮大，逐渐成为客户服务的主要渠道。银行通过互联网化的移动渠道、社交网络提升服务能力和客户黏性，降低了对传统物理网点的依赖性。这个阶段的金融业创新如火如荼，收效明显，但是在互联网开放互联的大环境下，仅限于经营自己的一亩三分地不足以对客户产生决定性的影响。第三阶段，银行纷纷走出去，进行跨界合作，实现银行与外部机构之间的业务合作和共享。

商业银行未来的工作重点不是传统的线下物理网点，以及功能相对比较受限的电子银行，而更多是通过与外部系统的平台进行对接，将各类应用及应用商店提供给用户的相应服务。抢占流量入口，主导平台的整合，将成为商业银行未来发展的战略方向和必由之路。平台经济学认为，平台的出现虽然造成了垄断，但基于垄断的平台维持费用却低于无平台时社会福利最大化的费用。厂商和消费者一旦接入平台，就能立刻解决时空搜索和交易问题，使供给与需求迅速匹配，减少中介渠道信息传递不畅而导致的供求失衡。平台还可以解释互联网金融不同模式间的异同，其差异主要在于数据层、规则层与应用层的设计。

（1）通过 API，开放银行服务。

银行和金融科技企业合作的最主要动机，是通过金融机构间的信息共享，向客户提供更为便捷与安全的支付手段。比如在美国，富国银行、摩根大通及美国银行等多家银行联手推出免费、快捷的个人点对点支付服务

Zelle，目的是要与 PayPal、Square Cash 和 Venmo 等支付手段抗衡。从 2016 年底开始，有相当数量的美国银行业客户已经体验了 Zelle 的服务。美国各大银行不仅在官网上推广 Zelle 服务，还为移动用户开发了独立的 Zelle 应用。Zelle 的优势在于，即使是跨行汇款也能实时到账，且不支付任何费用。Square Cash 提供的实时到账需要收费，而如果利用 Venmo 转账，则需要等上一两个工作日才能到账。因此，Zelle 将会改变整个支付行业，让成千上万的消费者体验到更快速、安全和便捷的转账汇款服务。

互联网正从面向 C 端的应用向面向 B 端的应用迁移。这个过程需要通过移动端、社交媒体、物联网获取的数据来倒逼业务流程的重塑，需要把核心业务资产开放出来让第三方应用做整合。在这样的大环境下，API 经济时代应运而生。API 经济带来运维智能化、开发敏捷化、流程自动化和交互多样化。系统与系统之间开放互联的需求，是 API 经济得以诞生的原因。服务供应方可以把自己的特定技术服务用 API 的形式开放出来供需双方企业或者个人使用，但需求企业或个人只能使用服务内容却不会得到生产内容。API 扮演了中介的角色，使企业内外不同系统在基于业务逻辑和数据的基础上互联互通，融为一体。

开放式银行在海外已经有很多案例，大致可以将开放式银行的构建由简到繁划分为三个层面：数据层、产品层和业务模式层。

在数据层，通过升级改造 API 平台并开放给客户接入，可以加快客户本行账户的数据流通，给客户提供便利。以富国银行为例，该行在开放 API 基础设施方面作出了很多努力，还设立了专门的开发者门户网站。企业客户可以通过富国银行的 Gateway 将自己的 ERP 系统、会计系统数据与其在富国银行的账户信息进行集成，极大地提升了客户的处理效率；与此同时，客户对富国银行的黏性也显著增加了。

在产品层，银行可以直接将 API 以产品形式提供给开发者。其中，巴克莱、硅谷银行、澳大利亚国民银行等机构走在了前面。通过 API，这些银行向开发者提供了银行网点定位、客户身份验证、账户管理、支付、外汇买卖、信用卡、清算、积分等功能。合作机构通过这些 API 能够向客户提供一揽子解决方案。

在业务模式层，开放式银行不再局限于数据交互的平台或产品交付的组件，而是需要寻找独特的业务模式来吸引客户。这个层面最复杂，但是也能给客户带来更多的价值。

API 商业模式也有几种。第一种是以纯商品销售为导向的模式：企业在发展过程中积累的业务能力、功能，在不涉及企业机密的前提下，将能力或者数据 API 化，有偿提供给其他企业使用，以增加企业的营收。第二种是以产品服务宣传为导向的模式。企业在发展过程中，期望自己的产品能够延展到各个领域，然而受限于成本，无法快速大规模式推广。这时可以将功能 API 化，让开发者或者合作伙伴在 API 基础上实现创新，从而更具广度和深度地服务客户，提升产品竞争力。第三种是上下游合作方分利模式。通过开放此类型的 API，能够和合作伙伴建立更佳紧密的联系，发展大规模的销售渠道，获取更多的收入。

开放式银行与传统银行的区别就在于从静态的、预先定制好的业务和系统能力，转变为动态的、个性化的、有弹性便于构造的业务和系统能力。这种动态的能力使客户能随时定制，系统可立即支持，并在智能分析基础上实时完成动态定价，流程优化。这需要实现跨企业价值链、跨产业价值网，需要整合金融服务生态系统响应能力，需要在完全以客户为中心实现跨界互联的企业文化氛围下，提升包括组织、流程、系统在内的一体化业务体系适应能力，创造出场景化、无缝对接的客户服务体验。一些银行通过 API 战略部署后，变得更加灵活，拥有更多平台性的特征，这是金融科技浪潮下的必然结果。

（2）通过 App，进行服务整合。

银行为了整合服务价值链和产业价值网提供场景化的金融服务，可逐渐采用跨界竞合（合作与竞争并存）的商业模式，主要依靠 App 与客户进行互动，但其服务流程是通过 API 的方式组合而成。比如手机平台上的供应商提供了地图服务的 API，打车软件就可以利用这个 API 来服务于打车的需求。银行也化身为移动网络上的 API 组件，通过 API 把自己集成到各行业流行的 App 中，这意味着银行把自己的系统开放出来，由市场参与者选择嵌入其产品服务中去。一些在数字化方面领先的银行，其业务已经开始从端到端流程垂直整合的模式，转变为客户可自行组合的个性化水平整合模式。银行服务成为随插即用的工具箱，提供包括支付服务、资产负债管理、财富管理等等模块的，可按照客户需求灵活拼装的银行即服务模式。组件导向银行，是提供银行即服务的前提，而企业级业务模型的开发和运营能力，则是建设组件导向银行的基础。

API 说明了企业的主要能力是什么，是站在企业视角定义业务能力。App 说明了企业经营的内容是什么，是站在客户视角定义服务能力。前者作为后台服务输出，可以被别人整合；后者则是前台业务的展示，用来整合别人。API 与 App 是一个多对多的组合。谁的 API 功能越强大，整合得越好，谁就越容易被其他市场参与者广泛使用，成为社会服务的关键供应商。谁的 App 功能越强大，说明其产品整合的范围越广，对客户的价值越高，就可以在以客户为中心的市场竞争环境里，取得相对优势。

在整个智能金融服务生态中，既擅长开放服务能力，又擅长整合服务资源的银行，必将在市场竞争中获得极大优势，这也是中小银行需要努力的方向。

13.3.3 服务外包

2017 年银行业和互联网业最大的趋势转变，恐怕就是四大国有银行与

BATJ 的牵手合作了。中行与腾讯携手建立金融科技联合实验室，农行与百度建立金融科技联合实验室，工行与京东金融发动全部协作，建行与阿里签署战略协作协议。那些背负着"冲击传统金融业"之名的新兴金融业态纷纷开始了"去金融化"的过程，以科技和数据之力建立技术输出、企业服务为主的商业模式。国际货币基金组织原副总裁、中国人民银行原副行长朱民谈到了这种金融"外包"的必然趋势和内生逻辑时认为："金融机构以前产品的设计、生产、分管、配置、销售完全是在一个机构内部产生和进行的，不管这个机构大和小，生产的流程是内生的。金融技术的出现打破了这个内生的环节，逼迫着把这个内生的环节外生化、社会化、商品化、产业链化。所以，金融技术把这个产业拉长、拉细，使得金融科技企业能够通过专业化和细分市场并入供给链。这个链条产生了一系列的变化，具体包括：成本的商品化、利润的共享化、风险的共担化、合作的伙伴化。"这段话从整个金融业发展的角度解释了分工协作的必然趋势。

目前，市场上提供金融服务解决方案可以归纳为四类机构：一是传统的 IT 服务商，如 IBM 等；二是脱胎于传统金融机构的金融科技公司，如兴业数金、招银云创、平安壹账通等；三是新金融巨头，如蚂蚁金服、京东金融等独立的科技服务公司，如品钛集团、同盾等。这些公司都瞄准了金融业务链条中提升效率、优化体验的机会，希望以更纯粹的科技公司定位，凭借自己在科技和数据上的积累，以及对金融业务的理解构建一种行业壁垒更高、可复制性更强、市场前景更广阔的商业模式。

其实，早在 20 世纪，包括 IBM、微软、甲骨文等公司便开始为金融机构提供各种软硬件、IT 系统、咨询策略等外包服务。这一个阶段的技术输出和企业外包归纳为两点：跟金融机构的合作模式更多是基于产品、服务或者解决方案的交付，其商业关系实际上是买卖的一个关系；通过这种企业服务，金融机构可以压缩业务成本，改善存量业务的流程，提升效率。

而当前中国的金融科技公司则希望以端对端的产品设计模式、更深度的利益共享机制提供金融外包服务。

过去 IT 企业在研发完一个产品之后交付给金融企业即可，但现在产品出来后如何落地、如何运营面对的挑战更大。以信贷风控产品为例，前几年市场上也有不少可对外输出的风控决策模型，但那只是从局部提升了风险判断的效率或能力。一个完整的信贷解决方案需要从获客到贷后完全打通，"端对端"地解决问题。对于中小金融机构来说，不仅仅是需要一个大数据引擎，更需要合作伙伴对互联网用户、渠道和产品运营的深刻了解，通过技术手段帮助机构重构业务流。不仅要掌握科技能力，理解金融业务，还要将这种能力和理解融合并应用于互联网的生态中。眼下，中国金融科技公司所面临的机遇亦是挑战。如果说原来那种金融外包是 IT 系统的外包，那么新的外包趋势就是技术＋业务的深度合作，这是金融科技进步和业务流程细分带来的必然结果。渠道、场景、客户、运营等金融业务的链条被拉长、拉细了，必须把每个环节都数字化、模块化，这样每个环节的效率都能提高和优化。不同的场景、平台获取的客户质量不同、贷款意愿、获客成本也不同，如果直接购买流量，不仅价格昂贵，最终效果也并不好。

新模式下的企业服务，除了需要成为利益共同体、实现价值分享，更重要的是还要服务金融机构的核心价值创造环节，例如，获客、运营及风控。既要提高效率、改善体验，还要增加收入，甚至形成新的商业逻辑。对于中小银行来说，服务外包是必由之路。

13.3.4 激励与协同

从历史的角度来看，技术与金融的演化路径相互交织，难分彼此。信息技术的成果最早是在银行中得到了应用与推广，而信息技术的应用也大幅度提高了银行的经营效率。金融运用的技术一般可分为两类：一类是流动性的制造和交换技术，如实物交易的不便促使人们发明了一般等价物——货币；另一类是流动性传递技术，从早期的路网金融到工业革命后出现的声电金融，再到信息时代方兴未艾的互联网金融，再到具有自我学习功能的智能金融，其实就是流动性传递技术不断实现飞跃。技术与金融的有机耦合与协同发展表现为技术与金融互相激励、互相促进的双向正反馈机制。

虽然技术与金融具备天然耦合的特性，通过协同演化机制不断相互交换演化出新能量，但二者之间的协同演化机制却呈现出复杂的演化特征。一方面，现代电子信息技术的发展具有极强的不稳定性、动态性和不确定性，其演化遵循复杂的非线性路径。人工智能技术的诞生加快了技术的演化速度，对整个人类社会都造成难以估量的影响。另一方面，技术创新部门需要从金融部门汲取演化的能量，才能得以成长，形成智能金融产业的推动力量。

智能金融服务，包含着从底层信息技术构成的系统层，到中间为金融机构进行服务的运营服务层，一直到与整个互联网生活、社交网络进行互动的营销层的极其复杂的生态体，因而其演化路径也是高度复杂的、非线性的。中国智能金融生态系统中，由于市场经济很不成熟，技术创新和制度创新受到监管系统和自身条件的诸多约束。当智能技术给金融市场带来新的机会，而传统金融企业又跟不上新技术变革的步伐时，智能金融就有了特殊的生长土壤。互联网企业利用其全新的技术优势，介入传统金融企业留下的市场空缺，获得了快速生长和扩张的机会。但是长远来看，金融机构如果愿意与技术巨头合作，是可以互利合作，共同发展的。

事实已经表明，人工智能的发展速度是一种几何级数增长的速度。智能金融在这种规律作用下，演化的速度也在加快。虽然在智能金融的生态环境中有像前海微众银行、浙江网商银行这样的优势企业，但是由于市场的容量足够大,优势企业也不能把整个市场全部占领,依然给其他银行尤其是中小银行留下了足够的发展空间。在激烈的竞争条件下,金融生态的各层次参与者形成了一个生机勃勃的生态系统,彼此激励、协同、共振,又彼此竞争。

未来银行运营的自动化、智能化,服务的开放化、组件化,客户服务的个性化,客户数据的闭合化,必然对整个智能金融服务生态造成深远影响,加速生态里各参与方之间的化学反应。这种自下而上的演化是自发的,具有高度的向上渗透的潜力。智能科技虽然不能解决金融业面临的所有问题,但的确给这个行业带来了巨大机遇,引发了颠覆性的改变。可以预见的是,金融监管部门会从宏观上对金融风险进行把控,但是微观层面的创新,只要有益于实体经济,不引起潜在的金融风险,监管部门都是采取支持、鼓励的态度。微观层面的活力一旦激发,对整个智能金融生态环境的促进作用是不可估量的。

金融业作为现代经济的血液,在可以预见的未来,虽然仍需要加速变革以跟上智能时代的潮流,但其在经济中的核心地位无法被取代。金融业的未来决定了智能金融服务的未来。未来虽然充满挑战,但也充满了希望!

结束语

《中小银行智能金融服务》是"帮你盈"合伙人历经四年的实践总结出版的第一本书籍,之所以选择这个选题,是当今时代的金融大势使然。众所周知,过去的几年,我们一直是以"互联网金融"来命名这个时代的。它注重的是对接场景并从中获取客户数据。随着技术的发展,大数据的降临为我们打开了新的大门,大数据的分析,侧重于客户数据画像应用。而未来的3~5年,我们即将迈向"智能金融"时代,以"AI+大数据"为基础,更加侧重于机器学习的数据深化。我们相信这个时代,相信这个趋势,更相信"智能金融"时代会引领未来。

正因如此,2017年"帮你盈"继续专注中小银行运营服务的同时,将战略重心调整为"智能金融",更换了新的LOGO,并将产品线调整为"平台金融""智能融资""智能基金""智慧金融"和"数字化直销银行"五大产品,迈向"智能金融"这个新的征程。

这本书也是在这段时间应运而生。它从中小银行的现状出发,解析了中小银行面临的困难处境,并结合这个时代,为中小银行提供了方向上的指引。通过对"互联网平台+智能金融服务""智能财富管理""智能供应链金融""智能消费金融""大数据与机器学习""云计算与云服务""智能营销""智能支付""数字化直销银行""智能网点""智能客服"等主题的研究,从整个服务生态的角度出发,为从事这个行业的人士提供了一些有益的信息。不过,限于笔者的水平,对于各个细分行业的研究尚有不足之处，敬请谅解。

本书由"帮你盈"创始人兼 CEO 梁洪军先生、联合创始人兼副总裁（分管智能金融）张志瑜先生共同主编，其他合伙人才锐、吴建伟、季长军、孟硕、杨威、王贵宗、陈华娟、张冉、仕育恺、王子慧等担任编委，杨燕担任美术编辑，高伟杰担任法律编辑，共同编纂《中小银行智能金融服务》这本书，并为它的出版付出努力。

未来可期，"智能金融"的时代已经到来，我们是一群怀有梦想的人，为了这个梦想，我们将不忘初心，扬帆起航。